Les blocs vuibert

1re, 2e et 3e années du cycle des approfondissements

CE2 • CM1 • CM2

Connaissance de notre monde

Histoire

Géographie

Sciences

Éducation civique

L. Moulira, IEN

J. Soletchnik, instituteur

P. Scref, agrégé de l'Université

(pour la partie sciences)

Illustrations de Yann de Renty

vuibert

Conforme aux nouveaux programmes de 1995, ce cahier est un outil de soutien, de révision et d'approfondissement.

Il propose :

- des résumés
- des exercices
- des corrigés

dans les disciplines suivantes :

Histoire 3
Corrigés 257

Géographie 67
Corrigés 265

Sciences 131
Corrigés 273

Éducation civique 195
Corrigés 281

ISBN : 2-7117 - **1143-9**

Histoire

1. Des histoires... ou l'Histoire ? 4
2. Pour se repérer dans le temps 6
3. La préhistoire 8
4. Les hommes préhistoriques 10
5. La Gaule 12
6. La conquête romaine 13
7. La Gaule romaine 14
8. Les grandes invasions 16
9. Clovis et les Francs 17
10. Charlemagne 18
11. Les Normands 19
12. La féodalité 20
13. Ceux qui se battent 22
14. Ceux qui travaillent 24
15. Ceux qui prient 26
16. Les Capétiens forment la France 28
17. Les villes au Moyen Âge 30
18. La guerre de Cent Ans 32
19. La France au XVe siècle 34
20. Les grandes découvertes 35
21. Les châteaux de la Renaissance 36
22. Les guerres de religion 37
23. Vers le pouvoir absolu 38
24. « L'État c'est moi » 39
25. Le « Roi Soleil » 40
26. Les Français aux XVIIe et XVIIIe siècles 41
27. La Révolution de 1789 42
28. La République 44
29. De Bonaparte à Napoléon 46
30. Le XIXe siècle 48
31. La France de 1815 à 1870 50
32. La IIIe République 52
33. La guerre de 1914-1918 54
34. La France de 1919 à 1939 56
35. La Seconde Guerre mondiale (1939-1945) 58
36. La IVe République 60
37. La Ve République 62

1 DES HISTOIRES... OU L'HISTOIRE ?

1 Tu aimes lire des histoires. Cite quelques titres qui te plaisent. ....

....

....

2 Pour chacune de ces histoires, indique les héros que tu connais. ......

....

....

....

***L'histoire* est une science qui permet de connaître le passé des hommes.**

3 Quelles différences y a-t-il entre ces histoires et l'histoire enseignée à l'école ? ....

....

....

....

....

4 Souligne dans cette liste, les noms des personnages historiques.

- Charlemagne
- Astérix
- Indiana Jones
- Jeanne d'Arc
- Cosette
- Le général de Gaulle
- Le général Dourakine
- Victor Hugo
- L'inspecteur Gadget
- Danton

Mais l'histoire ne s'intéresse pas qu'aux personnages illustres, elle rend compte aussi des événements importants et de la façon de vivre de nos ancêtres, lointains ou proches.

5 Parmi ces traces (ou ces restes) du passé, souligne les deux qui permettent de mieux connaître l'histoire de ceux qui nous ont précédés.

- les dessins
- les ossements d'animaux
- les documents écrits
- les monuments
- les outils
- les objets
- les croyances
- les photographies

***Histoire* vient d'un mot grec signifiant : recherche, enquête, information.**
Pour reconstituer le plus exactement possible le passé, il faut rechercher et étudier de nombreux indices, de nombreux documents.

6 Raconte ton histoire.

a) Je suis né(e) en ....

b) Je suis entré(e) à l'école maternelle en ....

c) Je suis entré(e) à la «grande» école en ....

Ajoute d'autres événements importants de ta vie.

d) ....

e) ....

f) ....

7 Comment classer les événements qui marquent ton histoire? ....

....

Le temps se déroule comme un ruban : on le représente souvent par une *frise*.

8 Sur cette frise du temps, place les événements de ta vie notés à l'exercice 6.

1 an	1 an	1 an	1 an	1 an	1 an	1 an	1 an	1 an	1 an	1 an	

9 Ton arbre généalogique : complète en indiquant les prénoms et l'année de la naissance.

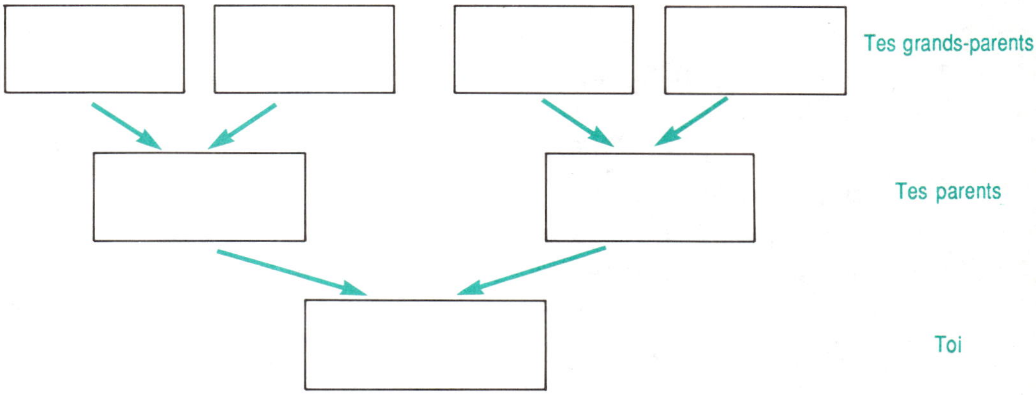

10 Nomme chacun de ces documents du passé.

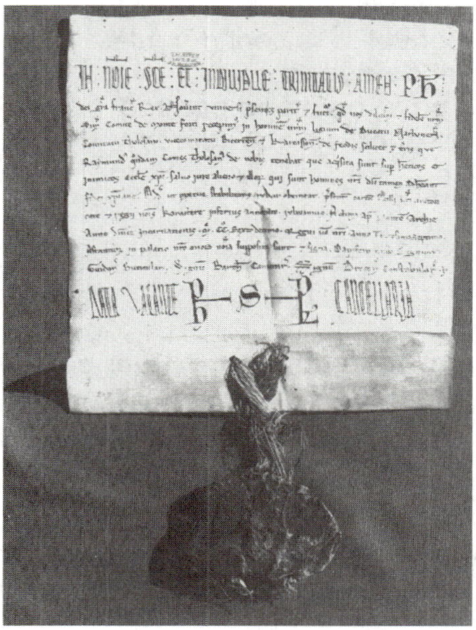

A. ....

B. ....

C. ....

D. ....

E. ....

2 POUR SE REPÉRER DANS LE TEMPS

1 Pour chacune de ces trois phrases, indique le point de départ.

Phrases		Point de départ
a) Je suis entré à l'école à 6 ans	→	....
b) Je suis à l'école depuis 5 ans	→	....
c) Je suis entré à l'école en 1981	→	....

2 Quelle phrase sera la mieux comprise par les autres ? ....

....

- **Les événements se passent à des moments différents.**
- **Les *dater*, c'est les classer dans l'ordre dans lequel ils se sont déroulés.**
- **Pour les dater, il faut fixer une *origine*, un point de départ.**
- **En France, comme dans beaucoup d'autres pays, on prend comme origine la naissance de Jésus-Christ : cette naissance est considérée comme le point de départ de la première année.**

3 Combien d'années se sont écoulées depuis cette naissance ? ....

....

⚠ **Certains événements se sont passés avant cette naissance. Dans ce cas, on indique «avant Jésus-Christ».**

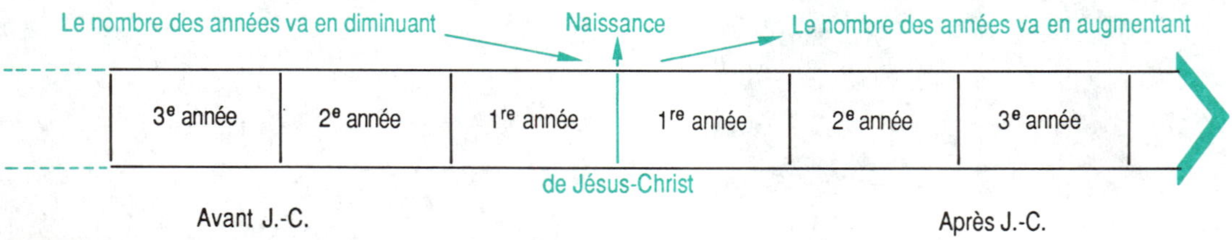

Remarque qu'il n'y a pas d'année zéro !

4 Qu'est ce qu'un siècle ? ....

....

....

5 Qu'est ce qu'un millénaire ? ....

....

....

6 Quand commence le Ier siècle après J.-C. ? Quand s'achève-t-il ? ....

....

....

7 Quand commence le Ier siècle avant J.-C.? Quand s'achève-t-il ? ....

....

....

⚠ Les siècles s'écrivent le plus souvent avec des chiffres romains.

I	= 1	VI	= 6	XI	= 11	XVI	= 16
II	= 2	VII	= 7	XII	= 12	XVII	= 17
III	= 3	VIII	= 8	XIII	= 13	XVIII	= 18
IV	= 4	IX	= 9	XIV	= 14	XIX	= 19
V	= 5	X	= 10	XV	= 15	XX	= 20

8 Sur cette frise, colorie en bleu les huit premiers siècles après J.-C. et, en rouge, les quatre premiers siècles avant J.-C.

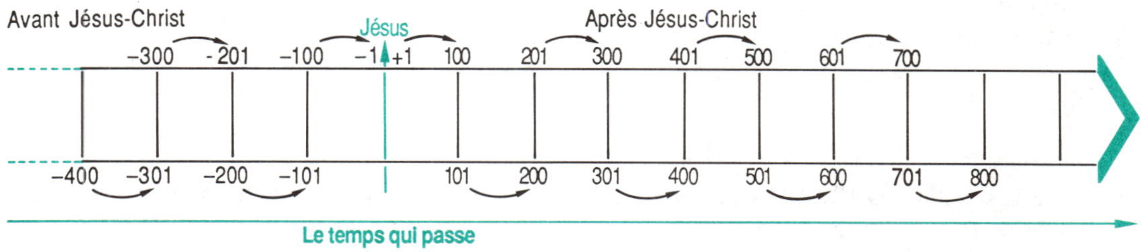

9 En quel siècle sommes-nous ? ....

Quand a-t-il débuté ? ....

Quand s'achèvera-t-il ? ....

10 En quels siècles se sont produits les événements suivants ?

a) La défaite d'Alésia : 52 avant J.-C. ....

b) Le couronnement de Charlemagne : 800 après J.-C. ....

c) La découverte de l'Amérique : 1492 après J.-C. ....

d) La prise de la Bastille : 1789 après J.-C. ....

e) La libération de Paris : 1944 après J.-C. ....

11 Parmi ces quatre instruments qui permettent de mesurer le temps, encadre celui qui permet de dater.

Un sablier

Une pendule

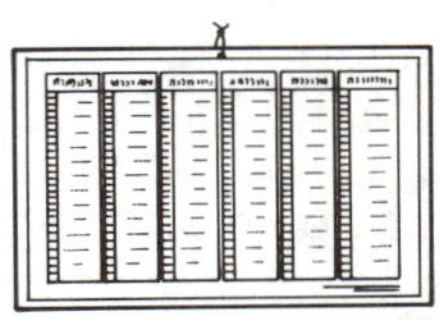

Un calendrier

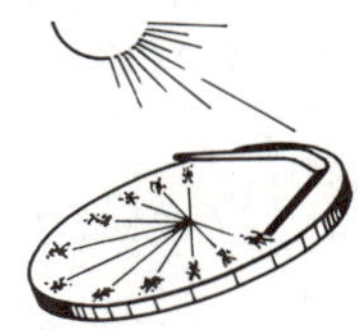

Un cadran solaire

⚠ On peut prendre d'autres points de départ que la naissance de Jésus-Christ. Ainsi les musulmans comptent leurs années à partir d'un événement qui s'est produit en 622 après J.-C., et les Juifs ont comme point de départ un événement datant de 3760 avant J.-C. Quant au calendrier républicain, il commence le 22 septembre 1792 !

3 LA PRÉHISTOIRE

• Pendant la préhistoire, on ne connaît pas l'écriture : il n'y a donc aucun document écrit sur cette période longue de *plusieurs millions d'années !*
• Mais des vestiges ont été retrouvés par des archéologues qui sont parvenus à dater (approximativement) leurs découvertes.

1 Où les archéologues peuvent-ils retrouver des traces des hommes de la préhistoire ? ....

....

....

....

2 Qu'est-ce qu'un bipède ? Quels avantages offre cette situation ? ....

....

....

....

....

• Il y a 6 millions d'années, vivait en Afrique, un singe évolué : l'Australopithèque (= singe du sud); c'est un bipède de 1,20 m.
• Il y a 3 millions d'années, apparaît *l'Homo habilis* (= homme adroit) : son cerveau se développe ; avec ses mains, il fabrique des outils très simples. Il mesure 1,35 m environ.
• Il y a 2 millions d'années, *l'Homo erectus* (= homme redressé) taille le silex et ses outils sont de meilleure qualité ; vers 600 000 av. J.-C., il sait utiliser le feu, il quitte l'Afrique et peuple les autres continents.
• Il y a 80 000 ans apparaît *l'Homo sapiens* (= homme intelligent). Il mesure 1,60 m ; son crâne est encore plus développé. Peu à peu, il améliore ses techniques de chasse et il pense à enterrer ses morts.
• Il y a 40 000 ans, l'homme de Cro-Magnon (*ou Homo sapiens sapiens*), qui mesure 1,75 m, apparaît comme notre véritable ancêtre. Il nous ressemble fort. Ses outils sont encore plus perfectionnés : il utilise le bois, la pierre, l'os. Il invente l'art : il dessine, il peint, il sculpte depuis une vingtaine de millénaires.

3 Si tu voulais réaliser une vraie frise pour marquer cette évolution, quelle longueur de papier faudrait-il pour représenter un millénaire (= 1 000 ans) par un cm ? ....

....

4 Observe ces dessins et trouve une légende pour chacun.

....

....

5 Sur cette frise du temps (qui ne traduit pas les véritables durées), place les repères fournis par le texte ci-avant. Exprime correctement la taille des divers hommes préhistoriques.

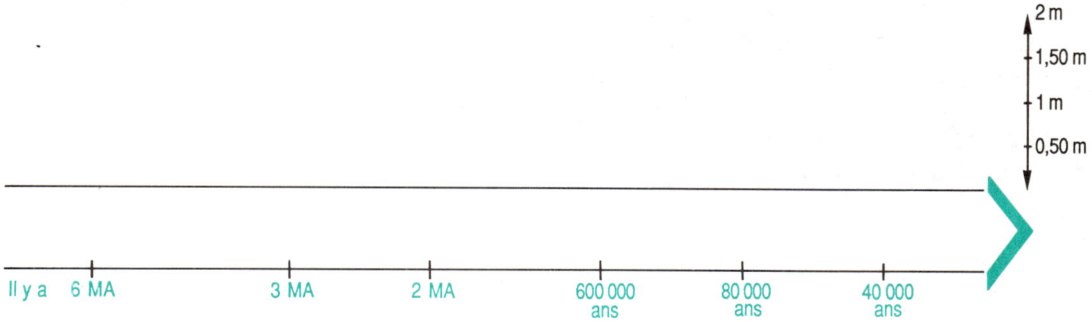

6 Indique la date approximative de l'apparition de ces hommes préhistoriques.

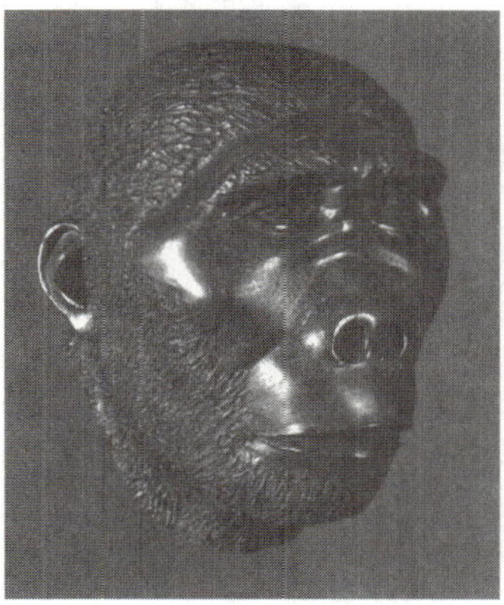

Australopithèque
Volume du crâne : 600 cm^3
....
....

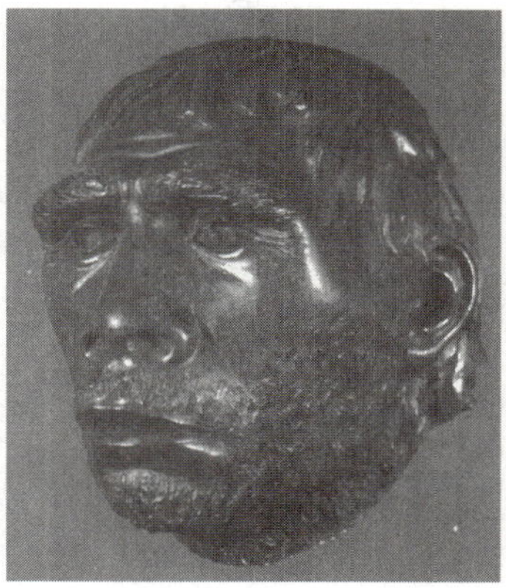

Homo erectus
Volume du crâne : 1 000 cm^3
....
....

Homo sapiens
Volume du crâne : 1 600 cm^3
....
....

7 Indique par une croix, sur la frise, le moment où a vécu « l'homme de Tautavel ».

8 Complète le texte suivant.

On divise les très, très longs temps de la préhistoire en trois périodes. La plus longue est le .... (ancienne pierre) ou l'âge de la pierre .... Il y a 10 000 ans environ commence le .... (nouvelle pierre) ou l'âge de la pierre .... Enfin, apparaît, vers 3000 av. J.-C., l'âge des .... pendant lequel s'achève la préhistoire parce que .... est progressivement découverte.

4 LES HOMMES PRÉHISTORIQUES

La vie des hommes préhistoriques est très pénible et dangereuse. Chaque jour, il faut trouver de la nourriture et se protéger du froid et des animaux sauvages. Les hommes préhistoriques se déplacent sans cesse.
Les femmes cueillent et ramassent des plantes.
Les hommes commencent à pratiquer la chasse : ils utilisent des outils de plus en plus perfectionnés.

1 Compare ces trois pierres taillées.

Un galet éclaté
(vieux de 2 millions d'années)

....
....
....

Un biface
(vieux de 300 000 ans)

....
....
....

Une « feuille de laurier »
(vieille de 20 000 ans)

....
....
....

2 Les hommes préhistoriques utilisent-ils seulement la pierre pour fabriquer leurs outils ? Justifie ta réponse par des exemples. ....
....
....
....

3 Quels avantages apporte la découverte du feu ? ....
....
....
....
....
....
....

4 Quels animaux sont représentés sur les parois des grottes décorées de Lascaux (vers 18000 av. J.-C.) ? ....
....
....

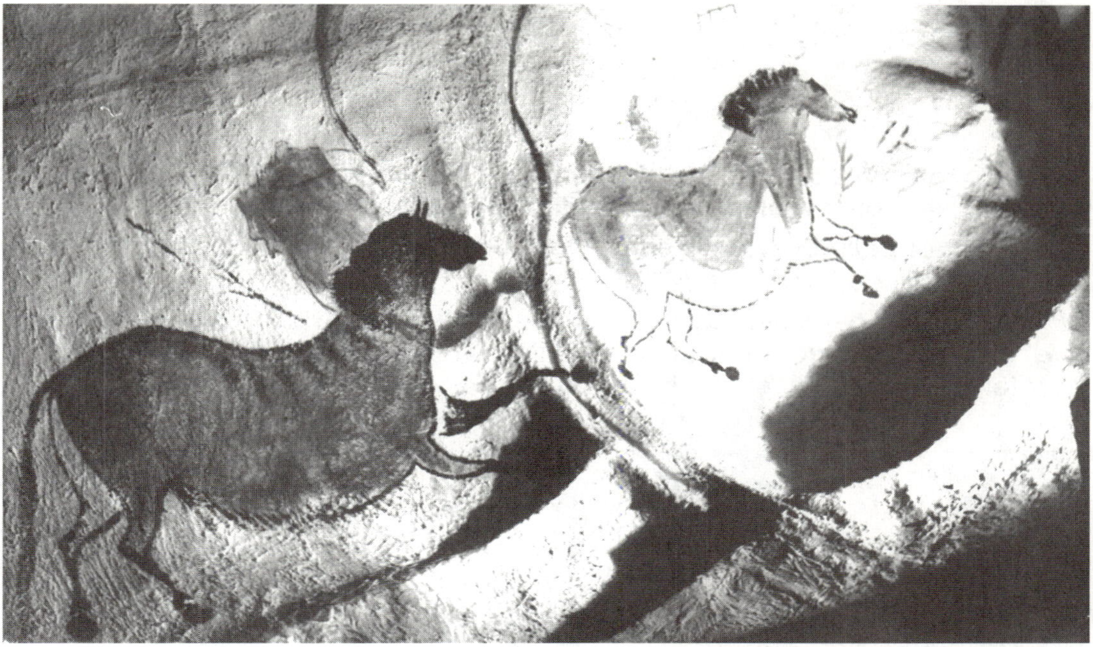

Il y a 10 000 ans environ, au Moyen-Orient (sur les côtes orientales de la Méditerranée), le climat se réchauffe. Les hommes domestiquent des animaux et cultivent du blé et de l'orge. Ces découvertes vont, en quelques millénaires, gagner toute l'Europe.

5 Complète :

La cueillette est remplacée par ....
....
La chasse est remplacée par ....
....
Ces deux modifications importantes permettent la création de .... et de ....
Les hommes deviennent sédentaires.

6 Cite des animaux domestiqués à l'époque néolithique. ....
....
....

7 Cite des plantes cultivées à la même époque. ....
....
....
....

Les hommes apprennent également à coudre (avec des aiguilles) et l'argile cuite permet de fabriquer des poteries pour conserver et transporter facilement l'eau et les grains.

8 Chasse l'intrus.

a) La culture, l'élevage, la poterie, la pierre polie, l'écriture.

b) Les Eyzies, Lascaux, Carnac, Niaux.

c) Mouton, porc, canard, chien, mammouth, cheval.

d) Silex, os, peau, aluminium, argile.

5 LA GAULE

• Il y a environ 2 500 ans, des Celtes venus de l'Europe centrale s'installent sur le territoire compris entre le Rhin, l'Atlantique et les Pyrénées.

• On les appelle *Gaulois*. Ils sont divisés en une soixantaine de peuplades dirigées par des chefs guerriers.

• Les Gaulois défrichent de nombreuses forêts. Ils cultivent très bien les terres et élèvent des porcs et des chevaux. Ils travaillent parfaitement le bois et les métaux : ce sont d'habiles artisans.

1 Sur cette carte de la Gaule, colorie la partie déjà occupée par les Romains depuis le IIe siècle av. J.-C.

2 Place sur la carte, d'après le texte de Jules César, les noms de Belgique, Celtique et Aquitaine.

«L'ensemble de la Gaule est divisé en trois parties... Les Celtes sont séparés des Aquitains par la Garonne, des Belges par la Marne et la Seine... »

3 Complète en citant quelques peuples gaulois.

— Gaule belgique : ....

....

— Gaule celtique : ....

....

— Gaule aquitaine : ....

....

4 Vrai (V) ou faux (F) ?

a) Les Gaulois savent fabriquer des tonneaux. ❒

b) Les druides sont des chefs guerriers. ❒

c) Les pantalons des Gaulois s'appellent des braies. ❒

d) Les esclaves sont nombreux en Gaule. ❒

e) La cervoise est la bière des Gaulois. ❒

5 La Gaule est riche et pleuplée, mais de quelles faiblesses souffre-t-elle ?

....

....

6 LA CONQUÊTE ROMAINE

• En 58 av. J.-C., un général romain, *Jules César*, commence la conquête de la Gaule.
Courageux mais désunis, les Gaulois sont vaincus par les armées romaines, parfaitement organisées.

• En 52 av. J.-C., un jeune chef arverne, *Vercingétorix*, parvient à unir la plupart des tribus. Il est vainqueur à Gergovie (souligne ce nom sur la carte de la p. 12), mais l'armée gauloise est encerclée à Alésia (encadre ce nom sur la carte).
Menacés de famine, les assiégés capitulent. Vercingétorix est conduit à Rome et, six ans plus tard, il y est exécuté.

1 Place sur cette frise les principaux événements de la conquête.

avant J.-C.

58	57	56	55	54	53	52	51	50	49	48	47	46	45

2 Décris l'équipement du légionnaire romain et celui du Gaulois qui défend sa maison. ....

....

....

3 Comment est construite la maison gauloise ? Quel arbre pousse derrière elle ? ....

....

....

Cette pièce de monnaie en or représente le jeune chef gaulois ; on peut y lire :

VER = super,

CINGETO = guerrier,

RIX = roi.

On obtient alors «super-roi des guerriers» ou «roi des super-guerriers».

7 LA GAULE ROMAINE

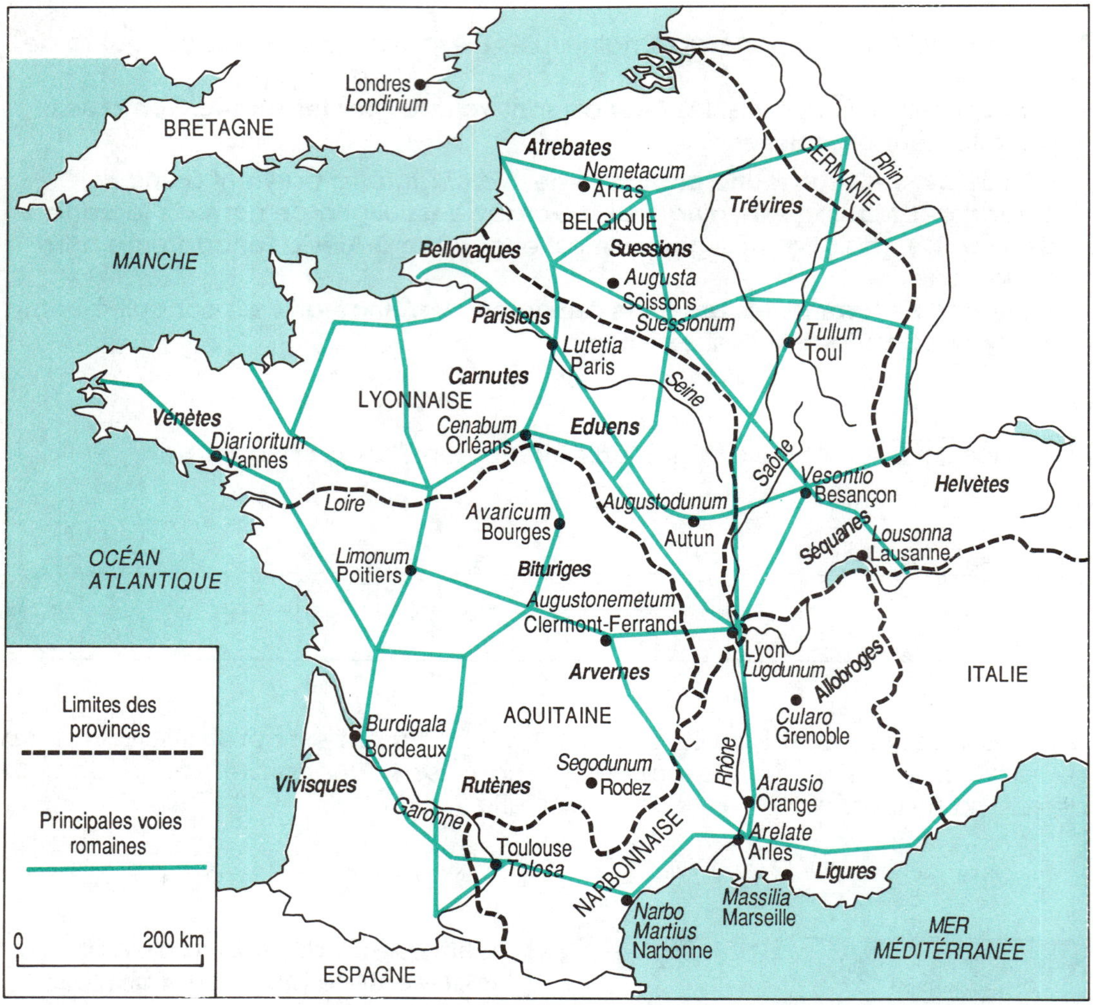

1 Colorie en jaune la Gaule belgique, en vert la Lyonnaise, en orange l'Aquitaine, en rouge la Narbonnaise.

2 Quelle est la province qui a changé de nom ? ....
Quelle est celle qui s'est agrandie ? ...
....

3 Colorie en bleu les autres provinces romaines : Espagne, Germanie et Bretagne.

4 Quel est le nom actuel de cette dernière province ? ....
....

5 Quelle ville devient la capitale des Gaules ? Où est-elle située ? D'où partent les principales routes construites (les voies romaines) ? ......
....
....
....

La Gaule, divisée en quatre provinces, fait partie de l'Empire romain.
Elle va alors connaître trois siècles de paix où vainqueurs et vaincus créent une nouvelle façon de vivre : la *civilisation gallo-romaine*.

6 Décris cet aqueduc appelé «le Pont du Gard» construit au début du Ier siècle ap. J.-C. Précise à quoi il pouvait servir. ....

....

....

....

....

....

7 Cite quelques villes de France où l'on trouve des monuments gallo-romains. ....

....

8 Dans quelle province romaine se trouvait ta commune ? ....

....

9 Y a-t-on retrouvé des vestiges de célèbres routes romaines ? ....

....

10 A-t-on retrouvé dans ta région des constructions gallo-romaines ? Cite-les. ....

....

....

Pendant cette période se répand en Gaule romaine une nouvelle religion, née en Palestine : le christianisme.
Il annonce la « bonne nouvelle » (Évangile) au nom d'un Dieu d'amour, unique et universel, qui enseigne aux hommes la douceur et la fraternité.

11 Quelle formule exprime les rapports qui doivent exister entre les hommes ? ....

....

12 Comment s'appelle la partie de la Bible qui raconte les débuts du christianisme ? ....

....

8 LES GRANDES INVASIONS

Le ve siècle après J.-C. est très agité.

• En 406, les Germains franchissent le Rhin parce qu'ils fuient devant l'invasion des Huns.

«Les Huns sont d'une férocité sans mesure... On dirait des animaux à deux pieds plutôt que des êtres humains... Ils ne cuisent pas ce qu'ils mangent. On les dirait cloués sur leurs chevaux.» **(D'après Ammien Marcellin.)**

• En 451, les Huns pénètrent en Gaule, mais ils sont battus par l'union des Romains et des peuples germains.

• En 476, c'est la fin de l'Empire romain. Les Huns sont repartis vers l'Est, mais les peuples germains s'installent dans ce que fut l'Empire.

• En 481, le chef des Francs, Clovis, commence la conquête de la Gaule.

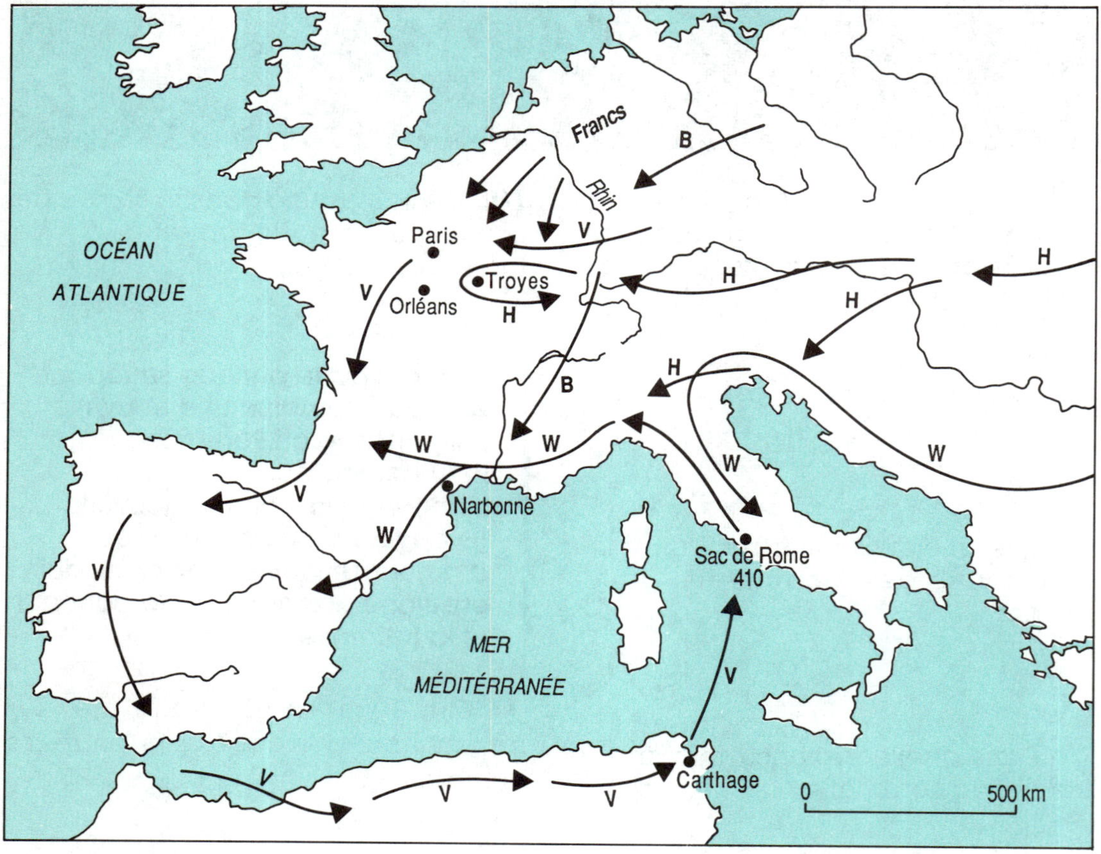

1 Les invasions des peuples germaniques : sur la carte, repasse en rouge les flèches qui représentent les invasions des Francs, en vert celles des Burgondes (B), en bleu celles des Vandales (V), en violet celles des Wisigoths (W).

2 Repasse en noir les invasions des Huns (H).

9 CLOVIS ET LES FRANCS

• A partir de 481, Clovis, chef d'une tribu de Francs, va chasser de Gaule les autres peuples germaniques.
• Devenu chrétien comme sa femme, en 496, il obtient l'appui des évêques.
• La Gaule devient alors la *France*, le pays des Francs.
• A sa mort, en 511, le pays est partagé entre ses quatre fils.
• Les descendants de Clovis vont régner pendant 250 ans : ce sont les *Mérovingiens* (de Mérovée, le nom du grand-père de Clovis).
Ces règnes sont des périodes d'épouvantables guerres civiles.
C'est aussi l'époque des «rois fainéants» qui abandonnent peu à peu le pouvoir à leurs conseillers.

1 Comment Clovis parvient-il à obtenir l'appui de l'Église ? ....

2 De quelle ville Clovis fait la capitale du «royaume des Francs» ? Comment s'appelait cette ville auparavant ? ....

3 Les guerres, les violences, les brutalités de l'époque mérovingienne permettent-elles la vie agréable de l'époque gallo-romaine ? Quelles conséquences ont-elles pour la France ? ....

4 Parmi les rois mérovingiens, un seul se distingue des autres. Qui est-ce ? On en a même fait une chanson. ....

5 Comment sont réalisés ces ornements mérovingiens ? ....

6 Sur cette frise, indique les événements importants signalés dans les pages 16 et 17.

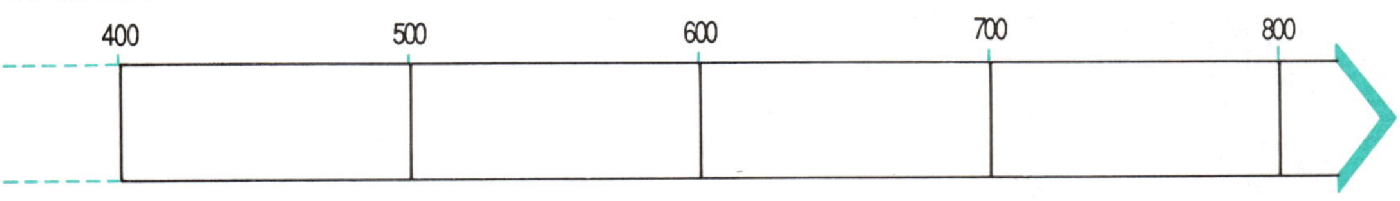

10 CHARLEMAGNE

• Les derniers Mérovingiens ne commandent plus. C'est le maire du palais qui a tous les pouvoirs.
• L'un d'eux, *Charles Martel*, arrête l'invasion des Arabes à Poitiers en 732.
• Son fils, Pépin le Bref, chasse le dernier roi fainéant (751).
• Le fils de Pépin le Bref, Charles, devient roi des Francs en 768.
• Il entreprend de nombreuses guerres contre les Saxons et les Sarrasins (Arabes) installés en Espagne. Il aide également le Pape, chef des chrétiens, qui est assiégé à Rome par les Lombards.
• En 800, il est couronné empereur sous le nom de *Charlemagne*. Il conquiert de vastes territoires : la sécurité revient, le travail et le commerce reprennent.
• Mais, à sa mort, en 814, l'empire est partagé et les guerres recommencent.

1 Comment appelle-t-on les successeurs de Charles Martel ? ....
....

2 Colorie en jaune le royaume franc en 770. Colorie en rouge les conquêtes de Charlemagne.

3 Souligne en bleu la capitale de Charlemagne.

4 Vrai (V) ou faux (F) ?

a) Charlemagne nomme dans chaque région un comte pour administrer, juger et commander. ❑

b) Charlemagne ne s'intéresse pas à l'enseignement. ❑

c) Il fait rédiger de nombreuses lois appelées «capitulaires». ❑

d) Les «missi dominici» sont les envoyés de Charlemagne dans les provinces. ❑

e) Charlemagne ne s'occupe pas des arts et des sciences. ❑

5 Sur la frise de la page 17, note les événements importants du règne de Charlemagne.

Charlemagne

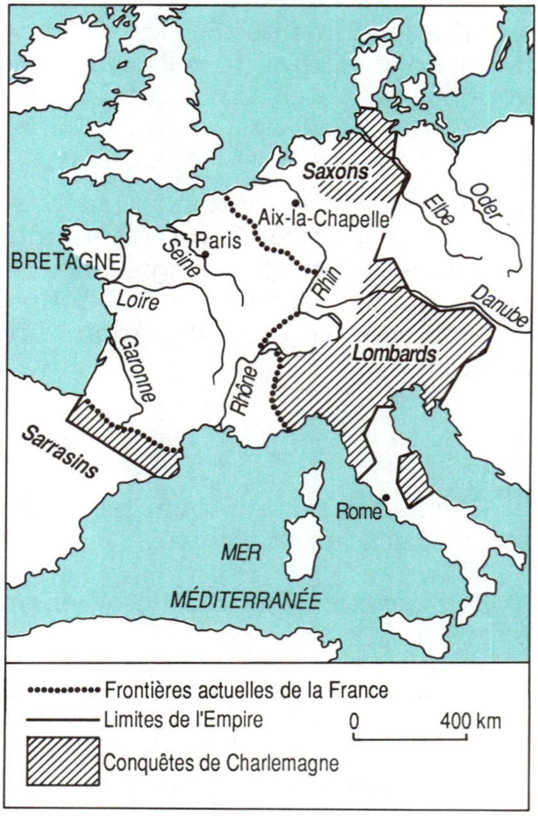

11 LES NORMANDS

Les petits-fils de Charlemagne, par le *traité de Verdun* signé en 843, se partagent l'empire.

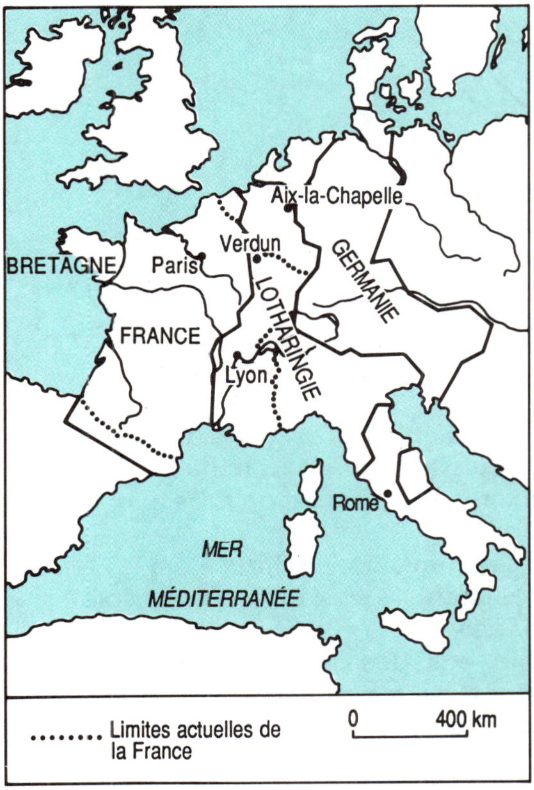

1 Colorie en rose le royaume de Charles (France), en vert le royaume de Lothaire (Lotharingie), en jaune le royaume de Louis (Germanie).

2 Les royaumes de Charles et de Louis sont à l'origine de quels États actuels ? ....

....

3 Pourquoi la Lotharingie va-t-elle se morceler très vite ? ....

....

4 Sur la carte, indique par des flèches rouges les raids des Normands qui remontent les cours d'eau et attaquent les villes et les monastères.

5 D'où viennent les Normands ? .....

....

6 Comment, en 911, le roi de France parvient-il à arrêter les invasions normandes ? ....

....

7 Décris cette barque normande.

....

....

....

Au XIe siècle, les Normands (établis en Normandie) vont conquérir l'Angleterre avec une flotte de plus de 1 200 navires, conduite par Guillaume le Conquérant (1066). La tapisserie de la reine Mathilde, conservée à Bayeux, relate cette expédition victorieuse.

12 LA FÉODALITÉ

«Les guerriers sont protecteurs des églises, les défenseurs du peuple… D'autres ne possèdent que leur labeur (= travail) … Fournir l'argent, le vêtement, la nourriture, tel est leur rôle…
Ainsi on distingue trois groupes : les uns prient, les autres combattent, les autres enfin travaillent… ces trois groupes ne peuvent être séparés : les services rendus par les uns sont nécessaires aux autres…»

1 Quels sont les trois groupes de personnes décrits, au XIe siècle, par Adalbéron, évêque de Laon ? Précise leur rôle dans la société.

a) ....
....

b) ....
....

c) ....
....

- **Après la mort de Charlemagne, le pouvoir royal n'existe plus et l'insécurité est grande : raids de Normands (et aussi des Sarrasins et des Hongrois), brigandages, guerres locales, famines…**
- **Cette situation dramatique et ces violences obligent les gens à se placer sous la protection des plus forts, des plus puissants, des plus riches.**
- **La *terre* est la seule richesse : il faut en tirer tout ce dont on a besoin, car tout commerce est impossible.**
- **Les paysans se regroupent autour des seigneurs dont ils travaillent les terres en échange de la protection qu'ils leur assurent. Ils sont entièrement soumis aux seigneurs : impôts, obéissance, corvées....**
- **Mais les seigneurs établissent aussi, entre eux, des liens personnels très forts. Le protégé (= vassal) prête serment de fidélité à son protecteur (= suzerain). En échange, il reçoit une terre avec des paysans : c'est le *fief* (en latin *feodum*).**
- **C'est de ce nom que provient le mot féodalité qui désigne cette période : du IXe au XVe siècle.**
- **De nombreux seigneurs qui ont déjà des vassaux prêtent serment de fidélité au roi qui devient le suzerain de ces vassaux royaux.**
- **Une fois les invasions achevées, le système continue et les fiefs deviennent héréditaires (c'est-à-dire que les fils aînés en héritent au décès du père).**

2 Quelle est la seule richesse ? Qui la possède ? Qui la travaille ? ....
....
....

3 D'où vient le mot « féodalité » ? Combien de temps dure ce système ? ....
....
....

4 Observe ce schéma.

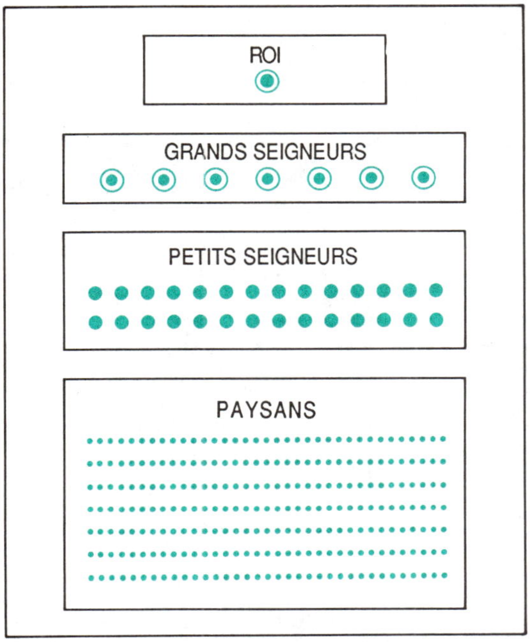

a) Y a-t-il davantage de petits seigneurs que de grands ? ....

....

b) De qui sont vassaux les petits seigneurs ? ....

....

c) Qui n'a pas de suzerain ? ....

....

d) Quelles personnes se contentent de travailler et d'obéir ? ....

....

e) Trace en vert les liens de vassalité.

f) Trace en rouge les liens de suzeraineté.

5 Décris cette scène d'hommage du vassal à son suzerain. ....

....

....

....

....

....

6 Que va donner le suzerain à son vassal ? ....

....

7 Pourquoi appelle-t-on les seigneurs des «fer-vêtus» ? ....

....

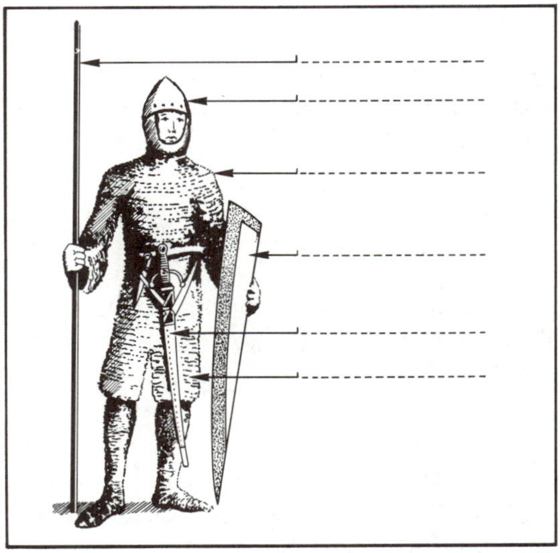

8 Sur ce dessin d'un chevalier place les noms suivants :

heaume, haubert, chausses, épée, lance (ou haste), bouclier (ou écu).

9 Tous les seigneurs pouvaient-ils devenir chevaliers ? Pourquoi ? ....

....

....

13 CEUX QUI SE BATTENT

• Les seigneurs sont des guerriers. Sur son domaine, le seigneur fait construire un *château* pour le protéger ainsi que ses paysans.
• Bâtie la plupart du temps sur une hauteur, c'est souvent une construction peu confortable, mal chauffée et mal éclairée. Au pied du château, les maisons des paysans se regroupent autour de l'église.
• Comme la guerre est la principale occupation des seigneurs, en même temps qu'une source de profit (butin, rançon) , les châteaux deviennent de plus en plus difficiles à prendre.

Tapisserie de Bayeux : un château primitif

1 Décris ce château du xe siècle. Comment l'appelle-t-on ? En quel matériau est-il construit ? Quels dangers le menacent ? ....
....
....

2 Quels progrès constates-tu dans l'édification du château de Loches ? .
....
....

Château de Loches

3 Comment appelle-t-on la partie centrale du château ? Quelle est sa forme ? A quoi sert-elle ? ....
....
....

4 En cas d'attaque, quels obstacles se dressent face aux assaillants ? ....
....
....

5 A quoi sert la cour intérieure ? .....
....
....

Château de Coucy

6 Décris maintenant le château de Coucy. Quels sont les avantages de la forme nouvelle du donjon ? Où sont situées les tours ? ....

....

....

- **Les activités violentes, comme les tournois et la chasse, offrent l'occasion de s'entraîner pour les nombreuses guerres qui éclatent entre des seigneurs voisins et rivaux : les guerres privées.**
- **Dans le château, sombre et froid, le seigneur organise des distractions ; de grands festins ont lieu ; des troubadours viennent y chanter les exploits des chevaliers célèbres.**

7 *«J'ai grande joie quand je vois dans la campagne les chevaliers et les chevaux armés.... J'aime aussi quand les éclaireurs font fuir les gens avec le bétail... Il me plaît du fond du cœur de voir les châteaux forts assiégés, les palissades abattues... Il m'est beau de voir froisser les lances, trancher les écus et donner et rendre des coups...»* (D'après Bertran de Born.)

Que décrit ce troubadour de la fin du XIIe siècle ? La guerre est-elle vraiment une partie de plaisir ? ....

....

....

8 Vrai (V) ou faux (F) ?

a) Le seigneur rend la justice dans son domaine. ☐

b) Le seigneur impose aux paysans l'utilisation de son moulin, de son four à pain, de son pressoir... moyennant des paiements. ☐

c) Le droit de chasse est accordé aux paysans. ☐

d) Le seigneur perçoit des péages sur les routes et les ponts de son domaine. ☐

e) Le donjon sert de logis au seigneur et à sa famille. ☐

9 Sur ce schéma d'un château fort, place les mots suivants, à l'aide des numéros :

1. barbacane ;
2. pont-levis ;
3. herse ;
4. fossé ;
5. tour ;
6. donjon ;
7. créneau ;
8. chemin de ronde ;
9. archère ;
10. chapelle ;
11. écurie ;
12. basse-cour ;
13. haute-cour.

14 CEUX QUI TRAVAILLENT

La terre appartient aux seigneurs qui y règnent en maître absolu. Certains paysans sont libres (les *vilains*), mais d'autres sont la propriété du seigneur (les *serfs*). Les uns et les autres doivent payer des impôts variés et travailler gratuitement sur les terres du seigneur (les corvées).

1 Que deviennent les enfants des serfs ? ....

2 Le seigneur peut-il vendre les serfs avec la terre, comme du bétail ou des instruments ? ....

La terre, mal travaillée, produit peu ; les guerres et les chasses des seigneurs ravagent souvent les maigres récoltes. Les famines sont fréquentes.
«Quand on eut mangé les bêtes sauvages, les hommes se mirent à ramasser toutes sortes de charognes... Certains eurent recours aux racines de la forêt... Hélas ! O douleur ! Une faim enragée fit que des hommes dévorèrent de la chair humaine... Beaucoup tiraient du sol une terre blanche qui ressemble à de l'argile, la mêlaient à ce qui restait de farine et faisaient de ce mélange des pains... On ne voyait que des figures pâles et amaigries...»

3 Raoul Glaber, un moine bourguignon, raconte ainsi une famine vers l'an mille. Quelles étaient les causes de cette famine? Y avait-il des réserves pour les années de mauvaises récoltes ? ....
....

4 Faute d'engrais ou de fumier, on laissait la terre en jachère un an sur deux ou un an sur trois. Que signifie le mot «jachère» ? ....
....
....

5 Aux XIIe et XIIIe siècles, on améliore les techniques agricoles et on défriche de nouvelles terres. Quels sont les grands défricheurs à cette époque ? ....
....
....

6 Depuis toujours on attelait les chevaux par une bande de cuir (A) qui comprimait le cou de l'animal. Au XIIe siècle, on utilise un collier rigide (B) pesant sur les épaules de l'animal. Quels sont les avantages de ce nouvel attelage ? ....
....
....
....

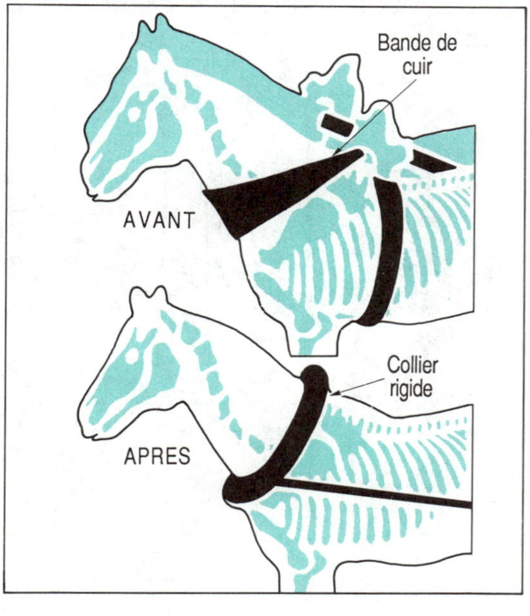

**Au XIIIe siècle, les conditions de vie des paysans s'améliorent un peu. Les seigneurs comprennent que, pour produire davantage, il y a intérêt à laisser un peu de liberté aux paysans et à ne pas trop les écraser d'impôts.
Beaucoup de serfs deviennent alors des hommes libres.**

7 Ces dessins correspondent aux douze mois de l'année. Précise pour chaque mois le travail du paysan et de sa famille.
Quel personnage figure dans le dessin du mois de mai ? Quelle est son occupation ? ....

Janvier : ....
Février : ....
Mars : ....
Avril : ....
Mai : ....
Juin : ....
Juillet : ....
Août : ....
Septembre : ....
Octobre : ....
Novembre : ....
Décembre : ....

15 CEUX QUI PRIENT

• Au Moyen Âge, la plupart des Français sont chrétiens. La *religion* pénètre la vie de tous les jours : naissance, mariage et mort se passent dans un cadre religieux ; les fêtes des saints et les cloches des églises rythment la vie.

• Pendant les temps difficiles, la religion apparaît comme un remède, une consolation, un espoir. Aussi la foi est-elle très profonde !

1 Qui dirige l'Église à partir de Rome ? ....

2 Qu' appelle-t-on le clergé ? ....
....
....

3 Définis ces deux mots que distingue seulement une majuscule.

a) L'Église : ....
....

b) L'église : ....
....

• Le *clergé* possède de grandes richesses, léguées (= données par testament) par les puissants et les seigneurs ; il reçoit également une part (la dîme) des récoltes des paysans.

• L'Église s'efforce de rendre la vie moins pénible ; le clergé s'occupe des malades et de l'enseignement ; il essaie de limiter les violences des seigneurs.

4 Compare la "Paix de Dieu" et la "Trêve de Dieu".

▪ *"Je n'envahirai pas les églises... Je n'arrêterai ni le paysan ni le marchand... Je ne détruirai ni n'incendierai les maisons.»* (Serment proposé par un évêque vers 1023.)

▪ *«Que ni homme n'en attaque un autre, ni attaque un château ou un village du mercredi au coucher du soleil au lundi à l'aurore, ni ne pille, ni ne vole...»* (Accord entre le Comte de Flandre et un évêque vers 1060.)

....
....
....

5 Définis ces expressions :

a) le clergé séculier ....
....

b) le clergé régulier ....
....

Cite quelques monastères célèbres :
....
....

6 Un moine bourguignon du XIe siècle écrit que la France se couvre *«d'un blanc manteau d'églises»*.

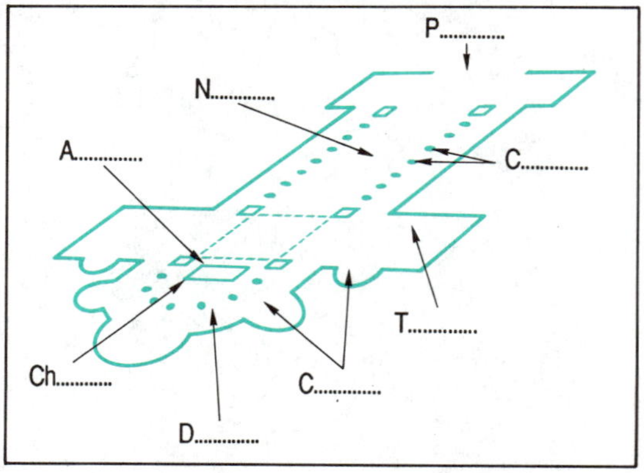

Sur ce plan de l'église de Saint-Nectaire (63), place les mots suivants :

nef, transept, chœur, chevet, déambulatoire, chapelles rayonnantes, portail, colonnes, autel.

Que trouve-t-on au-dessus de la croisée du transept ? ....

....

• Pour faire des œuvres durables, les constructeurs d'églises remplacent les charpentes en bois par des voûtes de pierre, ce qui posait de grands problèmes.

• Diverses solutions sont trouvées. On construit d'abord des *églises romanes*, basses et sombres. Au XIIe siècle, la croisée d'ogives et les arcs-boutants permettent de réaliser des *églises gothiques* plus hautes, inondées de lumière grâce aux énormes vitraux.

• Toutes ces églises sont très décorées et forment une sorte de grands livres de prières pour instruire les fidèles.

7 Décris cette église romane – Saint-Nectaire – (matériaux, ouvertures, forme du clocher, etc.). ....

....

....

....

8 Cite le nom de deux autres églises romanes. ....

....

9 Décris cette cathédrale gothique (cathédrale d'Amiens). ....

....

....

....

....

....

....

10 Cite d'autres cathédrales gothiques. ....

....

....

....

....

Cependant, l'Église n'hésite pas à lutter par la force contre ceux qu'elle considère comme ennemis de la religion. Elle mène même de véritables guerres, des croisades, en France (contre les Albigeois au XIIIe siècle) ou plus loin, vers Jérusalem où se trouve le tombeau de Jésus-Christ.

16 LES CAPÉTIENS FORMENT LA FRANCE

• Les rois carolingiens n'ont, face aux seigneurs féodaux, aucun pouvoir : ils ne sont plus obéis.

• En 987, les seigneurs et les évêques du royaume élisent Hugues Capet, seigneur de l'Ile-de-France comme roi. Même si son domaine est peu étendu, Hugues Capet devient le suzerain de tous les seigneurs de France.

La France en 987

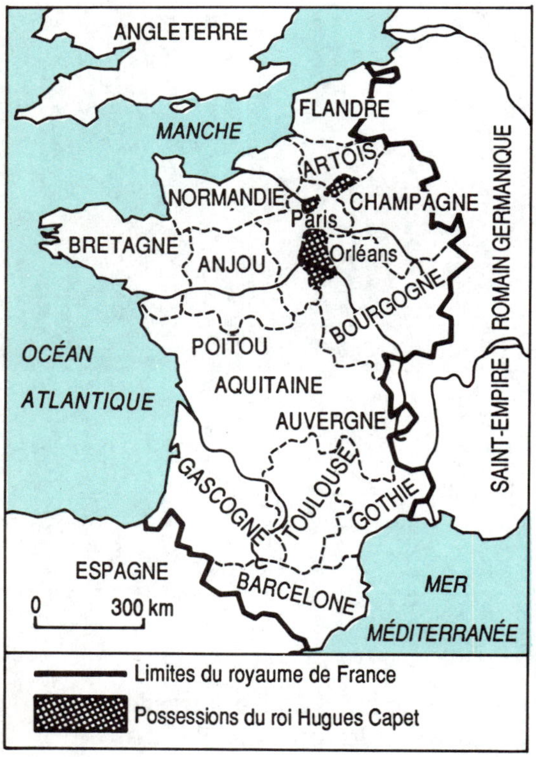

1 Colorie en rose les possessions d'Hugues Capet en 987. Colorie en rouge les limites du royaume de France. Ces limites correspondent-elles aux frontières actuelles de la France ? .....

....

2 Hugues Capet exerce-t-il une autorité réelle sur ses grands vassaux ? .....

....

....

....

Hugues Capet se fait sacrer roi à Reims : il règne jusqu'à sa mort en 996.

3 Pour quelles raisons agit-il ainsi ?

....

....

....

4 De son vivant, Hugues Capet fait élire et sacrer son fils aîné, Robert. Pourquoi le fait-il ? Pourquoi ses successeurs l'imitent-ils ? ....

....

....

....

5 Comment s'appellent les successeurs d'Hugues Capet ? ....

....

....

• *Louis VI le Gros* règne de 1108 à 1137. Il renforce son autorité dans son propre domaine en luttant contre les seigneurs brigands et en protégeant l'Église.

• *Philippe Auguste* règne de 1180 à 1223. En 1214, il remporte la victoire de Bouvines contre l'Angleterre, l'empereur d'Allemagne et les seigneurs de Flandres, de Hollande et de Lorraine.

6 Colorie sur la carte p. 29, en rose, le domaine royal en 1180.

La France en 1223

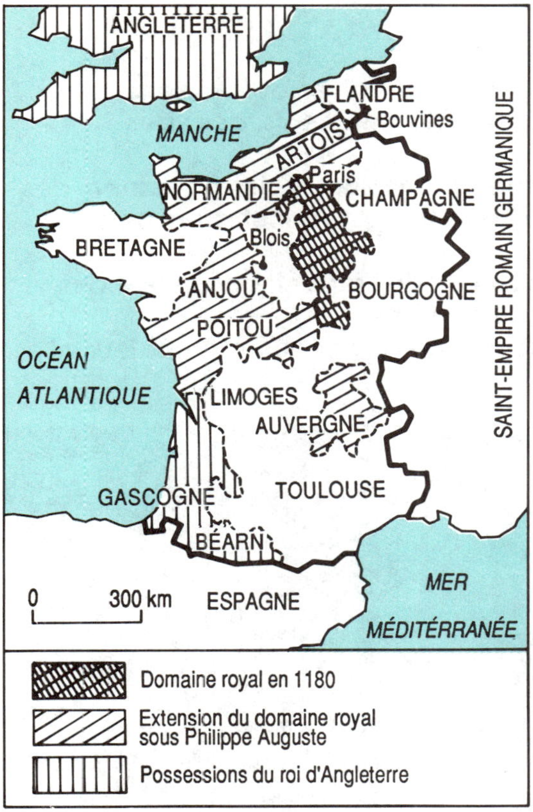

7 S'est-il agrandi depuis Hugues Capet ? ....

8 Colorie en bleu les provinces conquises par Philippe Auguste jusqu'en 1223.

9 Quels sont alors les vassaux les plus importants du roi de France ? ....
....
....

10 Colorie en jaune les possessions anglaises, en France, en 1223.

Cite leurs noms. ....
....

***Louis IX (Saint Louis)* règne de 1226 à 1270. Il interdit aux nobles la guerre privée et cherche à régler par des traités les problèmes de frontières. Il parle sans cesse de justice et de paix mais participe à deux croisades pour reconquérir Jérusalem.**

11 Cite d'autres actions de Louis IX que tu connais. ....
....
....

***Philippe le Bel* règne de 1285 à 1314. Il perfectionne l'administration du royaume et s'oppose au pape. Il institue des impôts pour l'État et se procure de l'argent par tous les moyens. Il réunit les premiers États Généraux, en 1302, avec des représentants de la noblesse, du clergé et des habitants des villes (les bourgeois) du royaume.**

12 Autour du roi, l'administration se développe. Indique le rôle de chacun de ces organismes.

Conseil du roi : ....

Cour des comptes : ....

Parlement : ....

13 Dans les provinces, quels sont les représentants du roi ?

a) Dans la France du Nord : ....

b) Dans la France du Sud : ....

14 Place sur cette frise les règnes des principaux rois capétiens et les événements importants de cette période.

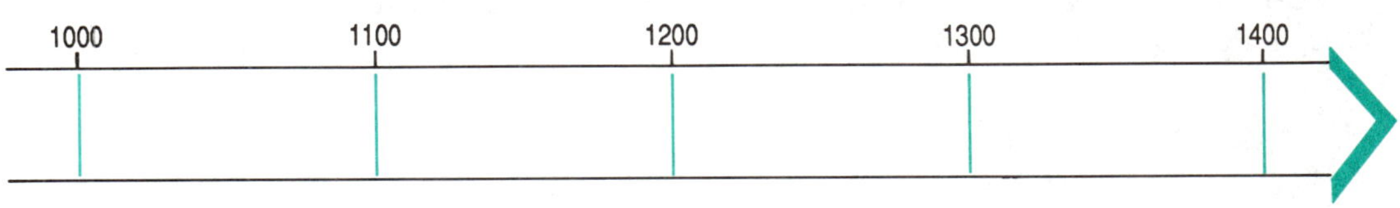

17 LES VILLES AU MOYEN ÂGE

• A partir du XIe siècle, les villes, dévastées lors des diverses invasions, renaissent. On crée même, à l'occasion des défrichements, des villes nouvelles.
• Les habitants de ces bourgs – les bourgeois – ne sont ni des paysans ni des seigneurs. Ils vivent du commerce et de l'artisanat, qui enrichissent certains d'entre eux.
• Les bourgeois, en se révoltant ou en donnant de l'argent, obtiennent des seigneurs et du roi des libertés appelées *franchises.*
• Des *chartes* – textes écrits – leur permettent de diriger eux-mêmes leur ville, qui devient une commune.

Carcassonne

1 Observe cette ville. Décris-la. ....
....
....
....

2 Pourquoi est-elle entourée de remparts ? Pourquoi n'y a-t-il pas de fossés ? ....
....
....

3 Comment y entre-t-on ? ....
....

4 Les rues sont-elles visibles ? Que peux-tu en déduire ? ....
....
....
....
....

5 Décris cette rue commerçante dans une ville du Moyen Âge (rue, maisons, boutiques, activités,...)

6 Pourquoi chaque soir, à l'heure du couvre-feu, doit-on éteindre les lumières et couvrir les braises du foyer ?

7 Quels autres dangers menacent les habitants des villes ?

- **Les marchands et artisans sont groupés en *corporations* dont les règlements précisent les procédés de fabrication, les horaires de travail, les salaires, l'apprentissage.**
- **Dans chaque corporation, on distingue les maîtres, les compagnons et les apprentis.**

8 Recherche sur le plan d'une ville des noms de rues évoquant les métiers du Moyen Âge.

Au début, tous les habitants de la ville sont égaux, mais très vite les riches dominent : ils louent leurs maisons, ils fournissent le travail et exercent seuls le pouvoir.

9 Vers 1175, un poète (Chrétien de Troyes) parle de la misère des ouvrières qui fabriquent des draps.

«Toujours nous tisserons draps de soie,
Mais jamais n'en serons mieux vêtues,
Toujours serons pauvres et nues
Et toujours aurons soif et faim...
Nous avons du pain à grand peine,
Peu le matin et le soir encore moins...
Mais s'enrichit de notre travail
Celui pour qui nous travaillons...»

Que veulent exprimer ces vers ?

10 Si chaque ville possède son marché, certaines sont connues pour leurs foires où l'on vient de fort loin pour acheter des denrées rares.
Cite quelques foires importantes ainsi que les produits que l'on y trouve.

11 Toutes les villes libres possèdent un sceau, c'est-à-dire un cachet qui caractérise la commune. Que veut montrer ce sceau de la ville de Valenciennes (XIIIe siècle) ?

18 LA GUERRE DE CENT ANS

• **Deux rois pour un trône : en 1328, le roi de France meurt sans héritier ; son neveu, Philippe de Valois, est choisi comme roi par les seigneurs français. Mais un de ses autres neveux, Edouard III, déjà roi d'Angleterre, veut également être roi de France.**
De 1328 à 1453, les rois d'Angleterre vont tenter de conquérir la France.

• **Cette frise et ces trois cartes indiquent les principaux épisodes de ce long conflit entrecoupé de trêves.**

• **Les victoires anglaises sont dues à la supériorité de son armée (nombreux archers) opposée à des chevaliers français indisciplinés et malhabiles à cause de leurs lourdes cuirasses.**

• **La France souffre beaucoup de cette longue guerre et surtout des «chevauchées» anglaises qui, avec peu de soldats, pillent tout sur leur passage.**

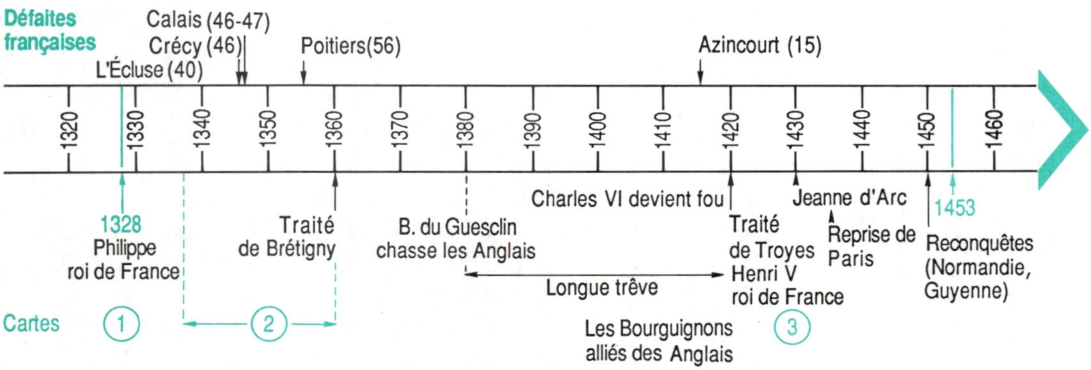

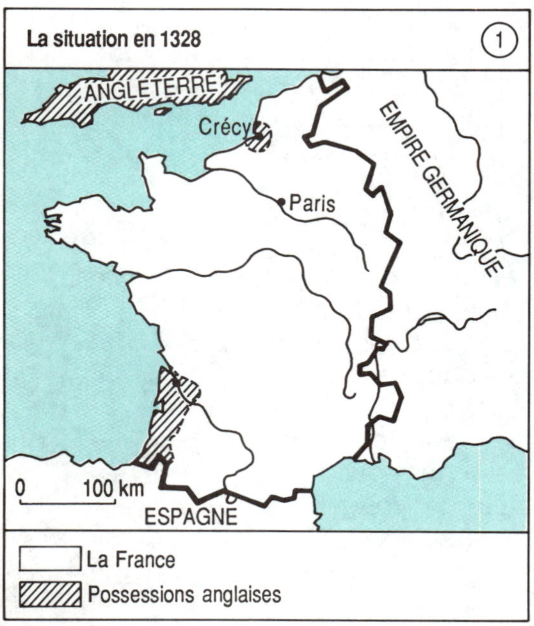

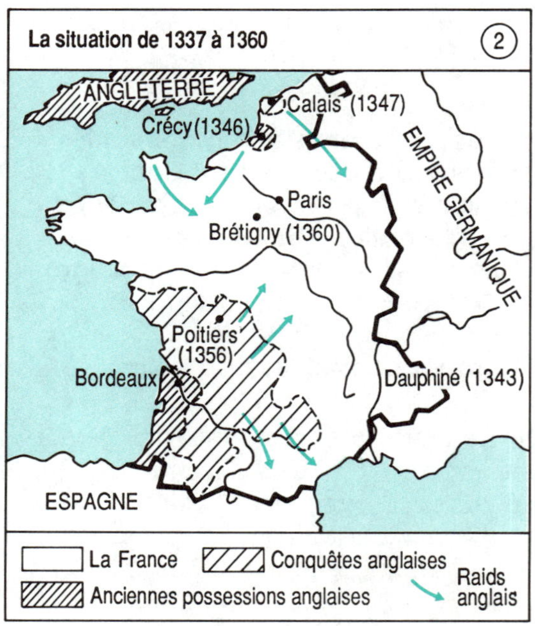

1 Sur la carte (1), trace en rouge les frontières de la France (le domaine royal et les grands fiefs). Colorie en bleu les possessions anglaises.

2 Sur la carte (2), souligne les victoires anglaises. Hachure de bleu les gains anglais. Quel traité leur donne ces territoires ? ....

3 Explique les raisons des défaites françaises. ....
....
....
....

4 Quel roi de France est fait prisonnier à Poitiers en 1356 ? ....

Grâce à Bertrand du Guesclin, les possessions anglaises en 1380 sont très réduites.

5 Quel roi de France devient fou en 1392 ? Quelles sont les conséquences de cette folie ? ....
....
....

6 La guerre civile s'ajoute à la guerre avec l'Angleterre. Quels sont les effets du traité de Troyes ? ....
....
....

«Une enfant de douze ans, une toute jeune fille, confondant la voix de son cœur avec la voix du ciel, conçoit l'idée étrange, absurde, d'exécuter la chose que les hommes ne peuvent faire, de sauver son pays… Sans nul appui, elle traverse la France ravagée et déserte, elle se jette dans la guerre et plonge intrépide au milieu des épées… et entraîne tout un peuple qui devient soldat avec elle…»
(D'après Michelet.)

7 De qui s'agit-il ? Qui veut en finir avec «la pitié» (= la misère) qu'il y avait au royaume de France ? ....
....

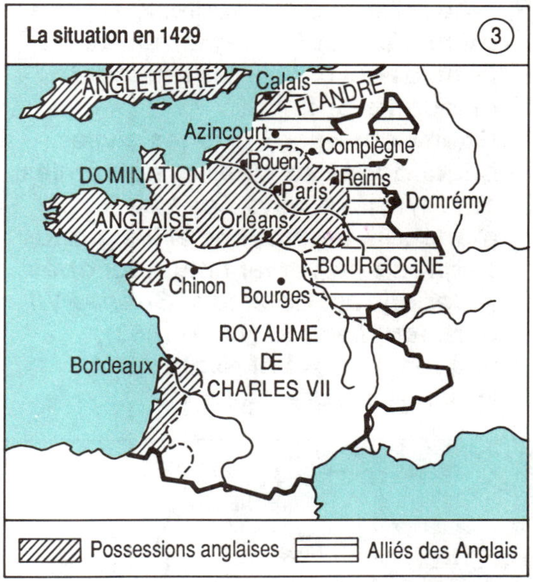

8 Sur la carte (3), colorie en bleu les possessions anglaises, en vert celles des alliés des Anglais.

9 Quelle est la capitale du royaume de Charles VII en 1429 ? ....

10 Sur la même carte, trace en rouge l'itinéraire de Jeanne d'Arc.

Les Français reprennent alors confiance. Le duc de Bourgogne se réconcilie avec Charles VII qui entre à Paris en 1436. L'armée française, reconstituée et modernisée, parvient à reconquérir la Normandie et la Guyenne.

***En 1453*, les Anglais ne possèdent plus que Calais.**

Mais ce long conflit a ruiné le pays.

Cependant, le sentiment national a pris naissance : le patriotisme français s'est éveillé.

19 LA FRANCE AU XVe SIÈCLE

**• Au milieu du XVe siècle, la France est ruinée par *le long temps des troubles* qui a duré près de cent cinquante ans.
Guerre étrangère, guerres civiles, brigandages, famines et épidémies, ont ravagé le pays. Les rois manquent de moyens et les grands seigneurs ne veulent plus leur obéir.**
• Cependant deux rois, *Charles VII* et surtout *Louis XI* (1461-1483), relèvent le pays et rétablissent l'autorité royale.

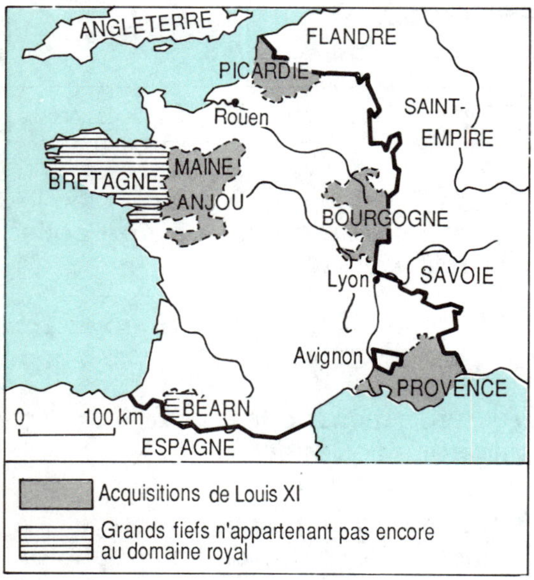

1 Colorie en rose le domaine royal à la mort de Charles VII en 1461, et, en rouge, les acquisitions de Louis XI.

2 Pour développer leur pouvoir, ces deux rois créent des impôts royaux : la taille et la gabelle. Cherche la signification de ces deux mots.
Taille : ....
Gabelle : ....

3 Ils organisent également une armée permanente avec des camps d'entraînement et des canons. Comment les canons royaux permettent-ils la soumission des grands seigneurs ? ....
....
....

4 *«Il n'y a personne pour contredire le roi... Avec les nouveaux impôts, les garnisons de soldats,... la couronne fait des progrès considérables... Les princes étant pauvres ne peuvent rien oser contre le roi..."*
(Lettre d'un ambassadeur de Venise à la fin du XVe siècle.)
Quels changements évoque cet ambassadeur dans cette lettre ? ....
....
....

• Vers 1470, Louis XI fait installer à Paris la première imprimerie française.
• La paix revenue, les paysans peuvent cultiver les terres et la population augmente.

5 Pourquoi a-t-on donné à Louis XI le surnom d'"araignée" ? Quel fut son principal ennemi ? ....
....
....
....

6 Pourquoi Louis XI encourage-t-il les foires de Rouen et de Lyon ? ....
....
....
....
....

20 LES GRANDES DÉCOUVERTES

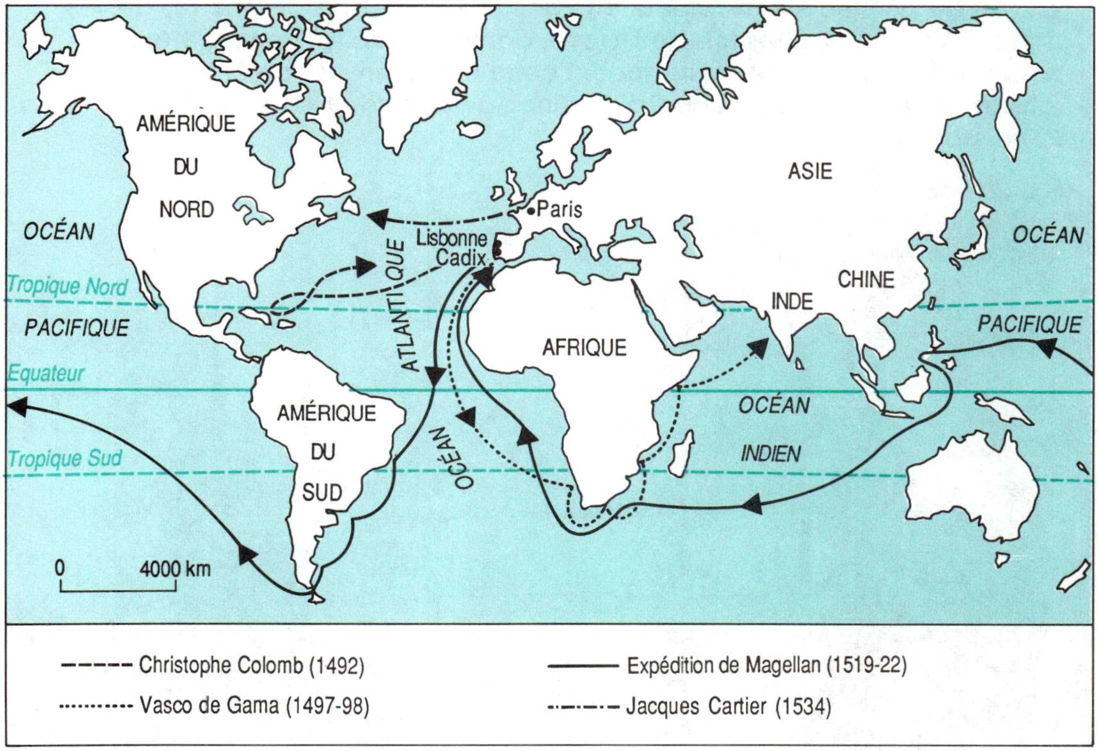

1 Colorie en bleu les côtes connues au milieu du XVe siècle.

2 Hachure en jaune les parties du monde inconnues à cette époque.

3 Repasse en rouge le premier voyage de Christophe Colomb.

4 Pourquoi, pour aller aux Indes, part-il vers l'ouest ? ....
....
....

5 Comment Colomb appelle-t-il les habitants de l'Amérique ? ....
....
....
....

6 Repasse en rouge les autres voyages de découvertes. ....
....

7 Quelle région découvre Jacques Cartier en 1534 ? ....
....

8 Quels perfectionnements ont permis ces voyages lointains ? ....
....
....
....

9 Que vont chercher ces hardis navigateurs ? ....
....
....

21 LES CHÂTEAUX DE LA RENAISSANCE

A la fin du XVe siècle et au début du XVIe siècle, au cours de guerres qui les conduisent en Italie, les rois de France, dont François Ier, découvrent une nouvelle façon de vivre. Ils importent cette mode en France et invitent des artistes italiens, comme Léonard de Vinci, à venir travailler en France. C'est la *Renaissance.*

1 Décris ce château : Azay-le-Rideau.
Compare-le à celui de Coucy (p. 22): ressemblances, différences, utilité, etc. ....

....

....

....

....

....

2 Qui fait construire les châteaux de la Renaissance ? ....

....

....

....

3 Nomme quelques châteaux de la Renaissance construits dans la première moitié du XVIe siècle sur la Loire et ses affluents. ....

....

....

4 Jusque-là, le latin était utilisé pour l'écriture des actes officiels. Quel changement introduit l'ordonnance royale de Villers-Cotterêts (1539) ? .....

....

Dix ans plus tard, en 1549, un certain nombre de grands poètes publient une *Défense et Illustration de la langue française.*

22 LES GUERRES DE RELIGION

1 Sur cette frise, indique par des couleurs différentes, les règnes de ces rois :

- ❑ Charles VIII (1483-1498)
- ❑ Louis XII (1498-1515)
- ❑ François Ier (1515-1547)
- ❑ Henri II (1547-1559)
- ❑ François II (1559-1560)
- ❑ Charles IX (1560-1574)
- ❑ Henri III (1574-1589)
- ❑ Henri IV (1589-1610)

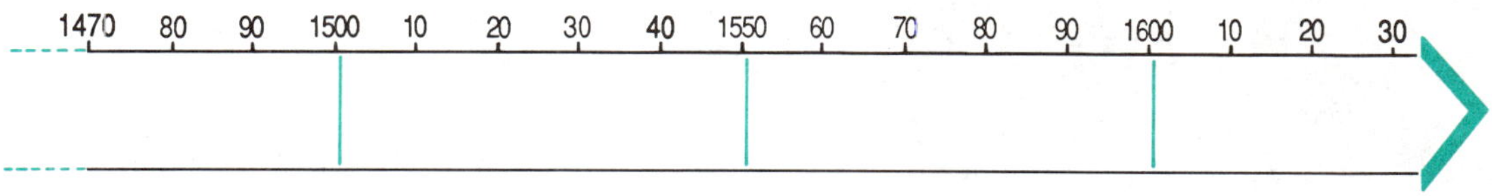

2 Indique sur cette frise deux dates importantes du règne de François Ier : la victoire de Marignan (1515) sur les Suisses et l'ordonnance de Villers-Cotterêts.

3 De ces deux faits, quel est celui qui a eu le plus de conséquences ? ...

....

4 Que s'est-il passé le 24 août 1572, le jour de la Saint-Barthélemy ? ....

....

....

....

5 Henri IV, qui succède à Henri III, est protestant. Que fait-il, en 1593, pour reconquérir son royaume ? Que signifie l'expression *«Paris vaut bien une messe»* ? ....

....

....

....

6 En 1598, l'édit de Nantes établit, pour la première fois, la tolérance religieuse en France. Que prévoit cet édit royal ? ....

....

- **Avec la découverte de l'imprimerie (Gutenberg, vers 1450), il devient plus facile aux chrétiens de lire la Bible et l'Évangile ; la première Bible en français paraît en 1535.**
- **Certains chrétiens reprochent alors au pape et aux évêques de ne pas se conduire selon les principes de Jésus-Christ. On les appelle *protestants* ou réformés (ils veulent réformer l'Église).**
- **Dans certains pays d'Europe, les rois prennent le parti des protestants. En France, les rois restent catholiques mais le pays compte de nombreux protestants.**
- **Catholiques et protestants discutent et se disputent ; puis ils prennent les armes et, de 1562 à 1589, éclatent *huit guerres de religion* (opposant les Français entre eux) ; elles ravagent le pays, menacent l'unité nationale et l'autorité du roi.**

7 Porte sur la frise toutes les dates importantes du règne de Henri IV.

23 VERS LE POUVOIR ABSOLU

Après l'assassinat de Henri IV (1610), les grands seigneurs, à plusieurs reprises, se soulèvent contre le jeune *Louis XIII*. Aidé par un Premier ministre fidèle et intelligent, *Richelieu*, Louis XIII parvient à se faire obéir par les nobles et les protestants.

1 *«Lorsque votre Majesté résolut de me donner sa confiance pour la direction de ses affaires... je promis d'employer tous mes efforts pour ruiner le parti protestant, rabaisser l'orgueil des nobles (= les grands), réduire (= rappeler à) tous les sujets (= Français) en leur devoir et relever le nom de Votre Majesté dans les nations étrangères au point où il devrait être.»*

Richelieu, dans ce texte, décrit la situation du royaume en 1624 et fixe quatre objectifs. Relie les actions réalisées aux objectifs prévus.

Objectifs	Actions
	1) Création d'«intendants de justice, police et finances» dans les provinces.
a) Obéissance des protestants.	**2)** Siège de La Rochelle (1627).
	3) Augmentation des impôts royaux (taille).
	4) Les châteaux forts démantelés.
b) Rétablissement de l'autorité du roi.	**5)** Édit de grâce d'Alès (1629) qui, maintient la liberté religieuse mais supprime les privilèges militaires des protestants.
	6) Châtiments exemplaires des complots des seigneurs.
c) Amélioration de l'administration du pays.	**7)** Interdiction des duels entre seigneurs.
	8) Renforcement de l'armée et de la marine.
d) La place de la France en Europe et dans le monde.	**9)** Installation des Français aux Antilles et au Sénégal.
	10) Création de l'Académie française (1635).
	11) Agrandissement de la France aux dépens de l'Allemagne (Alsace) et de l'Espagne (Artois, Roussillon).
	12) Écrasement des révoltes des paysans.

2 Complète ce tableau représentant Richelieu par l'histoire de sa vie (= biographie). ....

24 « L'ÉTAT C'EST MOI »

Devenu roi à cinq ans, en 1643, Louis XIV décide de gouverner personnellement, en 1661. Il va régner, de manière absolue jusqu'en 1715. *«Les princes agissent comme ministres de Dieu... Le trône royal n'est pas le trône d'un homme, mais le trône de Dieu lui-même.»* (Bossuet.)

1 Que signifient ces phrases de Louis XIV sur son «métier de roi» ?

a) *«Toute puissance, toute autorité résident dans la main du roi et il ne peut y en avoir d'autres...»* ....

....

b) *«Celui qui a donné les rois aux hommes (= Dieu) a voulu qu'on les respectât comme ses lieutenants se réservant à lui seul le droit d'examiner leur conduite ...»* ....

....

c) *«Je résolus de ne point prendre de Premier ministre et de ne pas laisser faire par un autre la fonction de roi...»*

....

....

d) *«Il n'était pas de mon intérêt de choisir des hommes de grande qualité... Il était important que le public connût, par le rang de ceux que j'employais, que je ne voulais pas partager mon autorité...»* ....

....

2 Ce fanion de Louis XIV porte la devise du «Roi-Soleil» (en latin): *Nec pluribus impar*, soit «non inégal à plusieurs», c'est-à-dire *«supérieur à tous»*. Quelles fleurs bordent ce fanion ? .....

....

3 Complète ce tableau des pouvoirs du roi.

Le roi de France et de Navarre par la grâce de Dieu :

■ Il peut consulter :
— le Conseil d'en haut : ....
— le Conseil des parties : ....
— le Conseil des finances : ....
— le Conseil des dépêches : ....

■ Il est aidé par :
— le Chancelier pour la justice : ....
— le Contrôleur des finances : ....
— quatre secrétaires d'État : ....
a) ....
b) ....
c) ....
d) ....

■ En province, il est représenté par des .... qui ont tous les pouvoirs.

■ Il fait la loi ; il nomme souvent les maires des communes ; il rend la justice. Ses sujets lui doivent une obéissance absolue.

4 Cite le nom d'un ministre de Louis XIV. ....

....

25 « LE ROI SOLEIL »

1 Décris le château de Versailles (peinture de Patel). ....

....

....

2 Relie ce qui va ensemble.

Mansart ■	■ trace les magnifiques jardins «à la française».
Le Nôtre ■	■ décore le château.
Le Brun ■	■ surveille personnellement les travaux.
Louis XIV ■	■ durent près de trente ans.
Les travaux ■	■ est l'architecte principal.
Le roi et la Cour ■	■ coûtent fort cher et demandent le travail de plusieurs dizaines de milliers de paysans.
	■ s'y installent en 1682.

3 Pourquoi Louis XIV fait-il construire ce magnifique château ? ....

....

4 Comment y vit la Cour du roi ? ...

....

....

5 Pendant le long règne de Louis XIV, on ne compte que vingt-cinq ans de paix. Calcule le pourcentage du règne pendant lequel durent les guerres. ....

....

6 Pourquoi Louis XIV fait-il graver sur ses canons : *«Le dernier argument des rois»* ? ....

....

• Si Louis XIV s'occupe de sa gloire, il ne s'intéresse guère à la misère de millions de paysans.
La fin du règne connaît des famines, des impôts nouveaux, des armées épuisées.
• De plus, en 1685, le roi révoque (= supprime) l'édit de Nantes.

7 Que font alors les protestants ? ....

....

....

....

26 LES FRANÇAIS AUX XVIIe ET XVIIIe SIÈCLES

• Depuis le Moyen Age, les transformations des activités et les progrès du pouvoir royal ont modifié la société française.
• Il existe deux ordres (= groupes) privilégiés (= qui ont des avantages particuliers et héréditaires): la *noblesse* et le *clergé*.
• Les autres Français, riches ou pauvres, bourgeois ou vagabonds, forment le troisième groupe appelé *Tiers-État*.

1 Complète ce texte sur le clergé avec les mots suivants :

dîme ; hôpitaux ; noblesse ; supérieurs ; riches ; enseignement ; évêques ; curés ; religieuses ; richesses ; moines ; impôts.

Il regroupe 130 000 religieux. Certains sont très .... et les paysans doivent leur donner une partie de la récolte : la .... Le clergé s'occupe de l'.......................... et des .... Il ne paie pas d'......... .
Le haut clergé, nommé par le roi et choisi dans la ...., accapare la plupart des .... Il est formé d'............ et des .... des monastères.
Le bas clergé ...., ... et ...., vit pauvrement.

2 Complète ce texte avec les mots suivants :

terres ; Cour ; redevances ; oisiveté ; impôts ; hôtels ; Église ; armée ; sommes d'argent ; vanité ; administration.

Les nobles, 400 000 environ, ne paient pas d'.......... . La haute noblesse possède beaucoup de .... ; elle vit soit à la .... soit dans de beaux .... particuliers. Ils occupent les meilleures places dans l'............. et l'............ et reçoivent du roi des .... La noblesse de province vit des .... payées par les paysans. Elle est de moins en moins riche. Elle se fait remarquer par son .... et sa ....

3 Complète ce texte avec les mots suivants :

financiers ; impôts ; gouvernement ; prospérité ; négociants ; instruits.

Les bourgeois, ... et ...., hommes de loi et médecins, artisans et commerçants, paient de nombreux .... Certains sont très riches et souvent plus .... que les nobles. Ils voudraient jouer un rôle dans le .... de la France car ce sont eux qui ont développé la .... du pays par leur travail et leur commerce.

4 Complète ce texte avec les mots suivants :

roi ; laboureurs ; seigneur ; travailler ; pauvrement ; impôts ; clergé ; champs ; rien.

Huit Français sur dix sont des paysans : ils sont accablés d'............... qu'ils paient au ...., au .... et au .... Certains, les .... possèdent du matériel agricole (= attelages), du bétail et même quelques ....
Mais beaucoup d'autres, les manouvriers, ne possèdent ..... . Ils doivent .... les terres des autres et vivent très ....

27 LA RÉVOLUTION DE 1789

• A la veille de 1789, *l'inégalité* est toujours aussi grande entre les privilégiés et le reste des Français.
• De nombreux écrivains et savants du XVIIIe siècle dénoncent cette situation injuste :
« Parce que vous êtes un grand seigneur, vous vous croyez un grand génie ! Noblesse, fortune, rang, places... Qu'avez-vous fait pour tant de biens ? Vous vous êtes donné la peine de naître... »
(Beaumarchais.)
• Depuis plusieurs années les finances de l'État sont en difficulté : les recettes (impôts payés par les non-privilégiés) sont inférieures aux dépenses (dont beaucoup pour la Cour et les nobles).
• Enfin, plusieurs années de mauvaises récoltes ruinent les paysans et provoquent des disettes (= manque d'aliments nécessaires).

1 Comment le roi Louis XVI pense-t-il pouvoir résoudre ces problèmes ? ...
....
....

2 Que se passe-t-il au printemps 1789 ? ....
....
....

3 Que rédige-t-on à l'occasion des élections des délégués aux États Généraux qui se réunissent à Versailles le 5 mai 1789 ? ....
....
....
....

4 Quels sont les trois «ordres» représentés aux États Généraux ? ....
....
....
....
....

5 Pourquoi les délégués du Tiers-État veulent-ils que les votes se déroulent «par tête» et non »par ordre» ? ......
....
....
....
....
....

6 Le 20 juin 1789, c'est le serment du jeu de Paume. Que jurent les députés ? Qu'est-ce qu'une constitution ? ....
....
....
....
....
....
....

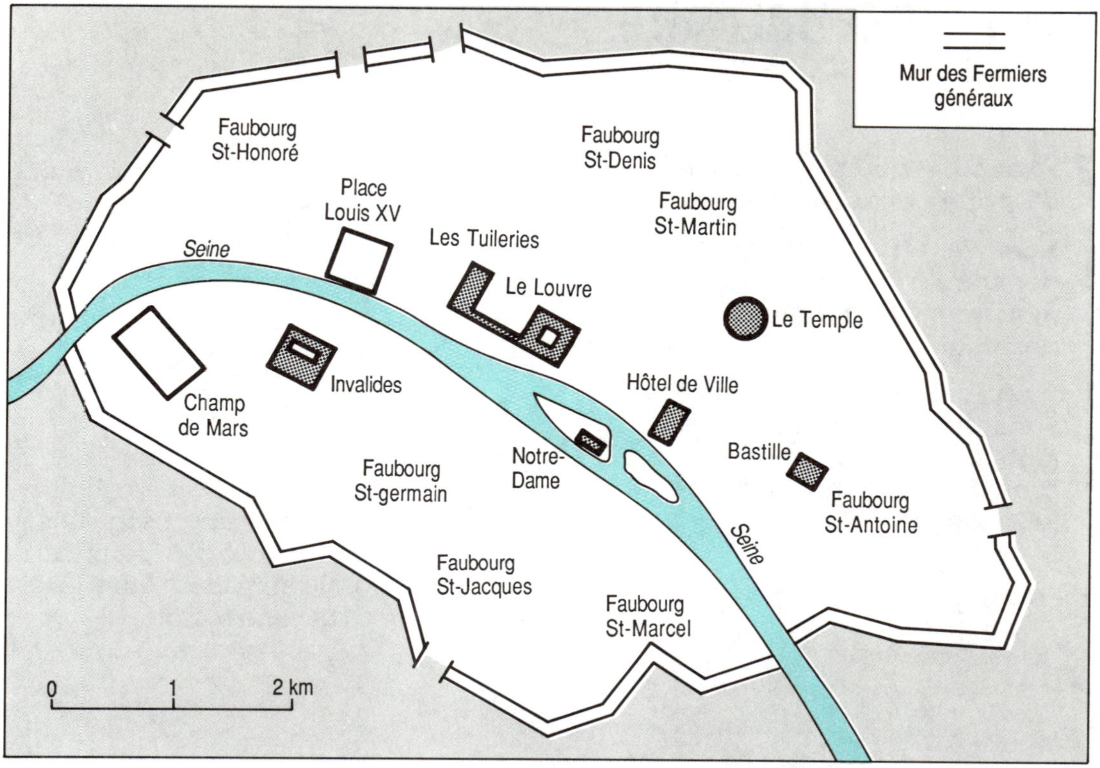

7 A quelle date les Parisiens prennent-ils la Bastille ? ....

8 Le 17 juillet, le roi accepte, à l'Hôtel de Ville, la cocarde tricolore des révolutionnaires. Encadre ce monument.

9 Que se passe-t-il dans la nuit du 4 août 1789 ? ....

....

....

10 Quand est rédigée la «Déclaration des droits de l'homme et du citoyens» ? ....

11 Ce texte concerne-t-il uniquement la France ? Quels principes énonce-t-il ? ....

....

....

12 Où s'établit le roi après les journées d'octobre 1789 ? ....

....

13 Où est célébrée la fête de la Fédération le 14 juillet 1790 ? Que symbolise-t-elle ? ....

....

....

14 A quel château les Parisiens donnent-ils l'assaut le 10 août 1792 ? ....

....

....

15 Où le roi est-il emprisonné ? ....

....

16 Quel est le nom donné à la place Louis XV ? Quel nom porte-t-elle aujourd'hui ? ....

....

....

28 LA RÉPUBLIQUE

• Louis XVI compte sur les rois d'Europe pour écraser la révolution.

• En avril 1792, la guerre est déclarée à l'Autriche et à la Prusse, mais l'armée française, désorganisée, connaît des défaites.

• Après la prise des Tuileries par les Parisiens, le roi est emprisonné, jugé, condamné à mort (par 387 voix contre 334) et exécuté le 21 janvier 1793.

Les enrôlements

Le moulin de Valmy

1 Des volontaires s'engagent parce que la *«Patrie est en danger»*. Quel chant compose pour eux Rouget de Lisle ? Que va devenir ce chant ? ....

....

....

....

2 Ces volontaires parviennent , le 20 septembre 1792, à battre à Valmy, l'armée prussienne composée de soldats de métier. Quels généraux commandent les Français ? Quelle est l'importance de cette victoire ? ....

....

....

3 Que se passe-t-il le lendemain ? ....

....

4 Quels autres pays rejoignent l'Autriche et la Prusse pour écraser la République après l'exécution de Louis XVI ? ....

....

....

....

5 Les assemblées révolutionnaires. Sur la frise, en haut de la page 45, colorie de couleur différente les assemblées révolutionnaires qui se sont succédé. Indique également les principaux événements de cette période.

Assemblée constituante : juin 89 - octobre 91.
Assemblée législative : octobre 91 - septembre 92.
Convention : septembre 92 - septembre 95.
Directoire : septembre 95 - novembre 99.

1788	1789	1790	1791	1792	1793	1794	1795	1796	1797	1798	1799	1800

Les 749 députés de la Convention, presque tous des bourgeois, ne sont pas d'accord sur la politique à mener. Les *Girondins* pensent qu'il faut cesser les violences ; les *Montagnards* veulent des mesures exceptionnelles et pratiquent la terreur pour lutter contre les ennemis de l'intérieur et de l'extérieur. Entre ces deux groupes, la *«Plaine»*, soutient tantôt les uns, tantôt les autres.

6 Classe ces élus de la Convention en indiquant G (Girondins), M (Montagnards), P (Plaine ou centre)

Brissot	(.........)	Cambacérès	(.........)
Sieyès	(.........)	Barnave	(.........)
Saint-Just	(.........)	Condorcet	(.........)
Danton	(.........)	Robespierre	(.........)
Vergniaud	(.........)		

7 De quels faubourgs (voir carte p. 43) viennent les Parisiens qui assurent, en juin 1793, la victoire de Robespierre ? ....

....

....

8 Que se passe-t-il le 27 juillet 1794 (9 Thermidor an II du calendrier républicain) ? ....

....

....

....

9 La «Terreur» se justifie-t-elle encore alors qu'aucun péril ne menace plus la nation ? ....

....

....

....

Après l'exécution de Robespierre, la paix est signée avec la Prusse, la Hollande et l'Espagne. Une nouvelle constitution est votée, mais le gouvernement est faible et connaît de graves difficultés. En effet, s'opposent à lui à la fois les royalistes et les partisans de la révolution à outrance.

10 Complète ce tableau qui établit un bilan de dix ans de révolution.

	Ce qu'ils ont gagné	Ce qu'ils ont perdu
Les nobles	....	....
Les membres du clergé	....	....
Les bourgeois	....	....
Les paysans	....	....
Les ouvriers	....	....

Deux historiens : deux avis différents !

- ***«Robespierre est un abominable personnage qui fit massacrer tant de Français.»* (P. Gaxotte.)**
- ***«Robespierre devrait avoir un monument ; c'est un homme d'État qui laisse faire des horreurs par souci du bien public ; c'est un défenseur incorruptible de 1789.»* (G. Lefebvre.)**

29 DE BONAPARTE A NAPOLÉON

• La paix, signée en 1795, ne concerne ni l'Autriche ni l'Angleterre.

• Le *général Bonaparte*, à la tête de l'armée d'Italie, bat les Autrichiens et les oblige à signer la paix. Il mène ensuite une expédition en Égypte pour gêner l'Angleterre.

• Revenu en France, Bonaparte, par le coup d'État (= prise du pouvoir grâce à l'armée) du 18 Brumaire (9 novembre 1799), installe un nouveau pouvoir : le *Consulat*.

1 Place sur cette frise les réformes importantes exécutées par Bonaparte pour établir un État nouveau, car, précise-t-il, *«la Révolution est finie»*.

• **Février 1800** : création de la Banque de France et des préfets pour diriger les départements.

• **Juillet 1801** : accord avec le pape (Concordat).

• **Mai 1802** : création de la Légion d'honneur (une décoration pour les braves).

• **Décembre 1802** : fondation des lycées.

• **Mai 1803** : rétablissement de l'esclavage dans les colonies.

• **Juillet 1803** : création du franc germinal (avec la représentation de la tête de Bonaparte sur la pièce).

• **Mars 1804** : publication du Code civil (égalité des citoyens devant la loi).

1799	1800	1801	1802	1803	1804

2 Quand a lieu le sacre de l'empereur ? Napoléon laisse-t-il le pape lui poser la couronne sur la tête ? Que veut-il montrer par ce geste ? ....

....

....

....

3 L'Empire, en 1810, compte 130 départements (de Rome à Hambourg, y compris l'Illyrie) . Colorie-le en bleu.

4 L'empereur a confié des États à certains de ses parents : Espagne, Italie, Naples, Westphalie. Colorie-les en vert.

5 Certains autres États sont considérés comme les vassaux de l'Empereur : Confédération du Rhin, grand-duché de Varsovie, Suisse. Colorie-les en violet.

6 Sur la carte, les étoiles représentent des batailles. Distingue les victoires et les défaites et indique chaque fois l'année.

Victoires : ....

....

....

Défaites : ....

....

....

7 Napoléon Bonaparte sait se faire aimer par les soldats qui lui sont très dévoués. Relie chacune de ses proclamations à l'épisode correspondant.

a) *«Soldats vous êtes nus, mal nourris... Je veux vous conduire dans les plus riches plaines du monde.»* ■	■ Débarquement au golfe Juan (mars 1815).
b) *«Du haut de ces pyramides, 40 siècles vous contemplent.»* ■	■ Avant la victoire le Wagram (juillet 1809).
c) *«Soldats, je suis content de vous... Une armée de 100 000 hommes a été, en moins de quatre heures, coupée et dispersée...»* ■	
d) *«Nous sommes entrés à Vienne, avons pris deux cents canons et cent mille prisonniers. Marchons encore à l'ennemi qui depuis quinze ans menace notre patrie et nos enfants.»* ■	■ Campagne d'Égypte (1798).
e) *«Adieu mes enfants ! Je voudrais vous presser tous sur mon cœur ! Que j'embrasse au moins votre drapeau.»* ■	■ Victoire d'Austerlitz (décembre 1805).
f) *«Arrachez ces couleurs que la nation a rejetées.... L'aigle avec les couleurs nationales vole-ra de clocher en clocher jusqu'aux tours de Notre-Dame.»* ■	■ Campagne d'Italie (1796).
g) *«J'ai terminé ma carrière politique... Je me mets sous la protection des lois du plus puissant, du plus constant et du plus généreux de mes ennemis.»* ■	■ Après la défaite de Waterloo (juin 1815).
	■ Adieux de Fontainebleau (avril 1814).

• Partout l'Empereur supprime les lois féodales et met en place le Code civil.
• Cependant, les États occupés se révoltent. Napoléon doit abdiquer et se retirer dans l'île d'Elbe. Entoure-la sur la carte.

8 Qu'appelle-t-on les Cent Jours ? ....

30 LE XIXe SIÈCLE

De *grands progrès scientifiques et techniques* marquent le XIXe siècle. Ils modifient considérablement la vie quotidienne des Français.

1 Avant l'invention de la machine à vapeur, de quelles forces disposait-on ? ....

2 De quoi a-t-on besoin pour faire fonctionner les machines à vapeur ? ....

3 Pourquoi les machines à vapeur transforment-elles l'industrie textile ? ....

4 Quelle industrie fabrique les machines ? ....

5 Peut-on utiliser des machines dans de petits ateliers ? ....

6 Les artisans peuvent-ils acheter des machines perfectionnées ? ....

7 De quoi faut-il disposer pour créer de grandes usines ? ....

8 Quelle catégorie sociale peut les créer ? ....

9 Qui va travailler dans ces usines? Quelles y sont les conditions de travail ? ....

10 Complète cette phrase : Une loi de 1841 interdit le travail des enfants de moins de .... ans.

11 Quelles sont les découvertes importantes de la seconde moitié de ce siècle ? ....

12 Quels progrès de l'hygiène permettent la baisse de la mortalité ? ....

13 Pourquoi, avec l'industrialisation, les villes croissent-elles ? ....

14 Comment se transforment les campagnes ? ....

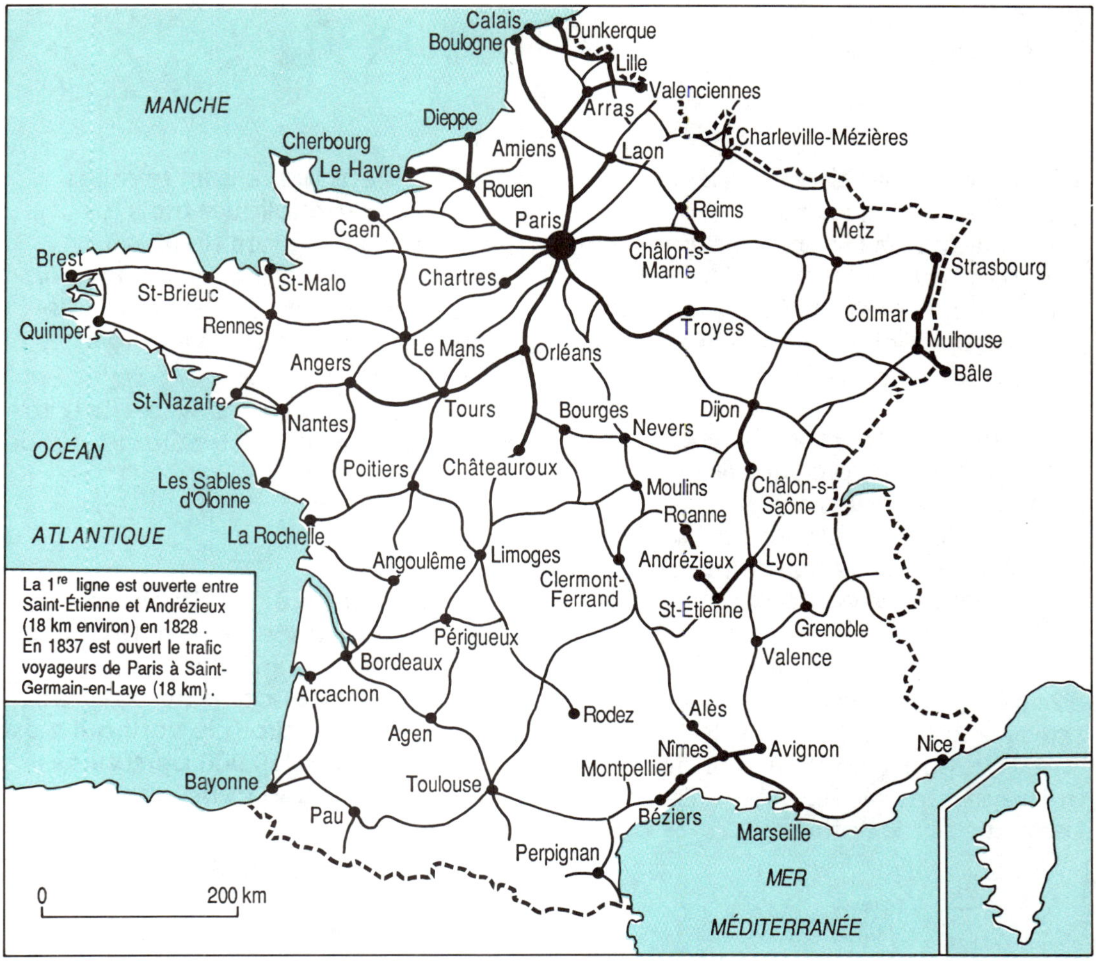

15 Repasse en rouge les traits épais des voies ferrées construites entre 1828 et 1850 : 3 400 km ; repasse en bleu les voies construites entre 1850 et 1870 : 18 000 km.

16 A quelle date le chemin de fer est-il arrivé dans ta commune ? ....

....

....

....

....

....

....

17 Pourquoi le chemin de fer bouleverse-t-il les activités et la vie des hommes ?

....

....

....

....

....

18 Quels autres moyens de transport apparaissent au XIXe siècle ?

a) Transports maritimes : ....

b) Transports terrestres : ....

c) Transports aériens : ....

31 LA FRANCE DE 1815 À 1870

• Napoléon exilé dans l'île de Sainte-Hélène, les rois d'Europe restaurent, en France, la monarchie.
• Mais *Louis XVIII* (1815-1824) et *Charles X* (1824-1830) ne sont pas des rois absolus. Une Charte accorde quelques droits aux Français.
• Sous la Restauration, environ 100 000 riches propriétaires ont, seuls, le droit de vote.
• En 1830, le roi Charles X veut revenir à «l'ancien régime» et supprime des journaux.

1 Ce tableau du peintre Delacroix évoque la révolution qui éclate à Paris les 27, 28 et 29 juillet 1830.
Quel drapeau tient la jeune femme qui représente la Liberté ? Décris les personnes qui l'entourent. ....
....
....
....

Les Parisiens qui se sont révoltés veulent la république, mais les bourgeois préfèrent un roi au pouvoir limité. C'est ainsi que *Louis-Philippe* devient «roi des Français» ; il accepte le drapeau tricolore.

2 Quelle différence y a-t-il entre cette dénomination et celle de «roi de France» ? ....
....
....

En fait, sous le règne de ce «roi-bourgeois», la vie devient de plus en plus pénible pour le peuple, tandis que beaucoup de bourgeois demandent le droit de vote qui n'est accordé qu'à 250 000 personnes riches (= suffrage censitaire).

3 Le 24 février 1848, la révolution éclate à Paris qui se couvre de barricades. Louis-Philippe s'enfuit.

Un gouvernement provisoire proclame la République et prend les mesures suivantes :
- droit de vote pour tous les hommes,
- droit de vote pour toutes les femmes,
- droit au travail (Ateliers nationaux),
- suppression de l'esclavage (dans les colonies),
- liberté de la presse,
- limitation de la durée de la journée de travail.

Barre la mesure qu'il n'a pas prise.

Cependant, si la IIe République commence dans la joie et la fraternité, les députés élus en avril 1848 prennent des mesures contre les Ateliers nationaux où travaillent cent mille personnes. Une insurrection éclate à Paris en juin ; elle est écrasée dans le sang. En décembre 1848, le prince Louis-Napoléon, est élu président de la République au suffrage universel. C'est le neveu de Napoléon Ier. Mais, trois ans plus tard, il dissout la Chambre des députés, et le 2 décembre 1852, il rétablit l'empire. *«Le Prince-Président devient empereur héréditaire et prend le nom de Napoléon III. Il quitte l'Elysée et s'installe aux Tuileries».*

4 Que signifie «héréditaire» ? ....

5 Pourquoi ne prend-il pas le nom de Napoléon II ? ....

6 Pourquoi change-t-il de résidence ? ....

7 Comment l'empereur est-il surnommé par Victor Hugo ? Pourquoi Victor Hugo doit-il quitter la France pendant le Second Empire? ....

8 *«L'Empire c'est la paix»* déclare Napoléon III. Sur cette frise de son règne représente en rouge les guerres qu'il a engagées.

1854-55 : guerre de Crimée
1858-63 : interventions en Indochine
1859 : interventions en Italie
1861-67 : interventions au Mexique
1870 : guerre contre la Prusse.

1852, 53, 54, 55, 56, 57, 58, 59, 60, 61, 62, 63, 64, 65, 66, 67, 68, 69, 1870

9 Vrai (V) ou faux (F) ?

a) Le canal de Suez est creusé par un Français sous le Second Empire. ☐

b) Napoléon III se préoccupe de la situation des ouvriers. ☐

c) Napoléon III ne s'occupe pas de l'aménagement de Paris. ☐

d) L'enseignement primaire se développe. ☐

e) Des expositions universelles ont lieu à Paris. ☐

Après avoir supprimé toutes les libertés, Napoléon III est obligé, à cause du mécontentement général, d'en rétablir certaines. Ainsi en 1864, il accorde le droit de grève et le Parti républicain se renforce.

10 Place sur cette frise les régimes et les événements de 1815 à 1870.

1810, 1820, 1830, 1840, 1850, 1860, 1870

32 LA IIIe RÉPUBLIQUE (1870-1914)

• La guerre de 1870 tourne à la catastrophe. L'empereur est battu et fait prisonnier à Sedan (2 septembre).
• La *République* est proclamée à Paris le 4 septembre mais, malgré les efforts de Gambetta, la France capitule en janvier 1871.
• Elle doit céder aux Allemands l'Alsace et une partie de la Lorraine ; de plus, elle doit leur payer 5 milliards de francs en or.

1 Les Parisiens refusent cette défaite et se soulèvent contre le gouvernement qui a accepté la capitulation. Comment s'appelle l'assemblée élue par les Parisiens ? ....
....

2 Quelles principales mesures va prendre ce gouvernement parisien (du 27 mars au 28 mai 1871) ? ....
....
....

3 Comment est écrasée «la Commune de Paris» ? ....
....
....

Après la guerre et la Commune, de nombreux députés veulent rétablir la monarchie, mais ils échouent. *La Constitution de 1875*, votée à une voix de majorité, met en place un régime républicain qui va durer jusqu'en 1940.

4 Comment s'appellent les deux assemblées qui votent les lois ? ....
....
....

5 Comment est élue la Chambre des députés ? ....
....

6 Qui élit le président de la République ? ....
....

7 Que célèbre-t-on en 1889 ? Comment ? ....
....

Peu à peu, les républicains se renforcent et, en dépit des crises, des lois importantes sont votées.

8 Indique les dates de ces conquêtes de la République.

- Liberté de la presse : ....
- Le 14 juillet devient fête nationale : ....
- Les syndicats sont autorisés : ....
- Les maires sont élus : ....
- Le travail des enfants de moins de 13 ans est interdit : ....
- La durée du travail est fixée à 10 heures par jour : ....
- Le repos hebdomadaire est obligatoire : ....
- L'église est séparée de l'État : ....

9 Qui rend, en 1881-1882, l'école primaire gratuite, obligatoire et laïque ? ....
....

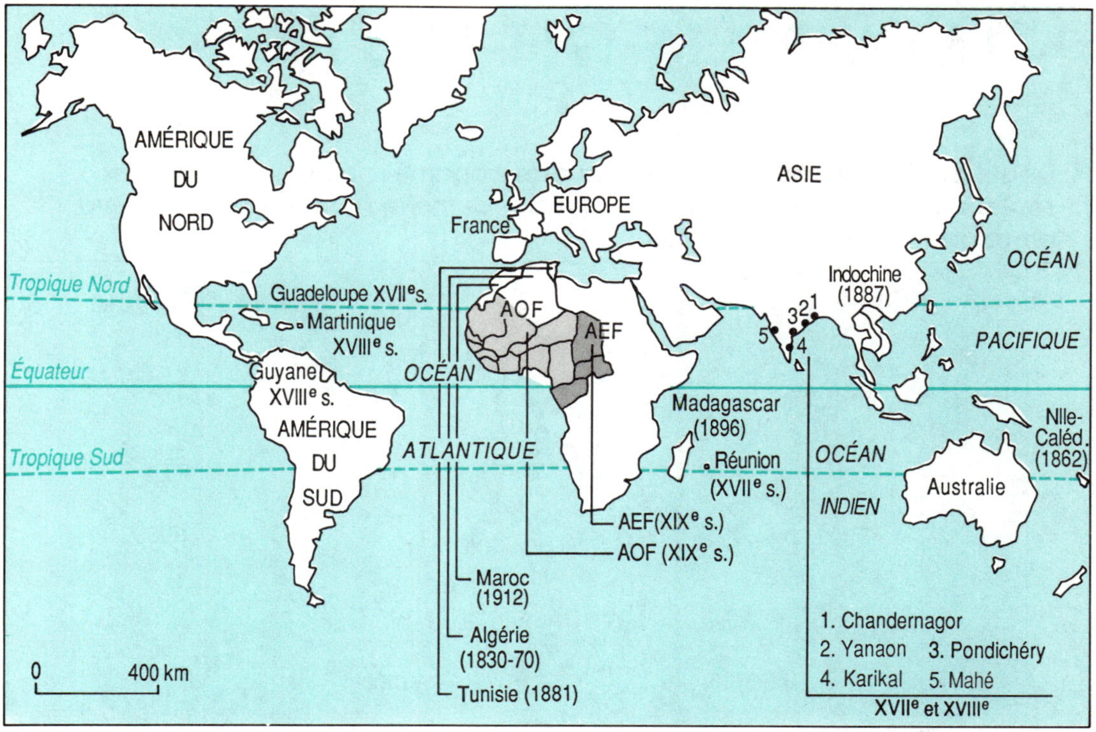

10 Que signifient ces trois adjectifs ? ....

....

11 Pourquoi la IIIe République se préoccupe-t-elle de l'école ? ....

12 Colorie en rouge la France, en rose ses colonies et protectorats en 1914.

13 Dans quel continent se situent la plupart des possessions de la France ?

....

- **L'*AOF* (Afrique occidentale française) regroupe, depuis 1895, le Sénégal, le Soudan, la Mauritanie, le Niger, la Haute-Volta, la Guinée, la Côte-d'Ivoire et le Dahomey.**
- **L'*AEF* (Afrique équatoriale française) regroupe, depuis 1910, le Gabon, le Congo, l'Oubangui-Chari et le Tchad.**

14 Pourquoi la France, comme d'autres pays d'Europe, fait-elle la conquête de nombreuses colonies ? ....

15 Complète le texte.

En 1914, la France s'étend sur 500 000 km² et compte près de 40 millions d'habitants. Ses possessions dans le monde couvrent .... km² soit 20 fois la France ; elles sont peuplées de .... habitants, soit 1,3 fois la population de la métropole.

33 LA GUERRE DE 1914-1918

Début août 1914 commence une guerre acharnée: elle n'intéresse pas seulement la France et l'Europe, mais concerne le monde entier ; elle va durer quatre ans !

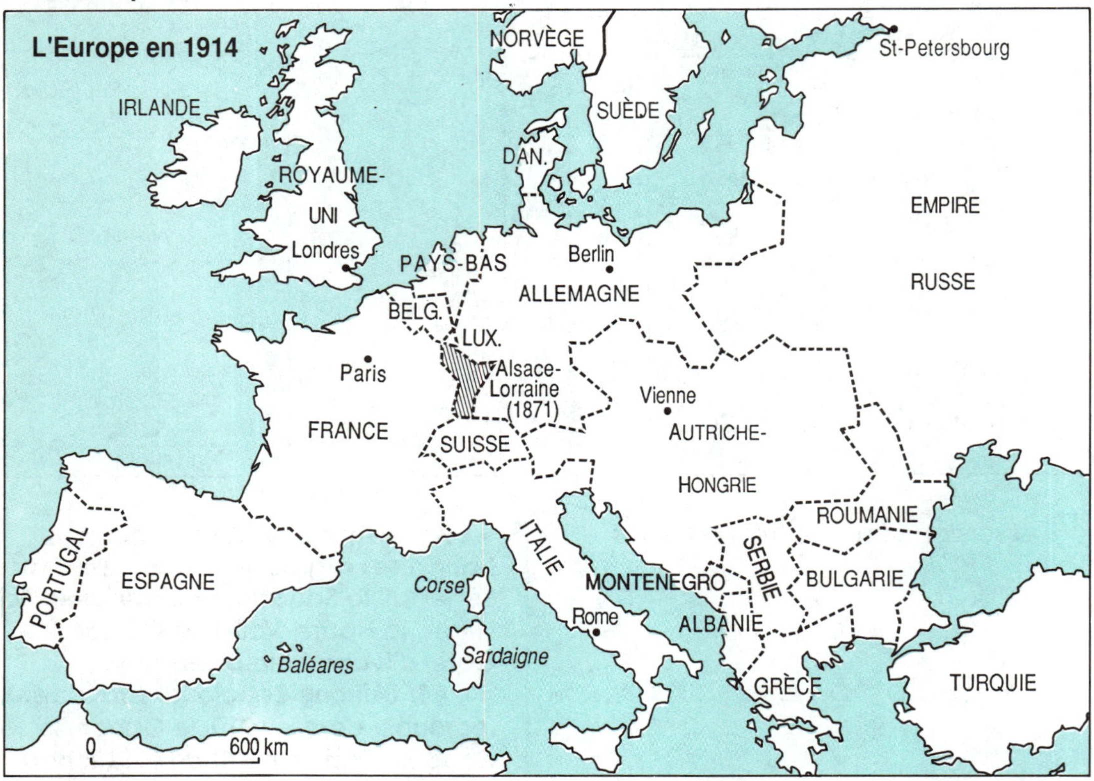

1 Marque par le signe **O** les trois pays formant la Triple Entente, par le signe **X** ceux constituant la Triple Alliance.

2 Quels pays neutres l'Allemagne envahit-elle pour attaquer la France ? Raye les réponses fausses.

Suisse ; Luxembourg ; Belgique ; Pays-Bas.

3 Sur quelle rivière les troupes allemandes sont-elles arrêtées en septembre 1914 avant d'être repoussées de quelques dizaines de kilomètres ? Raye les réponses fausses.

La Seine, la Marne, l'Oise, la Loire.

Après la victoire française de la Marne et les échecs allemands dans leur course vers la mer, le front se stabilise. Les troupes se terrent dans des tranchées protégées par des barbelés et se battent sauvagement pour quelques mètres de terrain : il s'agit d'épuiser, de «saigner» l'adversaire.

4 Cite une bataille qui dure plus de six mois et cause plus de huit cent mille morts en encadrant la bonne réponse.

Strasbourg ; Verdun ; Nancy ; Amiens.

• En 1917, les États-Unis entrent en guerre au côté de la France: leurs soldats, bien équipés, vont accélérer la défaite allemande.

• Cependant, la même année, après l'insurrection de mars et le coup d'État de novembre, la *Russie*, devenue communiste, signe la paix avec l'Allemagne.

5 L'année 1918 est décisive. Pourquoi ? Qui commande les troupes alliées sur le front occidental ? ....
....
....

Un lourd bilan pour la France : un million et demi de morts ; plus de trois millions de blessés ; trois cent mille maisons détruites tout comme les usines du Nord et de l'Est ; six mille kilomètres de voies ferrées hors d'usage.

Un lourd bilan pour le monde : treize millions de morts, militaires et civils.

6 Observe le monument aux morts de ta commune. Compte le nombre de soldats tués pendant cette guerre. En quelle année y a-t-il eu le plus de morts ? ....

7 Pourquoi le 11 novembre est-il férié en France ? ....

Le *traité de Versailles* (1919) rend l'Alsace-Lorraine à la France. D'autres traités modifient les tracés des frontières européennes.

8 Colorie sur cette carte les nouveaux pays créés après la guerre.

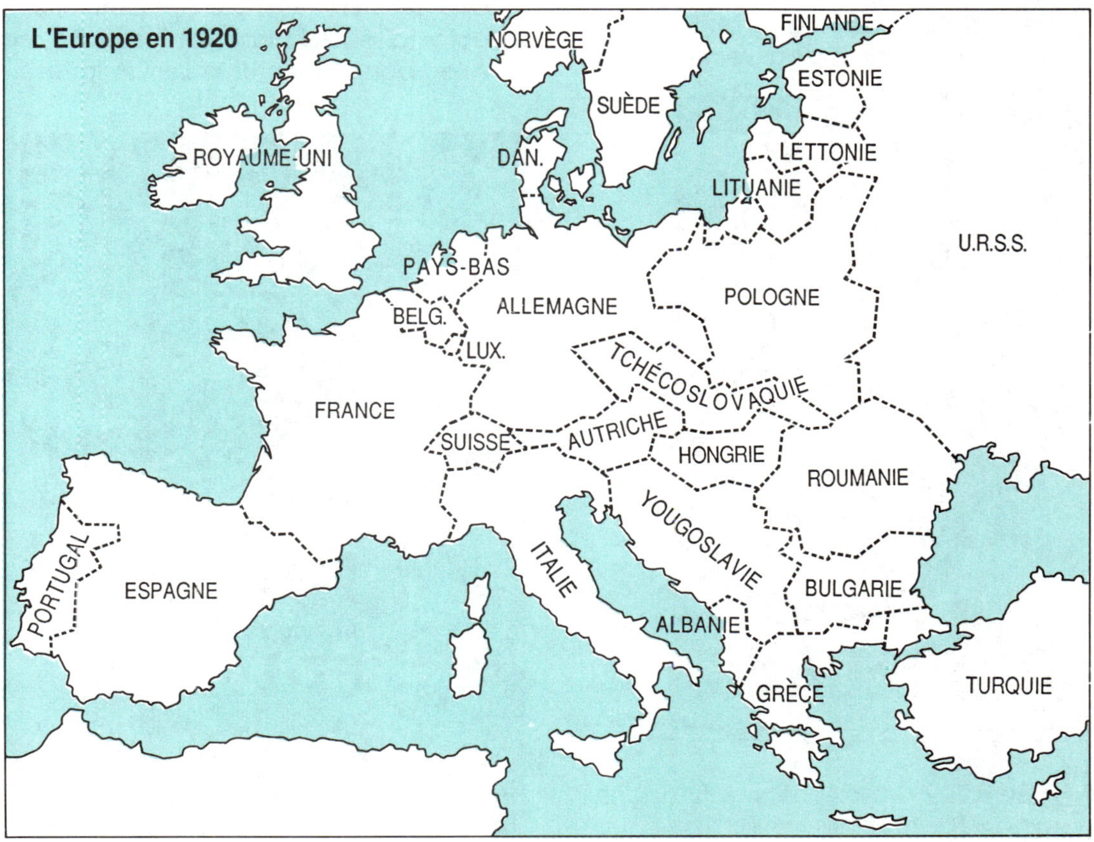

34 LA FRANCE DE 1919 À 1939

La nouvelle carte d'Europe ne calme pas les ambitions de certains États. Tous – ou presque – sont mécontents de ces frontières imposées sans l'avis des populations.

1 Marque sur la carte (p. 55), par des étoiles, les «points chauds».

2 Comment s'appelle l'organisme mis en place pour préserver la paix ?

....

3 Les États-Unis et l'Union soviétique en font-ils partie ? ....

4 Cet organisme a-t-il les moyens de maintenir la paix ? ....

La France est victorieuse mais sort très affaiblie de la guerre. On manque de bras pour reconstruire.

5 En 1919, les ouvriers obtiennent la journée de huit heures : c'est ce que demandait cette affiche des syndicats. Quels sont les deux groupes de personnes en bas de l'affiche ? Que font-ils ? ....

....

....

• Une crise mondiale éclate vers 1930 : des stocks de marchandises s'entassent, les paysans sont ruinés, les usines ferment, les chômeurs se comptent par millions...
• Cette crise touche la France à partir de 1932.
• Certains pensent qu'il faut une dictature (un pays où le chef est tout-puissant) pour sortir le pays des difficultés à l'exemple des pouvoirs autoritaires qui s'installent en Italie, en Allemagne ou en Union soviétique.

6 Quels partis forment en 1935 le Front populaire ? ....
....
....

7 Quel est d'après cette affiche de 1935 le programme du Front populaire ? ....
....
....
....
....

Aux élections de 1936, le *Front populaire* remporte la victoire. Le secrétaire du Parti socialiste, Léon Blum, devient chef d'un gouvernement où il y a aussi des ministres du parti radical.
Le parti communiste soutient, au début, ce gouvernement mais ne veut pas avoir de ministres.

8 Pourquoi ces ouvriers, en mai 1936, font-ils grève en occupant les usines ? ....
....
....
....

9 Léon Blum organise des négociations entre les patrons et les ouvriers en grève : ce sont les accords Matignon. D'importants avantages sont obtenus. Corrige l'erreur que comporte l'un d'eux :

— semaine de travail de 40 heures,

— augmentation des salaires,

— trois semaines de congés payés,

— fixation d'un salaire minimal pour chaque profession.

10 Ce train emporte vers les lieux de vacances des ouvriers qui, pour la première fois, ont droit à leurs premiers congés payés. Que signifie cette expression ? ....
....
....

Quelle est aujourd'hui la durée des congés payés ? ....
....

Cependant, la guerre menace. L'Allemagne s'arme de plus en plus. En 1938, elle occupe l'Autriche, puis une partie de la Tchécoslovaquie. En 1939, les Allemands occupent le reste de la Tchécoslovaquie et signent un traité avec l'Union soviétique pour se partager la Pologne.

35 LA SECONDE GUERRE MONDIALE (1939-1945)

• Le 1er septembre 1939, l'Allemagne nazie attaque la Pologne, alliée de la France. La guerre commence : elle va durer jusqu'en 1945 et embraser le monde entier.
• Au printemps 1940, les tanks allemands déferlent sur la France. Paris est occupé, des millions de réfugiés errent sur les routes ; près de deux millions de soldats sont faits prisonniers.

1 Qui demande l'armistice en juin 1940 ? ....

2 Où s'établit le gouvernement français qui collabore (= aide) avec les Allemands ? ....

La France occupée

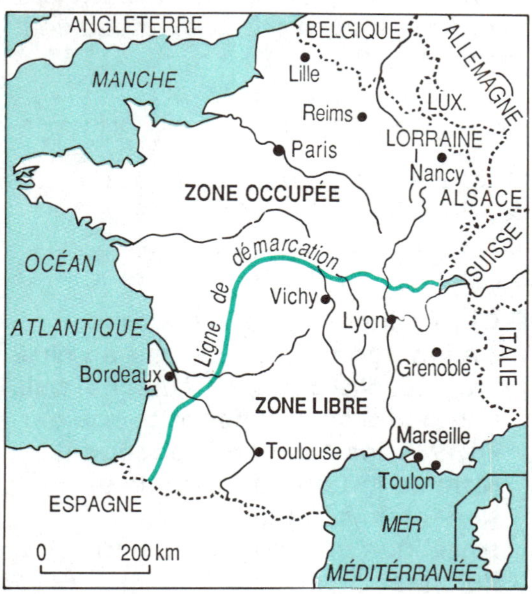

3 Colorie :

- en vert les provinces annexées (Alsace et Lorraine),
- en jaune, la zone occupée par les Allemands,
- en orange, la zone occupée par les Italiens,
- en rouge, la zone libre, jusqu'en novembre 1942, administrée par le gouvernement de Vichy.

4 Qui déclare le 18 juin 1940, à la radio de Londres : *«La France a perdu une bataille, mais elle n'a pas perdu la guerre...»* ? ....
....

5 Pourquoi cet appel est-il lancé de Londres ? ....
....

• De 1940 à 1944, la France est occupée et pillée. Les résistants sont traqués, les libertés supprimées, les juifs arrêtés et déportés.

• A partir de 1941, le conflit s'étend au monde entier : en juin, l'Allemagne envahit l'Union soviétique ; en décembre, le Japon (allié des Allemands) attaque les États-Unis.

• A partir de 1943, l'Allemagne, qui occupe et exploite toute l'Europe, connaît des défaites.

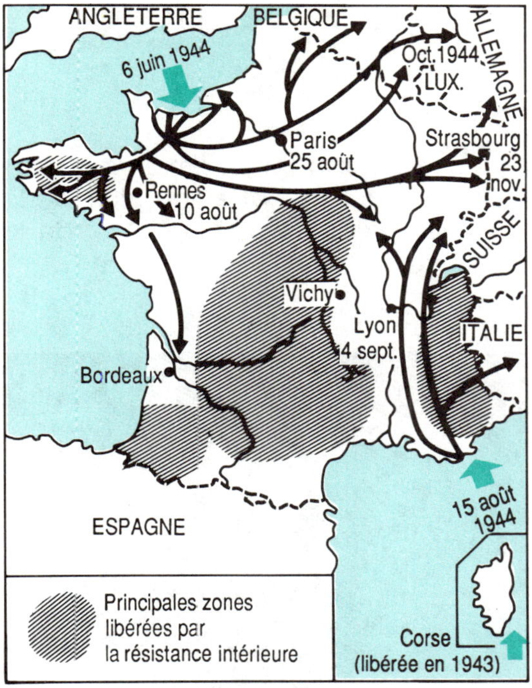

6 Où débarquent les Alliés (= ceux qui luttent contre l'Allemagne) le 6 juin 1944 ? Le 15 août 1944 ? ……

……

……

……

7 Quand et comment la capitale de la France est-elle libérée ? ……

……

……

……

8 Qu'est-ce que la «Résistance intérieure» ? ……

……

……

9 Qui était Jean Moulin ? ……

……

……

10 L'histoire de ta commune pendant la Seconde Guerre mondiale.

a) Quand les Allemands sont-ils arrivés ? ……

……

b) Quand a-t-elle été libérée ? ……

……

……

c) Comment ? ……

……

……

d) Y a-t-il eu des arrestations ? des faits de résistance ? des bombardements ? ……

……

……

……

**En mai 1945, les Soviétiques entrent à Berlin, Hitler se suicide.
Trois mois plus tard, les Américains lancent deux bombes atomiques sur le Japon qui capitule.
Cette frise indique quelques dates importantes de la *Seconde Guerre mondiale* qui a fait plus de 50 millions de victimes, dont de nombreux civils à cause des déportations dans les camps, des bombardements aériens, des représailles de l'occupant et des privations dues au manque de produits alimentaires.**

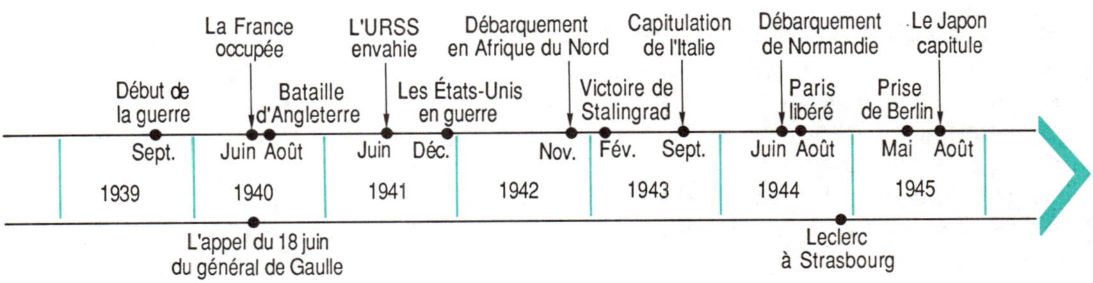

36 LA IVe RÉPUBLIQUE

• Après la guerre, dans toute l'Europe, les destructions sont impressionnantes.
• En France, une maison sur vingt est complètement détruite ; les «sans-abri» sont très nombreux ; les usines ne fonctionnent plus...
• *«La marée en se retirant, découvre soudain, d'un bout à l'autre, le corps bouleversé de la France.... De nos 12 000 locomotives, il nous en reste 2 800. Aucun train, partant de Paris ne peut atteindre Lyon, Marseille, Toulouse... Aucun ne traverse la Loire entre Nevers et l'Atlantique... quant aux routes, 3 000 ponts ont sauté ; 300 000 véhicules à peine sont en état de rouler sur 3 millions que nous avions eus... L'arrêt des transports désorganise le ravitaillement ...»*
(Charles de Gaulle, *Mémoires de guerre*.)

1 Quelle période décrit ici le général de Gaulle ? ....
....

2 Sur quels problèmes insiste-t-il ? Pourquoi ? ....
....
....
....

En fait, en quatre ans, la France va relever ses ruines et les Français retrouver leur niveau de vie d'avant-guerre, mais avec des prix multipliés par vingt !
Le gouvernement prend la direction de l'économie du pays pour donner une impulsion décisive.

3 Que veut indiquer cette affiche de 1945 ? Pourquoi parle-t-on alors de la «bataille de la reconstruction et de la production» ? ....
....
....

4 Sur la frise de la page 61, place les événements suivants.
A. Le général de Gaulle installe, le 25 août 1944, à Paris, le Gouvernement provisoire de la République française (GPRF).
B. Ce gouvernement accorde le droit de vote aux femmes (octobre 1944).
C. Il fait passer sous la responsabilité de l'État la production de charbon et d'électricité, les transports aériens et maritimes, des grandes banques et Renault (décembre 1944 à avril 1946). Ce sont les nationalisations.

D. La Sécurité sociale est créée en octobre 1945.
E. En désaccord avec les partis politiques, le général de Gaulle démissionne en janvier 1946.
F. La Constitution de la République est adoptée en octobre 1946 à une faible majorité. Elle donne beaucoup de pouvoirs à l'Assemblée nationale qui peut «renverser» facilement les gouvernements.
G. Le premier président de la IVe République est Vincent Auriol (de 1947 à 1953).
H. Le second président est René Coty (1954 à 1959).

1944 | 45 | 46 | 47 | 48 | 49 | 1950 | 51 | 52 | 53 | 54 | 55 | 56 | 57 | 58

• Sous la IVe République, la population augmente ; les Français vivent mieux dans une France plus dynamique, modernisée et rajeunie. Une importante aide américaine parvient à redresser le pays. La troisième semaine de congés payés est accordée en 1956.
• Cependant, les colonies françaises veulent devenir indépendantes et les gouvernements sont incapables de résoudre ce problème.
• La guerre d'Indochine dure de 1946 à 1954.

5 Quel Premier ministre parvient à régler ce problème ? ....
....

6 Quand le Maroc et la Tunisie accèdent-ils à l'indépendance ? ....
....

La guerre d'Algérie commence en 1954 et dure jusqu'en 1962. Les gouvernements, une vingtaine en douze ans, n'arrivent pas à trouver une solution équitable. Craignant d'être abandonnés par la France, des « pieds-noirs » et une partie de l'armée s'insurgent en 1958. Pour éviter la guerre civile, le président René Coty et la plupart des députés demandent au général de Gaulle de revenir au pouvoir.

7 Sur neuf millions d'habitants, combien y avait-il de Français en Algérie en 1954 ? Comment les appelle-t-on ?
....
....
....

8 Décris cette manifestation à Alger le 13 mai 1958. Que réclament les « pieds-noirs » ? ....
....
....
....
....
....

37 LA Ve RÉPUBLIQUE

• **Née de la guerre d'Algérie, la *Ve République* est approuvée, en septembre 1958, par huit Français sur dix.**
La nouvelle constitution donne beaucoup de pouvoirs au président de la République, qui, à partir de 1965, est élu au suffrage universel, c'est-à-dire par tous les Français.
• **Devenu président, *de Gaulle* accorde l'indépendance aux colonies d'Afrique, puis, en 1962, reconnaît celle de l'Algérie.**

1 Ecris sous chaque photo les noms et les principales réalisations de chacun des présidents de la République.

© AFP

....
....
....

2 Quel est le nom du président élu en mai 1995 ? ....

Nombre de familles françaises, sur cent, qui possèdent, à trois dates différentes :

	1950	1975	aujourd'hui
leur logement	34	47	56
une automobile	14	65	76
un téléviseur	2	85	93
un réfrigérateur	3	89	97
un lave-linge	2	70	86
un téléphone	3	22	96

• **Depuis 1958, comme pendant la IVe République, la vie devient plus facile : des millions de logements sont construits, les appareils ménagers se multiplient, les loisirs se développent, la scolarité est prolongée...**

• **Certes, les crises pétrolières et la modernisation des usines développent le chômage et l'inégalité des revenus (= salaires), mais la vie quotidienne se transforme et s'améliore.**

3 Que traduisent ces données ? ......
....
....
....
....
....

Combien doit travailler un ouvrier non spécialisé pour acheter :

	en 1930	aujourd'hui
1 l de lait ?	30 min	7 min
12 œufs ?	4 h	22 min
1 kg de beurre ?	8 h	1 h
1 kg de bifteck ?	8 h 50 min	2 h 30
une bicyclette ?	200 h	35 h
une petite voiture ?	7 800 h	2 000 h

4 Qu'indiquent ces diminutions ? ....

....

5 Pourquoi ne peut-on effectuer les mêmes comparaisons pour un transistor, une trousse en matière plastique, un four micro-ondes, des plats surgelés, un magnétoscope, des collants ou des jeans ? ....

....

LE MONDE AUTOUR DE NOUS

6 Trouve une légende pour chacun de ces documents illustrant les transformations que nous vivons.

A. ....

B. ....

C. ....

D. ....

E. ....

F. ....

G. ....

L'EUROPE AUTOUR DE NOUS

7 Après la chute du « mur de Berlin » (1989), l'effondrement du « bloc de l'Est » et l'éclatement de l'Union soviétique (1991), de nouveaux États sont apparus. Souligne le nom de ces États sur la carte.

8 Quels États d'Europe ont disparu pendant la même période ?

....

....

9 Colorie les 15 États qui forment depuis 1995 l'Union européenne. Indique entre parenthèses, après leur nom, la date d'adhésion.

10 Quels autres États d'Europe veulent adhérer à cette Union ?

....

....

Mais si les progrès rapides de la science et de l'industrie ont rapidement changé et amélioré la façon de vivre dans les pays développés (travail allégé, loisirs, ordinateur, télévision, nouveaux médicaments...), le chômage et une certaine destruction de la nature y entraînent des difficultés. De plus, beaucoup d'habitants du monde, ceux des pays pauvres, vivent encore misérablement.

Une réelle solidarité s'impose pour donner les conditions d'une véritable égalité des chances à tous les citoyens du monde.

La France peut, dans cet élan pour le renouveau, jouer un rôle important, conforme à son histoire et à son génie.

NOTES

Géographie

1. Présentation de la France 68
2. Montagnes et plaines de France 70
3. Massifs anciens et chaînes récentes 72
4. Plaines et plateaux 73
5. Les côtes de France 74
6. Pour comprendre le temps qu'il fait 76
7. Les climats de France 78
8. Climats et paysages de France 80
9. À propos des cours d'eau 82
10. Cours d'eau de France 84
11. La population de la France 86
12. La composition de la population 88
13. La répartition de la population 90
14. Les grandes agglomérations 92
15. Ceux qui travaillent 94
16. La France des départements et des régions 96
17. Quatre paysages agricoles 98
18. Les agriculteurs 99
19. Les produits de la terre 100
20. Les forêts et la pêche 102
21. Les sources d'énergie (1) 104
22. Les sources d'énergie (2) 106
23. Les industries en France 108
24. Au service des autres 110
25. Les commerçants 111
26. Le commerce en France 112
27. Les moyens de transport 114
28. Les vacances des Français 116
29. La France d'outre-mer 117
30. La France dans l'Europe et le monde 118
31. Notre planète : la Terre 120
32. Comment se repérer sur la Terre ? 122
33. Comment représenter la Terre ? 123
34. Les climats du monde 124
35. La population du monde 125
36. Les États du monde 126

1 PRÉSENTATION DE LA FRANCE

A LA POINTE DE L'EUROPE

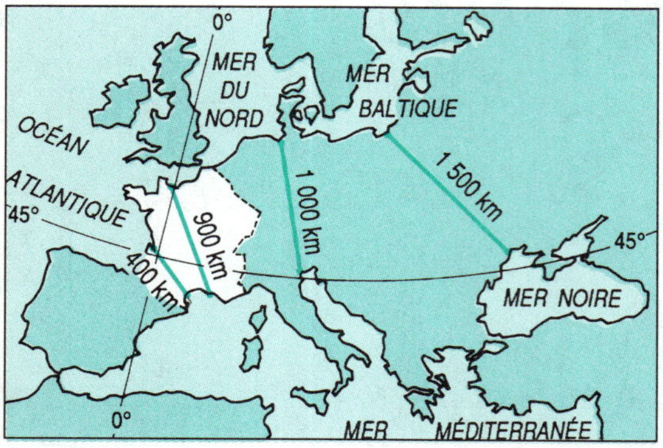

1 Qu'est ce qu'un isthme ? ....

2 La France occupe-t-elle le plus étroit des isthmes d'Europe ? ....

3 Sur quelles mers s'ouvre la France ? ....

4 Pourquoi dit-on que la France forme une sorte de pont entre l'Europe du Nord-Ouest et le monde méditerranéen ? ....

5 Pourquoi peut-on dire que la France se trouve au milieu de la zone tempérée ? ....

UNE FORME RAMASSÉE

6 Qu'est-ce qu'un hexagone ? ....

7 Trace l'hexagone (en vert) qui encadre le territoire français.

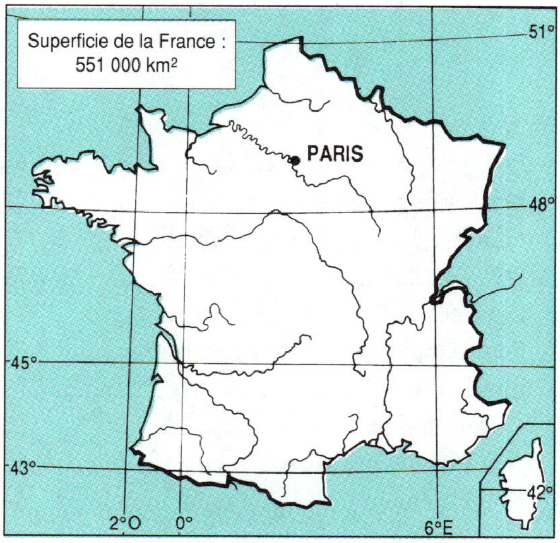

8 Qu'est-ce qu'un octogone ? ....

9 Encadre (en rouge) la France dans un octogone, avec quatre côtés terrestres et quatre côtés maritimes.

10 Quelle région de France reste en dehors de ces deux figures géométriques ? ....

11 En quoi la forme de la France a-t-elle facilité le regroupement des provinces et l'unification politique ? ....

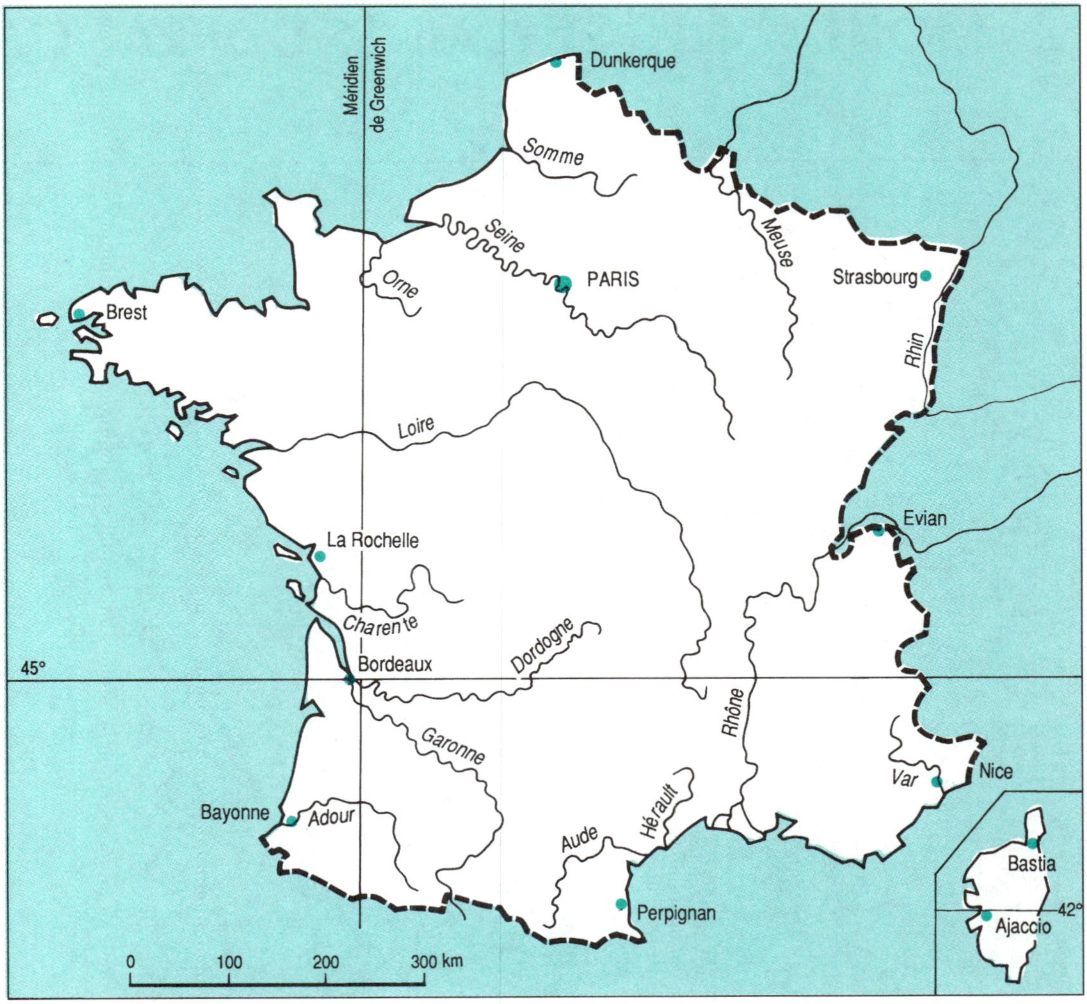

12 Sur cette carte :

- Trace l'octogone encadrant la France.
- Mesure les distances :
  Dunkerque-Perpignan : ....
  Brest-Strasbourg : ....
  Bordeaux-Perpignan : ....
- Nice-Bastia : 175 km.
- Indique les noms des quatre mers qui bordent la France.
- Indique les noms des sept États limitrophes de la France.

13 Complète ce tableau.

Fleuves se jetant dans	
la Manche	....
l'Atlantique	....
la Méditerranée	....

14 Y a-t-il des régions en France situées à plus de 500 km d'une mer ?

....

2 MONTAGNES ET PLAINES DE FRANCE

1 Place sur la carte :

Bassin parisien, Bassin aquitain, Couloir rhodanien, Languedoc, plaine d'Alsace, Flandre, Roussillon, Massif armoricain, Massif central, Pyrénées, Alpes, Jura, Vosges, Ardennes.

2 Complète les trois tableaux suivants.

Ⓐ Montagnes	Superficie	Altitude moyenne	Point culminant (avec altitude)
Massif central	85 000 km²	715 m	....
Massif armoricain	65 000 km²	105 m	....
Vosges	8 000 km²	530 m	....
Alpes (françaises)	36 000 km²	1 200 m	....
Pyrénées (françaises)	18 000 km²	1 000 m	....
Jura (français)	7 000 km²	650 m	....
Corse	7 000 km²	1 000 m	....

Ⓑ Plaines	Superficie	Altitude moyenne	Principaux cours d'eau
Bassin parisien	180 000 km²	175 m	....
Bassin aquitain	85 000 km²	135 m	....

Ⓒ Plaines	Longueur	Largeur	Principaux cours d'eau
Alsace	....	....	....
Couloir rhodanien	....	....	....

3 Relie ce qui va ensemble (il peut y avoir plusieurs réponses).

Massif armoricain ▪	▪ Suisse ▪	▪ Ardennes
Jura ▪	▪ Espagne ▪	▪ Alpes
Massif central ▪	▪ Italie ▪	▪ Vosges
Flandre ▪	▪ FRANCE ▪	▪ Bassin aquitain
	▪ Belgique ▪	
	▪ Luxembourg ▪	

4 Sur cette bande, traduis, par des couleurs différentes, ces données relatives au relief de la France.

Les zones

- ❑ de 0 à 250 m
- ❑ de 250 à 500 m
- ❑ de 500 à 1 000 m
- ❑ de plus de 1 000 m

représentent 62 % / 20 % / 11 % / 7 % de la France

0 10 20 30 40 50 60 70 80 90 100 %

5 ▪ Trace sur la carte, en rouge, une ligne reliant Bayonne à Strasbourg.

▪ Que remarques-tu ? Quelles sont les caractéristiques de chaque zone ainsi délimitée ? ....
....

6 Comment passe-t-on :

— du Bassin parisien au Bassin aquitain ? ....

— du Bassin aquitain au Couloir rhodanien ? ....

— du Bassin parisien au Couloir rhodanien ? ....

— du Couloir rhodanien à la plaine d'Alsace ? ....

7 Trouve huit départements français portant un nom se rapportant au relief.
....
....
....
....

3 MASSIFS ANCIENS ET CHAINES RÉCENTES

1 Parmi les montagnes, on distingue les massifs anciens (formés il y a 300 millions d'années) et les chaînes récentes (formées il y a seulement 50 millions d'années).

Relie ce qui va ensemble.

Pyrénées ▪		
Vosges ▪		
Massif armoricain ▪	▪ Massifs anciens	
Alpes ▪		
Jura ▪		
Ardennes ▪		
Vosges ▪	▪ Chaînes récentes	
Corse ▪		
Massif central ▪		

2 Cite les six États d'Europe qui se partagent les Alpes. ....
....
....

3 Qu'est-ce qu'un col ? ....
....
....

Cite quelques cols des Alpes : ....
....
....
....

Cite quelques cols des Pyrénées : ......
....
....

Y a-t-il des cols dans le Massif armoricain ? Justifie ta réponse. ....
....
....

4 Décris ce paysage des **Alpes du Nord.**

....
....
....

5 Décris ce paysage des **Vosges**.

....
....
....

4 PLAINES ET PLATEAUX

1 Quelles montagnes encadrent le Bassin parisien ? ....

....

....

....

....

....

2 Quelles montagnes encadrent le Bassin aquitain ? ....

....

....

....

3 Cite les plaines étroites qui s'étirent entre le Rhin et les Pyrénées. ......

....

....

....

....

....

Indique pour chacune d'elles l'encadrement montagneux. ....

....

....

....

....

....

....

4 Définis les mots :

a) plaines : ....

....

b) collines : ....

....

c) plateaux : ....

....

5 Chasse l'intrus.

a) crête, cime, glacier, colline, torrent, sommet, pic, col.

b) Flandre, Languedoc, Massif armoricain, Alsace, Couloir rhodanien, Bassin parisien.

6 Décris la plaine de la **Beauce,** près de Chartres. ....

....

....

....

....

....

....

....

....

5 LES CÔTES DE FRANCE

La côte, zone de contact entre la terre et la mer, est marquée sur la carte par un trait. En réalité, l'ampleur du contact dépend de la forme de la côte et de la force des marées.
La France compte 3 100 km de côtes (1 200 pour la seule Bretagne !) dont la nature dépend beaucoup de l'arrière-pays, c'est-à-dire des régions situées en arrière du littoral.

1 Indique, sur la carte :
— par un trait rouge, les côtes rocheuses ;
— par un trait marron, les côtes à falaises ;
— par un trait jaune, les côtes sableuses ;
— par des points jaunes, les dunes ;
— par des traits bleus, les marais ;

2 Place les îles : Ouessant, Sein, Groix, Belle-Ile, Noirmoutier, Yeu, Ré, Oléron, Hyères, Corse.
Souligne celles qui sont reliées par un pont au continent.

3 Complète ce tableau sur les mers qui bordent la France.

Caractéristiques	Atlantique et annexes	Méditerranée
Profondeur au large des côtes	....	....
Température	....	....
Marées	....	....
Tempêtes	....	....
Vagues	....	....
Importance de la pêche	....	....

4 Indique sous chaque photographie le type de côte représenté et essaie de la localiser.

Une falaise

....

....

Une calanque

....

....

Une côte rocheuse

....

....

Une côte sableuse

....

....

6 POUR COMPRENDRE LE TEMPS QU'IL FAIT

QUELQUES DÉFINITIONS

A

• **L'atmosphère** est une couche gazeuse, épaisse de plusieurs dizaines de kilomètres.

• Cette atmosphère est pesante : elle exerce une pression sur les êtres et les choses, c'est la **pression atmosphérique**.

• Cette pression – qui diminue avec l'altitude – est mesurée par un **baromètre** : elle s'exprime en **hectopascals** (on disait autrefois **millibars**). On parle de basses pressions quand elle est inférieure à 1 013 hectopascals, de hautes pressions dans le cas contraire.

• Le **vent** souffle des régions de hautes pressions vers les régions de basses pressions.

Une expérience : du courant d'air…

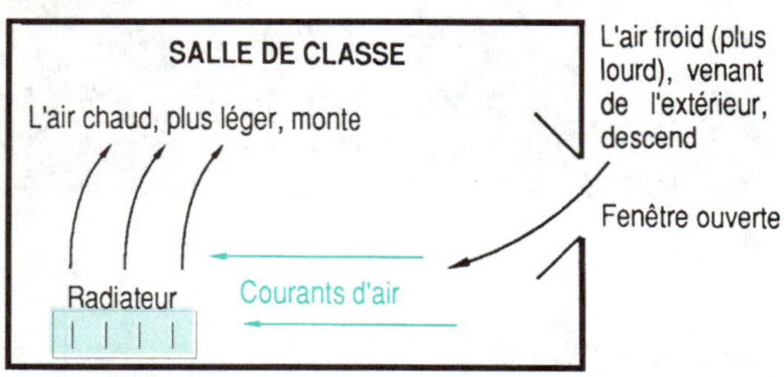

Sur la terre : … au vent

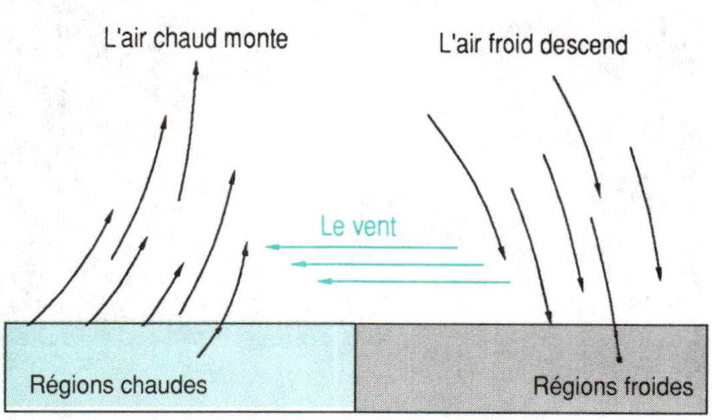

• Les vents ont tendance à tourbillonner autour des zones de basses pressions où se forment des tornades et des **cyclones** ; on parle aussi de dépression **cyclonale.**

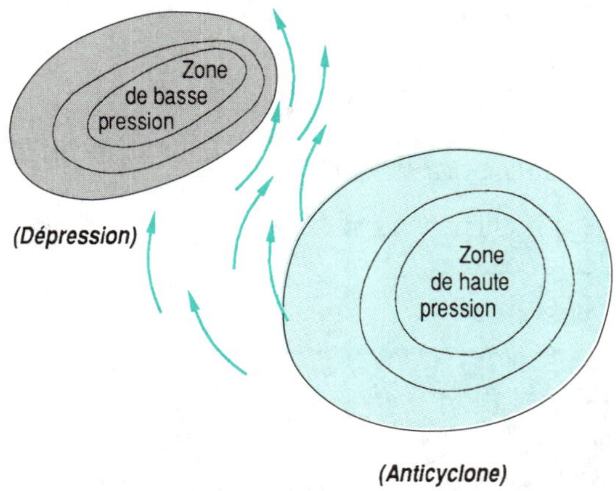

• Un **anticyclone** est une zone de hautes pressions atmosphériques.

• La direction du vent est donnée par la **girouette** ; son intensité ou sa vitesse est mesurée par l'**anémomètre**.

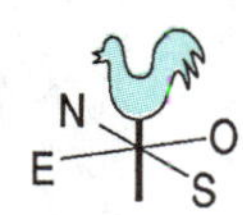

B

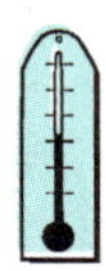

• La **température** de l'air se mesure toujours à l'ombre à l'aide de **thermomètres** (gradués en degrés Celsius : °C).

La température varie au cours de la journée, au cours des mois, au cours de l'année.

On peut calculer les températures moyennes, par jour, par mois ou par an.

• **L'amplitude thermique** est la différence entre la température maximale et la température minimale pendant un temps déterminé.

• **On constate que** l'amplitude thermique annuelle est atténuée au voisinage de l'Atlantique.

• **On constate que** la température diminue quand on se déplace du sud vers le nord. Elle diminue également quand on s'élève : 1°C en moins par 180 m d'altitude.

• On peut représenter sur des cartes des zones en fonction du **nombre de jours de gel** par an.

C

• L'air contient toujours de la **vapeur d'eau** (gaz invisible).

• Quand il se refroidit, une partie de la vapeur d'eau se condense en fines gouttelettes ou en minuscules aiguilles de glace formant des **nuages**.

• Quand ils s'élèvent et se refroidissent, ces nuages se transforment en **pluie**, **neige** ou **grêle**. Toutes ces **précipitations** se mesurent à l'aide d'un pluviomètre.

• Un **pluviomètre** est un instrument qui mesure la hauteur d'eau (en mm) tombée à la surface du sol.

• Il y a beaucoup de précipitations dans les régions exposées aux **vents d'ouest** (venant de l'Atlantique) et sur les **hauteurs**.

• Pour étudier la pluviosité, il faut tenir compte à la fois de la **hauteur moyenne des précipitations** et du **nombre de jours de pluie** par an.

On peut également étudier le nombre **d'heures d'ensoleillement** par an en diverses localités.

D

• Tous ces éléments permettent de déterminer **le temps qu'il fait** ; il est limité à un moment donné et à un lieu précis : il est donc très variable.

• La **météorologie** est la science qui étudie ce qui se passe dans l'atmosphère afin de prévoir le temps.

On détermine le **climat** d'une région en étudiant de nombreux relevés météorologiques établis pendant de longues périodes.

AI-JE BIEN COMPRIS ?

1 Fait-il généralement plus froid dans la France du Nord que dans le Midi ? ……………………………………………

2 Fait-il plus froid dans les vallées que sur les sommets des montagnes ? ……………………………………………

3 Pleut-il davantage sur les montagnes que sur les plaines ? ……………………………………………

4 Sous quelles formes se présentent les précipitations ? ……………………………………………

5 Qu'est-ce que l'amplitude thermique ? ……………………………………………

6 De quelles zones souffle le vent ? ……………………………………………

7 Quels éléments interviennent pour déterminer un climat ? ……………………………………………

7 LES CLIMATS DE FRANCE

• Voici les relevés effectués en sept villes françaises.

• Les petites colonnes correspondent à la quantité (en mm) des précipitations mensuelles.

• La courbe – en couleur – indique les moyennes des températures mensuelles avec le maximum en °C.

• Sous chaque graphique, on trouve :
— le total annuel des précipitations,
— le nombre annuel de jours de pluie,
— le nombre de jours de gel par an.

• Il faut remarquer que les deux stations de Clermont-Ferrand et du Puy-de-Dôme sont distantes de 5 km, mais ont plus de 1 000 m de différence d'altitude (= dénivellation).

TOULOUSE

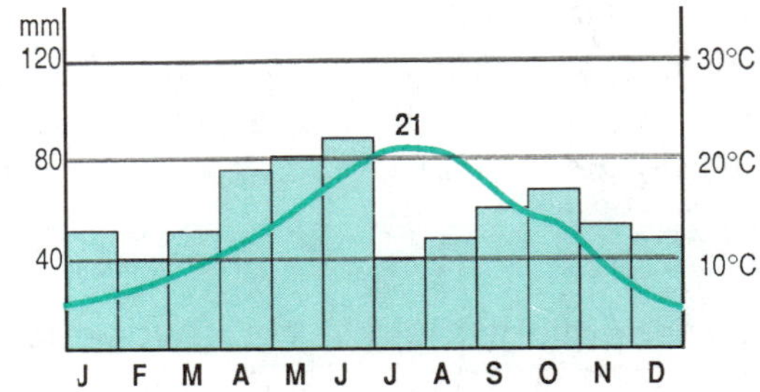

660 mm /138 jours / 50 jours

STRASBOURG

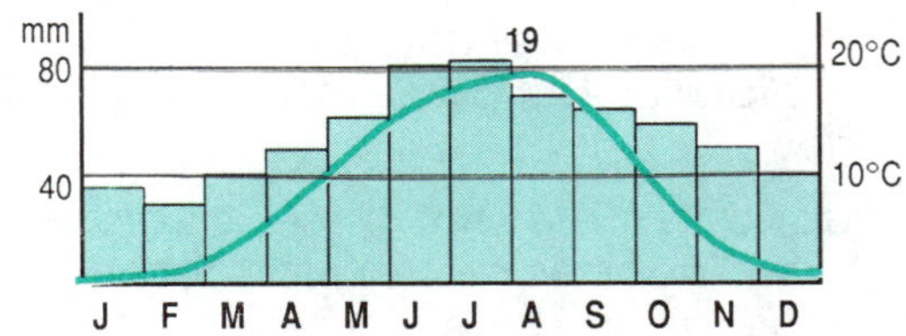

710 mm/ 157 jours/ 70 jours

BREST

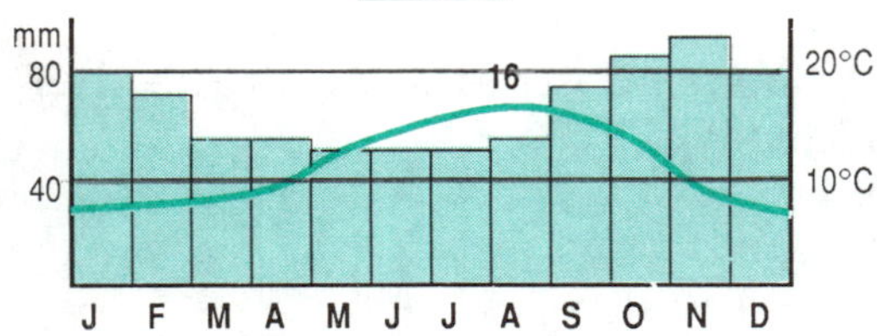

1 100 mm / 200 jours / 17 jours

MARSEILLE

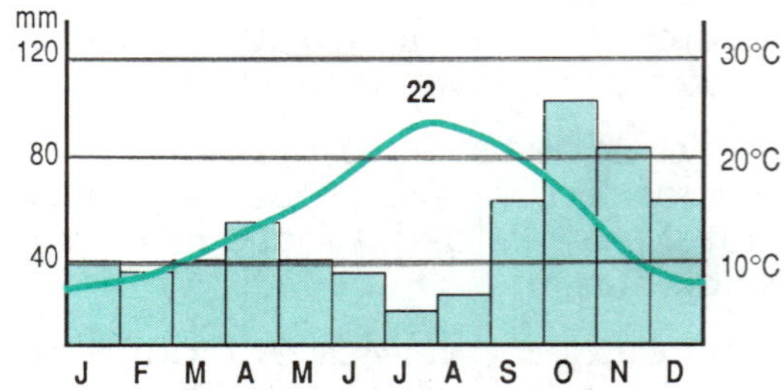

560 mm /77 jours / 38 jours

PARIS

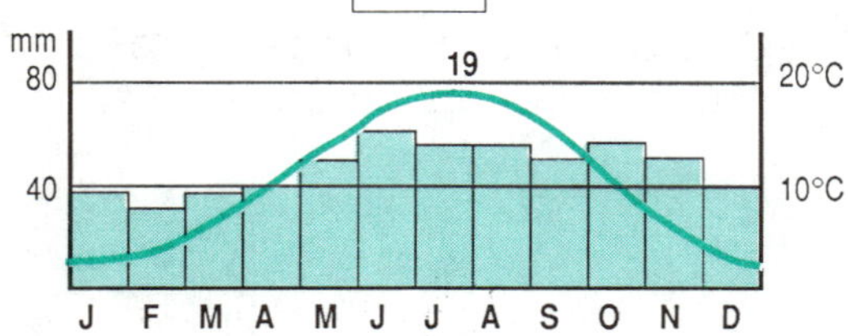

620 mm / 160 jours / 40 jours

CLERMONT-FERRAND

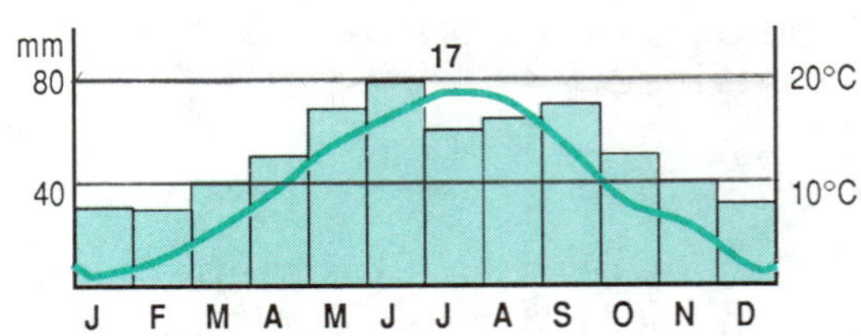

570 mm /132 jours / 74 jours

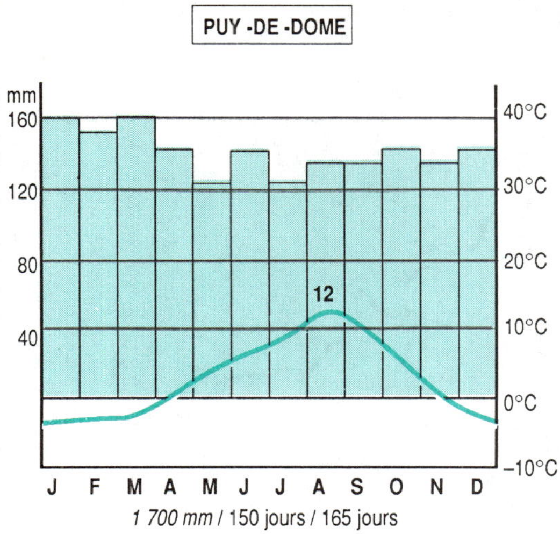

1 Quel est le mois le plus arrosé pour chacune de ces villes ? ....

2 Etablis le classement de ces villes d'après le nombre de jours de pluie. ...

3 Quels sont les mois les plus chauds pour chacune de ces villes ?..

4 Classe ces villes d'après l'amplitude thermique de chacune d'elles. ....

5 Où le printemps est-il le plus précoce ? ....

6 Où l'automne est-il le plus tardif ?

7 Compare les données climatiques de Clermont-Ferrand et du Puy-de-Dôme. Comment s'expliquent ces différences ? ....

8 Choisis en fonction de ces renseignements la ville que tu préfères. Explique les raisons de ton choix. ....

8 CLIMATS ET PAYSAGES DE FRANCE

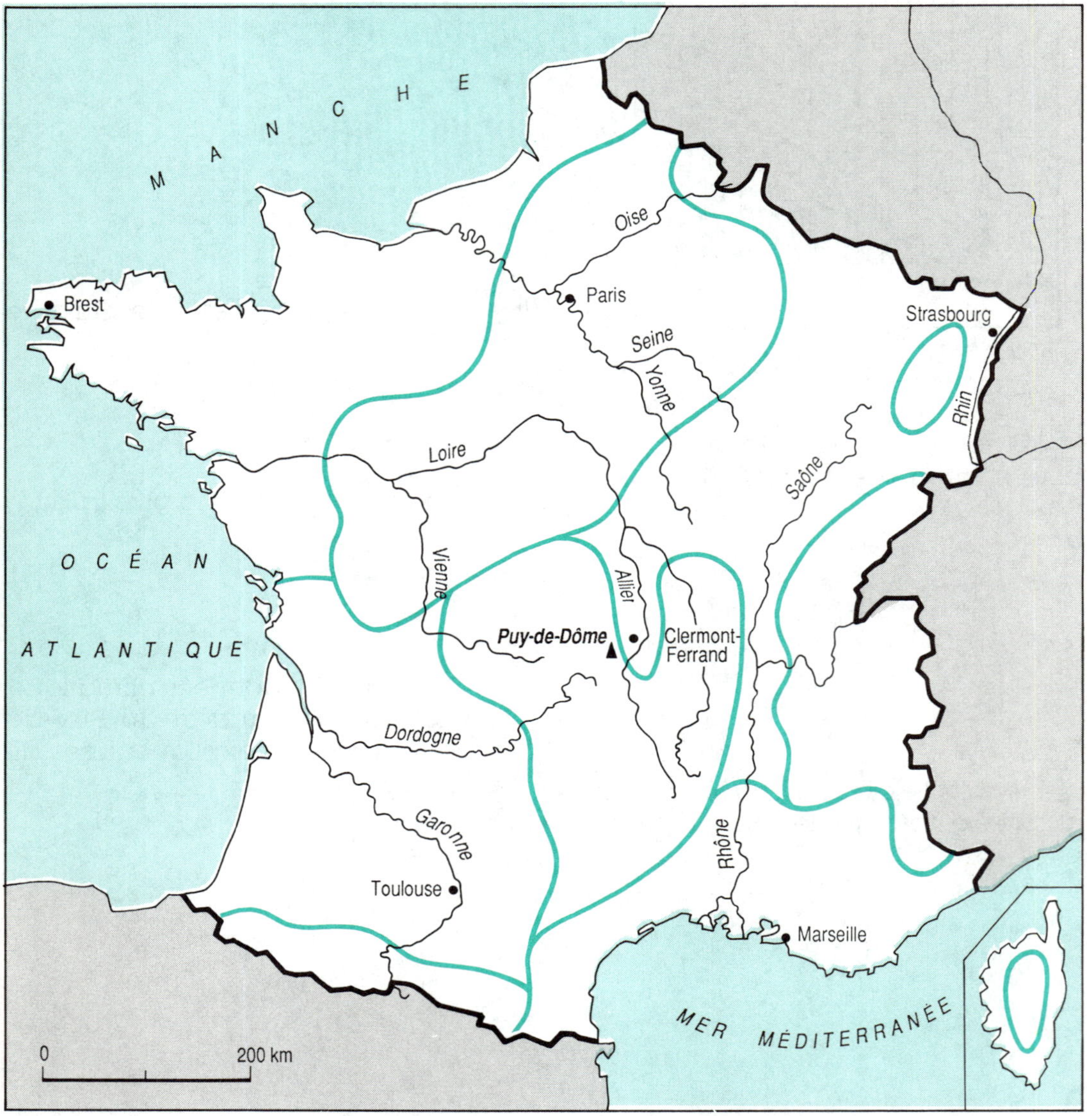

1 Colorie selon cette légende.

bleu	climat océanique (breton)	jaune	climat aquitain
orange	climat parisien	marron	climat semi-continental
rouge	climat méditerranéen		

Laisse en blanc les zones soumises au climat montagnard.

2 Place sur la carte des flèches indiquant les vents et précise leurs caractéristiques (humides, secs, chauds, froids,...) :

— vents du nord-ouest : ....

— vents d'ouest : ....

— vents du sud-ouest : ....

— vents du nord : ....

— vents du nord-est : ....

— vents du sud : ....

3 Complète ce tableau en caractérisant chacun des climats français (utilise les données de la séquence 7).

Climat océanique	....
Climat aquitain	....
Climat parisien	....
Climat semi-continental	....
Climat méditerranéen	....
Climat montagnard	....

4 A quels types de climat correspondent ces deux photographies ?

....

....

9 A PROPOS DES COURS D'EAU

QUELQUES DÉFINITIONS

• L'eau qui ruisselle à la surface de la terre forme des **ruisseaux** et des **torrents.**

Une petite rivière de l'Oise : la Troësne

• Celle qui s'infiltre ressort en **sources** qui donnent naissance à des cours d'eau.

• Le **fleuve** est un cours d'eau qui se jette dans la mer.

• Un cours d'eau qui en grossit un autre est un **affluent**. Leur lieu de rencontre est un **confluent.**

Le confluent de la Loire et de la Vienne

• L'**estuaire** est l'embouchure d'un fleuve remontée par la marée.

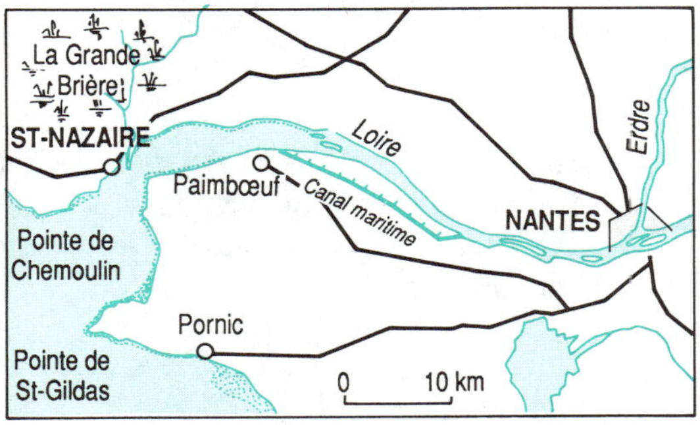

L'estuaire de la Loire

• Le **delta** est une plaine, généralement triangulaire, formée par les alluvions d'un fleuve qui se déposent à son embouchure.

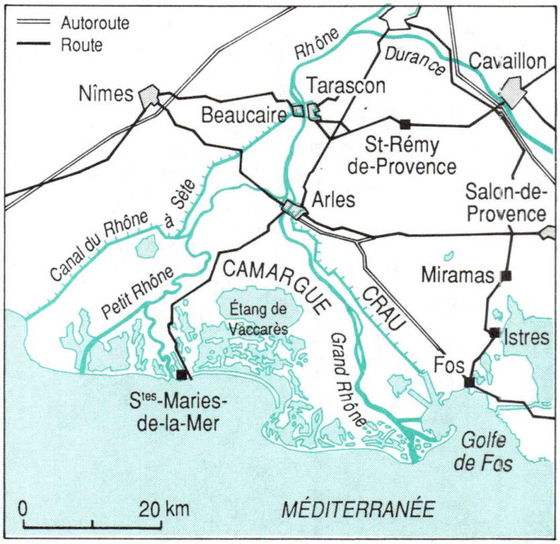

Le delta du Rhône

• Le fleuve et l'ensemble de ses affluents forment un **réseau fluvial** (ou hydrographique).

• Le **bassin fluvial** est la superficie drainée (c'est-à-dire rassemblée) par le réseau fluvial : toute goutte d'eau tombée sur le bassin se retrouvera, de ruisseaux en rivières, dans le cours de ce fleuve.

• Le **lit** est la partie de la vallée occupée par les eaux qui s'écoulent.

• Le **débit** d'un fleuve est la quantité d'eau (en m^3 = 1000 litres) écoulée en une seconde en un point donné du cours d'eau.

• Le **régime** d'un fleuve est la variation du débit, en un point donné, au cours de l'année.

LE PROFIL D'UN FLEUVE

1 L'altitude de la source et la longueur du fleuve peuvent être utilisées pour dessiner son **profil**. Cette carte représente le Rhône (et ses principaux affluents).

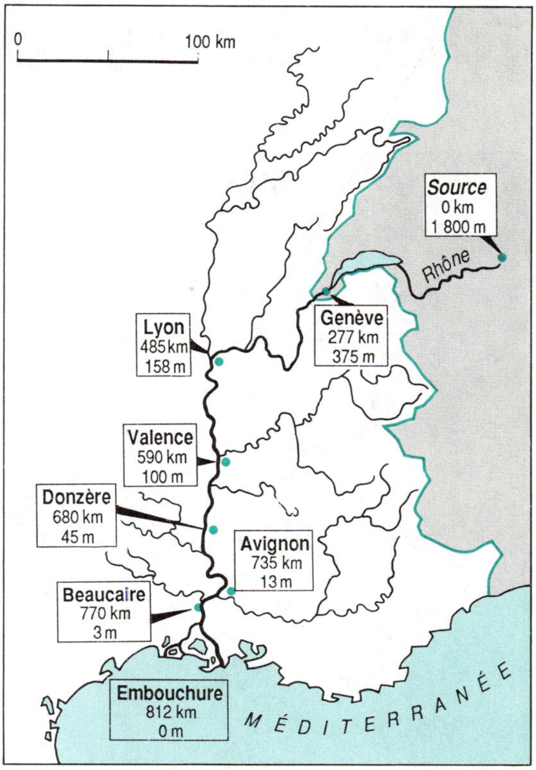

2 De plus, en huit endroits, de la source à l'embouchure, on a indiqué l'altitude du fleuve en ces lieux ainsi que la distance déjà parcourue.

3 Le rectangle ci-dessous va permettre de dessiner le profil du Rhône. Sur la largeur, on a indiqué les altitudes (en mètres); sur la longueur, on a indiqué les distances (à partir de la source) en kilomètres.

Dessine maintenant le profil du Rhône en plaçant les villes à leur altitude et à la bonne distance de la source.

4 Quels renseignements fournit ce profil du Rhône ? ....
....
....
....
....

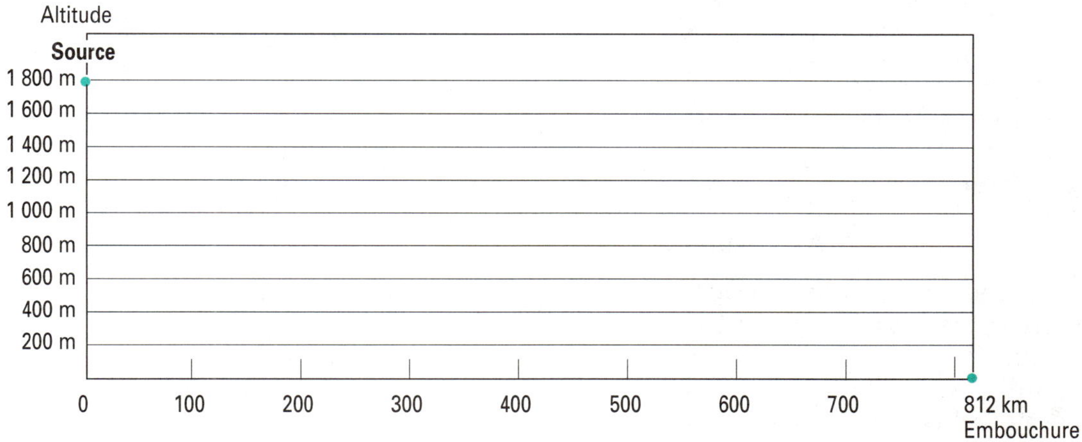

10 COURS D'EAU DE FRANCE

1 Repasse en couleur les limites des quatre bassins indiqués : ceux de la Seine, de la Loire, de la Garonne et du Rhône.

2 Quels cours d'eau n'appartiennent à aucun de ces bassins ? Classe-les selon la mer dans laquelle ils se jettent.

Manche : ....

Atlantique : ....

Méditerranée : ....

3 Encadre de bleu, les zones où naissent de nombreux cours d'eau et place les numéros correspondant aux noms suivants.

1 Limousin
2 Cévennes
3 Plateau de Langres
4 Alpes
5 Pyrénées
6 Collines de Normandie

4 Complète le tableau suivant.

	Source (avec altitude)	Longueur	Superficie du bassin	Principaux affluents de rive gauche	Principaux affluents de rive droite	Débit moyen à l'embouchure
SEINE	.... m	776 km	80 000 km² dont 25 % de sols imperméables	....	....	480 m³/s
LOIRE	.... m	1 000 km	115 000 km² dont 50 % de sols imperméables	....	....	900 m³/s
GARONNE	.... m	575 km (dont 540 km en France)	55 000 km² dont 35 % de sols imperméables	....	....	800 m³/s
RHÔNE	.... m	812 km (dont 512 km en France)	100 000 km² dont 30 % de sols imperméables	....	....	1 800 m³/s

5 Comment s'appelle le vaste estuaire de la Garonne (75 km) ? Quel autre cours d'eau s'y jette également ? ....
....
....
....

6 Que faut-il pour qu'un fleuve soit navigable ? ....
....
....
....

7 Quel est celui qui semble le mieux réunir ces conditions ? ....
....

8 Quels sont les grands ports de ce fleuve ? ....
....

9 Relis les séquences sur le climat, puis réponds vrai (V) ou faux (F) aux questions suivantes.

a) La Seine a beaucoup d'eau à la fin de l'hiver. ☐

b) La Loire, dans le Massif central, a beaucoup d'eau en hiver. ☐

c) La Loire, à Tours, a beaucoup d'eau en été. ☐

d) La Garonne a beaucoup d'eau en hiver. ☐

e) La Garonne a peu d'eau à la fin de l'été. ☐

f) Le Rhône, dans les Alpes, a peu d'eau en été. ☐

g) Il y a peu d'eau, dans le delta du Rhône, en automne. ☐

11 LA POPULATION DE LA FRANCE

1 Trace le graphique représentant l'accroissement de la population, de la Révolution à nos jours (en millions d'habitants).

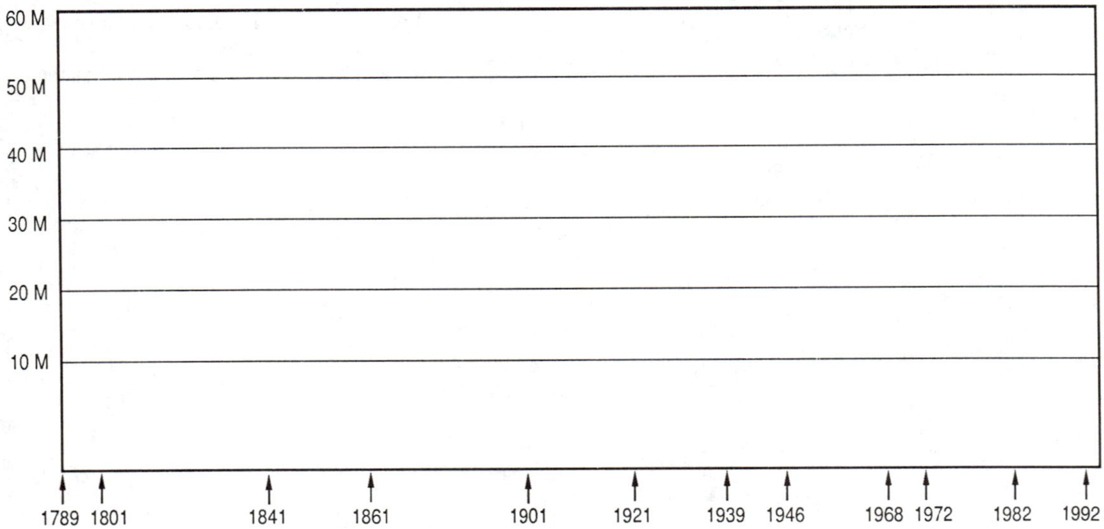

1789 : 27 M	**1861** : 39 M	**1939** : 41 M	**1972** : 52 M
1801 : 29 M	**1901** : 40 M	**1946** : 40 M	**1982** : 54 M
1841 : 35 M	**1921** : 39 M	**1968** : 50 M	**1995** : 58 M

(en métropole)

2 Calcule le pourcentage d'augmentation entre 1901 et 1789 : ....
entre 1901 et 1989 : ....

3 Comment s'expliquent les baisses enregistrées ? ....
....

4 Traduis graphiquement l'espérance de vie (à la naissance) des hommes (en rouge) et des femmes (en bleu).

	Hommes	**Femmes**
1789	30 ans	31 ans
1914	48 ans	52 ans
1939	56 ans	62 ans
1950	63 ans	71 ans
1975	69 ans	78 ans
1989	72 ans	80 ans
1994	73 ans	81 ans

On appelle *taux de natalité* le nombre annuel de naissances pour 1 000 habitants.

On appelle *taux de mortalité* le nombre annuel de décès pour 1 000 habitants.

La différence entre le nombre annuel de naissances et le nombre annuel de décès est *l'accroissement naturel* annuel.

5 Complète ce tableau.

	Vers 1840	Vers 1900	Vers 1940	Vers 1968	Vers 1982	Vers 1995
Taux de natalité (‰)	27	22	14	17	15	13
Taux de mortalité (‰)	23	20	19	12	11	9
Accroissement naturel pour 1 000 habitants	....	....	....	....	....	....
Accroissement naturel total	....	....	....	....	....	....

Attention ! Pour calculer l'accroissement naturel total, il faut tenir compte de la population totale à chacune des dates.

6 Comment s'explique la baisse du taux de natalité ? ....
....
....
....

7 Comment s'explique la baisse du taux de mortalité ? ....
....
....
....
....

8 Que s'est-il passé en 1940 ? Pourquoi ? ....
....
....
....

9 Comment s'explique, malgré la baisse des taux, un accroissement naturel de plus en plus important ? ...
....
....
....

12 LA COMPOSITION DE LA POPULATION

L'ÂGE DES HABITANTS

1 Relie ce qui va ensemble.

les adultes	▪ ▪	jusqu'à 13 ans
les enfants	▪ ▪	de 13 à 18 ans ou 20 ans
les adolescents	▪ ▪	plus de 60 ans
le troisième âge	▪ ▪	de 20 à 60 ans

2 On sait que la France compte aujourd'hui 58,4 millions d'habitants (dont 56,5 millions en métropole).

Il est intéressant de classer ces habitants selon leur âge en distinguant :
— les moins de 20 ans,
— les 20 à 60 ans,
— les plus de 60 ans.

Colorie avec des couleurs différentes ces trois groupes d'âges à cinq moments précis : 1851, 1901, 1946, 1972 et aujourd'hui.

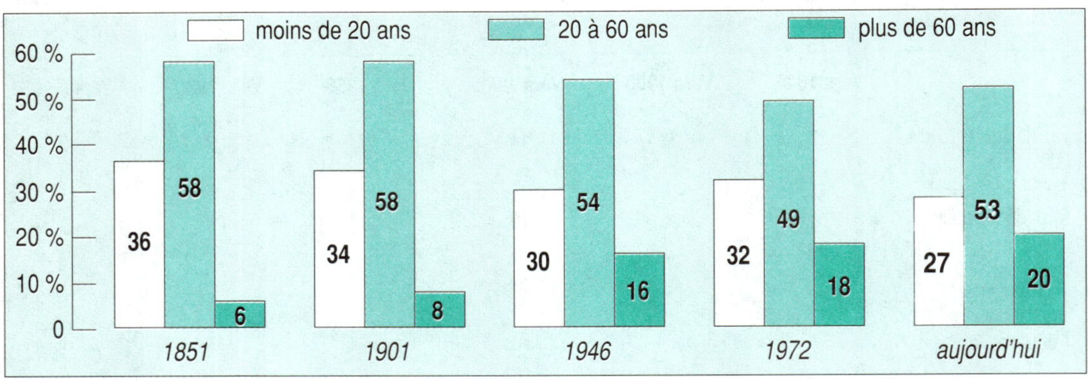

3 Comment a évolué, en 140 ans, la part des jeunes? ....
....
....

4 Comment a évolué, en 140 ans, la part des personnes âgées? ....
....
....

5 Quelles conséquences peuvent avoir ces évolutions pour la vie économique? ....
....
....
....

OÙ VIVENT LES HABITANTS ?

Depuis plus d'un siècle, les Français quittent les campagnes pour trouver du travail dans les villes, où ils s'installent : c'est *l'exode rural*. Les villes se développent ainsi que leurs *banlieues*. La ville et ses banlieues forment une *agglomération*.

6 Voici en millions la population urbaine (= des villes) et la population rurale (= des campagnes) à sept moments. Traduis ces données en pourcentages et colorie, en rouge, la population urbaine ; en vert, la population rurale.

Dates	Dans les villes (en millions d'habitants)	Dans les campagnes
1800	5	22
1850	9	26
1900	16	23
1930	21	20
1954	24	19
1968	36	15
1994	45,8	12

FRANÇAIS ET ÉTRANGERS

7 Complète ce tableau pour connaître le pourcentage des étrangers installés en France.

Dates	Population totale (en millions)	Nombre d'étrangers (en millions)	Pourcentage
1921	39	1,5	....
1936	41	2,2	....
1954	42,7	1,8	....
1962	46,5	2,2	....
1993	57,8	3,4	....
1/1/**1995**	58	4,2 (estimation)	....

8 Représente, sur la bande, par des couleurs différentes, les pays d'origine des étrangers qui résident en France actuellement.

- ❑ Italie : 250 000
- ❑ Espagne : 220 000
- ❑ Portugal : 700 000
- ❑ Turquie : 200 000
- ❑ Reste de l'Europe : 250 000
- ❑ Afrique du Nord : 1 600 000
- ❑ Afrique noire : 300 000
- ❑ Autres : 480 000

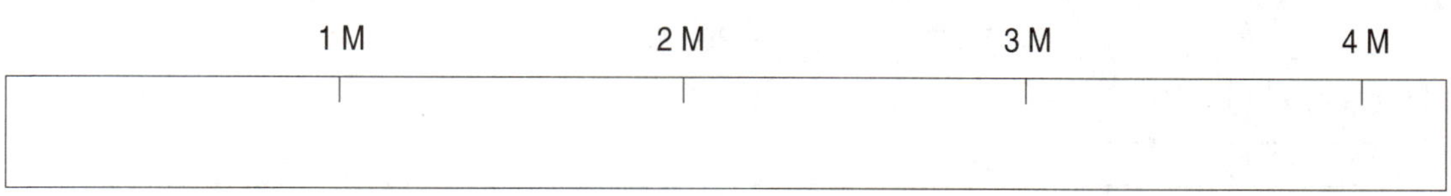

13 LA RÉPARTITION DE LA POPULATION

On appelle *densité de la population*, le nombre d'habitants an km². On divise la population par la superficie en km².

Pour la France (métropole), on obtient :

$$\frac{58\ 000\ 000}{551\ 000} = 105 \text{ habitants au km}^2.$$

1 Classe ces États, voisins de la France, selon leur densité de population, de la plus forte à la plus basse.

Belgique : 337 hab/km²	...	Espagne : 78 hab/km²	...
Luxembourg : 133 hab/km²	...	Pays-Bas : 447 hab/km²	...
Allemagne : 232 hab/km²	...	Royaume-Uni : 240 hab/km²	...
Suisse : 175 hab/km²	...		
Italie : 196 hab/km²	...	Portugal : 106 hab/km²	...

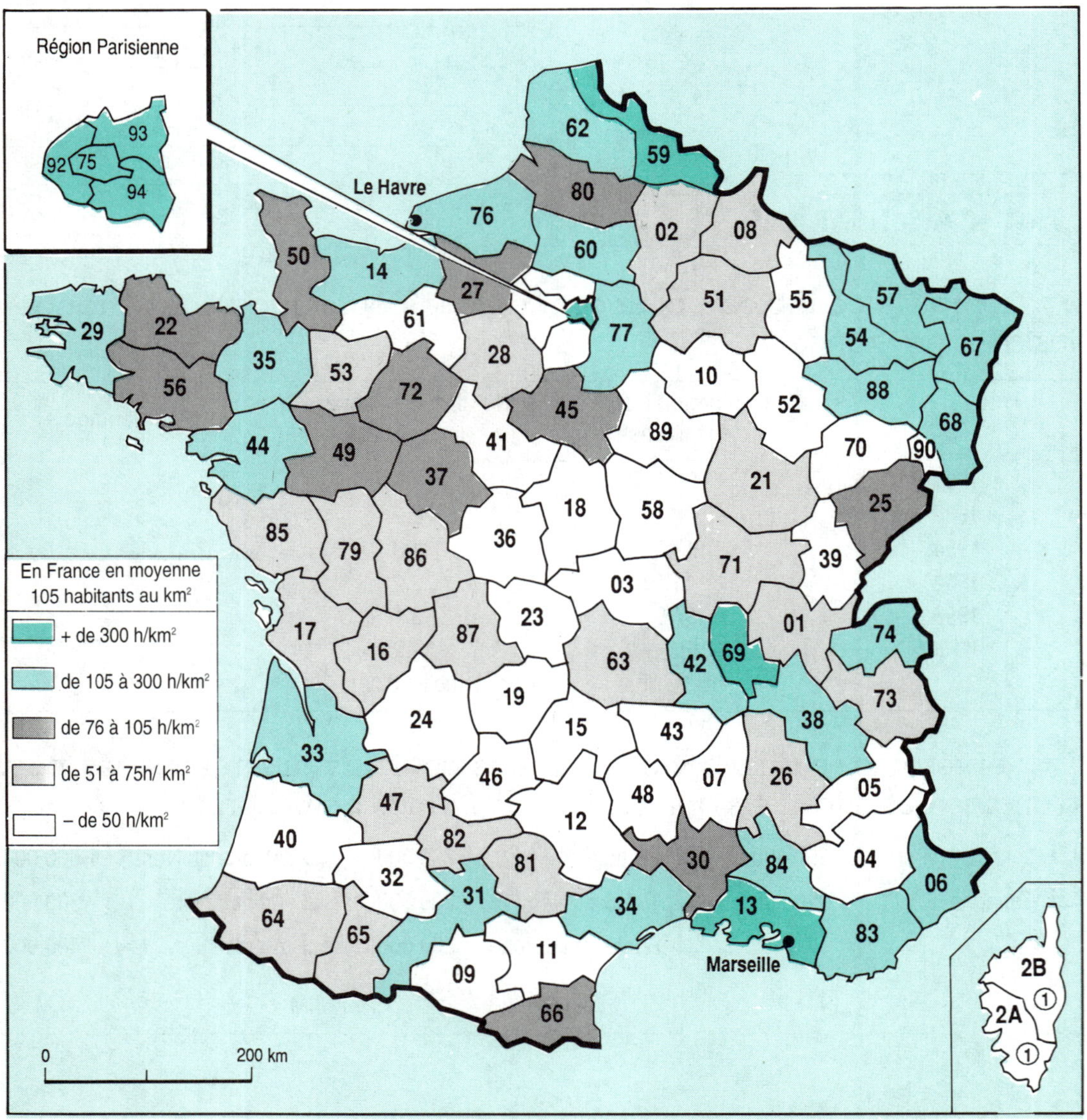

La densité de la population est une *moyenne* ; selon les départements et les régions, il y a de grandes différences, et même, dans chaque département, on peut distinguer des zones plus ou moins peuplées.

2 Où se situent les départements les moins peuplés ? Pourquoi ? A quels reliefs correspondent-ils ? ....

....

....

....

....

....

....

....

3 Où se situent les départements les plus peuplés ? Pourquoi ? ....

....

....

....

....

....

....

4 Regarde la carte et indique la densité du département où tu habites.

....

....

....

5 Si tu traces la ligne Le Havre-Marseille, quelle partie de la France te semble plus peuplée ? ....

....

....

....

....

6 Donne un titre à chacune des photos et essaie de la situer.

....

14 LES GRANDES AGGLOMÉRATIONS

1 Avec des signes différents, distingue ces agglomérations.

- Paris : 9,3 M d'hab.
- Lyon (1,2 M d'hab.) et Marseille (1,2 M d'hab.)
- Lille, Bordeaux, Toulouse, Nice, Nantes et Toulon (400 à 900 000 hab.)
- Grenoble, Strasbourg, Rouen, Valenciennes, Grasse-Antibes-Cannes, Lens, Saint-Étienne et Nancy (300 à 400 000 hab.)
- Tours, Béthune, Clermont-Ferrand, Le Havre, Rennes, Montpellier, Orléans, Dijon, Mulhouse, Brest, Reims et Angers (de 200 à 300 000 hab.)

2 **Rappel** : Une agglomération regroupe une ville et ses banlieues. Ainsi, l'agglomération parisienne compte 9 300 000 habitants tandis que Paris n'atteint que 2,1 M. Quant à l'agglomération de Lille (960 000 hab.), elle regroupe aussi les villes de Roubaix et de Tourcoing, avec toutes leurs banlieues qui se mêlent.

3 Nomme – et décris – les six villes représentées par ces photographies (Lille, Paris, Toulouse, Marseille, Bordeaux et Lyon).

1 ....

2 ....

3 ....

4 ....

5 ....

6 ....

15 CEUX QUI TRAVAILLENT

1 Jouons aux métiers : trouve les noms

M . . . N

I . . . . E

A . . . . R

2 Tous les habitants de la France travaillent-ils ? ....
Encadre ceux qui exercent un emploi.

Ingénieur, mécanicien, menuisier, nourrisson, employé de banque, retraité, boucher, étudiant, femme au foyer, femme de ménage, écolier, chanteur.

On appelle *population active* l'ensemble des habitants exerçant une activité professionnelle ou étant à la recherche d'un emploi. Il y a actuellement en France plus de 25 millions d'actifs (60 % d'hommes et 40 % de femmes).

3 Il y a, en 1995, 3 300 000 chômeurs ; quelle part de la population active représentent-ils ? ....

4 Classons les emplois.

Les emplois sont très différents les uns des autres, aussi a-t-on pris l'habitude de les classer en trois secteurs :

— le **secteur primaire** regroupe principalement ceux qui travaillent la terre ; ils en exploitent directement les richesses ;

— le **secteur secondaire** (ou industriel) regroupe ceux qui travaillent dans les ateliers et les usines pour transformer des produits naturels ;

— le **secteur tertiaire** regroupe les transports, le commerce, les administrations, l'hôtellerie, les professions libérales (avocats, médecins, etc.) ; on parle aussi d'activités de **services**.

5 Relie ce qui va ensemble.

mécanicien ▪		▪ garagiste
tourneur ▪	▪ Secteur primaire ▪	▪ garçon de café
berger ▪		▪ pilote
médecin ▪		▪ pêcheur
instituteur ▪	▪ Secteur secondaire ▪	▪ agriculteur
employé de banque ▪		▪ artiste de cinéma
maçon ▪		▪ épicier
réparateur télé ▪	▪ Secteur tertaire ▪	▪ horloger
employé de la SNCF ▪		▪ secrétaire

6 Les secteurs d'activité (PST) pour cent personnes à six dates différentes. Colorie en vert le secteur primaire, en rouge le secteur secondaire, en bleu le secteur tertiaire.

	P	S	T	0 – 10 % – 20 % – 30 % – 40 % – 50 % – 60 % – 70 % – 80 % – 90 % – 100	Nombre d'actifs (en millions)
1936	37	32	31	1936	19,4
1954	28	36	36	1954	19
1962	20	39	41	1962	19,5
1968	15	39	46	1968	20
1975	10	39	51	1975	22
1994	6	28	66	1994	25

7 Pourquoi le secteur primaire compte-t-il de moins en moins d'effectifs ? ....

8 Quel est le secteur qui progresse rapidement ? Pourquoi ? ....

9 A partir de quelle date le secteur secondaire a-t-il commencé à baisser ? ....

10 Cite quelques métiers aujourd'hui disparus. ....

11 Cite quelques métiers qui n'existaient pas il y a vingt-cinq ans. ....

12 Quel métier veux-tu faire quand tu seras grand? Justifie ton choix. ....

16 LA FRANCE DES DÉPARTEMENTS ET DES RÉGIONS

La France métropolitaine compte plus de 36 000 *communes* de tailles et de populations variées, regroupées en 100 *départements*. Ces 100 départements sont, à leur tour, regroupés en 22 *régions*.

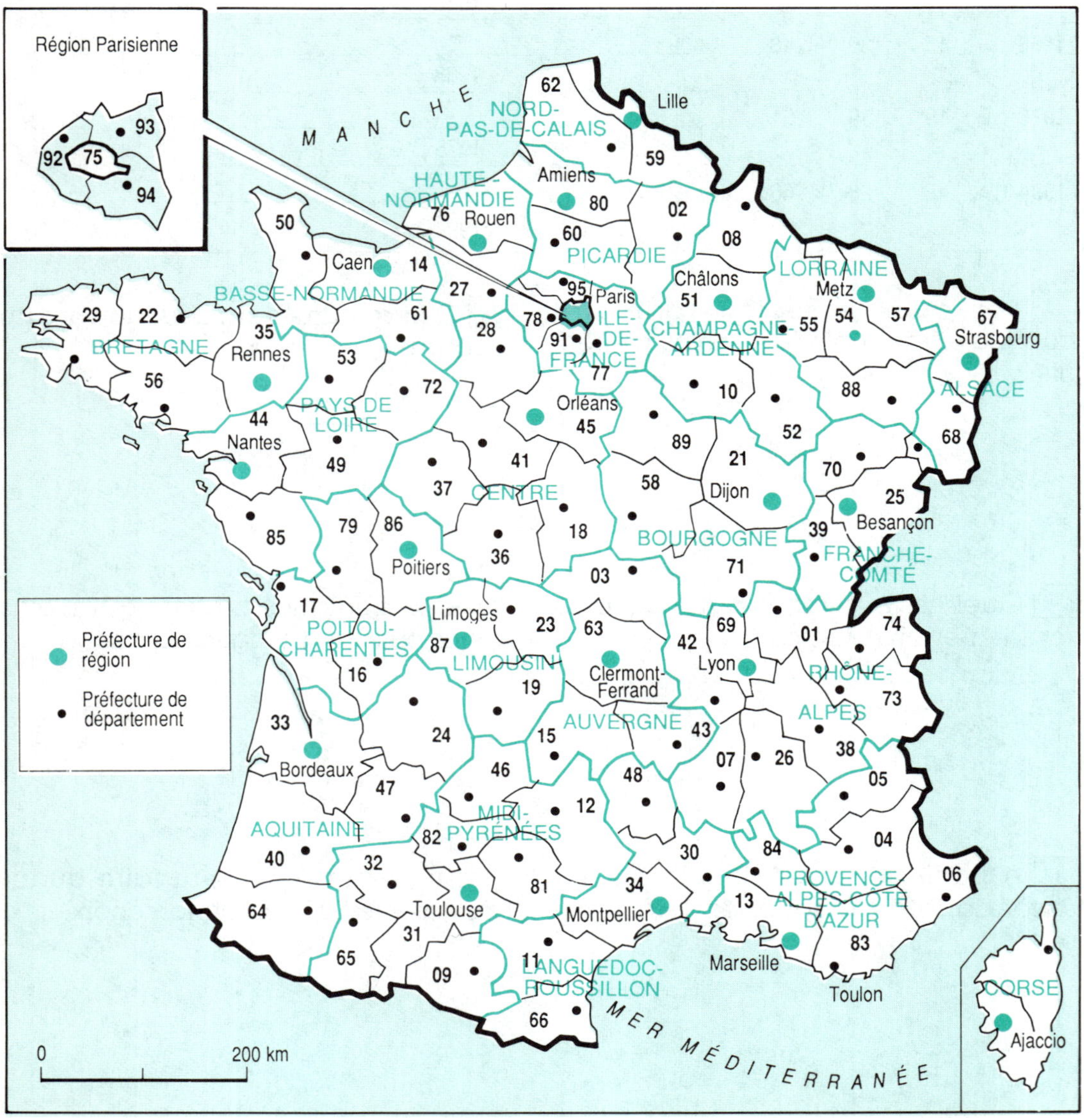

1 Écris le nom de ton département : ....

2 Écris le nom de ta région : ....
....

3 Quel est le chef-lieu de ton département ? ....

4 Quels sont les autres départements de ta région ? ....
....

5 Écris le nom de tous les départements que tu connais (autres que ceux de ta région) en indiquant le chef-lieu. Reporte ensuite ces noms sur la carte.

Département	Chef-lieu	Département	Chef-lieu
....	....	....	....
....	....	....	....
....	....	....	....
....	....	....	....

6 A partir du tableau ci-dessous, calcule la densité de la population de ta région. Compare le résultat avec la moyenne nationale ....
....
....

Les 22 régions de France

Nom	Superficie en km^2	Population en milliers d'hab.	Nom	Superficie en km^2	Population milliers d'hab.
Alsace	8 300	1 624	Limousin	17 000	723
Aquitaine	41 300	2 796	Lorraine	23 500	2 306
Auvergne	26 000	1 321	Midi-Pyrénées	45 400	2 431
Bourgogne	31 600	1 610	Nord	12 400	3 965
Bretagne	27 200	2 796	Basse-Normandie	17 600	1 391
Centre	39 000	2 371	Haute-Normandie	12 300	1 737
Champagne-Ardenne	25 600	1 350	Pays de Loire	32 000	3 059
Corse	8 700	250	Picardie	19 400	1 810
Franche-Comté	16 000	1 084	Poitou-Charentes	25 800	1 596
Île-de-France	12 000	10 660	Provence-Côte d'Azur	31 300	4 247
Languedoc-Roussillon	27 500	2 115	Rhône-Alpes	43 700	5 350

7 Comment est administrée ta commune ? ....
....

8 Comment est administré ton département ? ....
....

9 Précise :

a) le rôle du maire : ....
....
....
....

b) le rôle du préfet : ....
....
....
....
....
....

c) le rôle du conseil général : ....
....
....
....
....
....

17 QUATRE PAYSAGES AGRICOLES

Décris en quelques phrases ces quatre paysages agricoles (forme des champs, localisation des habitations, activités, etc.).

(1) **Un paysage de la Beauce**

....
....
....

(2) **Un paysage du bocage normand**

....
....
....

(3) **Un paysage méditerranéen**

....
....
....

(4) **Un paysage de montagne dans les Pyrénées**

....
....
....

18 LES AGRICULTEURS

L'agriculture permet aux hommes de se nourrir (et de se vêtir).

1 On peut classer les aliments consommés d'après leur origine. Relie ce qui va ensemble.

Lait ▪			▪ Pommes de terre
Farine ▪	▪	Plantes (= origine végétale) ▪	▪ Cerises
Viande ▪			▪ Poulets
Fromages ▪			▪ Beurre
Œufs ▪	▪	Animaux (= origine animale) ▪	▪ Légumes
Bonbons ▪			▪ Vin
Bière ▪			▪ Gâteaux

2 **Attention**, certaines cultures servent à l'alimentation des animaux, qui seront ensuite consommés.
Cite quelques exemples qui prouvent que les produits d'origine animale ont besoin, au préalable, de cultures particulières. ....

....

....

....

....

....

3 Vrai (V) ou faux (F) ?

a) L'agriculture regroupe 6 % des actifs. ☐

b) Le nombre de fermes (= exploitations agricoles) reste stable. ☐

c) L'agriculture emploie de plus en plus d'engrais. ☐

d) Les agriculteurs se sont endettés pour moderniser leurs exploitations. ☐

e) La superficie moyenne des exploitations est de 32 ha. ☐

f) Le remembrement (= regroupement des parcelles agricoles isolées ou trop petites) permet d'améliorer les rendements (= quantité de produits obtenus sur une même surface). ☐

g) En 1950, un agriculteur nourrissait huit personnes, aujourd'hui sa production permet d'en nourrir plus de trente. ☐

h) Près des deux tiers des agriculteurs ont plus de cinquante ans. ☐

i) Tous ceux qui vivent à la campagne sont des agriculteurs. ☐

j) Plus de la moitié des agriculteurs louent les terres qu'ils exploitent. ☐

4 Autrefois, l'agriculteur cherchait d'abord à produire pour les besoins de sa famille ; il achetait et vendait le moins possible. En est-il de même aujourd'hui ? ....

....

5 Pourquoi les agriculteurs se regroupent-ils en diverses coopératives ? ....

....

....

19 LES PRODUITS DE LA TERRE

1 Les productions agricoles.

En millions de t.	1913	1934	1955	1979	1993	**Utilisations**
Blé	8,7	9,2	10,3	21	29	....
Orge	1	1	2,7	11	9	....
Maïs	0,5	0,5	1	9	15	....
Pommes de terre	13,6	6,6	15	7,5	6,2	....
En millions d'hl.						
Vin	44	78	61	63	65	....
En millions de têtes						
Bovins	15	16	17	24	20,4	....
Moutons	16	9,5	8	11	12,5	....
Porcs	7	7	7,5	12	12,5	....

Complète ce tableau et explique les variations en tenant compte de l'utilisation.

2 Décris cette photo de la moisson en Beauce ....
....
....
....
....
....

3 Décris cette nouvelle façon de pratiquer l'agriculture. ....
....
....
....
....
....

4 Sur cette carte :

— hachure en jaune les régions qui produisent du **blé** et du **maïs** (et nomme-les) ;

— hachure en rouge les régions qui produisent du **vin** (et nomme-les).

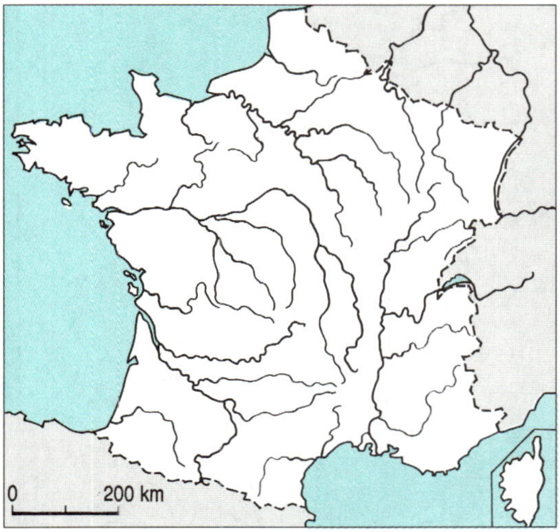

Céréales : ....

....

Vignes : ....

....

5 Sur cette seconde carte, hachure en vert les régions où l'on élève beaucoup de bovins (et nomme-les).

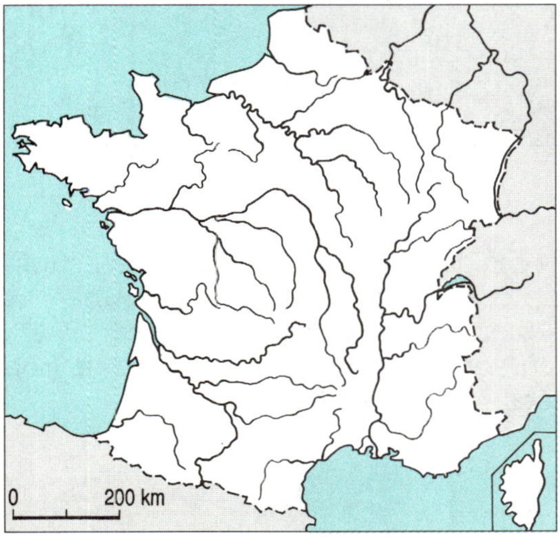

6 Compare ces deux façons de pratiquer l'élevage. ....

....

....

....

....

....

....

Ces deux phots sont prises dans la même région : le Jura.

7 Cite six noms de fromages (sur les trois cents qui existent en France) en précisant la région où on les produit. ..

....

....

....

....

....

20 LES FORÊTS ET LA PÊCHE

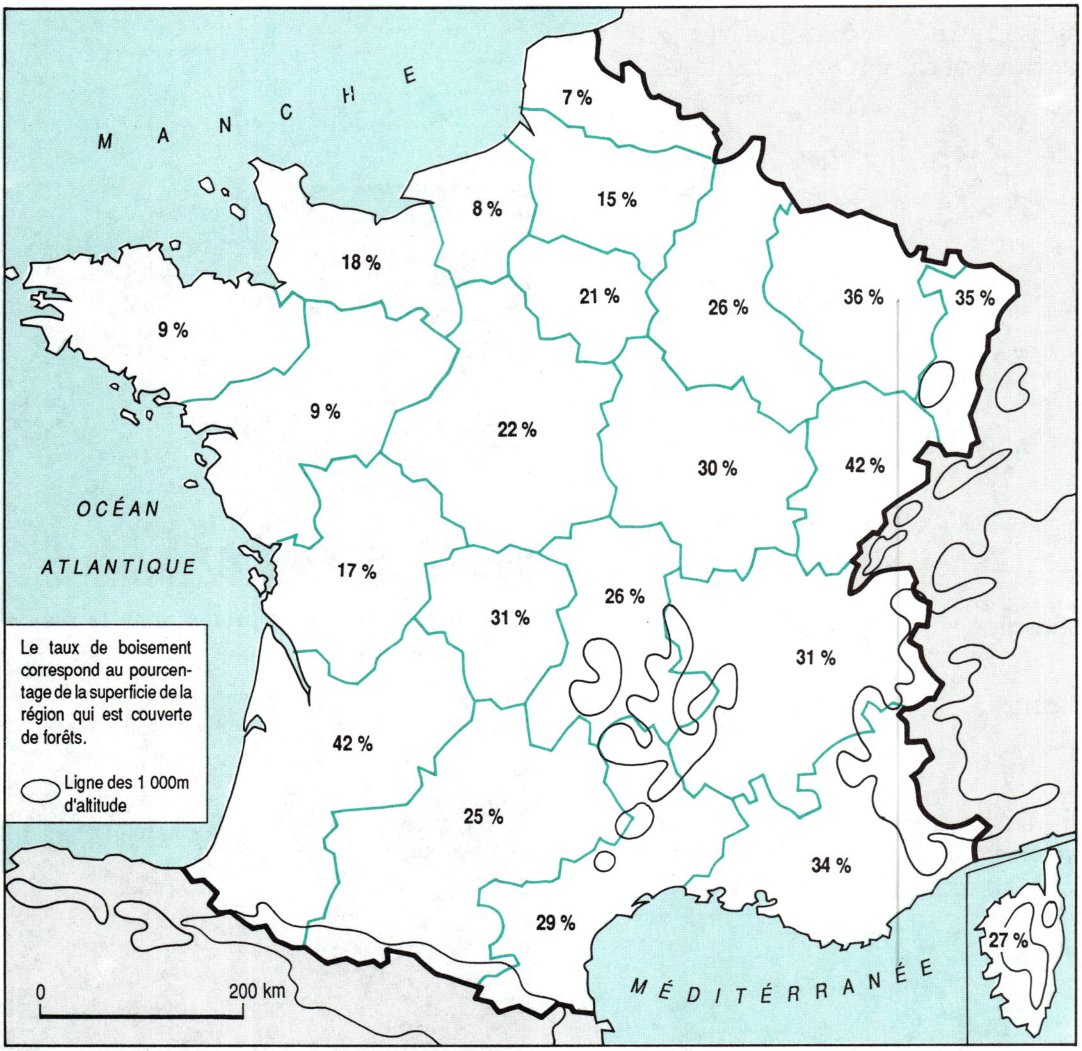

La forêt couvre en France 27 % du territoire : c'est le *taux de boisement national.*

1 Colorie en vert foncé (et nomme) les régions où ce taux dépasse la moyenne française. Souligne les noms des régions où ce taux est supérieur à 40 %. Colorie en jaune les régions où ce taux n'atteint pas 10 %. Où sont situées ces régions peu boisées ? Pourquoi ? ....

....

....

....

2 Nomme les principaux massifs forestiers français. ....

....

....

....

3 Les arbres sont-ils partout les mêmes ? Cite quelques noms d'arbres.

....

....

....

4 Classe les noms trouvés en :

— feuillus : ....

....

— résineux : ....

....

5 Pourquoi cherche-t-on à augmenter la plantation de résineux ? .....

....

....

La France, malgré 3 100 km de côtes n'occupe que le 22e rang mondial (1 % du poisson pêché dans le monde) pour la pêche. Elle compte moins de 9 000 bateaux dont quelques centaines seulement sont modernes.
Le Français consomme chaque année 20 kg de produits de la mer dont 12 kg de poisson (contre 50 kg pour un Danois et 35 kg pour un Espagnol).

6 Relie ce qui va ensemble.

a) La grande pêche lointaine ▪ ▪ **1)** Elle se pratique en haute mer avec des chalutiers qui restent en mer une quinzaine de jours.

b) La pêche hauturière ▪ ▪ **2)** Elle se pratique sur des petits bateaux (moins de 12 mètres) avec lignes et filets.

c) La pêche côtière ▪ ▪ **3)** Elle dure des mois avec des navires qui sont de véritables usines pour transformer et congeler le poisson pêché.

7 Relie ce qui va ensemble.

a) La conchyculture ▪ ▪ **1)** Élevage de moules

b) L'ostréiculture ▪ ▪ **2)** Élevage de coquillages et de mollusques

c) La mytiliculture ▪ ▪ **3)** Élevage des huîtres

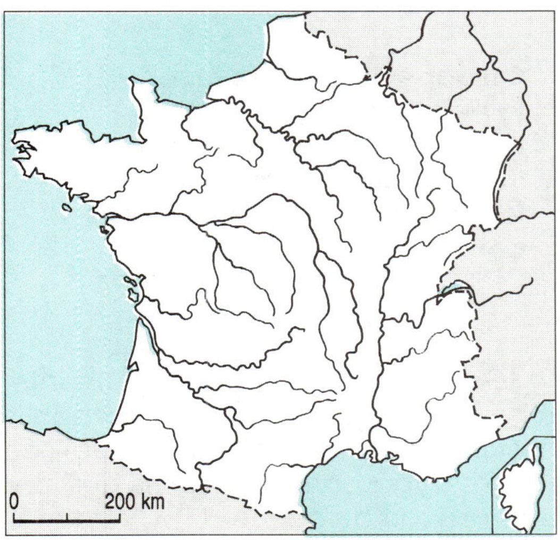

8 Sur cette carte de France, place les principaux ports de pêche.

Boulogne — Cherbourg — Douarnenez — Concarneau — Dieppe — Sète — Le Guilvinec — St-Malo — La Rochelle — Lorient

Place également Marennes, capitale des huîtres.

9 Que remarques-tu ? Où sont situés les principaux ports de pêche ? ....

....

....

....

21 LES SOURCES D'ÉNERGIE (1)

La production *d'énergie* permet le développement des transports, les activités économiques et l'amélioration du niveau de vie des Français.

Mais la France ne produit que la moitié de l'énergie qu'elle consomme !

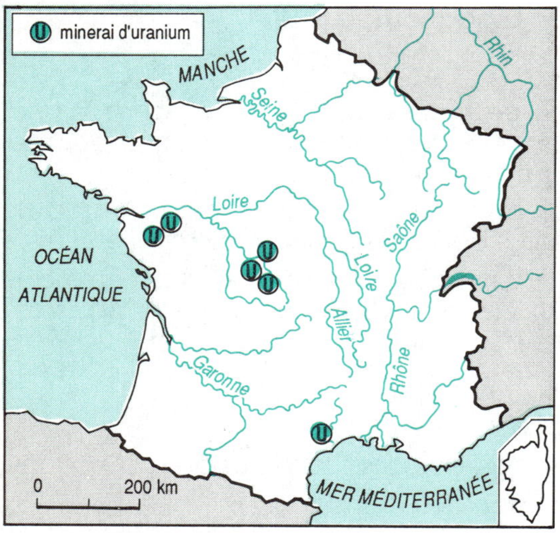

1 Colorie en marron les bassins de charbon et écris : Nord-Pas-de-Calais, Lorraine, Provence, Centre-Midi.

2 Place les noms des centres d'extraction d'uranium (l'uranium est indispensable au fonctionnement des centrales nucélaires) : Clisson (près de Nantes), Bessines (dans le Massif central), Lodève (dans l'Hérault).

3 Cette bande représente la consommation de charbon : **24 millions** de tonnes. Représente en rouge la part de la production de la France : **8 millions** de tonnes.

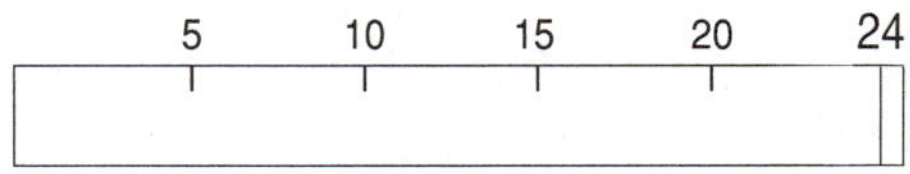

4 La production de charbon n'a cessé de baisser depuis 45 ans.

1946 : 47 Mt	1974 : 24 Mt
1955 : 55 Mt	1984 : 18 Mt
1970 : 40 Mt	1994 : 8 Mt

Pourquoi ? ....
....
....

5 Où la France achète-t-elle le charbon qu'elle consomme? ....
....
....

On appelle *hydrocarbures* le pétrole et le gaz naturel. La production française est insignifiante et il faut acheter la presque totalité des produits consommés.

6 Sur la carte de la page suivante, repasse en bleu les oléoducs (conduits destinés au transport du pétrole), en rouge les gazoducs (conduits destinés au transport du gaz).

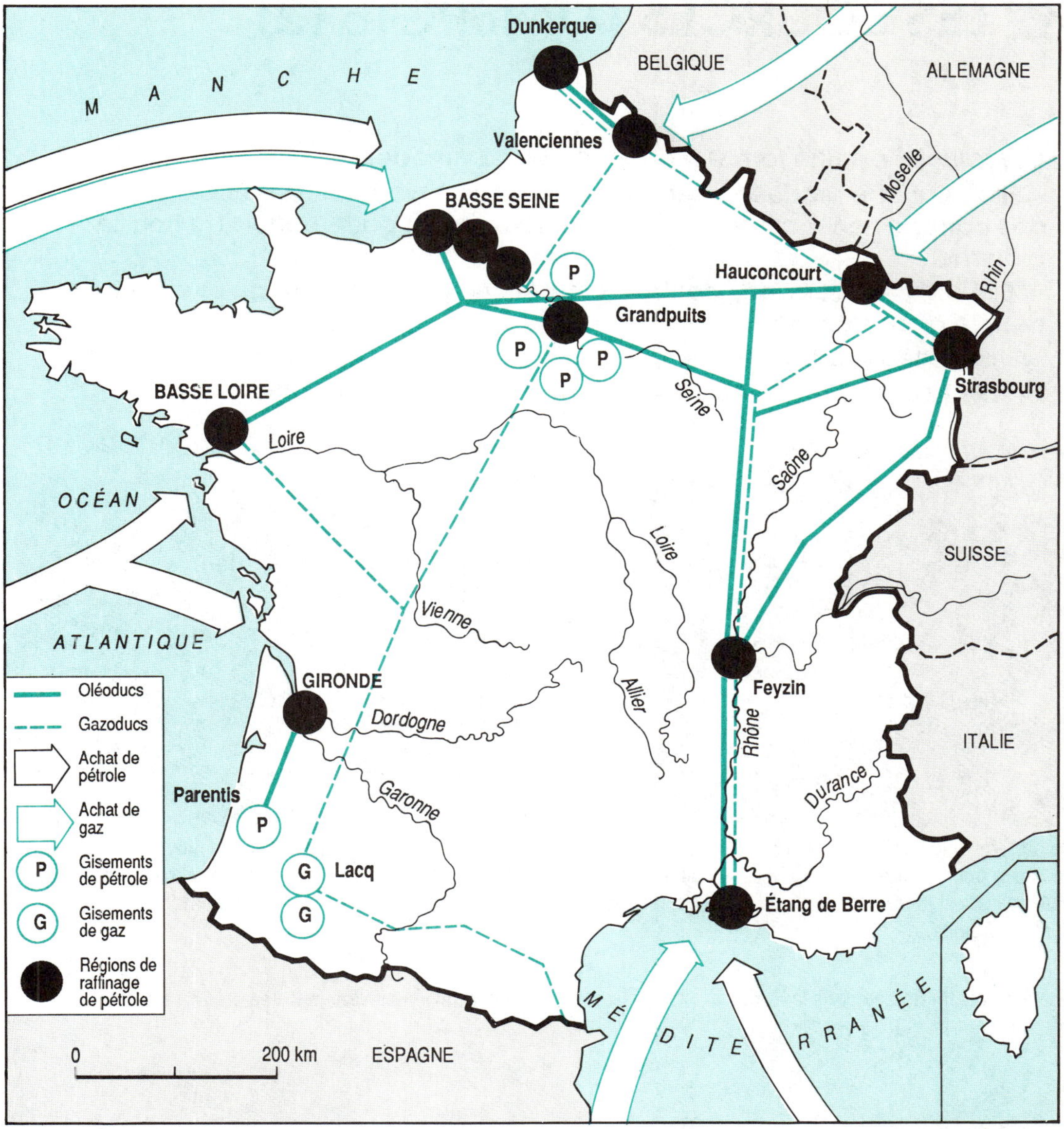

7 Indique en bleu les gisements de pétrole ; en rouge, les gisements de gaz.

8 Indique dans les flèches les pays où la France achète le pétrole et le gaz.

9 Pourquoi les principales raffineries de pétrole sont-elles situées dans des ports ou des estuaires? ....

....

....

....

....

22 LES SOURCES D'ÉNERGIE (2)

L'électricité est une forme d'énergie très commode.

• Elle peut être produite directement en utilisant la force des eaux, grâce à des barrages en montagne ou sur les fleuves. On parle parfois de houille blanche.

• Elle provient aussi des centrales thermiques où l'on brûle du charbon, du pétrole et du gaz.

• Enfin, elle est produite par l'énergie atomique dans les centrales nucléaires (qui produisent les deux tiers de l'électricité consommée aujourd'hui).

Le barrage de Tignes en Savoie

Ce barrage, situé en haute montagne, retient les eaux de l'Isère pour former un lac artificiel. L'usine est bien plus bas : c'est la force de la chute d'eau qui fait tourner les turbines.

La centrale hydraulique de Donzère sur le Rhône

Ce second barrage est établi sur la moyenne vallée du Rhône. Comme ce fleuve a beaucoup d'eau, une faible dénivellation suffit à actionner les turbines.

Une centrale thermique dans le Nord

Cette centrale thermique utilise le charbon, auparavant fourni par les mines avoisinantes. Aujourd'hui, on emploie du charbon importé puisque les mines du Nord ont été fermées.

La centrale nucléaire de Cruas près de Montélimar

Les centrales nucléaires sont souvent situées le long des fleuves, ici le Rhône. Il faut en effet beaucoup d'eau pour refroidir les installations de la centrale qui utilise l'uranium comme combustible.

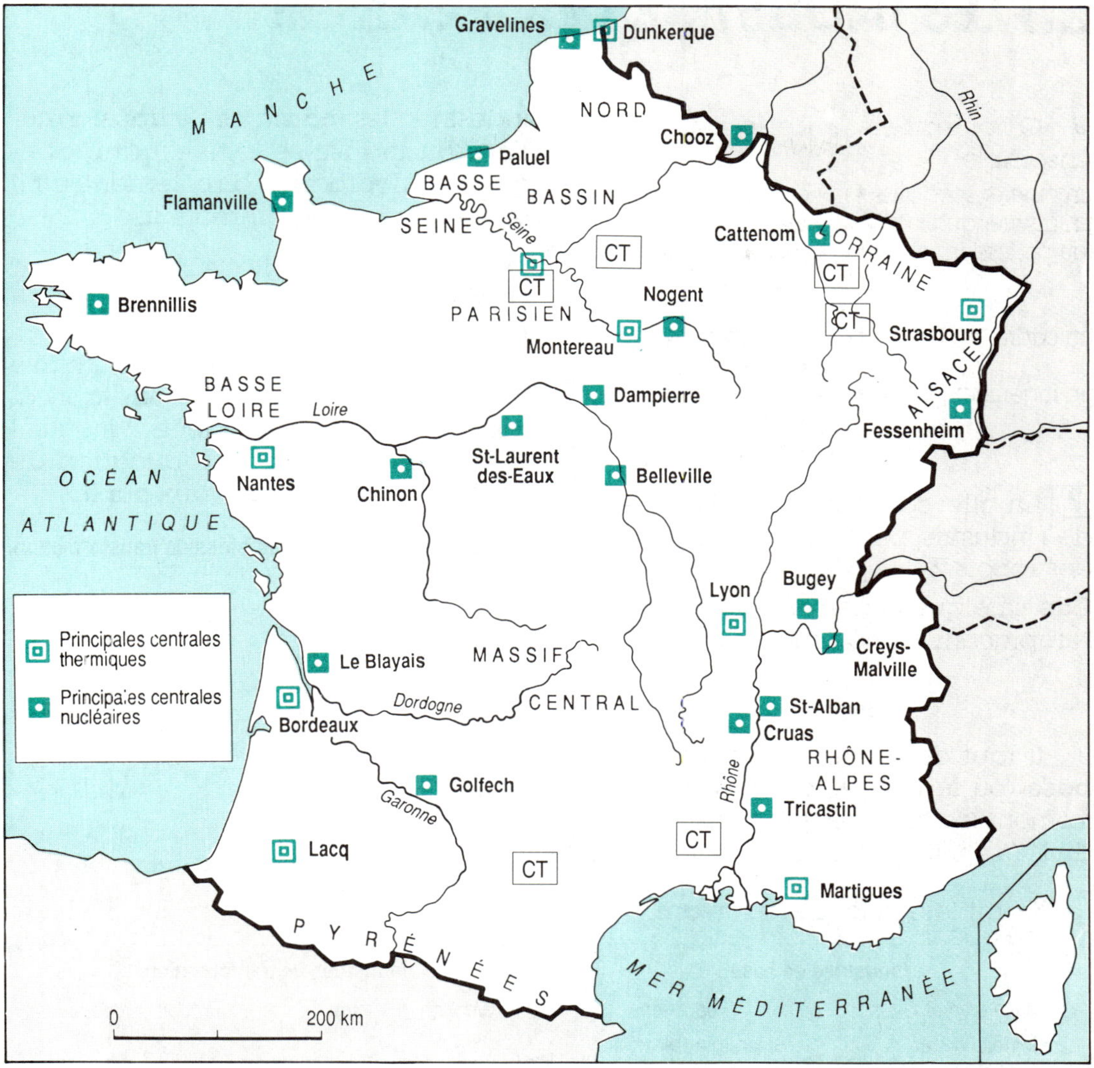

1 Sur cette carte, entoure en rouge les régions où l'on trouve de puissantes centrales fonctionnant au charbon, au gaz ou au pétrole.

2 Hachure en bleu les régions où l'on trouve des centrales hydrauliques.

3 Souligne les noms des principales centrales nucélaires. Où sont-elles situées ? ....

....

4 Quels problèmes pose l'énergie nucléaire ? ....

....

....

....

....

5 Quelles énergies nouvelles recherche-t-on aujourd'hui ? Pourquoi ? ....

....

....

....

23 LES INDUSTRIES EN FRANCE

1 Que font-ils ? Relie ce qui va ensemble.

un ouvrier spécialisé ▪	▪ établit des plans et des projets.
un ouvrier qualifié (ou professionnel) ▪	▪ surveille les diverses étapes de la production.
un cadre ▪	▪ exécute des travaux de précision.
un ingénieur ▪	▪ fait des travaux simples (souvent répétitifs).

2 Quelle catégorie de travailleurs de l'industrie peut être remplacée par des robots ? ....

Cite quelques exemple où les robots remplacent les hommes. ....
....
....

⚠ Il faut distinguer les **industries de base** (ou industries lourdes) qui transforment les matières premières en produits (semi-finis) utilisables par d'autres industries, les **industries de transformation** (ou industries légères) qui fabriquent des produits directement utilisables par les consommateurs.

3 Classe les activités suivantes selon cette différence.
Fabrication d'engrais ; horlogerie ; fabrication de l'acier ; conserverie ; chimie du pétrole ; matériel électrique ; fabrication d'acides ; médicaments ; matériel électrique ; sucrerie ; fabrication de ciment ; bâtiment et travaux publics.

Industries de base	Industries de transformation
....	....
....	....
....	....
....	....
....	....
....	....

4 Complète le tableau suivant.

Industries de base		Industries de tranformation	
Matières premières	*Productions*	*Nom de l'industrie*	*Produits fabriqués*
• Minerai de fer + charbon →	Sidérurgie → acier + fonte →	....	automobiles
• Bauxite + électricité →	fabrication de l'aluminium →	....	avions
• Charbon • Pétrole →	produits chimiques →	....	nylon, tergal médicaments

La France est la cinquième puissance industrielle du monde.

5 Indique pour chaque secteur industriel cité : + s'il y a des progrès,
− s'il y a recul.

- Sidérurgie : ....
- Agro-alimentaire : ....
- Constructions navales : ....
- Charbonnages : ....
- Automobiles : ....
- Électronique : ....
- Informatique : ....
- Ciment : ....
- Aéronautique : ....
- Textile : ....

6 Colorie en rouge les grandes régions industrielles. Souligne d'un trait rouge les foyers industriels isolés.

7 Quelles régions connaissent de grosses difficultés ? ....

....

8 Pourquoi la région parisienne occupe-t-elle le premier rang des régions industrielles ? ....

....

9 Quelles régions du Sud et de l'Ouest font de rapides progrès ? ....

....

....

....

....

10 Quelles industries trouve-t-on dans ta région ? ....

....

....

....

24 AU SERVICE DES AUTRES

Le *secteur tertiaire* regroupe ceux qui ne travaillent pas la terre et ceux qui ne transforment pas les matières premières ou les produits semi-finis.
Le secteur tertiaire emploie aujourd'hui deux Français sur trois : plus de 15 millions de personnes !
Le travail des employés du secteur tertiaire ne fournit aucun produit.
Il est cependant indispensable car il rend des services, sans lesquels, on ne pourrait pas vivre.

1 Complète ce tableau en indiquant les métiers qui correspondent à ces activités.

Verbes	Métiers
Vendre les produits	....
Transporter hommes et marchandises	....
Former et enseigner	....
Soigner	....
Communiquer	....
Administrer	....
Organiser des vacances	....
Amuser	....
Entretenir et réparer	....
Assurer la sécurité	....
S'occuper de l'argent	....

2 Les services peuvent être rendus aux personnes, aux entreprises ou, à la fois aux personnes et aux entreprises.
Parmi les métiers trouvés à l'exercice 1 distingue ces trois catégories en les soulignant avec des couleurs différentes.

3 Les services peuvent être publics (= organisés par l'État ou les communes) ou privés (= organisés par des particuliers).
Complète ce tableau, en précisant chaque fois, ceux qui sont payants (P) et ceux qui sont gratuits (G).

Services publics	....
Services privés	....

4 Où sont concentrées les activités de service ? Où sont-elles le plus variées ? Pourquoi ? ....
....
....
....
....

Un exemple de « service »

25 LES COMMERÇANTS

Décris chacune de ces photos en indiquant ceux qui vendent, ce qu'ils vendent et les lieux de vente.

(1) **Un marché dans une rue**

(2) **Dans une grande surface, des dizaines de caisses**

(3) **Un magasin spécialisé : une librairie à Paris**

(4) **Une petite épicerie**

(5) **Le Marché d'intérêt national de Rungis**

26 LE COMMERCE EN FRANCE

1 Complète ce tableau (il peut y avoir plusieurs réponses pour les lieux d'achat).

Produits achetés	Lieux d'achat	Distance parcourue pour effectuer ces achats	Moyens de transport utilisés
a) Le pain	....	....	....
b) Le lait	....	....	....
c) Un aspirateur	....	....	....
d) Un jeu	....	....	....
e) Des chaussures	....	....	....
f) Un sirop	....	....	....
g) Une automobile	....	....	....
h) Un livre	....	....	....
i) Du poisson	....	....	....

2 Reclasse maintenant les lieux d'achat trouvés dans ce deuxième tableau et cite des exemples.

	Part du marché	Produits achetés
Petits magasins alimentaires	17	....
Magasins non alimentaires spécialisés	39	....
Supermarchés (400 à 2 500m² de surface de vente) Hypermarchés (plus de 2 500m² de surface de vente)	31	....
Grands magasins et magasins à succursales	4	....
Pharmacies	6	....
Autres	3	....

La part du marché représente, pour 100 F, la somme dépensée selon l'endroit où s'effectue l'achat.

3 Note les avantages et les inconvénients du petit magasin (alimentaire ou non) et de la grande surface.

	Avantages	Inconvénients
Petit magasin	....	....
Grande surface	....	....

Le grossiste est un commerçant qui vend, en gros (= en grande quantité) à d'autres commerçants, les détaillants, qui eux, vendent aux particuliers.

Il y a en France près de 100 000 établissements qui pratiquent le commerce de gros et 390 000 points de vente aux particuliers (dont plus de 4 900 « grandes surfaces »).

4 Comment l'épicier est-il approvisionné en confitures ? S'adresse-t-il directement au fabricant ? ....

....

Comment le marchand de légumes est-il approvisionné en pommes de terre ? S'adresse-t-il directement au cultivateur ? ....

....

5 2 300 000 personnes travaillent dans le commerce. Compare cette quantité au nombre de cultivateurs. Que constates-tu ? ....

....

....

....

....

....

6 Etablis le schéma qui va de l'éleveur au consommateur d'un rôti de bœuf. Indique le nom de chacun de ces **intermédiaires**.

Eleveur → .... → ....
↓
Consommateur du rôti ← .... ← ....

7 Etablis un schéma identique qui va du cultivateur à l'acheteur d'une baguette de pain.

Cultivateur → .... → ....
↓
Consommateur de la baguette ← .... ← ....

8 Quelles sont les diverses activités de ces intermédiaires ? ....

....

....

9 Ont-elles des effets sur les prix des produits achetés par les consommateurs ? ....

27 LES MOYENS DE TRANSPORT

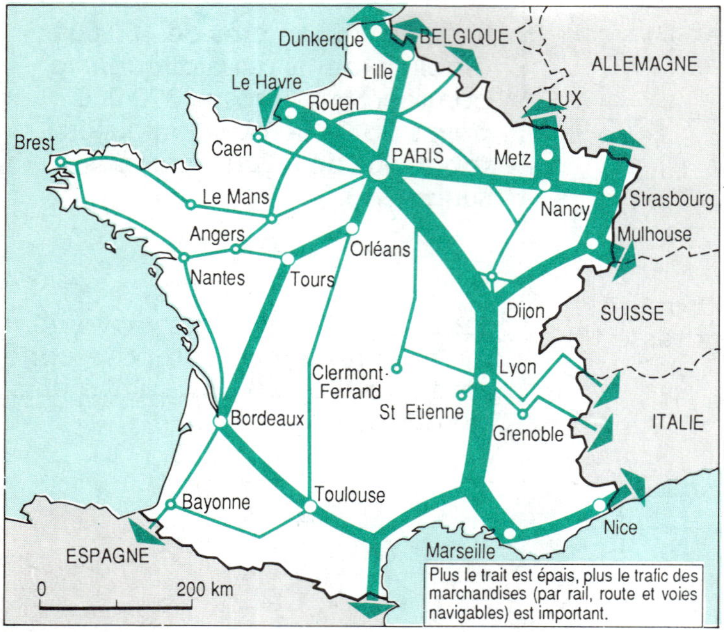

Routes et autoroutes, trains et TGV, canaux et lignes aériennes intérieures permettent d'acheminer partout gens et marchandises.

Les grands axes de communication se disposent en étoile autour de la capitale : Paris.

1 Sur cette carte, colorie en marron les montagnes.

2 Quel est le trajet le plus fréquenté ? ....

....

3 Quelles sont les marchandises transportées :

– par le rail ? ....

....

....

– par la route ? ....

....

....

– par les voies navigables ? ....

....

....

– par les tubes (oléoducs et gazoducs) ? ....

....

....

4 Si l'on tient compte, pour le transport des marchandises, et de la quantité transportée et de la distance parcourue, on obtient les résutats suivants :

- Route : 52 %
- Rail : 28 %
- Canaux : 5 %
- Tubes : 15 %

Traduis ces données par des couleurs différentes sur cette bande.

0 10 20 30 40 50 60 70 80 90 100 %

5 Cite quelques moyens de transport à l'époque de Louis XIV. ....

....

....

....

6 A quel siècle le chemin de fer a-t-il pris son essor ? ....

....

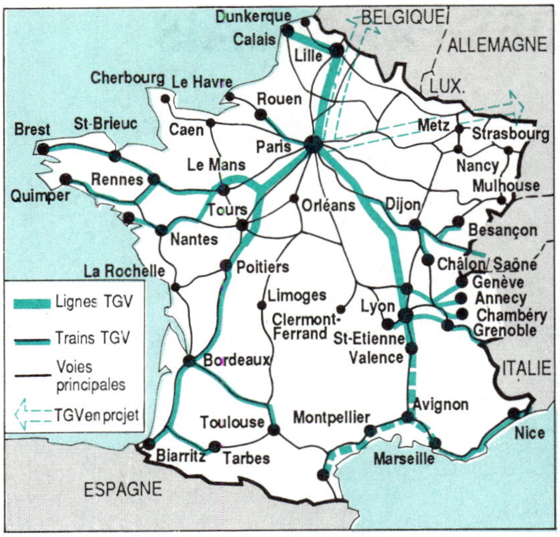

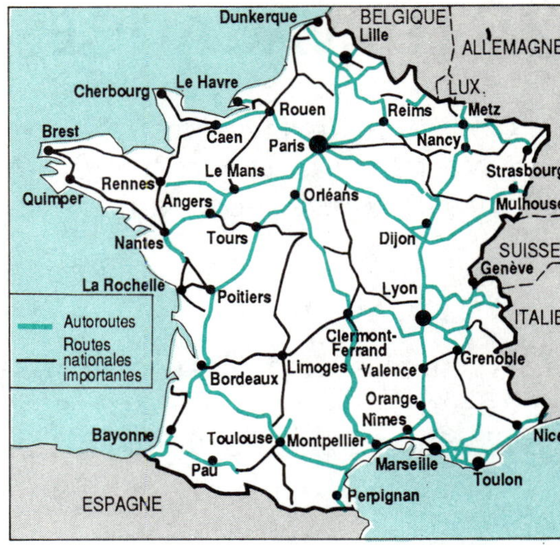

13 000 trains roulent chaque jour en France dont :
- 5 000 dans la banlieue de Paris,
- 3 700 trains de marchandises,
- 1 300 trains rapides ou express.
Ils parcourent chaque jour 1 250 000 km.
Les TGV transportent chaque jour plus de 60 000 voyageurs.

7 823 millions de voyageurs ont pris le train l'an passé ; ils ont parcouru ensemble 58 milliards de km !
Quelle est la distance moyenne parcourue par un voyageur ? ....

8 Sur les 32 500 km de voies ferrées, 12 000 km assurent 83 % du trafic. Que peut-on en conclure ? ....
....

9 De quelle ville partent les principales autoroutes ? ....
....

Longueur des autoroutes en France :

1960 : 175 km	**1980 : 5 200 km**
1970 : 1 600 km	**1985 : 6 100 km**
1975 : 3 400 km	**1989 : 6 700 km**
1994 : 8 700 km	

10 Quelles régions sont dépourvues d'autoroutes ? ....
....
....

11 Sur la carte de la page précédente, représente par des points bleus, de plus en plus petits, le trafic annuel des grands ports maritimes.

Marseille-Fos : 86 Mt Nantes-St-Nazaire : 25 Mt
Le Havre : 55 Mt Rouen : 23 Mt
Dunkerque : 40 Mt Calais : 21 Mt

12 Représente par des points rouges le trafic fluvial des ports suivants :

Paris : 21 Mt ; Strasbourg : 10 Mt ; Rouen : 4 Mt.

13 Place, sur la carte page 114, des rectangles jaunes représentant les principaux aéroports (le nombre entre parenthèses indique le nombre de passagers par an en millions.)

Orly (25 M) et Roissy (26 M) près de Paris ; Nice (5,8 M) ; Marignane (4,4 M) près de Marseille ; Blagnac (3 M) près de Toulouse ; Mérignac (2,2 M) près de Bordeaux.

28 LES VACANCES DES FRANÇAIS

1 Combien de Français partent en vacances chaque année ? Entoure la bonne réponse :

20 %   40 %   60 %   80 %

2 À quelle date les congés payés ont-ils été accordés ? Quelle était alors leur durée ?.......
....

3 Quelle est leur durée aujourd'hui ?
....

4 Comment les Français partent-ils en vacances ? Traduis par des couleurs différentes les données suivantes.

- ❑ Auto : 83 %
- ❑ Train : 10 %
- ❑ Avion : 3 %
- ❑ Autres : 4 %

0 10 % 20 % 30 % 40 % 50 % 60 % 70 % 80 % 90 % 100

5 Où vont-ils ? Traduis par des couleurs différentes les choix des Français.

- ❑ Mer : 47 %
- ❑ Campagne : 25 %
- ❑ Ville : 7 %
- ❑ Montagne (en été) : 15 %
- ❑ Circuit : 6 %

0 10 % 20 % 30 % 40 % 50 % 60 % 70 % 80 % 90 % 100

6 Où passent-ils leurs vacances ? Traduis par des couleurs différentes ces divers modes d'hébergement.

- ❑ Chez des parents ou des amis : 59 %
- ❑ En location : 14 %
- ❑ Dans des résidences secondaires : 11 %
- ❑ À l'hôtel : 8 %
- ❑ En camping : 2 %
- ❑ Dans des villages de vacances : 4 %
- ❑ Autres : 2 %

0 10 % 20 % 30 % 40 % 50 % 60 % 70 % 80 % 90 % 100

7 Où as-tu passé les vacances au cours des trois dernières années ?.......
....
....

8 Notes les réponses, à cette même question, de tes parents, puis de tes grands-parents...................
....
....

9 À quelles époques sont-ils partis en vacances pour la première fois ?...............................
....
....

10 Connais-tu des gens qui ne partent pas en vacances ? Quelles sont leurs raisons ?..........
....
....

29 LA FRANCE D'OUTRE-MER

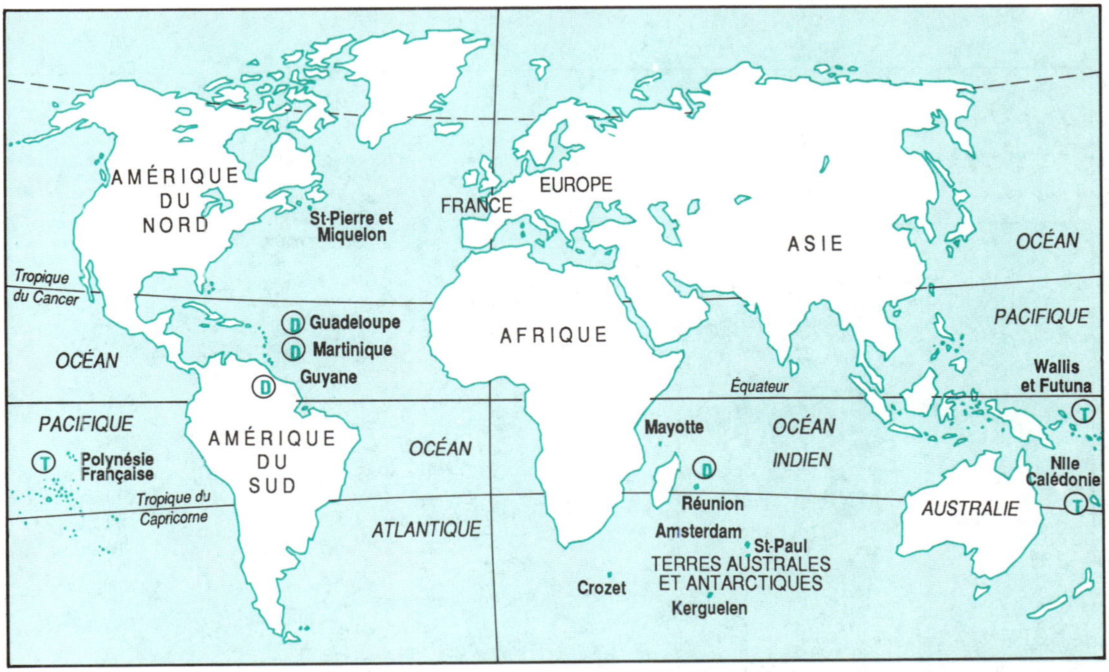

Ces terres disséminées à travers les océans ont été réunies à la France au hasard de l'histoire coloniale. Elles font partie intégrante de la République française.

1 Souligne en rouge les quatre DOM (départements d'outre-mer).

2 Souligne en vert les TOM (territoires d'outre-mer).

3 Souligne en bleu les collectivités territoriales.

4 Encadre en marron les Terres australes et antarctiques françaises qui ne sont pas peuplées.

Quelle région des Terres australes et antarctiques françaises (TAAF) n'est pas représentée sur cette carte ? ....

....

5 Quel est le climat de la Martinique, de la Guadeloupe et de la Réunion? Pourquoi les a-t-on appelées les « îles à sucre » ? ....

....

....

....

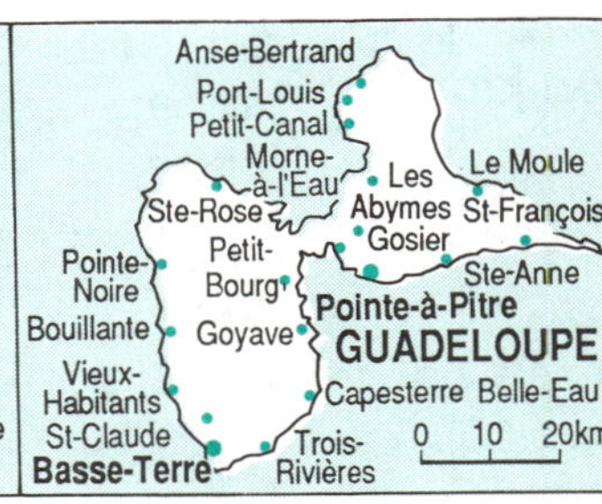

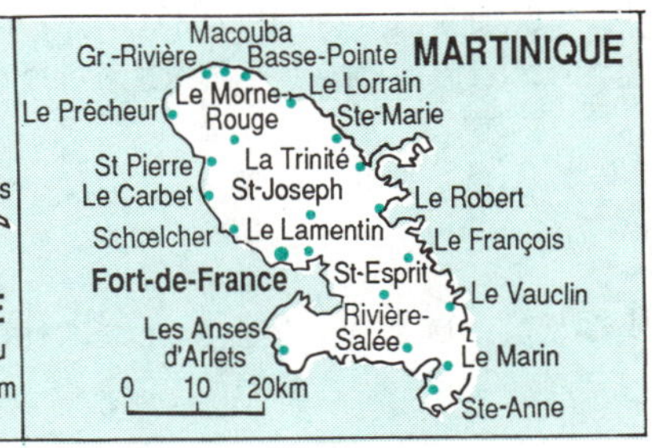

30 LA FRANCE DANS L'EUROPE ET LE MONDE

1 La CEE est la Communauté économique européenne : elle regroupe, en 1990, douze États. Lesquels ? ....
....
....
....

2 Quels étaient, en 1957, les six premiers membres ? Colorie-les en jaune.
....
....
....

3 Quels sont les trois États qui ont adhéré en 1973 ? Colorie-les en vert. ..
....
....

4 Quel État a adhéré en 1981 ? Colorie-le en orange. ....

5 Quels sont les deux États qui ont adhéré en 1986 ? Colorie-les en rouge.
....
....

6 Quels sont les trois États qui ont rejoint l'Union européenne le 1er janvier 1995 ? ....

L'Union européenne regroupe 370 millions d'habitants : par sa richesse, ses productions, son économie, elle occupe une place importante dans le monde.

La France y occupe une position centrale entre l'Europe du Nord-Ouest et le monde méditerranéen.

7 Parmi ces produits, souligne en rouge ceux que la France doit acheter (= ce sont les *importations*) à l'étranger, en grande quantité.

Blé ; oranges ; appareils photographiques ; pétrole ; vin ; charbon ; motos ; trains ; beurre ; plats cuisinés ; avions ; ordinateurs ; parfums.

8 Pour payer ses achats, la France doit vendre d'autres produits (ce sont les *exportations*). Cite quelques produits vendus par la France. ....

....

9 Cite huit marques de voitures que l'on voit rouler en France. Indique pour chacune d'elles le nom du pays de fabrication. ....

....

....

....

....

10 Le commerce extérieur (importations et exportations) de la France se fait surtout au sein de l'Union.

Quel est notre principal client ? ....

....

Quel est notre principal fournisseur ?

....

....

La balance commerciale est équilibrée.

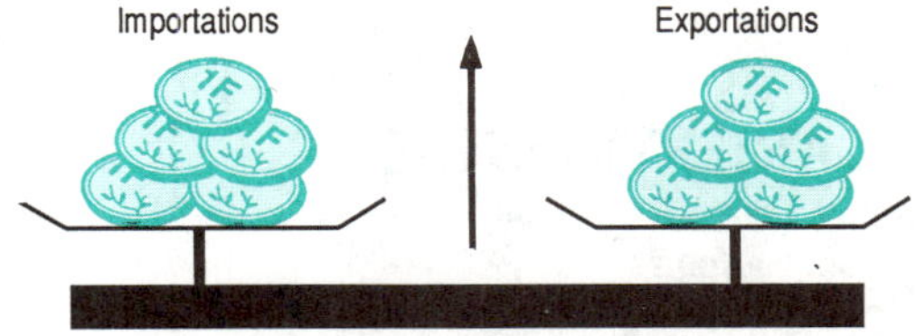

La balance commerciale est déséquilibrée.

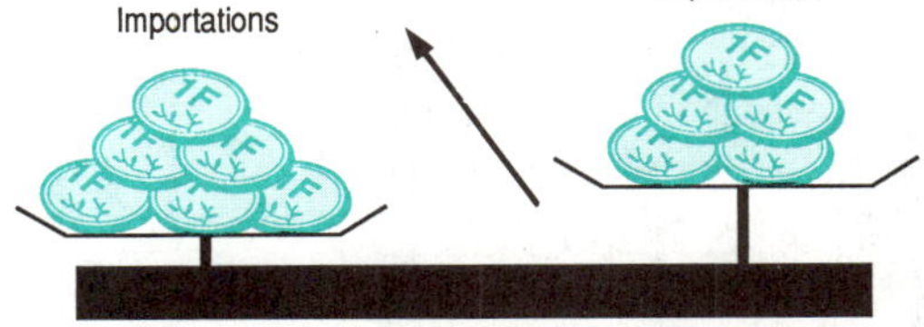

Pendant une douzaine d'années, la France achetait plus qu'elle ne vendait. Le déficit commercial était la différence entre les dépenses (dues aux importations) et les recettes (dues aux exportations). Ajourd'hui, la France vend plus qu'elle n'achète.

11 En 1993, les importations ont représenté 1 091 milliards de F et les exportations 1 181 milliards de F. Calcule l'excédent commercial : ....

....

....

Puissance européenne, la France joue également un rôle dans le monde.
Elle occupe le premier rang mondial pour les vins, les alcools, les fromages, les parfums.
Elle vend beaucoup de produits agricoles, d'armes et d'avions.

12 La langue française est parlée dans le monde par 125 millions de personnes. Cite quelques États où le français est la langue officielle. ....

....

31 NOTRE PLANÈTE : LA TERRE

CARTE D'IDENTITÉ

Nom : la Terre
Surnom : la planète bleue
Forme : une sphère (= boule) un peu aplatie
Age : environ 4 500 millions d'années
Dimensions : cette boule a environ 40 000 km de tour.
Surface : 510 millions de km^2.
Volume : plus d'une milliard de km^3.
Localisation : la Terre fait partie du système solaire.
Distance Terre-Soleil : environ 150 millions de km.
Mouvements :
- Elle tourne sur elle-même autour d'un axe imaginaire (l'axe des pôles) en 24 heures. Cet axe est légèrement incliné. C'est la *rotation* de la Terre.
- Elle tourne autour de Soleil (à 108 000 km/h) en 365 jours 1/4. C'est la *révolution* de la Terre.

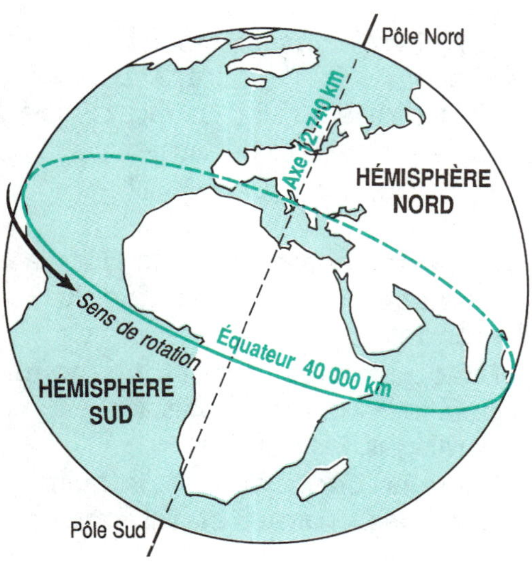

AI-JE BIEN COMPRIS ?

1 Connais-tu d'autres planètes du système solaire ? Cite-les. ....
....
....

2 Comment s'appelle l'enveloppe gazeuse qui entoure la Terre ? ....
....

3 Qu'est-ce que l'équateur ? ....
....

4 Quel est le sens de la rotation de la Terre ? ....
....

5 Dans quel hémisphère sont situés les pays suivants :

France ? .... Australie ? ....
Belgique ? .... Chili ? ....
Algérie ? .... Équateur ? ....

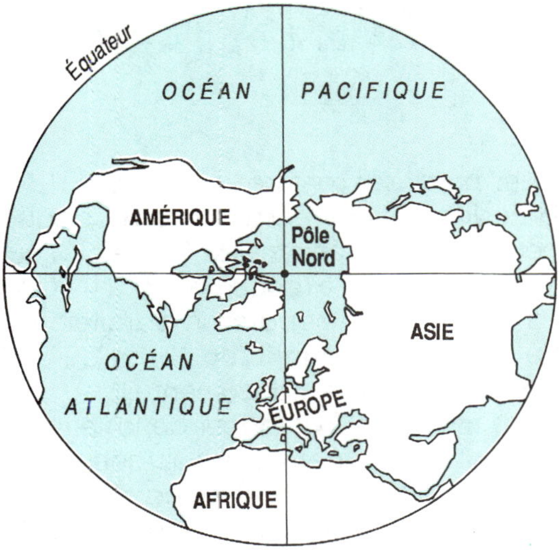

HÉMISPHÈRE NORD

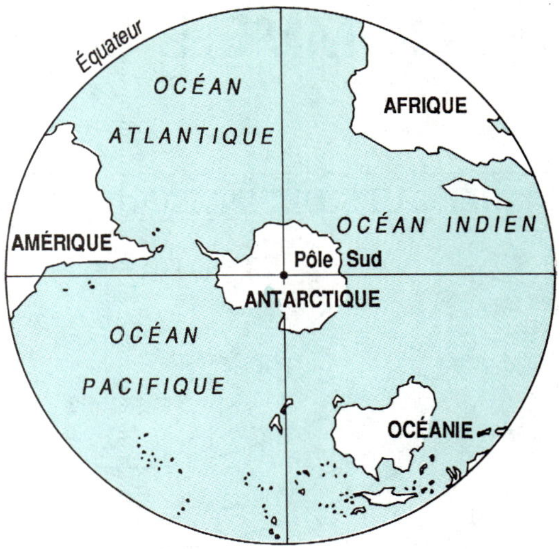

HÉMISPHÈRE SUD

CONTINENTS ET OCÉANS

• La ligne imaginaire qui est à égale distance des deux pôles est *l'équateur* : elle partage la Terre en deux hémisphères (= moitié de sphère).
• Ces deux cartes représentent la Terre.
La première a été dessinée en se plaçant au-dessus du pôle Nord : elle représente l'hémisphère Nord (ou boréal).
La deuxième a été dessinée en se plaçant au-dessus du pôle Sud : elle représente l'hémisphère Sud (ou austral).

6 Colorie, avec des couleurs différentes, chacun des six continents.

7 Représente, avec deux couleurs différentes, sur cette bande la part des continents (29 % de la surface) et celle des océans (71 % de la surface).

0 10 20 30 40 50 60 70 80 90 100 %

8 Explique maintenant le surnom donné à la Terre. ....
....
....

9 Dans quel hémisphère y a-t-il le plus de terres (émergées) ? ....
....
....

10 Cite le nom des grands océans. ...
....
....
....

11 Où est situé le pôle Nord ? ....
....
....

12 Où est situé le pôle Sud ? ....
....
....

32 COMMENT SE REPÉRER SUR LA TERRE ?

QUELQUES DÉFINITIONS

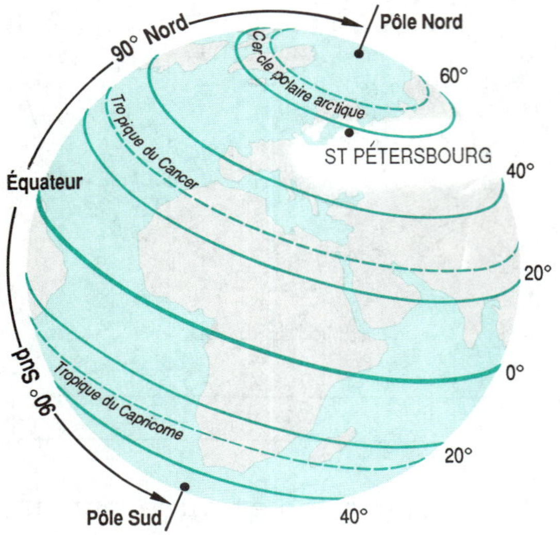

Document 1. – Les parallèles

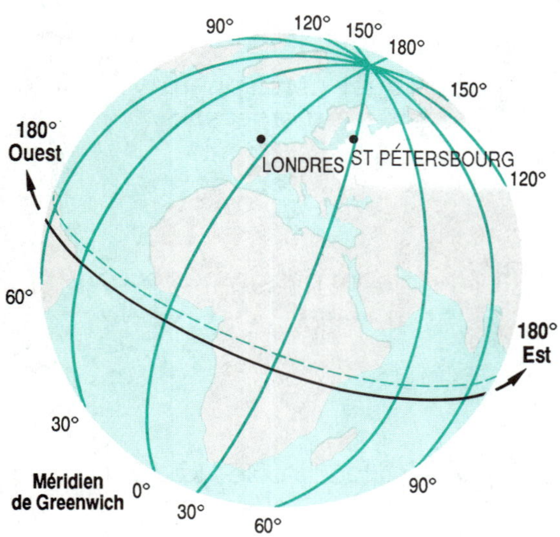

Document 2. – Les méridiens

A partir de la position des pôles et de l'équateur, on trace toute une série de **cercles imaginaires.**

• Les **parallèles** sont des cercles parallèles à l'équateur. Il y en a 90 dans chaque hémisphère, numérotés de 0 à l'équateur jusqu'à 90 au pôle (document 1).
La distance qui sépare un parallèle de l'équateur est la **latitude** (Nord ou Sud selon l'hémisphère) (document 1).

• Les **méridiens** font le tour de la Terre en passant par les deux pôles; ils coupent à angle droit l'équateur et les parallèles. On a choisi un méridien-origine (celui de Greenwich, près de Londres) numéroté 0 et on en trace 180 à l'est et autant à l'ouest de ce méridien (document 2).
La distance entre un point de la Terre et le méridien de Greenwich est la **longitude** (Est ou Ouest selon le cas).

• Latitude et longitude s'expriment en **degrés.**

• Les parallèles les plus connus sont les deux **tropiques** (du Cancer et du Capricorne) et les deux **cercles polaires** (arctique et antarctique).
Le document 3 indique la situation de la ville de St Petersbourg en Union soviétique : 60° de latitude Nord, 30° de longitude Est.

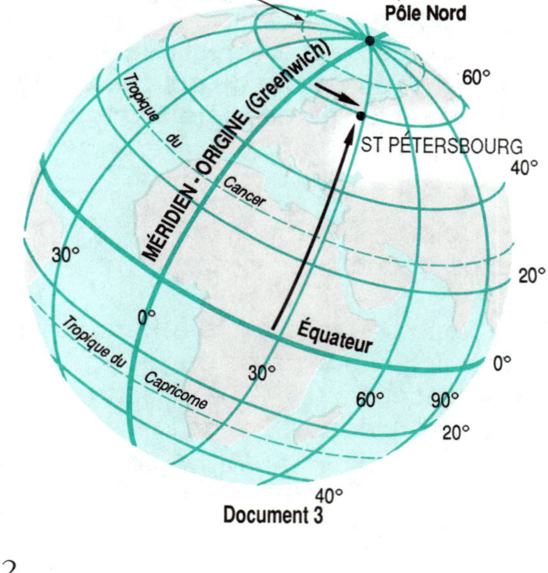

Document 3

33 COMMENT REPRÉSENTER LA TERRE ?

• Le globe terrestre est la seule représentation possible, sans aucune déformation, des continents et des océans.

• En effet, on ne peut pas reproduire sur une feuille de papier ce qui est représenté sur une sphère !

On ne peut pas aplatir une peau d'orange sans la déchirer !

• Pour représenter toute la surface de la Terre, on peut en reporter tous les points sur un cylindre de papier fixé à l'équateur.
On obtient alors le résultat suivant : c'est un *planisphère.*

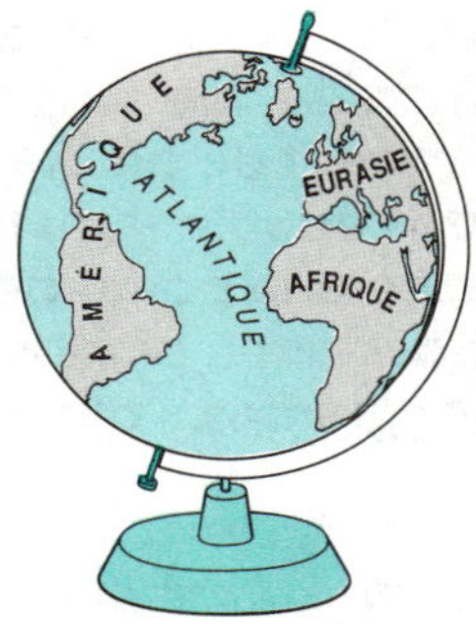

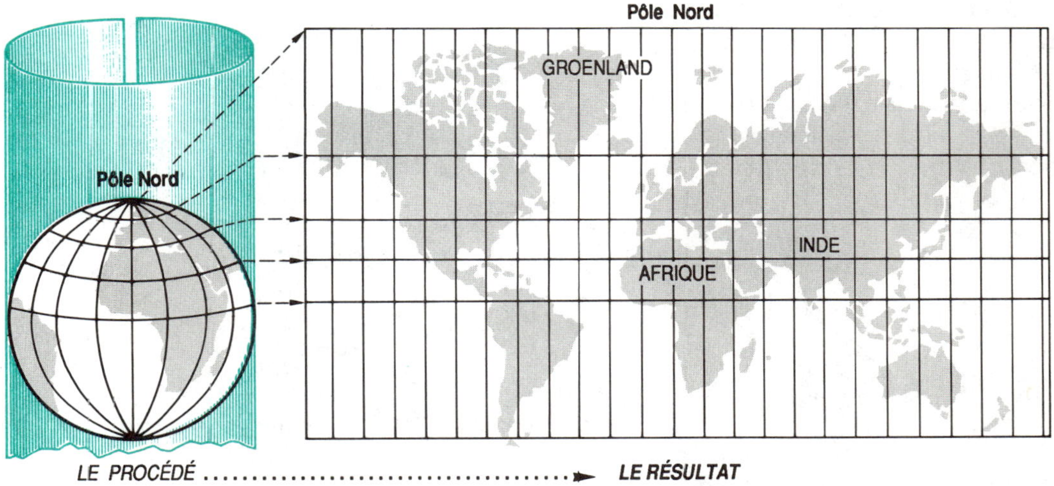

1 Que deviennent alors les deux pôles ? ....

....

2 Quelles régions se trouvent très agrandies avec ce procédé ? ....

....

....

3 Le tracé des méridiens est-il exact ? ...

....

....

Pour éviter ces inconvénients, on peut couper le globe en deux, et reproduire chaque moitié dans un cercle. On obtient une *mappemonde.*

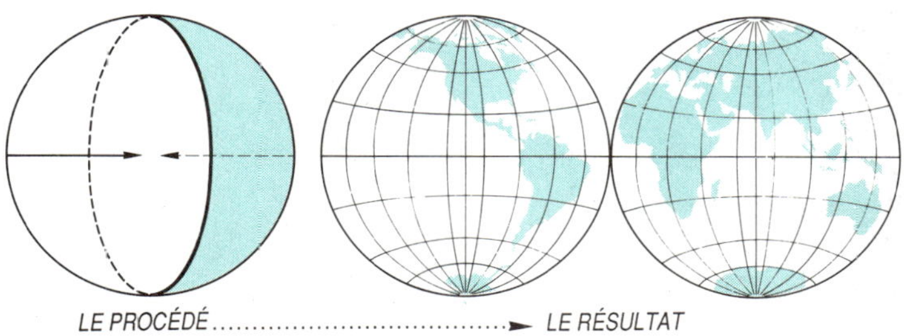

4 Si les proportions sont mieux respectées, il y a encore des inconvénients. Comment apparaissent les régions situées sur les bords de la carte ? ....

....

....

34 LES CLIMATS DU MONDE

Le Soleil permet la vie sur la planète. Mais les rayons solaires arrivent de plus en plus obliquement de l'équateur au pôle; ils perdent ainsi une partie de leur chaleur en traversant, plus ou moins longtemps, l'atmosphère.

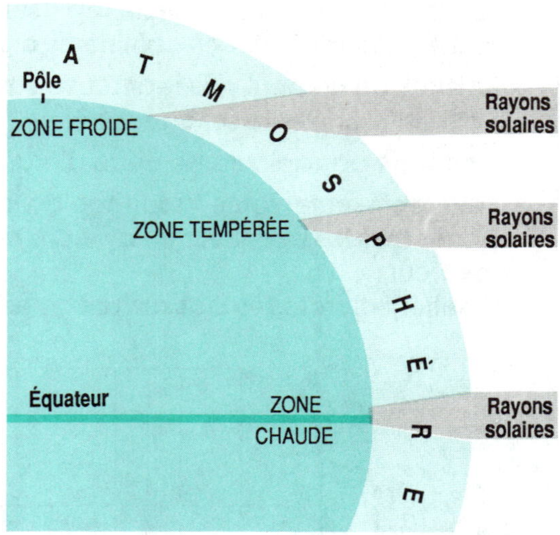

1 On a l'habitude de distinguer sur la Terre cinq zones climatiques :
- deux zones polaires (arctique et antarctique),
- deux zones tempérées (nord et sud),
- une zone intertropicale.
Place ces cinq zones sur cette carte.

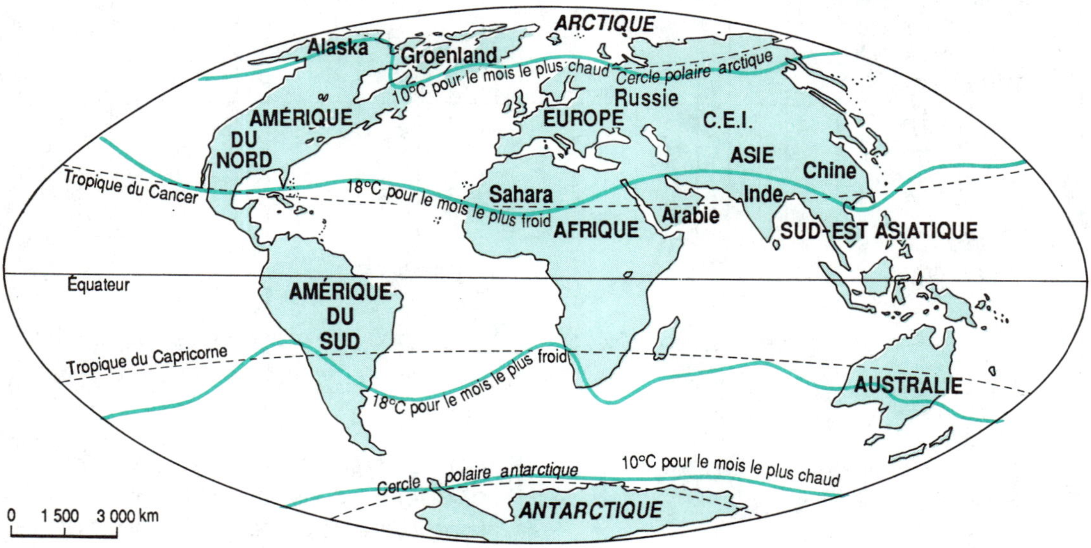

2 Certes, la latitude (distance entre un point de la Terre et l'équateur) joue un rôle essentiel pour déterminer le climat.

Mais d'autres éléments interviennent et compliquent la répartition réelle des climats dans le monde. Cite ces éléments. ....

....
....
....
....
....
....
....
....
....

35 LA POPULATION DU MONDE

Pendant très longtemps, les hommes ont dû s'adapter au milieu dans lequel ils vivaient. Aujourd'hui, grâce à de nombreux progrès, les hommes sont moins dépendants : ils vivent dans des milieux autrefois considérés comme hostiles; ils parviennent même, avec l'irrigation par exemple, à modifier le milieu !

1 Sachant que cinq milliards et demi d'êtres humains vivent sur la Terre, calcule la densité de la population. ....
(Attention, il ne faut prendre en compte que la superficie des continents !)

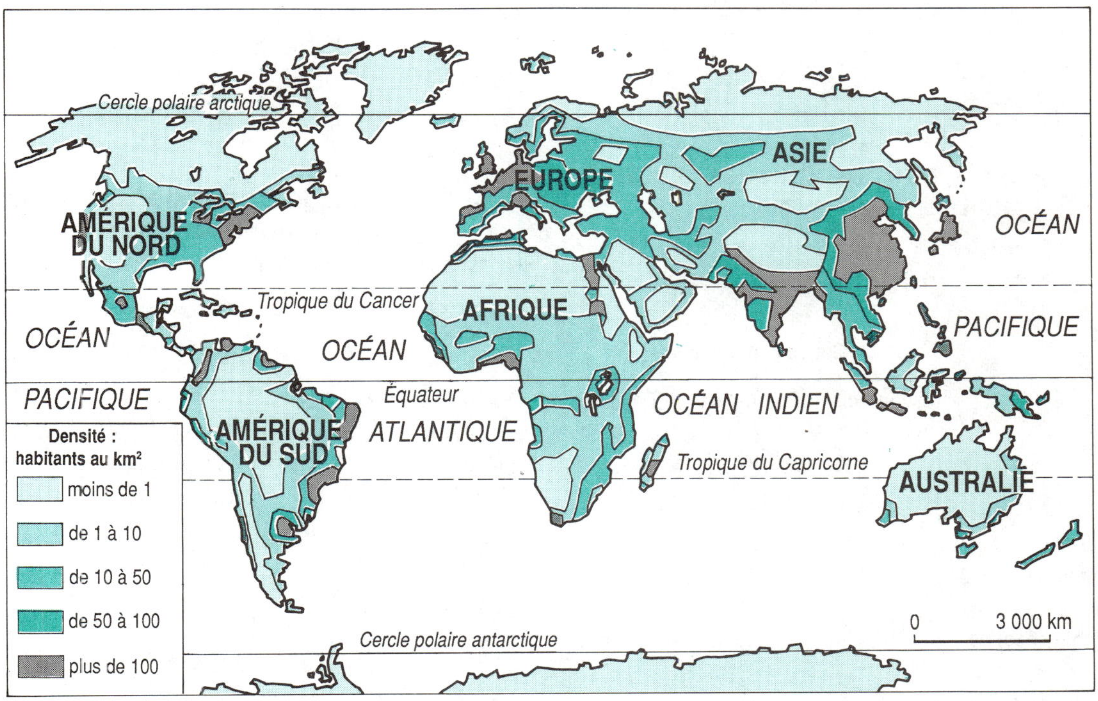

2 Détermine, les régions les plus peuplées. ....
....
....
....

3 Traduis par une courbe l'accroissement de la population mondiale (en millions d'habitants).

1750 :	700 M	**1950 :**	2 500 M
1850 :	1 100 M	**1970 :**	3 500 M
1900 :	1 500 M	**1995 :**	5 500 M

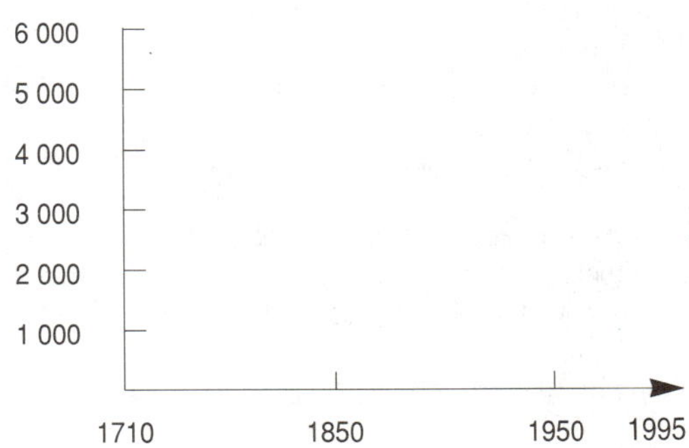

36 LES ÉTATS DU MONDE

Il y a plus de 180 États indépendants dans le monde, très divers par leur taille, leur population et leurs richesses.

1 Quels sont les États les plus vastes du monde ? ....

....

....

....

....

....

2 Quels sont les États les plus peuplés du monde ? ....

....

....

....

....

....

3 Cite deux États à la fois européens et asiatiques. ....

....

4 Colorie les cinq continents peuplés.
Quel est le sixième continent, non peuplé ? ....

....

Chaque jour, la population mondiale augmente d'environ 200 000 personnes.

Quelques comparaisons

	Superficie (en millions de km²)	**Population** (en millions d'hab.)	**Espérance de vie**	**Revenus** (en dollars par hab. et par an
Afrique	30	700	54 ans	600
Amérique latine	20	460	68 ans	2 400
Amérique anglo-saxonne	18,3	295	76 ans	22 500
Asie (sans l'ex-URSS)	31	3 400	63 ans	1 700
Océanie	8,5	28	73 ans	12 900
Europe (sans l'ex-URSS)	5,9	580	74 ans	13 500
CEI (= ex-URSSS)	22,2	280	67 ans	1 000 (?)

N.B. : Il faut noter que les **moyennes** pour l'espérance de vie et la richesse ne font pas apparaître les grandes différences qui existent entre des États d'un même continent (et même entre les habitants d'un même État).

Attention ! En 1995, un dollar vaut entre 5,50 F et 6 F.

5 Quelle sera la population du monde vers l'an 2000 ? ....

....

....

Le monde

Europe : 44 États
Amérique : 35 États
Asie : 38 États
Afrique : 53 États
Océanie : 10 États

Attention :

- 60 États ont moins de 5 000 km².
- 50 États ont moins de 200 000 habitants.

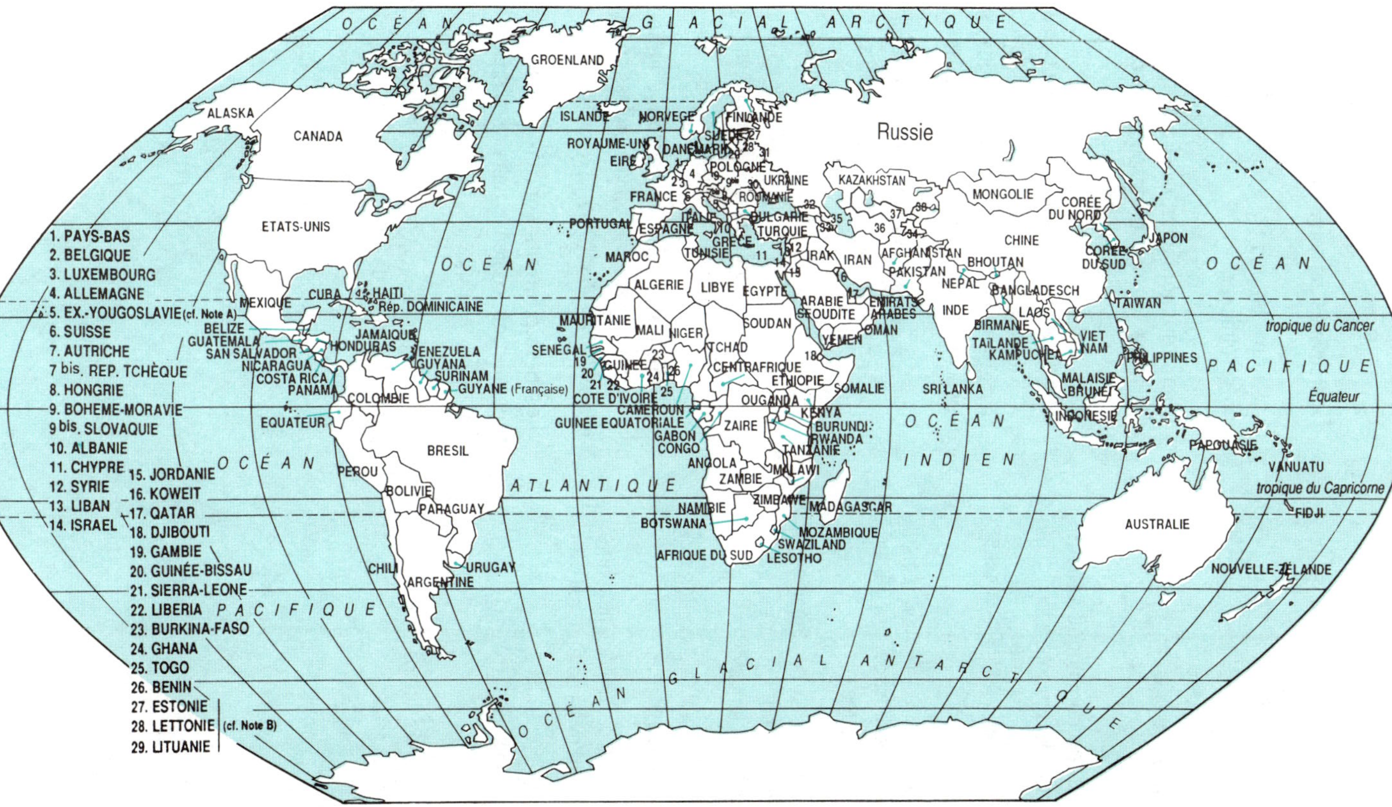

Note A. : Slovénie, Croatie, Bosnie-Herzégovine et Macédoine sont devenues indépendantes ; la Serbie et le Monténégro formant une "nouvelle Yougoslavie".

Note B. : En 1991, l'Estonie (27), la Lettonie (28) et la Lituanie (29) sont devenues indépendantes. Les autres Républiques de l'ancienne Union Soviétique : Moldavie (30), Biélorussie (31), Ukraine, Géorgie (32), Arménie (33), Tadjikistan (34), Azerbaïdjan (35), Turkménistan (36), Ouzbékistan (37), Kazakhstan, Kirguizistan (38) et Russie ont formé la C.E.I. (Confédération des Etats Indépendants).

20 mots clés

- Un **affluent** est un cours d'eau qui se jette dans une rivière plus importante.
- Une **agglomération** regroupe une ville et les banlieues qui l'entourent.
- L'**altitude** est la hauteur d'un lieu par rapport au niveau de la mer.
- La **banlieue** est l'ensemble de communes situées autour d'une ville et formant ainsi une agglomération.
- Le **bocage** correspond à un paysage où les champs et les prés sont clôturés par des haies.
- La **campagne** est, par opposition à la ville, une région rurale. C'est aussi, par opposition au bocage, une région de champs ouverts, sans haies ni clôtures.
- Une **chaîne de montagnes** est une succession de montagnes aux sommets alignés (Alpes, Pyrénées, etc.). Les altitudes y sont élevées et les pentes fortes.
- Le **débit** d'un cours d'eau est la quantité d'eau (en m^3) qui s'écoule par seconde en un endroit donné.
- La **densité de la population** est le nombre d'habitants vivant sur un km^2 (= un carré de 1 km de côté). C'est une moyenne.
- Un **estuaire** est l'embouchure d'un fleuve élargie par la marée.
- Les **exportations** sont des produits français vendus à l'étranger.
- Un **fleuve** est un cours d'eau qui se jette dans la mer.
- Les **importations** sont des produits achetés par la France à l'étranger.
- Un **massif montagneux** est constitué de montagnes, aux altitudes voisines, disposées de façon désordonnée (Massif central, Vosges, etc.).
- Un **paysage** est l'aspect d'ensemble présenté par une région. On distingue le paysage rural (= de la campagne), le paysage urbain (= les agglomérations), le paysage industriel (avec des usines et des entreprises).
- Une **plaine** est une étendue plate, d'altitude faible, dans laquelle les vallées des cours d'eau sont peu enfoncées dans le sol.
- Un **plateau** est un ensemble de terres, plus ou moins élevées, où dominent des étendues planes (= plates). Les rivières y creusent leurs vallées.
- La **population active** regroupe l'ensemble des personnes exerçant une activité professionnelle (ou étant à la recherche d'un emploi).
- Les **précipitations** sont les formes diverses sous lesquelles l'eau, contenue dans l'atmosphère, tombe sur le sol : pluie, neige, grêle.
- La **sidérurgie** est la fabrication de la fonte et de l'acier à partir du minerai de fer.

NOTES

Sciences

1. Les plantes vertes se nourrissent (1) 132
2. Les plantes vertes se nourrissent (2) 134
3. L'homme se nourrit.. 136
4. L'homme se nourrit de façon variée................. 138
5. Quelques régimes alimentaire animaux 140
6. L'homme digère ses aliments............................ 142
7. Notre appareil digestif....................................... 144
8. Pourquoi respirer ?.. 146
9. Comment respirer ?... 148
10. Capter des informations pour agir.................... 150
11. Les animaux se reproduisent............................ 152
12. Avant la naissance d'un bébé 154
13. Les plantes à fleurs se reproduisent 156
14. Disperser fruits et graines................................. 157
15. Environnement et pollution 158
16. Notions de secourisme...................................... 160
17. Les états de la matière 162
18. Changements d'état 164
19. L'air... 166
20. L'eau 167
21. Volcans et séismes... 168
22. Pour s'orienter 169
23. La mesure du temps 170
24. Les mouvements de la Terre.............................. 172
25. Le système solaire 174
26. La Lune.. 175
27. Leviers et balances 176
28. Les mouvements 178
29. Produire des énergies... 180
30. Utiliser des énergies 182
31. Le courant électrique 184
32. De l'électricité à l'électronique........................... 186
33. Les moteurs 188
34. L'informatique... 190

1 LES PLANTES VERTES SE NOURRISSENT (1)

LIS ET OBSERVE

Le *jour éternel* (1) luisait sur une moitié de la Terre et, sur l'autre, régnait une nuit perpétuelle... L'accroissement du *rayonnement* (2) avait amené le **triomphe du règne végétal**... La lumière, l'humidité, étaient constantes... Dans ce monde, un seul problème se posait : croître... Le sol était recouvert par une forêt qui n'en était pas une, qui n'était qu'un seul et unique *banian* (3) conquérant, maître de la terre ferme. Toutefois, [dans sa conquête], l'arbre s'arrêtait... [A cet endroit-là] le sol, où l'argile se mêlait au sable..., était mou sous les pieds. Maladifs étaient les arbrisseaux qui [poussaient] sur ce *terrain stérile* (4)...

Adapté de Brian W. ALDISS, *Le Monde vert*, éditions Opta, (science-fiction).

Le banian, figuier aux nombreuses racines

COMPRENDS

(1) Le jour est **éternel**, il ne semble pas se terminer, car l'auteur du roman imagine que la Terre ne tourne plus. Le Soleil éclaire donc toujours la même partie du globe terrestre.

(2) Le **rayonnement** est celui du Soleil.

(3) Le **banian** est une espèce de figuier.

(4) Un **terrain stérile** est un terrain où rien ne pousse, qui n'est pas fertile.

TRAVAIL PERSONNEL

Recherche, dans un dictionnaire, les autres mots de vocabulaire que tu ne connais pas. Note ces mots et leur définition. ....

....

....

....

....

....

....

....

Ce travail devra toujours être fait par la suite.

LES BESOINS D'UNE PLANTE VERTE

1 A la lecture du texte de science-fiction, et en pensant à ce que tu dois faire pour cultiver des plantes, trouve trois mots *du texte* qui indiquent ce que les plantes utilisent pour vivre.

A. ....

B. ....

C. ....

⚠ Ces mots doivent correspondre à des besoins différents.

2 Pour chaque mot retenu, cherche d'autres mots qui comportent la même idée. Complète le tableau suivant.

Mots retenus	Autres mots ayant un sens voisin
A.	....
B.	....
C.	....

3 Pour obtenir de meilleures récoltes, le cultivateur utilise des produits chimiques, dissous dans l'eau et pulvérisés sur les plantes. Lesquels ?

Réponds en barrant les mauvaises réponses.

Médicaments | Insecticides | Gaz | Engrais | Antibiotiques

4 Papa utilise du Fersol car ses hortensias sont malades : leurs feuilles jaunissent.

Hortensia malade

Le Fersol apporte aux végétaux du fer et assure ainsi un reverdissement rapide (en 10 ou 15 jours au maximum) et durable des plantes malades.

Mode d'emploi
Le Fersol s'utilise en arrosage sur le sol.
Dissoudre le produit dans l'eau à raison de 10 g pour 5 ou 10 litres en prenant soin de bien agiter.
Épandre la solution, avec un arrosoir au pied des plantes.
Tout de suite après l'application, faire un arrosage abondant pour enfouir le produit et le conduire jusqu'aux racines.

De quoi manque la terre ? ....
Quelle partie de l'hortensia puise le produit chimique nutritif ? ....

2 LES PLANTES VERTES SE NOURRISSENT (2)

OBSERVE

On cultive ces haricots hors du sol, c'est-à-dire sans terre. Ils poussent directement dans l'eau.

Comme l'eau minérale, l'eau de culture contient des sels minéraux dissous.

Si cette eau est déminéralisée, les haricots ne grandissent pas et meurent.

RÉPONDS

1 Que représente ® sur la photographie ? ....

2 Grâce à ®, dis ce que les haricots « pompent », absorbent, pour se nourrir.

Les haricots, grâce aux .... absorbent l' .... et les ....
....

3 Dans le texte de science-fiction de la page 4, pourquoi le terrain était-il stérile ?

Le terrain était stérile car, sans doute, il ne contenait pas assez de .... dissous.

Composition d'une eau minérale (en mg/l) :

Calcium	78	Sodium	5
Magnésium	24	Nitrates	3,8

4 Donne le nom de deux sels minéraux dissous, choisis dans la liste ci-dessus :

– sel de ....
– sel de ....

5 De quoi se composent les engrais utilisés par l'agriculteur ? ....
....

6 Quelles parties de la plante n'a-t-on pas encore cité ? ....
....

LE RÔLE DE LA LUMIÈRE

L'endive est une plante étiolée par une culture à l'obscurité. L'étiolement est un jaunissement des plantes vertes. Il traduit un affaiblissement, une mauvaise *croissance*. On cultive l'endive de cette façon car on la préfère blanche.

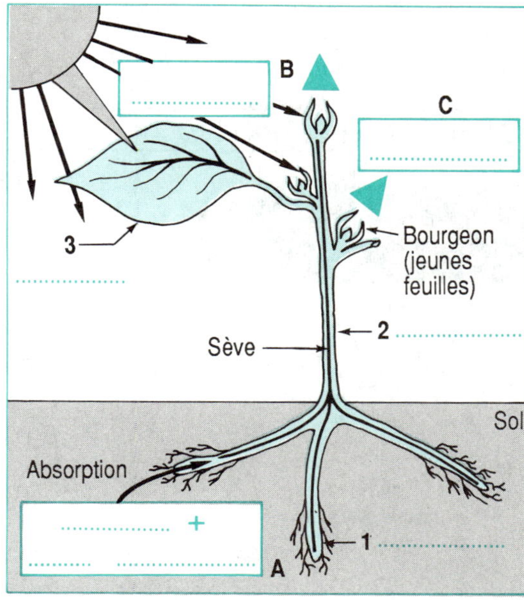

La nutrition d'une plante verte

ÉTABLIS UN BILAN

7 Complète le texte afin d'expliquer ce que signifie le dessin sur la nutrition d'une plante verte. Les lettres (ou chiffres) sont ceux du dessin.
Complète les légendes du dessin.

Pour vivre, les plantes vertes ont besoin d' .... et de .... (A) qu'elles puisent dans le ...... à l'aide de leurs .... (1). Ces éléments sont utilisés pour la .... (C). Pour pousser, les plantes récupèrent l'*énergie* que leur apporte la .... (B) qui est absorbée par les .... (3).

RETIENS

La chlorophylle, couleur verte des feuilles, sert à récupérer l'énergie lumineuse.

Extrait de *La Hulotte*, n° 27.

3 L'HOMME SE NOURRIT

OBSERVE ET APPRENDS

Fruits et légumes crus

radis

- **Constituants bâtisseurs :**
  - sels minéraux
  - vitamines
  - eau

Le radis que nous mangeons est une grosse racine, comestible.

CONSTITUANTS

Ce sont des substances alimentaires qui forment la matière de notre nourriture. On les appelle des *substances nutritives.*

Riz, pâtes, féculents, pommes de terre

pommes de terre sautées

- **Constituants bâtisseurs :**
  - protéines végétales
  - vitamines, sels minéraux, eau
- **Constituants énergétiques :**
  - amidon
  - lipides (matières grasses de l'huile de cuisson)

La pomme de terre que nous mangeons est une tige souterraine pleine de réserves.

RÉPONDS

1 Quels sont les constituants que tu n'es pas étonné de trouver dans un radis ? ....

....

2 Établis la liste des constituants de la *pomme de terre* qui ne se trouvent pas dans un radis, et que tu ne connais pas encore. ....

....

3 Coche les plantes qui fournissent de l'huile alimentaire (huile de cuisson, huile de table).

- ❑ raisin
- ❑ lin
- ❑ maïs
- ❑ arachide
- ❑ tournesol
- ❑ amandier

4 Une margarine est un produit fabriqué par l'homme à partir d'huiles végétales. Parmi les ingrédients d'une margarine, barre ceux qui ne sont pas des substances nutritives.

Ingrédients :

- lipides
- eau
- protéines du lait
- conservateur
- sel
- arôme naturel

LIS ET COMPRENDS

Les plantes mettent les *hydrates de carbone* (1) en réserve, sous forme de grains d'amidon.... dans les tubercules (= tiges souterraines) et dans les graines dont naîtront de nouvelles plantes. C'est pourquoi les pommes de terre ou les grains de blé sont particulièrement riches en amidon. Ce sont donc eux qui, avec le sucre, nous fournissent les hydrates de carbone de notre ration journalière [d'aliments]...

D'après K. VON FRISCH, *L'Homme et le Monde vivant,* éditions Albin Michel.

(1) Hydrate : c'est une combinaison, un assemblage, de l'eau avec un élément précis, comme le carbone.
Les hydrates de carbone sont aussi appelés **glucides** et regroupent les sucres et l'amidon (que l'on trouve dans les fécules).

Avant une course, il est conseillé de manger des aliments riches en sucres. « *Tout être vivant, pour fournir un travail, doit recevoir un " combustible " comme une machine* » (K. von Frisch).
Un combustible est une matière qui, en brûlant, produit de *l'énergie* et de la *chaleur*.

RÉPONDS

5 Quel est le rôle des glucides ?

Les glucides sont des constituants ....

6 Quel est le glucide de la pomme de terre ? ....

7 Cite des aliments, autres que la pomme de terre, qui sont des féculents. ....
....
....

Barre céréalière à la pomme et aux amandes

Céréales 45 %, graisse végétale, sirop de glucose, pommes séchées 6 %, concentré de jus de pomme 6 %, sucre roux, amandes 4 %, miel, sel.

8 Voici la liste des ingrédients d'une crème dessert vanille ; indique ceux qui font partie du groupe des glucides.
....
....

Crème dessert vanille

Ingrédients :	*Analyse moyenne pour 100 g :*
lait entier 76 % – sucre – eau – amidon modifié de maïs – arôme naturel de vanille – farine de graines de caroube.	matières sèches 25,2 g – protides 2,2 g – lipides 2,3 g – glucides 20 g.

9 Dans une friandise aux céréales, indique les ingrédients énergétiques contenant des glucides. ....
....
....
....
....

4 L'HOMME SE NOURRIT DE FAÇON VARIÉE

OBSERVE CE REPAS

Fruits et légumes cuits

fonds d'artichauts nature

- **Constituants bâtisseurs :**
  - sels minéraux
  - eau
  - un peu de vitamines

Viandes, poissons, œufs

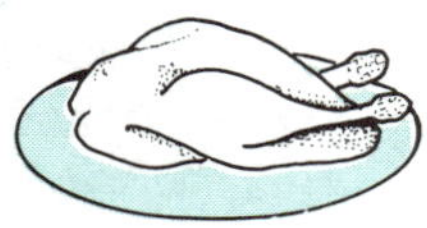

poulet rôti

- **Constituants bâtisseurs :**
  - protéines animales
  - vitamines, sels minéraux, eau
- **Constituants énergétiques :**
  - lipides (matières grasses)

Riz, pâtes, féculents, pommes de terre

pommes de terre purée

- **Constituants bâtisseurs :**
  - protéines végétales
  - vitamines, sels minéraux, eau
- **Constituants énergétiques :**
  - amidon

Lait et fromages

camembert

- **Constituants bâtisseurs :**
  - protéines animales
  - sels minéraux
  - vitamines, eau
- **Constituants énergétiques :**
  - lipides (matières grasses)

Fruits et légumes crus

fraises

- **Constituants bâtisseurs :**
  - sels minéraux
  - vitamines
  - eau

Ce repas est *équilibré* car il est composé d'aliments choisis dans les cinq catégories conseillées par les médecins spécialistes de *nutrition.* Il n'est pas trop riche en glucides, ni trop gras (on peut ajouter du beurre dans la purée). Avec de l'eau, la meilleure des boissons, ce repas est complet.

1 Quelles sont les cinq catégories conseillées ? ....

....

....

....

....

Radis, pomme de terre (page 8), poulet, camembert, fraise… et la majorité de nos aliments, contiennent des *vitamines*.

RETIENS

Les vitamines sont des substances nécessaires au bon fonctionnement de notre corps, pour ne pas tomber malade.

*P*our courir il faut des vitamines
des vitamines, des vitamines } bis

Cachées dans les oranges
les carottes que tu manges } bis
c'est plein de vie } bis
c'est plein de vitamines...

Pas assez d'vitamines
et tu as mauvaise mine } bis
t'es raplapla } bis
t'es ra t'es raplapla

Jean-René, *Vitamines* (extraits),
éditions Crayon Bleu, 1985.

Les *protéines*, végétales ou animales, sont des substances qui contiennent du carbone et d'autres éléments chimiques. Les cartes du menu t'indiquent que ce sont des *constituants bâtisseurs*. Pour cette raison, on compare souvent les protéines à des « briques » qui servent à la construction de notre corps.

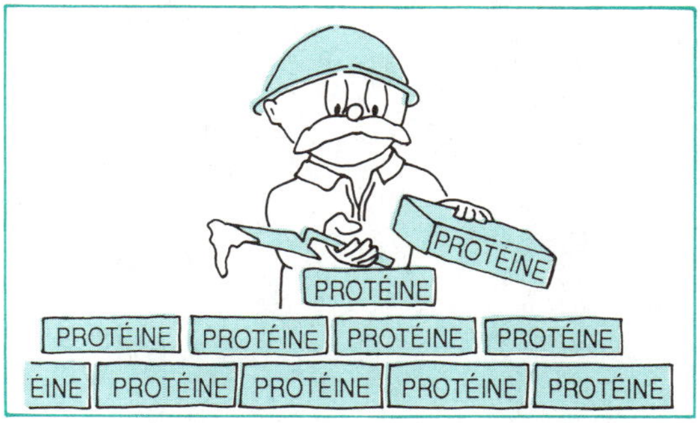

RÉPONDS

2 Dans ce tableau, distingue les aliments du repas qui sont d'origine animale, de ceux qui sont d'origine végétale.

⚠ Ne confonds pas « aliment » et « constituant » !

Aliments d'origine animale	Aliments d'origine végétale
....	....
....	....
....	....

3 Dans ce tableau, indique les constituants que l'on trouve uniquement chez les végétaux, et ceux que l'on trouve à la fois chez les végétaux et les animaux.

Constitutants uniquement d'origine végétale	Consitutants communs aux plantes et aux animaux
....	....
....	....
....	....

4 A quel moment de notre vie, les protéines servent-elles en grande quantité ? ....
....

ÉTABLIS UN BILAN

5 Complète le schéma.

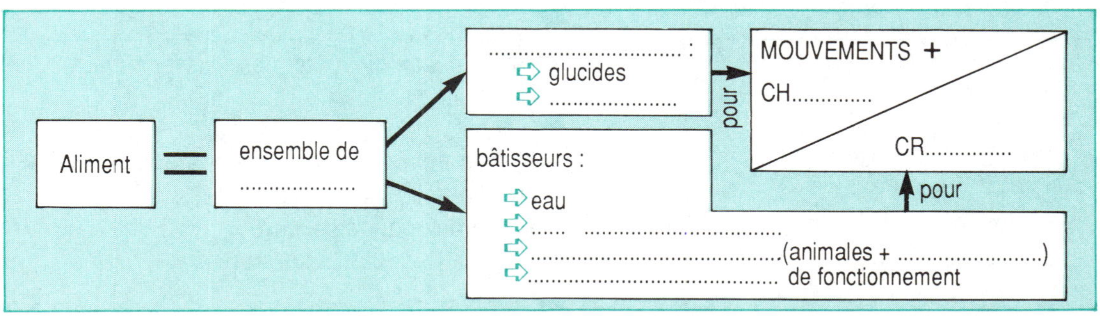

5 QUELQUES RÉGIMES ALIMENTAIRES ANIMAUX

OBSERVE ET APPRENDS

Le grain de maïs que mange la poule contient surtout des *glucides* et des *protéines végétales.* Il est très *pauvre* en matières grasses.

1 Indique ce que le maïs a utilisé pour fabriquer ses glucides et ses protéines.

Pour cette fabrication, le maïs a puisé dans le sol de l'............ et des .... dissous, et a eu besoin de l'énergie du ....

Le *carbone* qui se trouve dans les glucides et les protéines provient du *dioxyde de carbone* (ou gaz carbonique) que la plante puise dans l'air, grâce à ses feuilles vertes (voir page 7).

La vache mange de l'herbe mais aussi, en hiver, du hachis de maïs utilisé comme *fourrage.*
Elle produit du *lait* qui sert à fabriquer du fromage, du beurre,... *riches* en matières grasses.

2 La vache mange de l'herbe, on dit qu'elle est herbi**vore**. Le suffixe « **vore** » provient d'un verbe latin qui veut dire « dévorer ». Forme des mots de même type en fonction du régime alimentaire. Utilise un dictionnaire.

a) La poule mange du grain :
elle est .... **vore.**

b) L'hirondelle mange des insectes :
elle est .... **vore.**

c) La lionne mange de la chair :
elle est .... **vore.**

d) Le muscardin, petit mammifère, mange des fruits :
il est .... **vore.**

e) La bondrée, un rapace, est **apivore** ; que mange-t-elle ? ....

f) Le porc mange de **tout** :
il est......................... **vore.**

RÉPONDS

Fruits et légumes crus

salade verte

- **Constituants bâtisseurs :**
  - sels minéraux
  - vitamines
  - eau

L'herbe que mange la vache contient les mêmes constituants que ceux de la salade (regarde la carte ci-contre). Tu connais déjà les constituants que l'on trouve dans le maïs, et ceux qui sont dans le fromage (voir page 10).

3 Quels sont les constituants qui sont communs au mélange (maïs + herbe) et au fromage ? ....

4 Quels sont les constituants que l'on ne trouve que dans le fromage ? ....

5 Complète le texte « **Bilan** » qui suit à l'aide des mots « transforme », « utilise », « animale », « végétale », « vitamines ».

BILAN

La vache, pour se nourrir, ... de la matière d'origine .... (sels minéraux, vitamines). Le lait de la vache contient donc aussi des sels dissous et des ...., que l'on retrouve dans le fromage. Par contre, la vache .... de la matière d'origine végétale (glucides, protéines végétales) en sa propre matière .... (matières grasses, protéines animales).

6 Tu connais les constituants d'un poulet rôti (regarde page 10). Quels sont ceux qui ont été « utilisés » et ceux qui ont été « transformés » par le poulet, quand il était vivant ?

constituants utilisés : ....

constituants transformés : ....

DU RÉGIME A LA CHAÎNE ALIMENTAIRE

7 Relie chaque case par une flèche (——►) qui signifie « est mangé par ». Tu as associé ainsi tous les êtres vivants de plusieurs chaînes alimentaires.

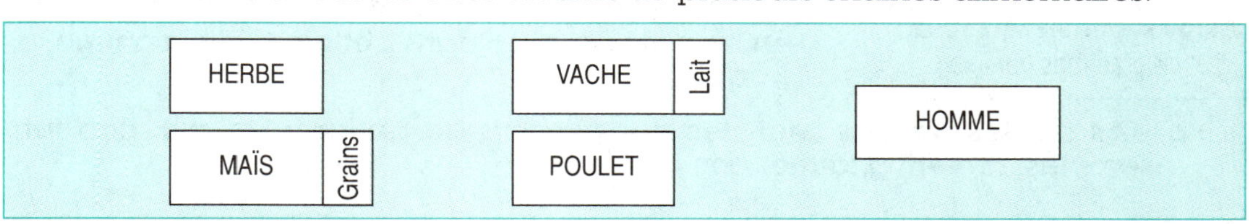

8 Combien de chaînes alimentaires as-tu formées ? ....

9 Quel est le point de départ de chaque chaîne ? ....

6 L'HOMME DIGÈRE SES ALIMENTS

OBSERVE ET EXPÉRIMENTE

Voici deux aliments principaux d'un petit déjeuner. La tasse contient du café.

1 Quels constituants énergétiques récupère-t-on, en prenant ce repas ? Réponds en barrant les mauvaises réponses.

glucides | lipides | protéines

2 **Première expérience**

a) Place un morceau de sucre dans ta bouche. Il est mélangé à ta salive.

b) Que lui arrive-t-il ? Le sucre « .... » comme s'il était dans de l'eau. Il est donc dissous par la ....

c) Avale le sucre « fondu » et attends un petit moment, jusqu'à ce que le goût sucré disparaisse.

3 **Deuxième expérience**

a) Place, maintenant, de la mie de pain dans ta bouche.

b) Constate que la mie de pain est, aussi, ... par la salive.

c) Mâche longuement cette boulette de mie, mélangée de salive. Quel goût prend-elle ? ....

d) Il se forme donc du .... quand la .... dissout la mie de pain.

LES RÉSULTATS D'UNE ANALYSE DE SANG

Ⓐ **EXAMEN DE SANG**

Glucose : 1 gramme par litre de sang.

Sels minéraux dissous : 9 grammes par litre.

Acides aminés dissous : 500 milligrammes par litre.

**Pour savoir si tu es en bonne santé, le médecin peut demander un examen de sang.
Le laboratoire lui fournit, après analyse, un tableau de résultats chiffrés (voir Ⓐ).**

RETIENS

a) Le glucose est un *sucre*, *soluble* dans le sang. On le trouve aussi dans certains fruits, comme le raisin.

b) Les acides aminés sont des *constituants* de petite taille qui, une fois assemblés, servent à former des *protéines*.

Quatre acides aminés différents

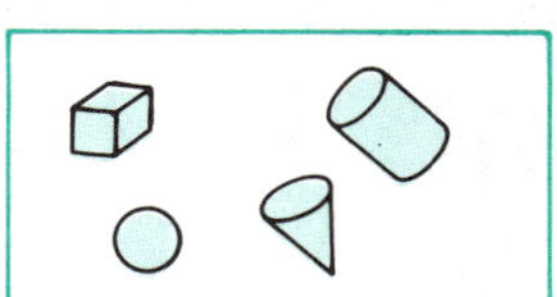

Assemblage →

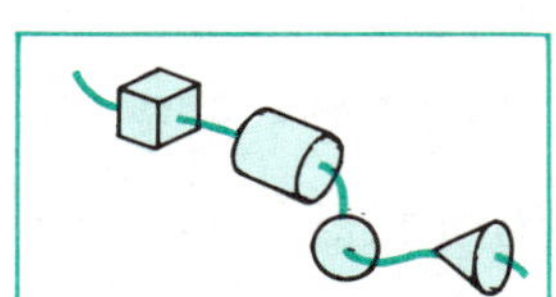

Une protéine

4 Dans toutes les séquences précédentes, tu as eu à employer les mots « dissoudre », « soluble », « dissous », « dissoute ».
Recherche, dans le dictionnaire, la définition du mot « soluble ». Recopie cette définition, ainsi que celle du mot « solvant » qui l'accompagne.

Soluble : ....
....

Solvant : ....
....

POURQUOI DIGÉRER ?

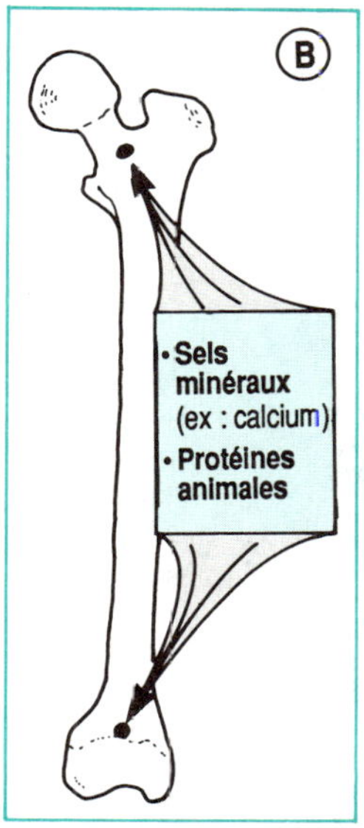

5 **a)** Regarde la composition chimique d'un os (voir (B)).
b) Complète le texte « **Bilan** » ci-dessous avec les seuls mots de la liste suivante : « apporte », « fabriquer », « circule », « protéines », « acides aminés », « sang », « énergétique », « soluble », « petites ».

BILAN

Pour grandir, notre squelette a besoin de sels minéraux et de .... Le sang, qui .... dans tout notre corps, dans des vaisseaux (artères, veines), ... au squelette les .... qui servent à .... ses protéines. Il apporte aussi du glucose, constituant ...., ainsi que des sels dissous. La *digestion*, qui ne fait que commencer dans la bouche, sert à *réduire* les aliments en *fines particules*, assez .... pour pouvoir pénétrer dans notre .... sous une forme ...., et être transportées juqu'au squelette qui en a besoin.

6 Quel constituant est de trop grosse taille pour passer dans le sang ? Entoure la bonne réponse.

amidon   sucre

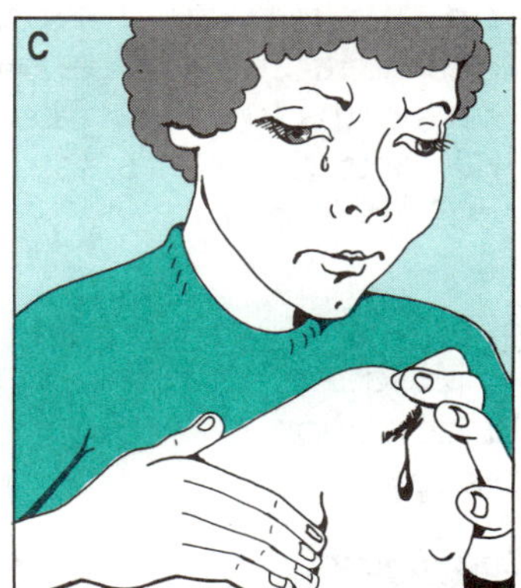

7 Après une blessure (voir (C)), la plaie se cicatrise. Une peau nouvelle se forme : elle a besoin de constituants neufs. La peau est surtout formée de protéines.
Complète le schéma ci-dessous, qui montre le rôle de la digestion.

ALIMENT : contient .... animales

DIGESTION →

GOUTTE de ....: contient acides ....

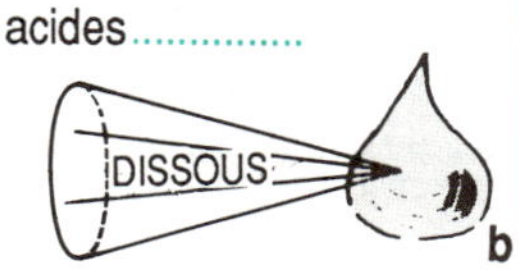

UTILISATION →

PEAU NEUVE : contient nouvelles .... animales

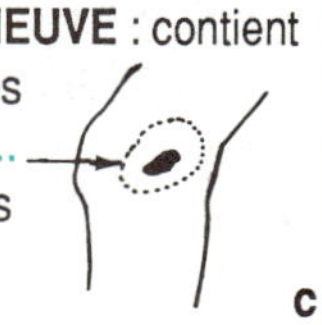

7 NOTRE APPAREIL DIGESTIF

ÉTUDIE UN TEXTE

1 Tire des informations du texte ci-dessous, et place la légende des **organes** de notre appareil digestif, au bon endroit (sur le dessin de la page 17).

Les aliments, coupés et broyés par les **dents**, sont mélangés à la salive dans la **bouche**. L'ensemble forme une pâte molle qui passe dans l'**œsophage**.
Cette pâte progresse jusqu'à l'**estomac** où elle est brassée et mélangée au suc digestif de l'estomac (= le suc gastrique), pendant trois à quatre heures.
La pâte devient en partie liquide ; elle passe dans l'**intestin grêle**. Le suc intestinal finit la réduction des aliments en fines particules (= les nutriments) qui peuvent, alors, passer dans le sang. Dans le **gros intestin**, il n'y a qu'un épaississement des matières qui ne sont pas passées dans le sang ; elles forment les déchets alimentaires qui sont évacués par l'**anus.**

2 Recherche dans un dictionnaire la définition de « suc digestif ». Recopie-la.

Suc digestif : ....
....
....
....
....
....
....

Note : La définition du dictionnaire peut employer le mot « enzyme » (ou « diastase ») qui signifie « substance chimique qui transforme les aliments en petites particules » ; tu peux aussi rencontrer le verbe « sécréter » qui veut dire « produire ».

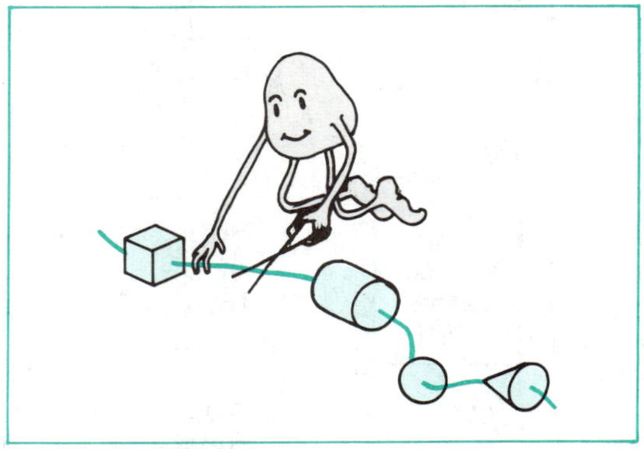

Une enzyme attaque une protéine

3 Établis la liste des sucs digestifs que tu connais (n'oublie pas ce que tu as appris à la séquence 6).

Sucs digestifs :

- ....
- ....
- ....

4 Le foie et le pancréas produisent aussi des liquides utiles à la digestion. La bile du foie permet de bien digérer les graisses.

Quel nom donnes-tu au liquide digestif du pancréas ? ....
....

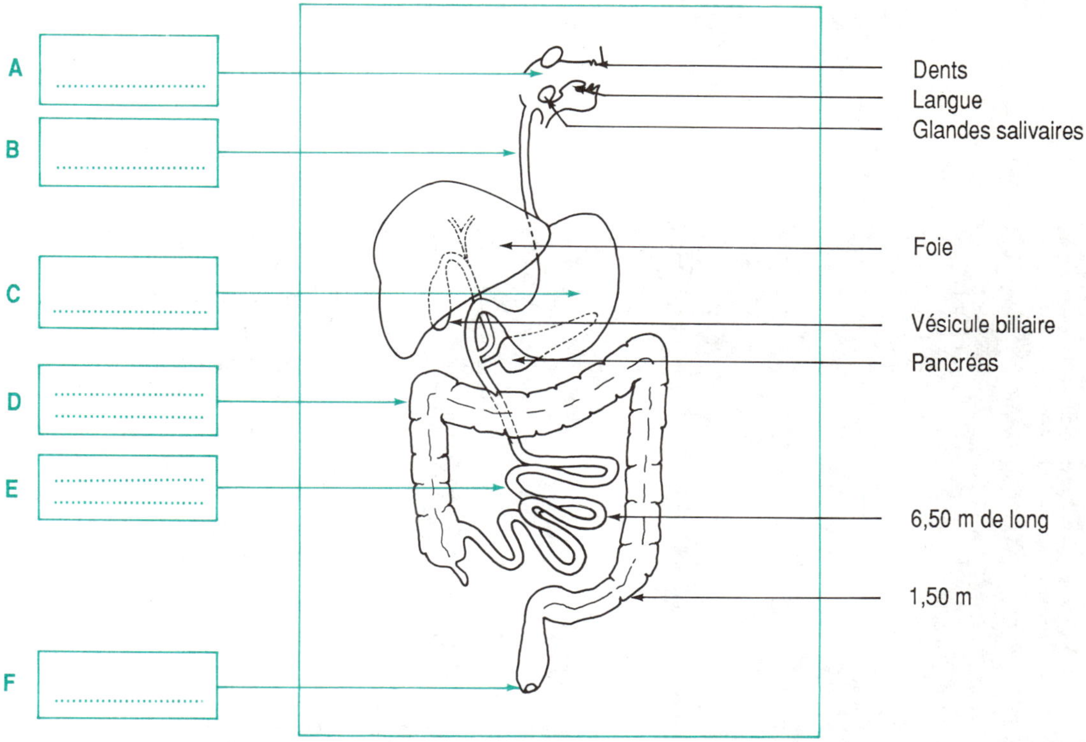

Appareil digestif humain

BILAN DE LA DIGESTION

5 Complète les légendes du dessin avec les seuls mots « nutriments » et « déchets ».

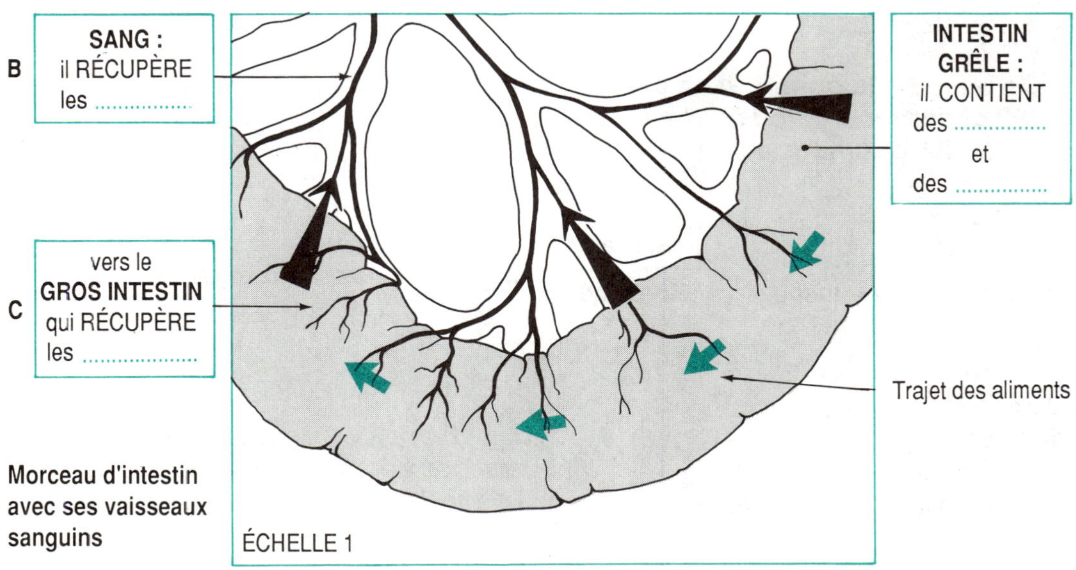

Morceau d'intestin avec ses vaisseaux sanguins

8 POURQUOI RESPIRER ?

PREMIÈRES INFORMATIONS

**Ce petit garçon souffle ses bougies d'anniversaire. Il *expire* l'air de ses poumons.
Avant, il a dû « prendre son souffle » ; il a donc fortement *inspiré* : ses poumons se sont remplis d'air.**

1 Sur le dessin de la page 19, place la légende « poumons ».

Note : Les poumons sont placés dans la cage thoracique qui est formée par l'ensemble des côtes.

RÉPONDS

On a étudié la composition de 100 centilitres d'air à *l'entrée* et à la *sortie* des poumons du petit garçon.

	Entrée	Sortie
Gaz	Air inspiré	Air expiré
Azote	79	79
Oxygène	20,85	16,15
Dioxyde de carbone	0,03	4,55

(Résultats donnés en centilitres)

2 Quel gaz a été utilisé par ses poumons, donc par son corps ? ....
....
....

3 Quel gaz a été rejeté ? ....
....
....

4 Place ces deux gaz, en A ou B, à la bonne place, sur le dessin de la page 19.

NOUVELLES INFORMATIONS

Un sportif vient de courir un 100 m. On a compté le nombre de ses *mouvements respiratoires,* avant le départ et à la fin de la course.

⚠ **Un mouvement respiratoire = une *inspiration* + une *expiration.***

Nombre de mouvements respiratoires, au repos	15 en une minute
Nombre de mouvements respiratoires à la fin d'un exercice	20 en une minute

A la fin d'un exercice physique, on doit « reprendre son souffle » : le nombre des mouvements respiratoires reste *élevé* pendant quelques minutes. De plus, le *cœur* continue de battre vite. La circulation du *sang* est donc plus *rapide*.

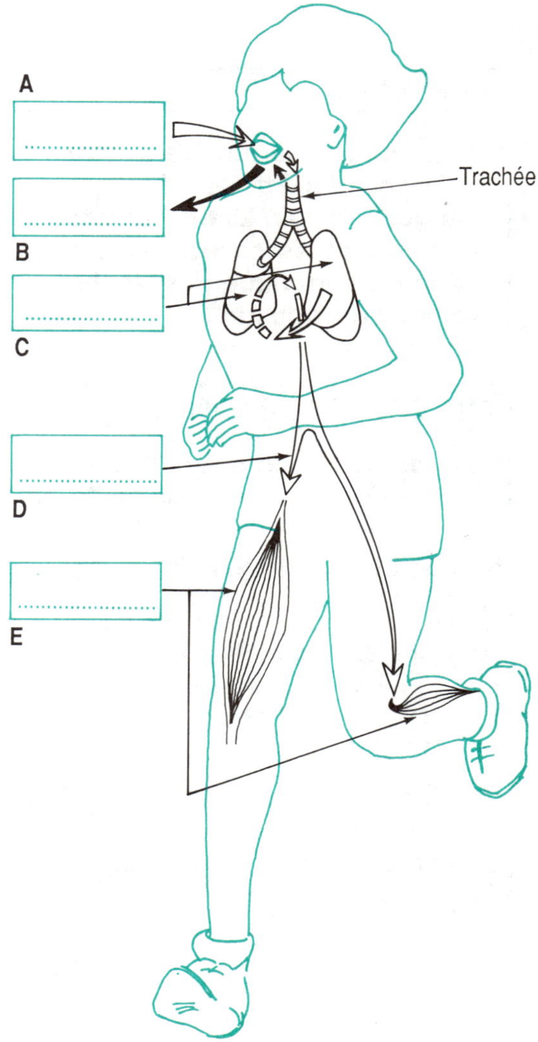

RÉPONDS

5 Au cours d'un exercice sportif, la respiration s'accélère. De quel gaz a-t-on davantage besoin ? ....

....

6 Quels sont les organes, visibles sur le dessin, qui « travaillent » quand on court et qui réclament ce gaz pour fonctionner ? ....

....

7 Place la légende de ces organes.

8 Grâce à quel « moyen de transport », ce gaz peut-il arriver aux organes actifs du mouvement ? ....

....

9 Complète la dernière légende du dessin.

Trajet du sang	Teneur du sang en oxygène (en %)
Sang qui quitte les poumons	19,5
Sang qui arrive aux muscles	19,5
Sang qui quitte les muscles	13,6

Le muscle qui fonctionne utilise de l'oxygène

9 COMMENT RESPIRER ?

APPRENDS

Tu as vu, à la séquence 8, qu'un muscle, pour réaliser un mouvement, a besoin d'*oxygène*.
Ce gaz (de l'air) lui est apporté par le *sang*, (en partie) sous forme dissoute.
Comme toutes les machines qui fonctionnent (pense à une voiture !), le muscle fabrique des *déchets*. L'un d'entre eux est le *dioxyde de carbone* (ou gaz carbonique).

OBSERVE ET RÉPONDS

Les dessins de la page 21, montrent, de plus en plus grossi, l'intérieur d'un poumon, jusqu'à sa plus petite partie : l'*alvéole*.

L'inspiration, dans l'air

1 Par quel circuit l'air inspiré va-t-il passer ? Place dans l'ordre du parcours les mots « petites bronches », « alvéoles », « trachée », « bronches ».

.... → .... → .... → ....

2 Quel gaz inspiré apporte-t-il avec lui, en grande quantité ? ....

3 Regarde le trajet du sang, (▬▬▬), dans les alvéoles. Par quel vaisseau sanguin le gaz inspiré va-t-il entrer dans la circulation sanguine ?

petite veine | petite artère (Barre la mauvaise réponse.)

L'expiration

4 Quel gaz est rejeté en grande quantité, par les poumons ? ....

5 Quels organes, utiles au mouvement, ont fabriqué ce gaz-déchet ? ....
....

6 Grâce aux dessins de la page 21, qui montrent le parcours du sang, dis par quel vaisseau sanguin (pulmonaire) ce gaz peut arriver aux poumons : ....
....

7 Place, pour finir, les légendes « oxygène » et « dioxyde de carbone » au bon endroit dans les cases 1, 2 puis 3, 4.

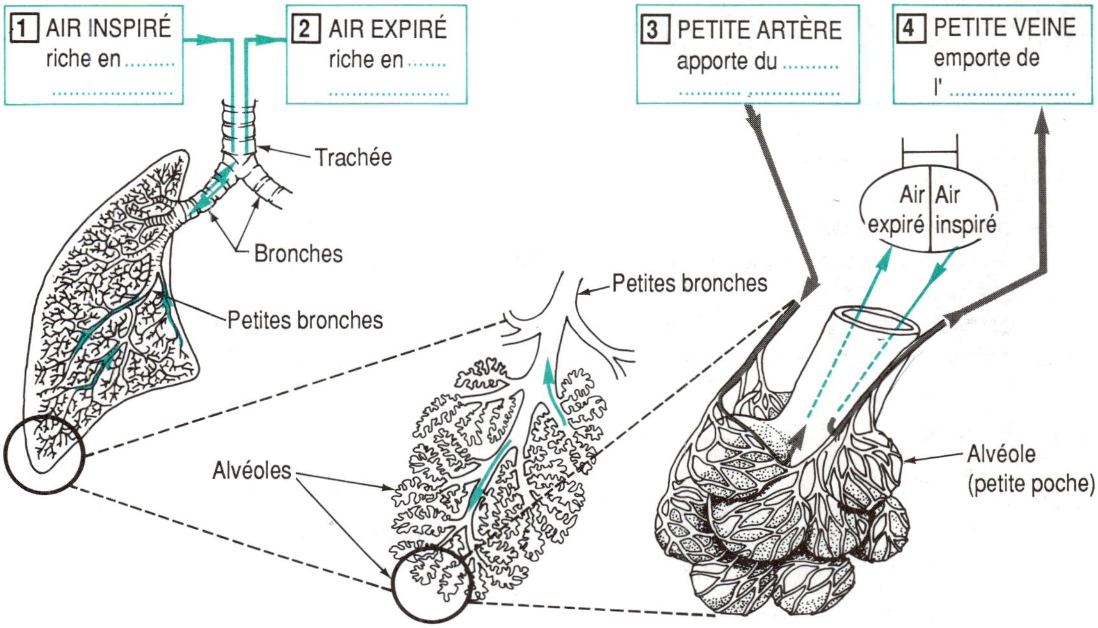

RESPIRER DANS L'EAU

8 Expérience

Prends une plume de duvet. Regarde-la, placée dans l'eau. Elle est bien étalée. Ses petites *barbes* (b) flottent.

Sors-la de l'eau. Que lui arrive-t-il ? Les barbes restent .... ensemble.

9 De l'air ou de l'eau, quel milieu est le plus riche en oxygène ? ....

(Fais attention aux unités !)

10 Complète le texte suivant avec les mots qui manquent. Aide-toi de l'expérience 8.

Quand un poisson est mis hors de l'eau, toutes les lames de ses branchies se .... les unes aux autres comme une touffe de plumes mouillées, tandis que, dans l'eau, elles s'......................... et s'écartent les unes des autres et leurs vaisseaux .... puisent, alors, le *maximum* d'........................... dissous.

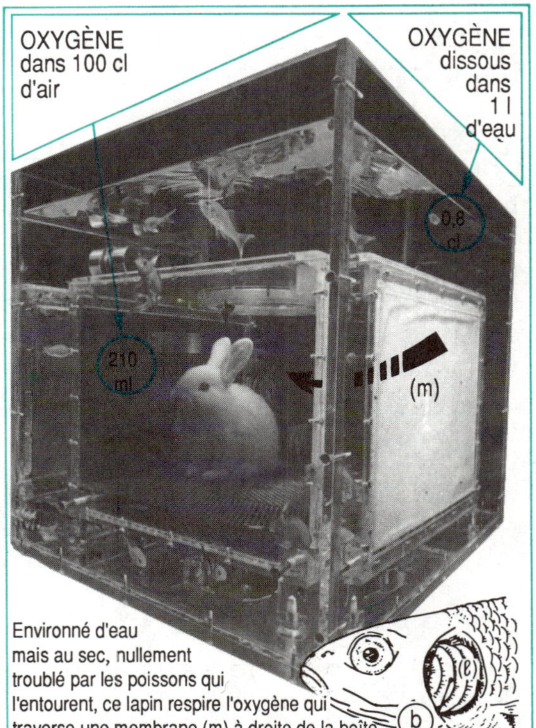

Environné d'eau mais au sec, nullement troublé par les poissons qui l'entourent, ce lapin respire l'oxygène qui traverse une membrane (m) à droite de la boîte.

Le lapin respire dans l'air grâce à ses poumons. Pour respirer dans l'eau, le poisson a des branchies (b) formées de nombreuses lames (ℓ), riches en vaisseaux sanguins.

10 CAPTER DES INFORMATIONS POUR AGIR

APPRENDS

Le *cerveau* est en relation avec les *organes sensoriels* (comme les yeux) qui lui envoient, grâce aux *nerfs*, des *messages* pour le renseigner sur ce qui se passe autour de nous.
Le cerveau interprète ces informations. Il les *déchiffre* et il donne l'ordre à certains *muscles* de fonctionner. On agit alors *volontairement*.

RÉPONDS

1 Relie, par un trait vert, chaque verbe (du texte de J. Giono) qui indique une sensation, à l'organe des sens qui a reçu une information.

ex : Le froid le **serra** (sensation de froid) —— a ——▶ **peau** du genou.

2 Nomme ces organes des sens, à l'endroit prévu.

ex : ◯ **peau** du genou

3 Relie chacun d'entre eux à la partie du **cerveau** qui déchiffre le message nerveux. Oriente le sens de la flèche **b** (verte) que tu as tracée. Place, pour finir, à côté de l'organe des sens, le chiffre de la partie du cerveau qui est informée.

ex : (1) **peau** du genou

↓

nerf de la sensibilité au **froid** —— b ——▶ (1) zone du **toucher** pour le genou (Antonio **comprend** qu'il a froid).

⚠ Le message nerveux peut se déplacer à plus de 400 km à l'heure ! Pense au TGV !

4 Quel organe des sens n'a pas été utilisé par Antonio, dans le texte ? ....
....

5 Avec quel produit de l'arbre, Antonio aurait-il pu faire fonctionner cet organe sensoriel ? ....

6 Complète, maintenant, la phrase suivante avec les mots qui manquent.

La .... d'Antonio détecte le .... sucré de la .... de l'arbre. Le cerveau d'Antonio interprète, alors, le .... nerveux que le nerf de la .... lui a apporté. Antonio peut maintenant comprendre que la .... de l'arbre ressemble à du sirop.

7 Pour le verbe « **marcher** », relie, par une flèche rouge bien orientée, les deux organes qui sont nécessaires pour réaliser ce mouvement volontaire.

8 Que veulent dire les adjectifs « optique », « auditif », « olfactif », « tactile » ? Forme des phrases selon le modèle.
« optique », qui est en rapport avec le sens de la vue.
« .... », ...
....
« .... », ...
....
« .... », ...
....

9 Quel adjectif emploie-t-on pour le cinquième sens ? ....

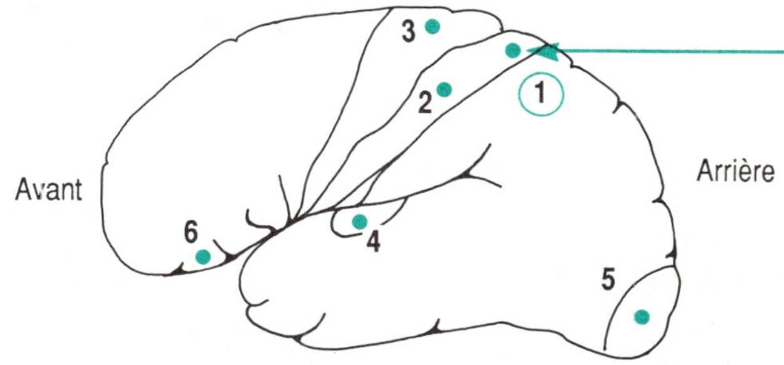

Cerveau (de profil)

1 : zone du toucher, pour le genou
2 : zone du toucher , pour la main
3 : zone qui donne l'ordre d'un mouvement
4 : zone de l'ouïe
5 : zone de la vue
6 : zone de l'odorat

Antonio **toucha** le chêne... doucement... avec sa longue main... Des fois, une odeur de sève épaisse et sucrée passait et Antonio la **sentait** à sa droite, puis à sa gauche... On **entendait** la nuit vivante de la forêt. Ça venait et ça touchait l'oreille comme un doigt froid... Antonio **commença à marcher**. Comme il entrait dans l'eau [du fleuve qui coulait à travers la forêt], le froid le **serra** tout de suite aux genoux...
C'était toujours un gros moment pour Antonio. Il **avait regardé** tout le jour ce fleuve qui [brillait] dans le soleil...

D'après J. GIONO, *Le Chant du monde*, éditions Gallimard.

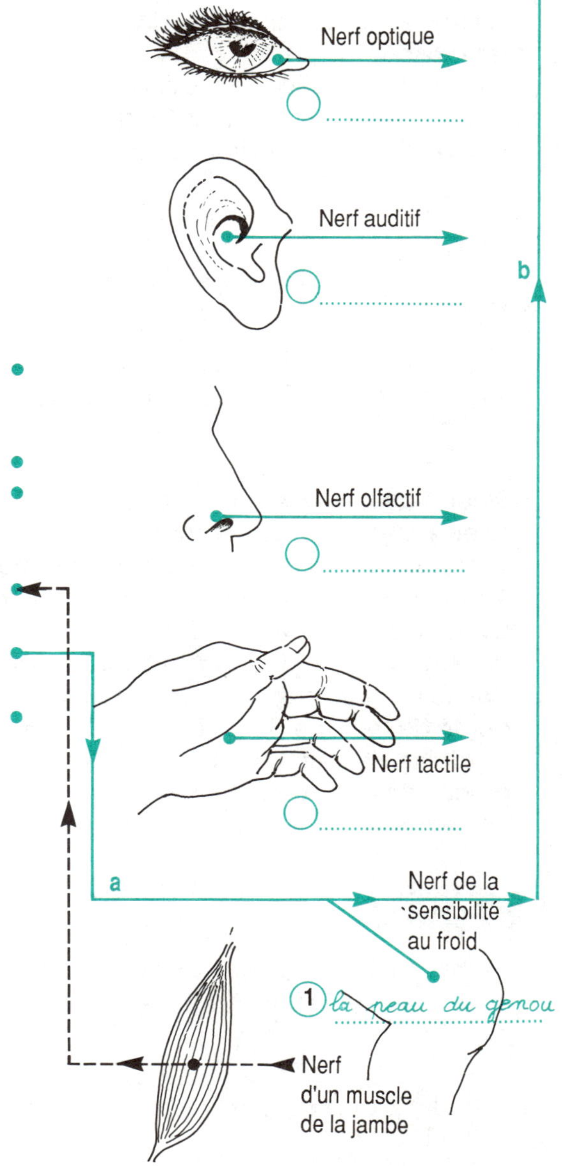

→ Information
- - → Ordre de mouvement

11 LES ANIMAUX SE REPRODUISENT

OBSERVE ET APPRENDS

Pour avoir des souriceaux, il faut un *mâle* et une *femelle*. Leurs *organes reproducteurs* sont différents.
Le mâle possède des *testicules* visibles à l'extérieur de son corps. Ils fabriquent des *spermatozoïdes* (microscopiques).
La femelle possède des *ovaires*, à l'intérieur de son corps. Ils fabriquent des *ovules*, de plus grande taille.

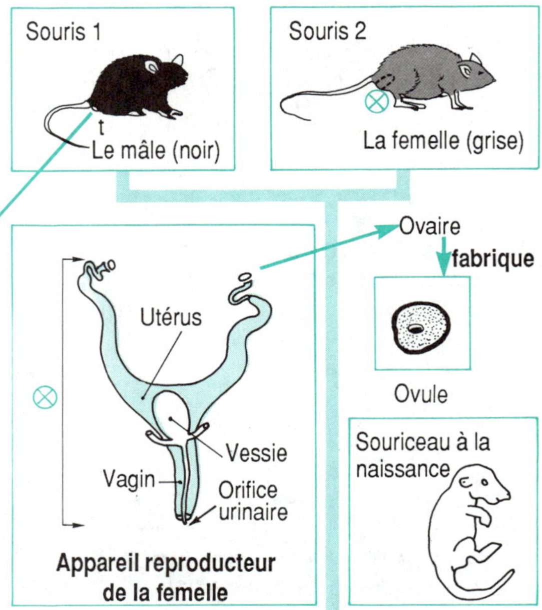

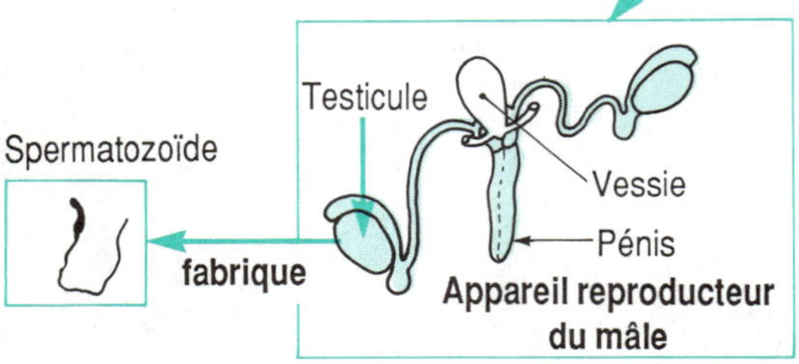

Quand deux souris s'accouplent, le mâle dépose avec son *pénis*, un très grand nombre de spermatozoïdes dans le vagin de la femelle.
A l'intérieur de la femelle, chaque ovule peut s'unir avec un spermatozoïde. Si cette union est réalisée, on dit que l'ovule est fécondé. Chaque *fécondation* donne un œuf, point de départ d'une nouvelle souris, qui se développe dans *l'utérus* maternel. Une vingtaine de jours plus tard, la souris donne naissance à des souriceaux tout formés, mais sans poils, qui deviendront :

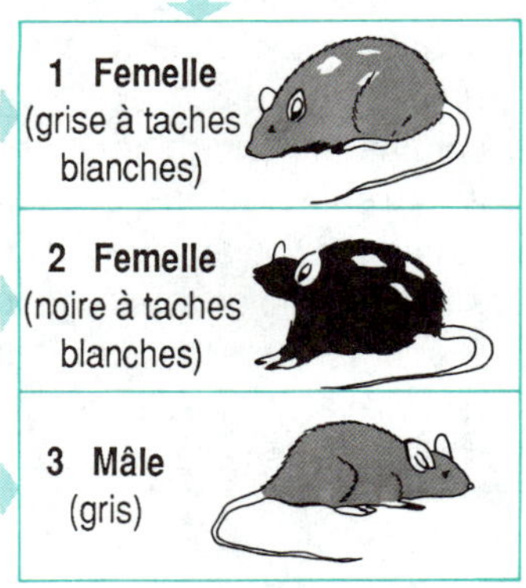

Trois souriceaux

RÉPONDS

1 Chaque petit ne ressemble pas entièrement à l'un des parents. On peut dire que la « reproduction » sexuée de deux parents est une véritable **création** car :

① .... + ① .... = ① ...., différent de ses ....

Les mots « jeune », « parents », « femelle », « mâle », sont à placer au bon endroit.

2 Combien de fois la femelle grise a-t-elle été fécondée ? ....

PONDRE DES ŒUFS

Tous les animaux ne donnent pas naissance à des petits tout formés. Beaucoup *pondent* leurs œufs. Quand le petit a achevé sa formation, l'œuf éclot. Quand une femelle pond, on dit qu'elle est *ovipare*. Si, comme la souris, elle met bas ses petits, déjà développés, elle est *vivipare*.

L'éclosion de l'œuf du crocodile

3 Les documents ci-dessous montrent quelques étapes du développement du poussin dans l'œuf. Place ces photographies dans l'ordre.

☐ → ☐ → ☐ → ☐ → ☐ → **éclosion**

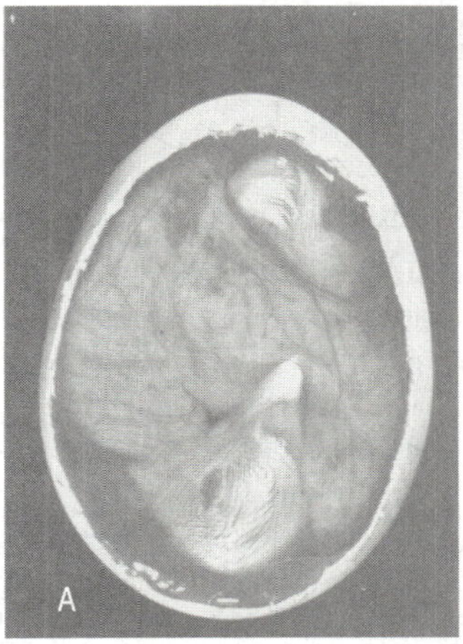
A

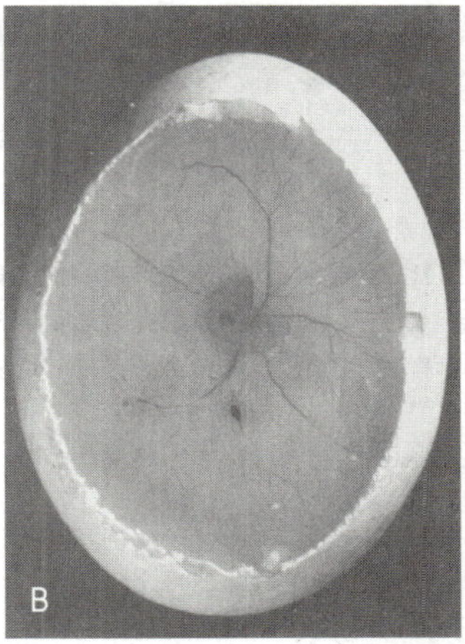
B

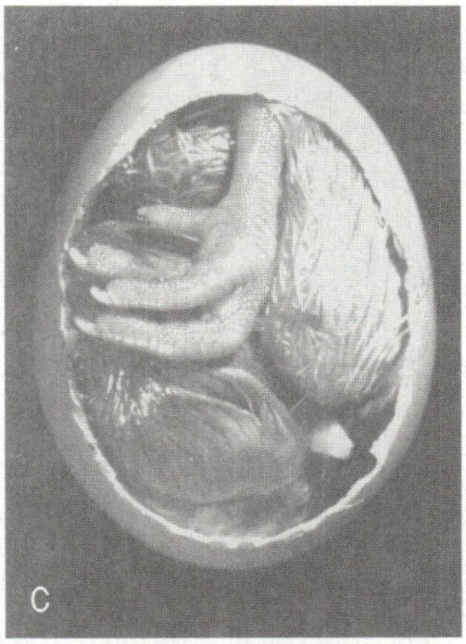
C

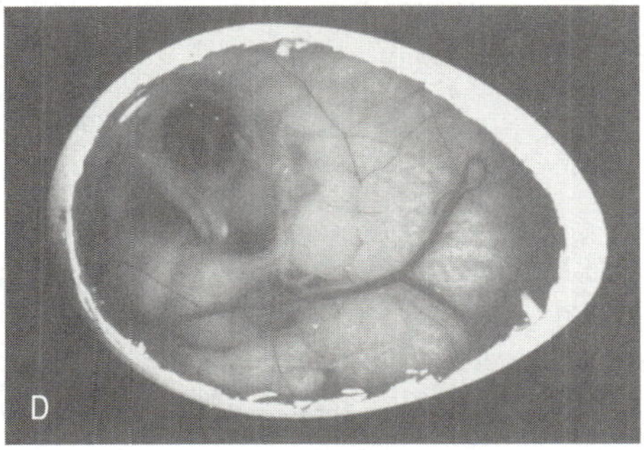
D

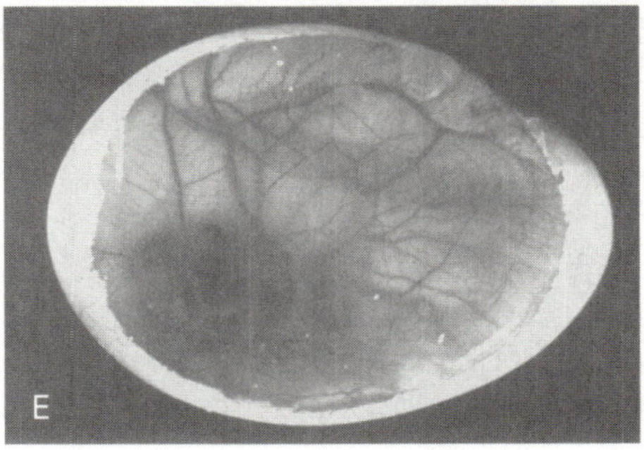
E

4 Dans la liste qui suit, chasse le ou les intrus, en barrant le nom des femelles qui ne sont pas ovipares. Aide-toi des illustrations F et G qu'il faudra légender.

F - Éclosion de l'œuf de ....

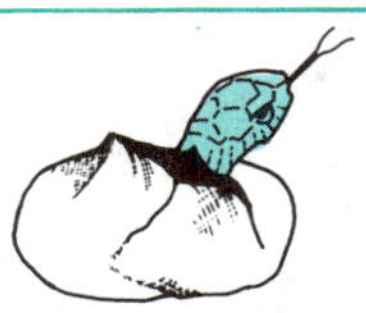
G - Éclosion de l'œuf de ....

couleuvre – tortue – jument – autruche – escargot – poisson – mouche – chatte – lapine – crevette – grenouille.

12 AVANT LA NAISSANCE D'UN BÉBÉ

OBSERVE ET RÉPONDS

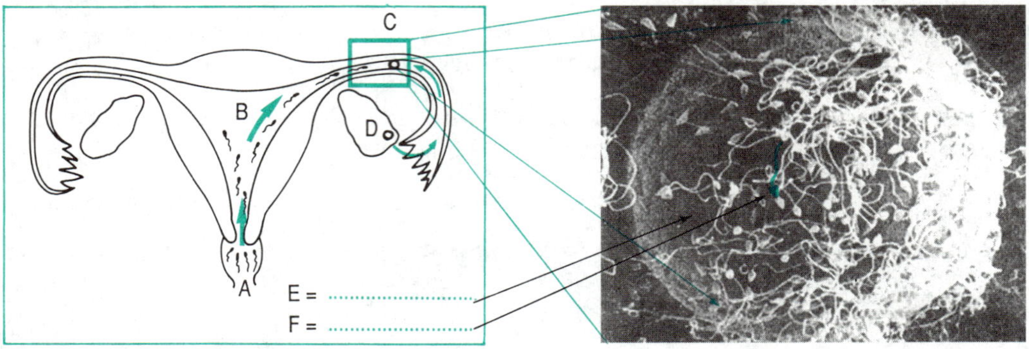

Document1 **Document 2**

**Le document 1 représente l'appareil reproducteur d'une future maman.
Le document 2, obtenu à l'aide d'un *microscope*, représente un grossissement de la région C (marquée sur le dessin).**

1 Voici quatre phrases. Associe par une flèche (⟶) chacune de ces phrases à la lettre qui lui correspond.

1. Les spermatozoïdes, dans *l'utérus* (= poche), vont à la rencontre de l'ovule.
2. Le pénis a *déposé* les spermatozoïdes dans l'appareil reproducteur de la femme.
3. L'ovaire a *fabriqué* un ovule.
4. Un spermatozoïde va *féconder* l'ovule.

1	A
2	B
3	C
4	D

2 Place une légende en E et F

3 Le diamètre réel d'un ovule de femme est de 0,2 millimètre environ (= deux dixièmes de millimètre). Combien l'ovule mesure-t-il sur la photographie ? .... (Donne ton résultat en mm.)
De combien la photographie est-elle grossie ? ⟶

a	25 fois
b	250 fois
c	2 500 fois

L'ŒUF SE DÉVELOPPE

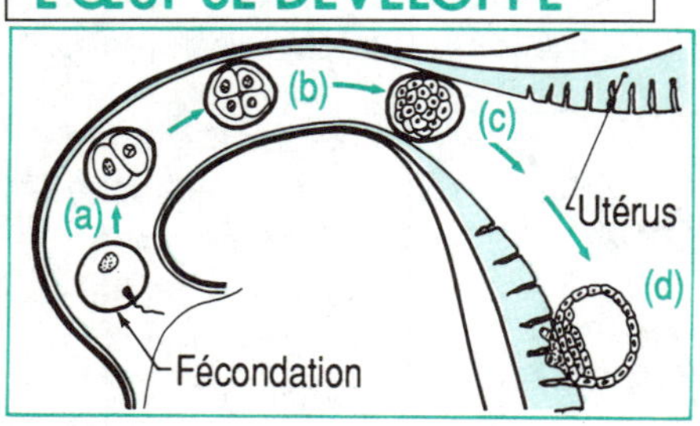

Après la fécondation, l'œuf se divise en deux (a) puis en quatre (b)..., puis en un groupe de *cellules* (c) qui se « nichent » dans l'utérus (d). Le groupe de cellules continue de se développer, en se divisant, et donne un *embryon*, puis un *fœtus*. A la page 25, les photos B et E montrent deux embryons de poulet.

EMBRYON ET FŒTUS

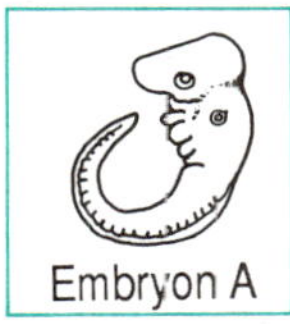

Embryon A

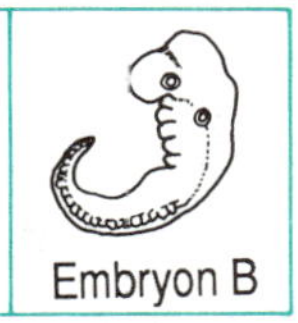

Embryon B

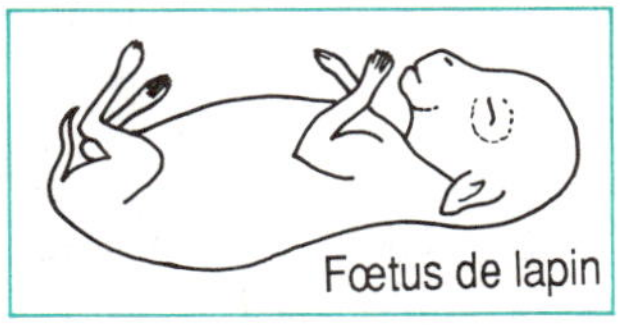

Fœtus de lapin

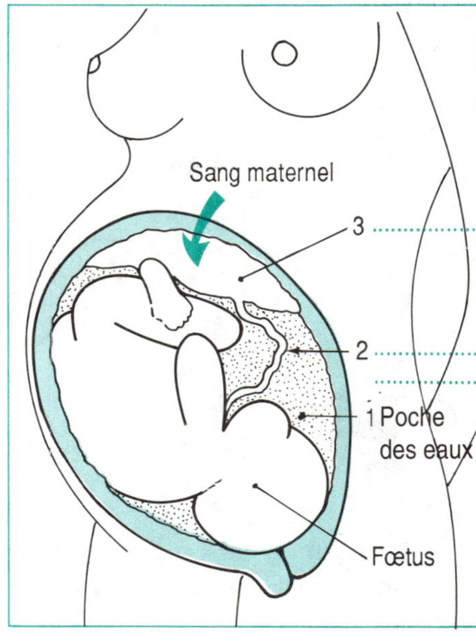

4 Observe les embryons A et B. L'un des deux est un embryon humain. L'autre va devenir un lapin. Peux-tu faire la différence ? Pourquoi ? ....

....

5 Dès le troisième mois (d'une grossesse de neuf mois, pour l'espèce humaine), on ne parle plus d'**embryon** mais de **fœtus**. Embryon veut dire « qui est inachevé ». Fœtus veut dire « petit d'animal ». Décris, pour expliquer le choix des deux mots, ce qui manque à l'embryon de lapin, ou à l'embryon humain, pour devenir un fœtus.

....

Le fœtus baigne dans « la poche des eaux » (1) qui le protège des chocs. Le sang de la maman est en rapport avec le sang de son enfant grâce à un filtre, le *placenta*. Le fœtus est relié au placenta grâce au *cordon ombilical*.

6 Place les légendes « placenta » et « cordon ombilical » sur le dessin.

LE CAS DES JUMEAUX

L'*ovaire* d'une femme fabrique, en général, un *ovule* à la fois. Chaque ovaire fonctionne à son tour. Il peut arriver que deux ovules soient produits en même temps (cas n° 1). Il peut arriver, aussi, qu'à la première division de l'œuf, les deux cellules se séparent (cas n° 2).

7 Complète ce tableau.

Cas 1 :	⊙ ovule 1	+ spermatozoïde 1	= ŒUF 1 →	embryon 1 →	1	➡	**DEUX** (faux) jumeaux qui ne se **ressemblent pas** car il a fallu **DEUX** FÉCONDATIONS
	⊙ 2	+ [ ] spermatozoïde 2	= ŒUF 2 →	..............2 →	fœtus 2	➡	
Cas 2 :	[ ] ovule 1	+ [ ] 1	= ŒUF 1 →	embryon 1 →	1	➡	**DEUX** (vrais) jumeaux de même sexe qui **se ressemblent** car il n'a fallu qu'**UNE** seule ....
			→	embryon 2 →	2	➡	

13 LES PLANTES À FLEURS SE REPRODUISENT

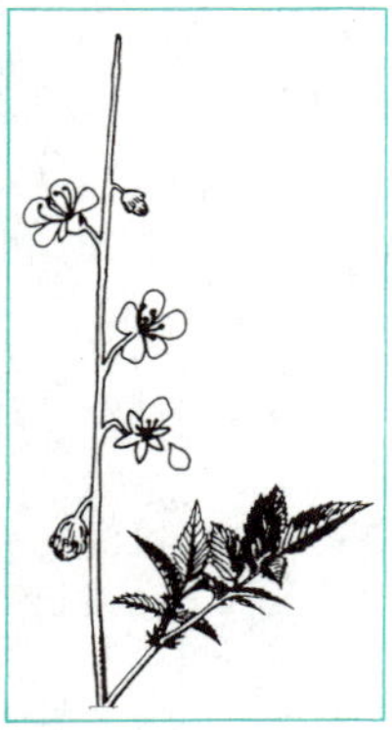

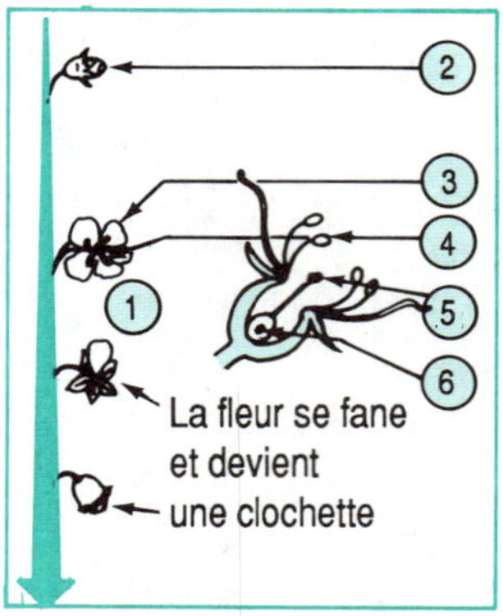

1 Choisis dans cette liste les mots qui complètent le texte qui suit.

fruit – ovule – bouton – graine – pistil – pollen
crochets – étamines – pétales – fécondation

Pour t'aider, certains mots sont représentés par une légende chiffrée sur les dessins.

⚠ Un tiret = une lettre.

La fleur ① de l'aigremoine est d'abord en _ _ _ _ _ _ ②. Quand elle s'épanouit, elle montre : cinq _ _ _ _ _ _ _ ③, des _ _ _ _ _ _ _ _ ④, un _ _ _ _ _ _ ⑤.

Dans le _ _ _ _ _ _ ⑤, on trouve au moins un _ _ _ _ _ ⑥. Les _ _ _ _ _ _ _ _ ④ contiennent du _ _ _ _ _ _ ⑦.

Cette poudre jaune, transportée par les insectes (ou le vent), arrive en haut du _ _ _ _ _ _ ⑤. L'un des grains de cette poudre, grâce à un long tube, atteint un _ _ _ _ _ ⑥. Leurs contenus s'unissent. Il y a _ _ _ _ _ _ _ _ _ _ _ ⑧.

MOTS CROISÉS

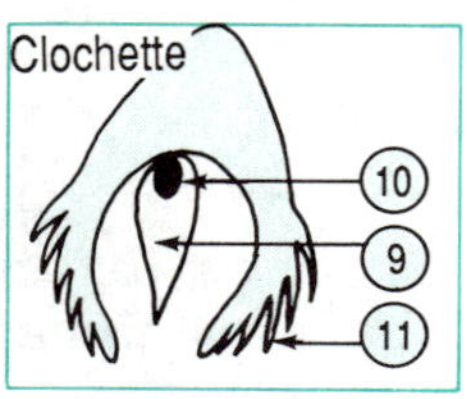

2 Utilise les mots ① à ⑧ pour commencer à remplir cette grille de mots croisés. Les mots ⑨, ⑩, ⑪, choisis dans la liste du haut, doivent servir à compléter le texte qui suit.

La fleur fanée se transforme en clochette qui contient un _ _ _ _ _ ⑨ provenant du développement d'une partie du pistil. Ce _ _ _ _ _ ⑨ renferme une _ _ _ _ _ _ ⑩ qui donne naissance à une nouvelle plante, quand elle germe. L'aigremoine disperse ses fruits à graines grâce à leurs _ _ _ _ _ _ _ _ ⑪ qui s'accrochent au pelage des animaux, aux vêtements,...

14 DISPERSER FRUITS ET GRAINES

MOYENS DE DISPERSION

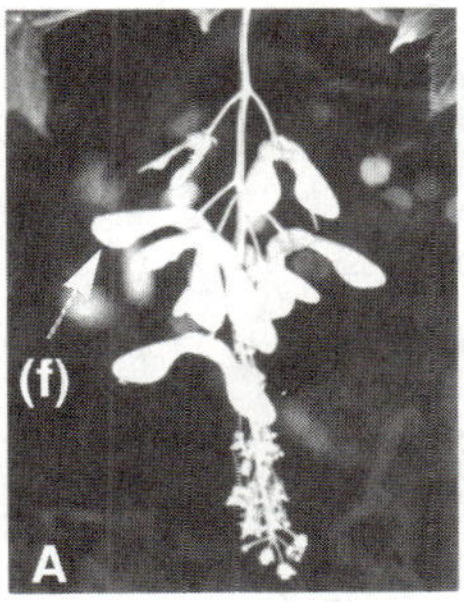

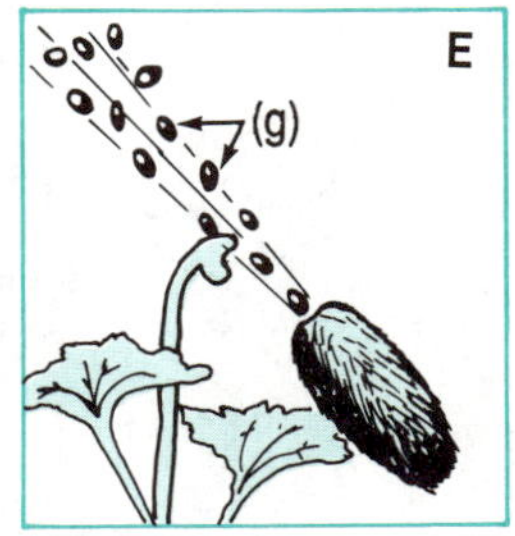

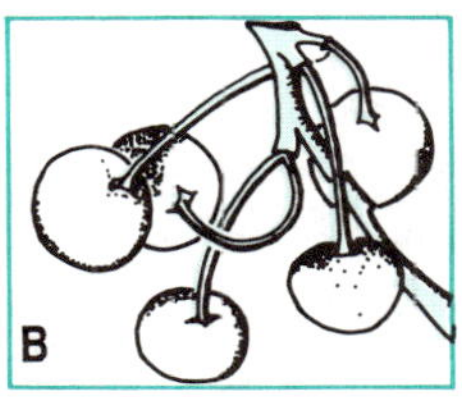

A. Fruit (f) de l'**érable** (arbre)
B. Fruits du **cerisier**
C. Fruit du **cocotier**
D. Fruit (f) du **pissenlit**
E. Graines (g) du **cornichon sauvage**.

1 Pour chaque plante, recherche le moyen de **dispersion** des fruits ou des graines ; complète, alors, la **clé de détermination** qui suit. Cette clé se lit ligne par ligne, pour obtenir la solution. Aide-toi de l'exemple du cocotier.

1. Plante qui disperse ses **fruits** *contenant* des graines ; voir ligne **3, 4** ou **5.**	
2. Plante qui disperse ses **graines** ; voir ligne **8.**	
3. Plante qui utilise le .... ; voir ligne **6** ou **7.**	
4. Plante qui utilise l'eau (*ex* : la mer). →	Cocotier
5. Plante qui utilise les animaux (*ex* : les ....) →	....
6. Le fruit a une aile. →	....
7. Le fruit est plumeux. →	....
8. Les .... sont dispersées quand le .... éclate. →	....

FRUIT OU GRAINE ?

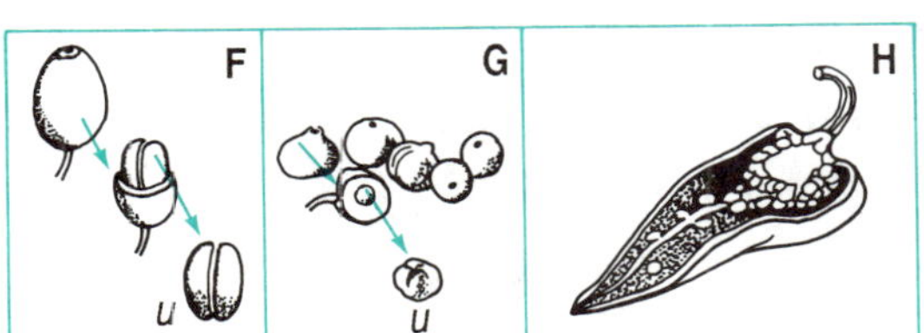

u = partie que l'homme utilise

2 Voici trois plantes que l'homme cultive pour ses fruits ou ses graines. Qu'utilise-t-on ? Barre la mauvaise réponse.

F. Café	fruit	graine
G. Poivre blanc	fruit	graine
H. Piment	fruit	graine

15 ENVIRONNEMENT ET POLLUTION

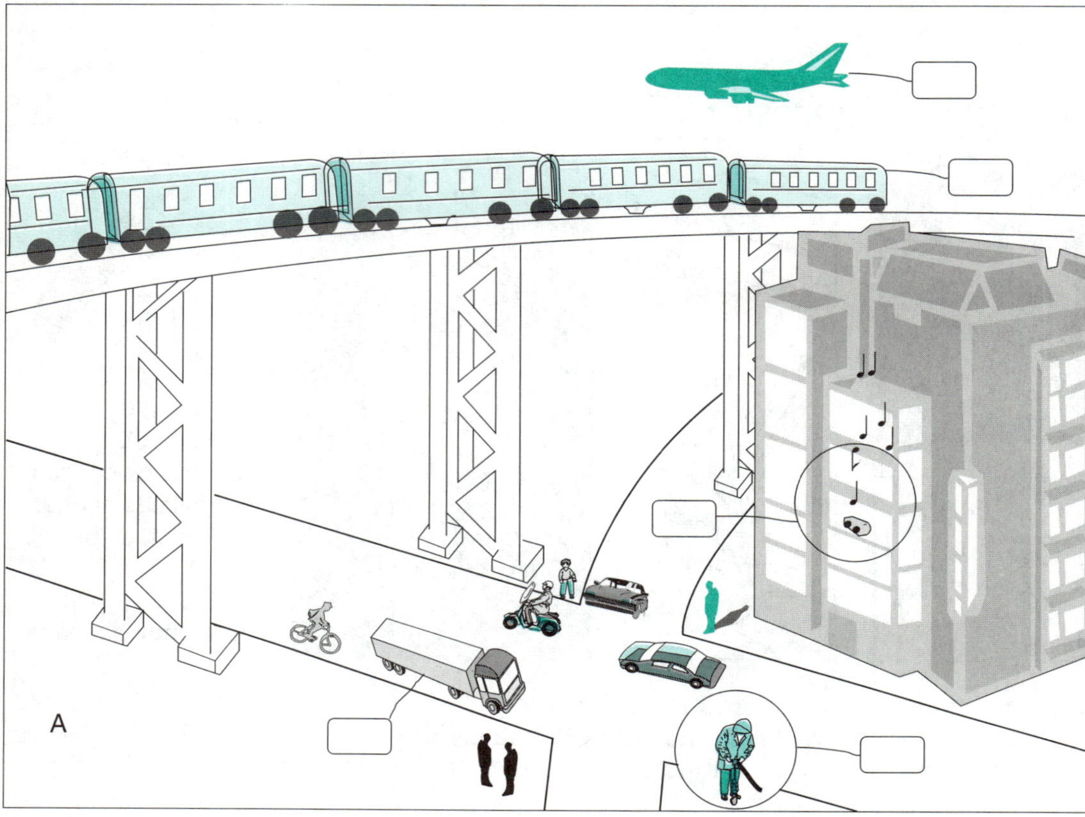

DES PROBLÈMES DE BRUIT

1 Fais la liste de toutes les **sources de bruit** qui figurent sur le *document A*.

....

....

....

....

Le *décibel* est une unité qui sert à mesurer la « *force* » (= l'intensité) d'un *son* ou d'un *bruit* (tout comme le *degré* est une unité de température).

2 Regarde l'**échelle des bruits** (*document B*). Sur le *document A*, dans chaque *étiquette*, indique le nombre des **décibels** produits.

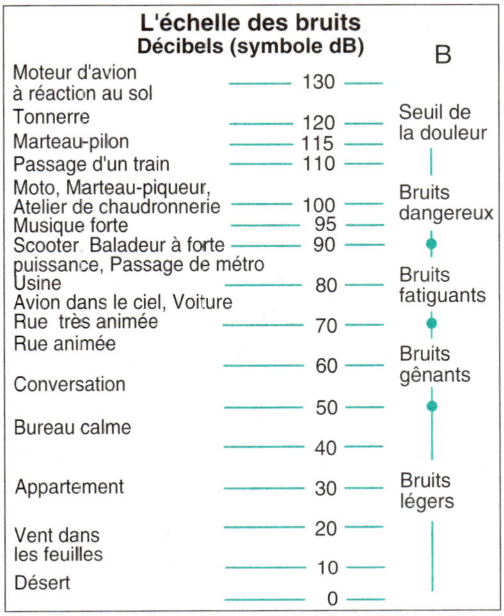

UN PROBLÈME DE POLLUTION

Dans l'eau douce vivent de nombreuses **larves d'insectes**. Elles supportent plus ou moins bien **l'eau polluée**.

3 Le *document C* montre le lien qui existe entre la *pollution* et la **présence de certaines larves d'insectes** dans un cours d'eau. Grâce à ce document, place, dans les rectangles situés le *long de la rivière* (*document D*), les **signes** suivants :

Signes	
0	= eau non polluée
+ +	= eau polluée
+ + +	= eau très polluée

4 Indique par une flèche le *sens du courant*.

5 À quoi est due la **pollution** ?

....

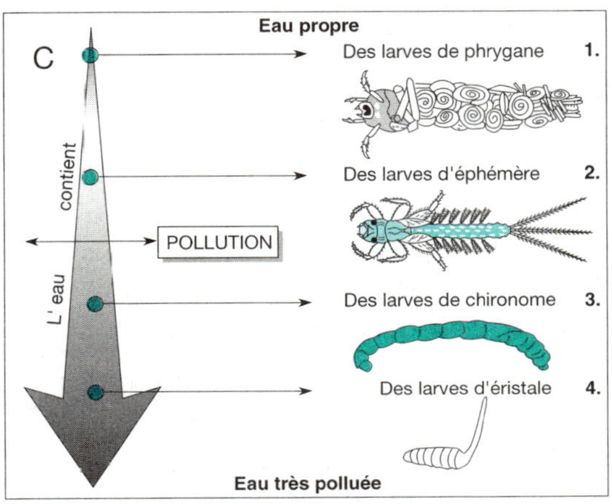

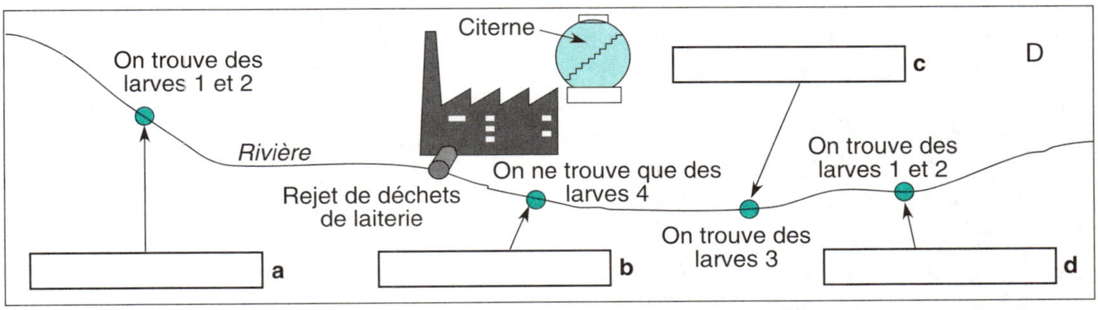

16 NOTIONS DE SECOURISME

1 Complète les mots **1, 2, 4, 5, 13, 14** et **20** de la grille de la page 33 en n'utilisant que des **voyelles**. Aide-toi des *dessins A* et *B*.

2 Complète le seizième mot de la grille : il signifie « **saignement** ». Tu peux trouver, maintenant, les mots incomplets du texte qui suit.

Ton camarade saigne du nez ; il a une H–M–**R**R–G–– (16) nasale. Aide-le à s'allonger et à lever le menton. Soutiens-lui la nuque à l'aide d'une *serviette trempée dans l'eau froide*. Cela arrêtera le saignement. Place alors un morceau de G–Z**E** (20) imprégnée d'eau **O**X–G–N–– (14) dans la narine blessée, pour la désinfecter.

3 Recherche les mots de la grille qui servent à comprendre le texte ci-après, puis complète-le.

Tu viens de tomber et ton genou saigne. Après avoir lavé la – – – **S** – – – – – à l'eau et au savon, on peut ––––––**E**–––– la plaie avec de l'eau **O**X–G–N–– (14).

Ensuite, tu peux placer de la G–Z**E** (20) **S**––––––. Tu fais tenir ce –––––**M**––– avec des morceaux de **S**––––––––.
Les os d'une –RT–C**U**L–T––N (5) comme le genou peuvent se déboîter : il y a ––––––**E**–––– et la **S**–N–V–– (1) peut se répandre.
En cas d'–NT**O**RS– (4), une poche de GL–**C**– (13), placée sur la région douloureuse, permet de **R**–––––– l'inflammation, avant d'effectuer un bandage.
Une personne vient de tomber brutalement. Elle ne peut plus bouger son bras déformé car il est –––**C**––––.
En attendant le médecin, on peut, provisoirement, –––––**I**––––– le **M**––––– blessé au moyen d'–TT**E**LL–S (2).

4 Tu trouveras, dans le texte ci-dessous, les mots qui vont te permettre de terminer la grille. Il ne leur manque que les consonnes.

Le **gaz de ville** peut provoquer une **asphyxie**. Si on découvre quelqu'un qui est légèrement **intoxiqué**, il faut fermer immédiatement le robinet de gaz, ouvrir la fenêtre et aider la personne à respirer profondément de l'**air sain**. Penser aussi à appeler, au téléphone, un service d'**urgences** car la personne intoxiquée peut **perdre connaissance**.

5 Recherche, dans un annuaire, à quels services d'urgences correspondent les numéros d'appel :

15 = ...

18 = ...

1	*	*	*	*	*	*	S	•	N	•	V	•	•	*	*
2	*	*	*	•	T	T	E	L	L	•	S	*	*	*	*
3	*	*	*	F	R	A	C	T	U	R	E	*	*	*	*
4	*	*	*	•	N	T	O	R	S	•	*	*	*	*	*
5	*	•	R	T	•	C	U	L	•	T	•	•	N	*	*
6	*	*	*	*	*	*	R	E	D	U	I	R	E	*	*
7	*	I	M	M	O	B	I	L	I	S	E	R	*	*	*
8	*	*	*	B	L	E	S	S	U	R	E	*	*	*	*
9	*	*	*	*	*	*	M	E	M	B	R	E	*	*	*
10	D	E	B	O	I	T	E	M	E	N	T	*	*	*	*
11	*	*	*	*	*	*	S	P	A	R	A	D	R	A	P
12	D	E	S	I	N	F	E	C	T	E	R	*	*	*	*
13	*	*	*	G	L	•	C	•	*	*	*	*	*	*	*
14	*	*	*	*	*	*	O	X	•	G	•	N	•	•	*
15	*	*	*	*	*	*	U	•	•	E	•	•	E	•	*
16	*	H	•	M	•	R	R	•	G	•	•	*	*	*	*
17	A	•	•	•	Y	•	I	E	*	*	*	*	*	*	*
18	*	*	*	*	*	*	S	T	E	R	I	L	E	*	*
19	*	P	A	N	S	E	M	E	N	T	*	*	*	*	*
20	*	*	*	G	•	Z	E	*	*	*	*	*	*	*	*

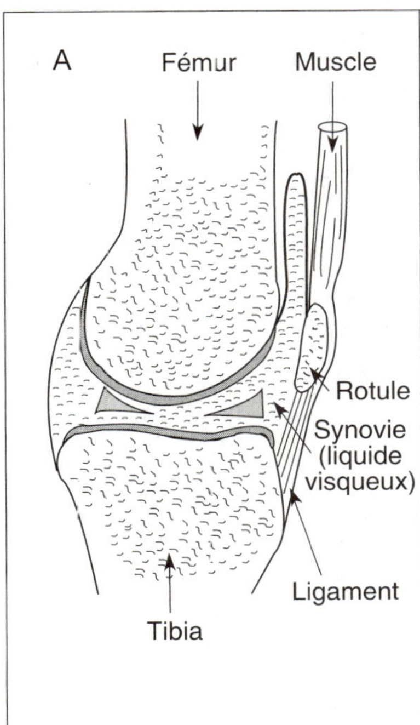

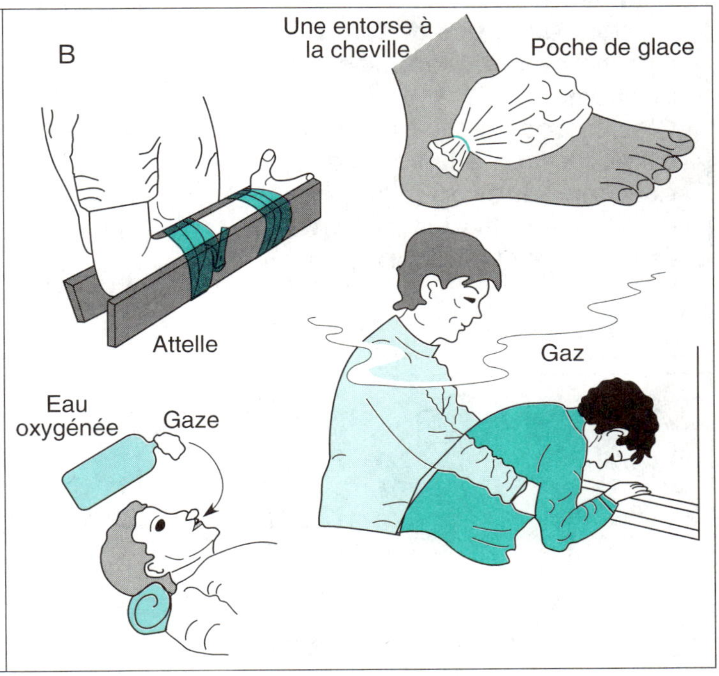

17 LES ÉTATS DE LA MATIÈRE

La matière se présente sous trois états : solide, liquide, gazeux.

1 Voici une liste de différents corps. Classe-les.

Une pierre, la vapeur d'eau, le vinaigre, l'eau, un savon, l'oxygène, une bouteille, le vin, l'huile, le dioxyde de carbone, un morceau de fer, l'azote, l'essence, un sucre.

Solides	Liquides	Gaz
....	....	....
....	....	....
....	....	....
....	....	....
....	....	....

Un solide a une forme propre et un volume invariable.
Un liquide n'a pas de forme propre, il prend celle du récipient qui le contient.
C'est le cas aussi de certains solides, comme le sable et la farine, qui sont formés de grains.
Un liquide a aussi un volume pratiquement invariable.

2 Raye l'intrus.

Les liquides et les gaz n'ont pas de forme propre. Ce sont des *fluides*.
Les gaz sont compressibles et élastiques (ou expansibles).

3 Vrai (V) ou faux (F) ?

a) Un solide a une forme invariable. ☐
b) L'azote est un fluide. ☐
c) Le sable est un liquide. ☐
d) Les solides sont compressibles. ☐
e) Un gaz est élastique. ☐
f) Tous les solides sont durs. ☐
g) On peut diminuer le volume d'un gaz. ☐

4 **a)** Cite une propriété commune aux solides et aux liquides. ....
....
....
....
....

b) Cite une propriété commune aux liquides et aux gaz. ....
....
....
....
....

Pour exprimer la quantité d'un solide ou d'un liquide, on doit connaître son volume et sa masse.
L'unité de volume est le mètre cube (m^3) ; les sous-multiples le dm^3, le cm^3, le mm^3.
On peut également exprimer des volumes avec des unités de capacité : le litre et ses sous-multiples (dl, cl, ml).

$1 m^3 = 1\ 000$ l.

5 Quel est le volume du liquide contenu dans chaque récipient ?

.... cl .... cm^3 .... cm^3 cl

6 Complète le tableau.

	1 000 l	100 l	......	1 l	0,1 l	......	0,001 l
Capacité	1	......	1 dal	......	......	1 cl	......
Volume	m^3			dm^3			cm^3

7 Quel est le volume d'un bloc d'acier de forme cubique de 5 cm d'arête ? de 10 cm d'arête ? ....

....

8 Quel est le volume de la pierre ? ..

....

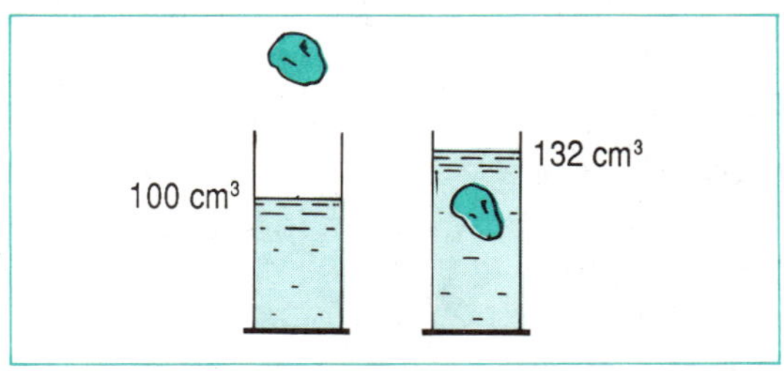

La *masse* est la quantité de matière que l'on peut mesurer avec une balance, soit directement pour un solide, soit en pesant le récipient plein, puis le récipient vide pour un liquide.

La différence de masse ($m_2 - m_1$) est la masse du liquide.

L'unité de masse est le kilogramme (kg).

9 Vrai (V) ou faux (F) ?

a) L'unité de volume est le m^3. ☐

b) 1 dal correspond à 100 l. ☐

c) 1 cm^3 correspond à 1 ml. ☐

d) Un dé à jouer de 2 cm d'arête a un volume de 10 cm^3. ☐

e) Masse et poids sont synonymes. ☐

f) Une tonne correspond à 1 000 kg. ☐

18 CHANGEMENTS D'ÉTAT

Un corps peut se présenter sous plusieurs états. L'eau, par exemple, peut être un solide (glace) ou un gaz (vapeur d'eau).
Le passage d'un corps de l'état solide à l'état liquide s'appelle la *fusion*. Le corps fond.
Le passage de l'état liquide à l'état solide s'appelle la *solidification* et le passage de l'état liquide à l'état gazeux s'appelle soit la *vaporisation*, soit l'*évaporation*.
Le changement d'état d'un corps entraîne une variation de volume.
Le volume augmente à la fusion et diminue à la solidification (sauf pour l'eau).

1 Complète à l'aide des mots du texte ci-dessus.

Un morceau de glace sorti du réfrigérateur devient liquide. On dit que la glace .... La .... est le passage de l'état solide à l'état liquide. La solidification est le passage de l'état .... à l'état .... Un corps, autre que la glace, qui fond .... de volume. En se solidifiant, l'eau .... de volume.

2 Vrai (V) ou faux (F) ?

a) L'eau se solidifie quand la température est inférieure à 0° C. ☐

b) Lors d'un changement d'état, un corps conserve le même volume. ☐

c) La vaporisation d'un liquide est le passage de l'état liquide à l'état gazeux. ☐

d) Évaporation et vaporisation sont synonymes. ☐

e) Quand on met un glaçon dans un verre rempli d'eau, la température s'élève. ☐

f) Dans le compartiment à glace d'un réfrigérateur, la température est égale à 0° C. ☐

Chaque corps a une température de fusion et de solidification qui lui est propre.
Ainsi, l'eau se solidifie à 0° C, le plomb fond à 227° C.

3 Recherche dans un dictionnaire (ou dans un manuel de sciences) les températures de fusion de ces corps.

Étain : ......° C Cuivre : ......° C
Fer : ......° C Tungstène : ......° C

4 Quel est le métal qui possède la température de fusion la plus élevée ?

....

Quelle application pratique en tire-t-on ? ....

....

5 Pour avoir de l'eau fraîche, Nicole, place une bouteille pleine d'eau dans le bac à glace du régrigérateur. Elle l'oublie. Que va-t-il se passer ? ....

....

....

6 *Devinette :* Je suis un métal mou qui possède une des plus basses températures de fusion des métaux. Que suis-je ? ....

DU LIQUIDE ... AU GAZ

Lorsqu'on chauffe de l'eau, la température de l'eau s'élève et de grosses bulles se forment. On dit que l'eau bout : l'*ébullition* commence. Si l'on prolonge cette ébullition, le volume de l'eau diminue. La partie manquante est devenue de la vapeur d'eau. L'ébullition est une vaporisation.

Si l'on place un objet froid au-dessus du récipient, il s'y dépose des gouttes d'eau. La vapeur d'eau s'est transformée en liquide : c'est la *condensation*.

Enfin, à l'air libre, l'eau se transforme aussi en vapeur, c'est l'*évaporation*.

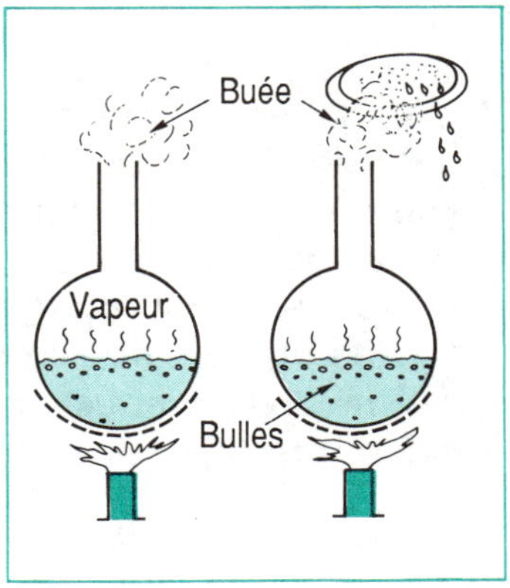

7 Complète à l'aide des mots du texte ci-dessus.

La .... d'un liquide est le passage à l'état gazeux. Lorsqu'il y a formation de bulles de vapeur, c'est ....
La .... d'un gaz est le passage de celui-ci à l'état liquide. Les nuages sont formés grâce à .... de l'eau.

Chaque liquide a une température d'ébullition qui lui est propre.

8 Relie la substance à sa température d'ébullition.

a) eau	**g)** 78° C
b) alcool	**h)** 100° C
c) huile	**i)** 250° C
d) lait	**j)** 360° C
e) mercure	**k)** 90° C
f) fer	**l)** 2 500° C

9 Que suis-je ?
Je suis constitué de très fines gouttelettes d'eau soutenues par l'air. Je suis dangereux pour la circulation des véhicules car je diminue la visibilité. Je suis le ....

10 Cet appareil est un alambic, appareil qui permet la distillation. Cette opération consiste à vaporiser un liquide, puis à condenser sa vapeur. Écris la légende avec les mots suivants.

Eau impure
Vapeur d'eau
Eau froide
Serpentin
Eau distillée

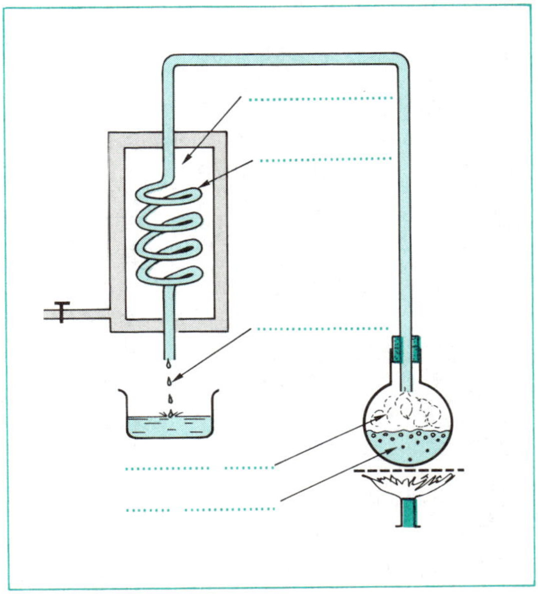

19 L'AIR

L'air qui nous entoure est inodore, incolore. Il est pesant : 1 litre d'air pèse 1,3 g. C'est un mélange de plusieurs gaz dont les deux principaux sont l'oxygène (1/5) et l'azote (4/5). C'est l'oxygène qui permet les combustions, mais il ne brûle pas. C'est un comburant.

1 Vrai (V) ou faux (F) ?

a) L'air est un mélange de deux gaz : l'oxygène et l'azote. ☐

b) Il n'y a pas de dioxyde de carbone (gaz carbonique) dans l'air. ☐

c) L'azote entretient les combustions. ☐

d) L'oxygène est un carburant. ☐

e) Il y a plus d'azote que d'oxygène dans l'air. ☐

f) L'air n'est pas indispensable à la vie. ☐

g) Un comburant est un gaz qui permet les combustions. ☐

2 Cherche dans un dictionnaire la signification des mots : « compressible », « expansible », « élastique », et complète le texte suivant.

Quand on gonfle un pneu, on comprime de l'air à l'intérieur de la chambre à air, on dit que l'air est .... Cet air comprimé s'échappe lorsqu'il y a un trou dans la chambre à air, on dit qu'il est .... On dit aussi qu'il est ....

3 Réponds.

a) Que se passe-t-il si l'on gonfle trop une chambre à air ? ....
....

b) Comment peut-on faire sortir de l'air d'une chambre à air trop gonflée ? ....
....

Lorsqu'on chauffe de l'air, il se dilate, c'est-à-dire qu'il augmente de volume.

4 Entoure la bonne réponse.

L'air chaud est plus léger/plus lourd que l'air froid. Il monte/il descend.

5 Quand la montgolfière s'élèvera-t-elle dans les airs ? ....
....
....

20 L'EAU

L'eau se présente dans la nature sous trois états : solide, liquide, gazeux. Elle devient solide quand la température atteint 0° C et se transforme en gaz (vapeur d'eau) quand celle-ci est de 100° C.

1 Le texte ci-dessous comporte trois erreurs. Barre-les.

Les glaçons commencent à fondre, c'est-à-dire à se transformer en eau, quand la température atteint 20° C. Le thermomètre indique 100° C quand l'eau bout. L'eau se transforme alors en vapeur d'eau. Quand il gèle, c'est que la température est supérieure à 0° C.
Lorsqu'on met une bouteille pleine d'eau à l'extérieur quand il gèle, l'eau se transforme en glace, la bouteille se casse : l'eau a diminué de volume.

2 Ecris les bonnes réponses. ....

....

....

L'air contient de la vapeur d'eau. Celle-ci est invisible. Quand la température baisse, elle se transforme en liquide.

3 Complète le texte à l'aide des mots : « rosée », « neige », « nuages », « brouillard », « buée ».

Le .... et les .... sont formés de gouttelettes d'eau en suspension dans l'air. Lorsqu'on place une assiette froide au-dessus d'une casserole d'eau bouillante, la vapeur se condense et forme de la .... La .... apparaît sur les plantes le matin. La .... est formée de cristaux de glace.

4 Ecris sous chaque photo l'état de l'eau.

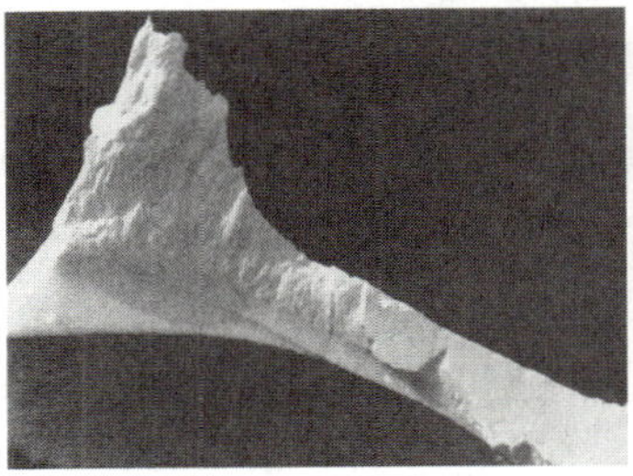

....

5 Réponds aux devinettes.

a) Je suis formée de morceaux de glace, parfois gros comme un œuf de pigeon. Je tombe violemment sur le sol. Je ravage les cultures et brise les vitres des serres et des chassis. Que suis-je ? ....

b) On observe parfois de la rosée sur une voiture qui a passé la nuit en plein air. Pourquoi ? ....

c) Je me forme à partir de gouttes de pluie qui s'étalent sur un sol gelé. Que suis-je ? ....

21 VOLCANS ET SÉISMES

UTILISE UN ENSEMBLE DE DOCUMENTS

Chacun vit [...] une immense .... qui s'élevait des sommets du Vésuve [...]. Les toits des maisons se heurtèrent et s'écroulèrent avec fracas : le nuage de la montagne [...] lança de son sein une pluie de .... mêlée de fragments de .... brûlantes. Il avançait vomissant des pluies [...] de .... On entendait [...] le murmure sifflant des .... qui s'échappaient des crevasses de la montagne lointaine [...]. [Elle] n'était plus qu'une pyramide de feu [...]. Au pied tout était sombre encore, excepté en trois endroits où serpentaient des .... irrégulières de .... fondue.

24 août 79 ap. J.-C.
D'après E. BULWER-LYTTON, *Les Derniers Jours de Pompéi*, éditions Gallimard.

1 Ce dessin, montre les différentes productions d'un volcan en activité. Les chiffres précisent l'ordre dans lequel ces produits peuvent être émis

a) Utilise ce document pour compléter le texte qui raconte, de façon **chronologique,** une éruption du Vésuve.

b) Place les légendes « cheminée » et « cratère ».

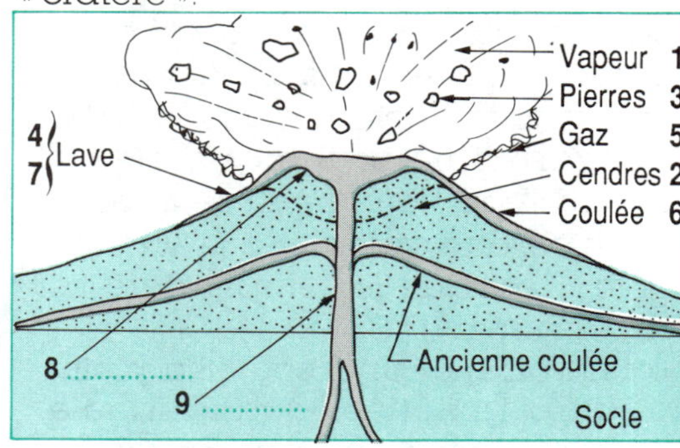

2 Utilise les documents de cette page pour placer les volcans au bon endroit sur la carte, et indiquer les dates de tremblements de terre importants.

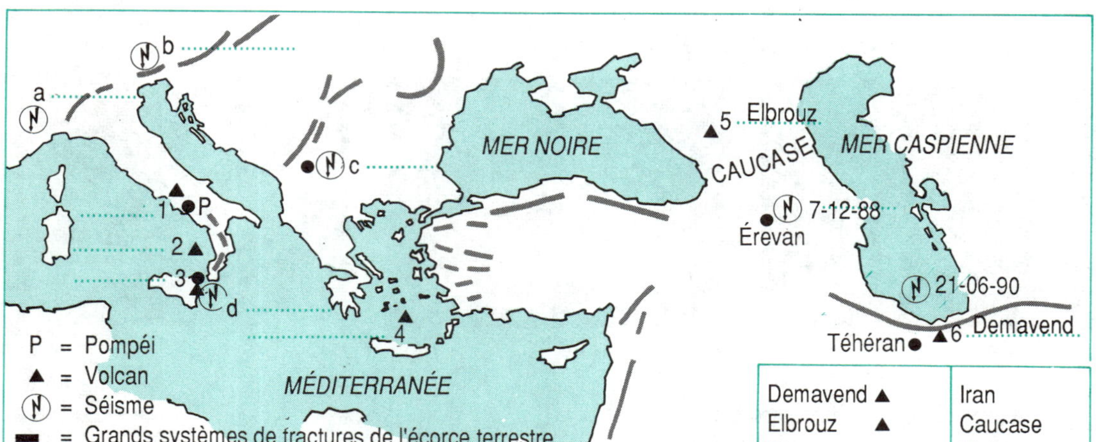

Demavend ▲		Iran
Elbrouz ▲		Caucase
Etna ▲		Sicile
Santorin ▲		Ile grecque
Stromboli ▲		Ile italienne
Messine	1908	Sicile
Provence	1909	France
Skopje	1963	Yougoslavie
Frioul	1976	Italie du Nord

3 Complète ce texte avec les mots « fracturées », « côté », « axe », « sismiques », « fragiles ».

On trouve des volcans à .... ou dans l'................ de régions .... importantes, c'est-à-dire dans des zones ...., donc ....

22 POUR S'ORIENTER

Pour se situer dans l'espace, on utilise les quatre points cardinaux : nord, sud, est, ouest.

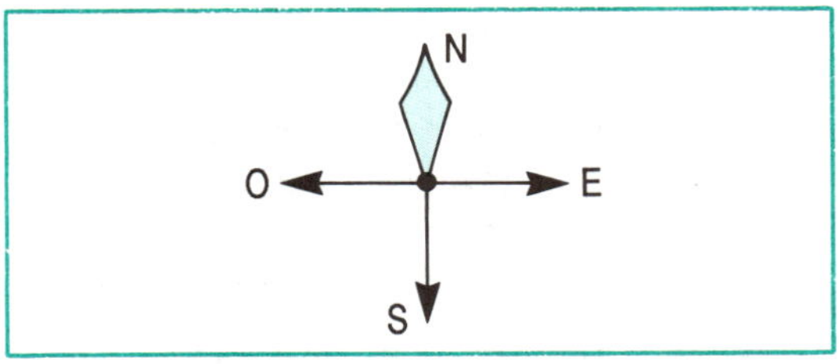

1 Complète.

Quand on regarde dans la direction du nord, on a le .... derrière soi, ... à sa droite et .... à sa gauche. Le Soleil se lève à .... et se couche à .... L'étoile Polaire indique la direction du ....

2 A quels points correspondent les mots « orient » et « occident » ? ....
....
....

3 Complète en indiquant la direction sud-ouest (SO) ; nord-ouest (NO) ; sud-est (SE).

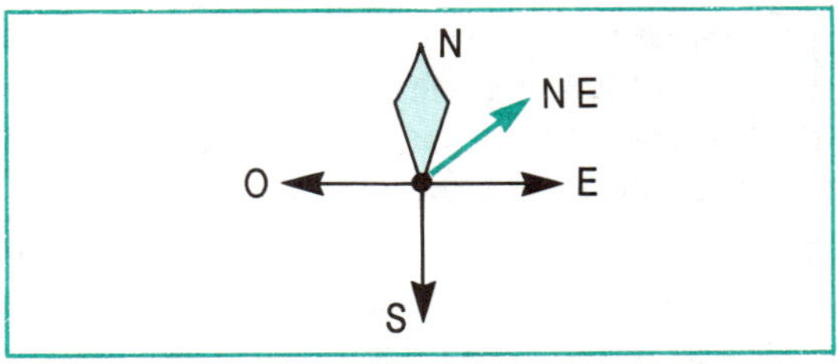

Une boussole est un instrument qui indique toujours la même direction à cause du phénomène d'aimantation de la Terre.

La partie colorée de l'aiguille donne la direction du nord.

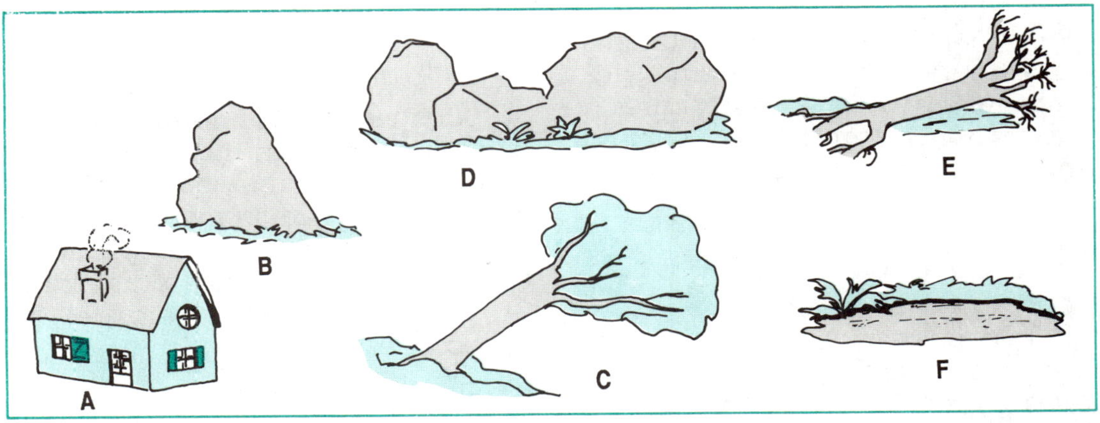

4 Indique les directions prises par un garde forestier qui va de sa maisonnette (A) à la mare (F), en passant par le rocher (B), un arbre penché (C), un ensemble de rochers (D), un arbre tombé (E). ....
....

23 LA MESURE DU TEMPS

Sans instrument, l'homme n'a qu'une idée très approximative du temps qui passe.

Pour mesurer celui-ci avec précision, nous utilisons des instruments horaires, appareils de mesure qui ont beaucoup évolué au cours des siècles.

1 Encadre les noms des instruments dans le texte suivant.

Dans l'Antiquité, les hommes vivaient au rythme quotidien du soleil et du retour des saisons chaque année. Puis ils utilisèrent des cadrans solaires qui donnaient les heures, le jour mais pas la nuit. Ils ne permettaient pas d'apprécier les courtes durées. Vers 1500 avant J.-C., en Egypte, on voit apparaître les clepsydres ou horloges à eau, puis le gnomon chez les Grecs et les Chinois. Ce n'est que vers le xve siècle qu'apparaissent les premières horloges mécaniques.

Progressivement, des instruments plus perfectionnés, comme les montres mécaniques, les montres à quartz, sont apparus et ont permis la mesure du temps avec plus de précision.

2 Tu connais sans doute d'autres instruments horaires qui ne figurent pas dans le texte. Écris leur nom : ....

....

....

....

....

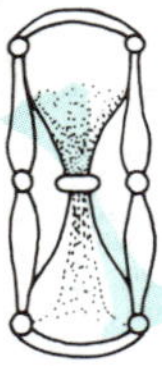

3 Tu as déjà vu cet instrument. Qu'est-ce que c'est ? ....

....

A quoi sert-il ? ....

Le jour, unité naturelle, est divisé en 24 heures. L'heure en 60 minutes, la minute en 60 secondes. Pour mesurer des intervalles de temps très faibles, on utilise aussi le $\frac{1}{10}$, le $\frac{1}{100}$ ou le $\frac{1}{1000}$ de seconde.

4 Quel est le nom de l'instrument utilisé par les sportifs qui mesure une durée au 1/10e de seconde ? ....

....

....

5 Corinne n'a ni horloge, ni montre, ni aucun autre instrument horaire. Elle veut évaluer une durée de 2 minutes. Que peut-elle faire ? ....

....

....

6 Jacques et Suzanne règlent chacun leur montre sur l'heure donnée à la télévision. Suzanne se rend compte le lendemain que sa montre avance de 12 secondes. Jacques vérifie la sienne une semaine plus tard, et constate qu'elle retarde de 63 secondes.

a) Quelle est la montre la plus précise ? ....

b) Quel sera l'écart entre les deux montres au bout d'un mois de 30 jours ? ....

Le temps court (heures, minutes, secondes) est mesuré par des instruments divers, mais nous ne pouvons nous situer dans le temps long que grâce aux *calendriers*. Nous pouvons ainsi connaître la *date*, composée du jour, du mois et de l'année.

MARS 1995

1	Mer		*Cendres*	16	Jeu	s^e	Bénédicte
2	Jeu	s	Charles le B.	17	Ven	s	Patrice
3	Ven	s	Guénolé	18	Sam	s	Cyrille
4	Sam	s	Casimir	**19**	**DIM**	s	Joseph
5	**DIM**		*Carême*	20	Lun		PRINTEMPS
6	Lun	s^e	Colette	21	Mar	s^e	Clémence
7	Mar	s^e	Félicité	22	Mer	s^e	Léa
8	Mer	s^e	Jean de D.	23	Jeu	s	Victorien
9	Jeu	s^e	Françoise	24	Ven	s^e	Cath. de S.
10	Ven	s	Vivien	25	Sam		*Annonciation*
11	Sam	s^e	Rosine	**26**	**DIM**	s^e	Larissa
12	**DIM**	s^e	Justine	27	Lun	s	Habib
13	Lun	s	Rodrigue	28	Mar	s	Gontran
14	Mar	s^e	Mathilde	29	Mer	s^e	Gwladys
15	Mer	s^e	Louise de M.	30	Jeu	s	Amédée
				31	Ven	s	Benjamin

L'année compte 365 jours ou 366 jours les années bissextiles, c'est-à-dire les années dont le nombre formé par les deux derniers chiffres est divisible par 4. Ainsi, les années 1948, 1988, ... furent des années bissextiles. Dans une année bissextile, le mois de février a 29 jours au lieu de 28.

7 Écris la date marquée en vert sur le calendrier : ....

....

8 Écris les dates correspondant à la fête :
– de Colette : ....
– de Rodrigue : ....
– de Benjamin : ....

9 Écris la date de tous les dimanches de ce mois ....

....

10 Quel jour tombe :
– le 5 mars ? ....
– le 10 mars ? ....
– le 13 mars ? ....
– le 23 mars ? ....

11 Histoire de dates... ou dates d'histoire.

a) Pendant la guerre 1914-1918, un soldat français a été tué le dernier jour du mois de février d'une année bissextile. Quelle est la date exacte de sa mort ? Explique comment tu as trouvé. ....

....

....

....

....

Un siècle et 256 jours plus tôt, un capitaine anglais a été tué près de ce même endroit lors d'une célèbre bataille.

b) Quelle est la date exacte de cette bataille ? ....

c) Quel est le nom de cette bataille ?

....

d) Quel est l'âge du capitaine anglais sachant qu'en additionnant les chiffres de l'année de la bataille on obtient la moitié de cet âge ? ....

....

12 D'autres calendriers ont un point de départ différent de celui de la naissance de Jésus-Christ. Cites-en deux : ....

....

....

24 LES MOUVEMENTS DE LA TERRE

La Terre est une sphère légèrement aplatie aux deux pôles. Elle est représentée par le globe terrestre. Celui-ci tourne autour d'un axe.

Pour se repérer, on a tracé des lignes imaginaires : équateur, parallèles et méridiens (courbes qui passent par les deux pôles).

1 Complète la légende.

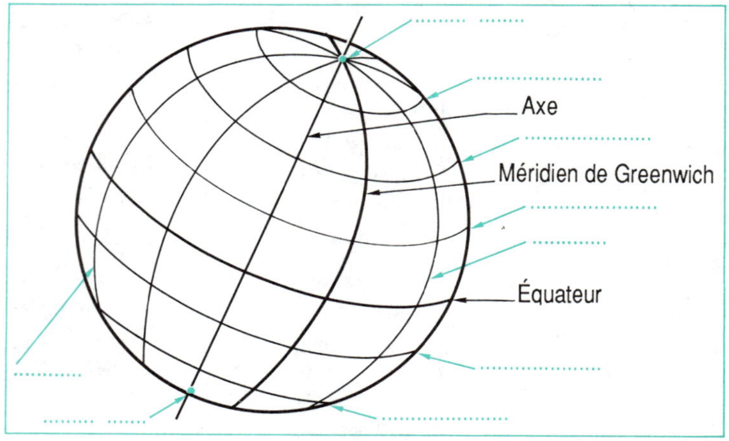

On a pris pour origine le méridien de Greenwich (petite ville près de Londres).

La rotation de la Terre sur elle-même s'effectue d'ouest en est, dans le sens inverse des aiguilles d'une montre. La Terre fait un tour complet en un jour, c'est-à-dire 24 heures. On a donc divisé la surface de la Terre en 24 parties appelées *fuseaux horaires*. L'heure est différente dans chaque partie du monde. Quant il est 12 h à Paris, il est 21 h à Tokyo.

2 En t'aidant du tableau ci-dessous complète.

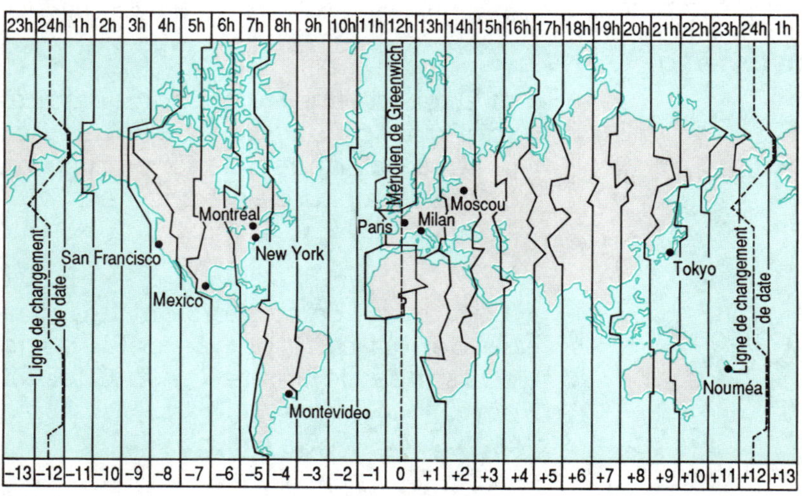

Quand il est 12 h à Paris (méridien de Greenwich), il est à :

Moscou : ....

Montréal : ....

Mexico : ....

Nouméa : ....

Tokyo : ....

New York : ....

San Francisco : ....

La Terre tourne autour du Soleil en décrivant une courbe (appelée ellipse) en une année (365 jours 1/4). On ne compte que 365 jours et une année sur quatre, elle en comporte 366. C'est une année bissextile.
Ce mouvement s'appelle la révolution de la Terre autour du Soleil. C'est le Soleil qui semble se déplacer, c'est pourquoi on parle de lever et de coucher du Soleil.
Entre le lever et le coucher du Soleil s'écoule une journée. L'almanach du facteur fournit ces heures de lever et de coucher. Celles figurant dans l'extrait ci-dessous ont été relevées le 5 de chaque mois (heure solaire).

Tableau des levers et couchers de Soleil à Paris (année 1995)

	Lever	Coucher
5 janvier	7 h 45	16 h 07
5 février	7 h 17	16 h 53
5 mars	6 h 27	17 h 39
5 avril	5 h 22	18 h 26
5 mai	4 h 26	19 h 12
5 juin	3 h 51	19 h 47
5 juillet	3 h 55	19 h 55
5 août	4 h 30	19 h 22
5 septembre	5 h 14	18 h 24
5 octobre	5 h 57	17 h 21
5 novembre	6 h 45	16 h 23
5 décembre	7 h 29	15 h 53

3 Calcule la durée de la journée pour le 5 janvier, le 5 mars, le 5 mai, le 5 août, le 5 octobre, le 5 décembre.

....
....
....
....
....
....
....
....

4 Quelle est la journée la plus courte des douze dates ? ....

La plus longue ? ....

Tu as constaté une inégalité des jours et des nuits. Elle est due à l'inclinaison de l'axe de la Terre.

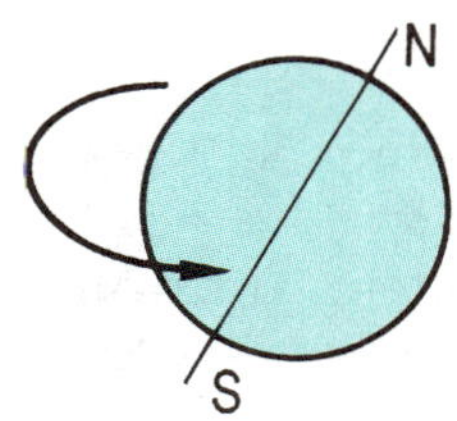

5 Consulte un almanach du facteur et écris la date de la nuit la plus longue ou de la journée la plus courte.

....
....

6 Relie par une flèche.

a) Le mouvement de rotation de la Terre entraîne ▪ ▪ **e)** les 21 mars et 22 septembre.

b) Le mouvement de révolution de la Terre entraîne ▪ ▪ **f)** la succession des jours et des nuits.

c) La journée la plus longue se situe vers ▪ ▪ **g)** le 21 juin.

d) La durée de la journée est égale à celle de la nuit ▪ ▪ **h)** la ronde des saisons.

25 LE SYSTÈME SOLAIRE

Le *système solaire* est constitué du Soleil, de ses neuf planètes et de leurs satellites. Toutes les planètes ont un mouvement de rotation sur elles-mêmes et un mouvement de révolution autour du Soleil.

Planètes	Durée de rotation	Durée de révolution	Distance du Soleil
Mercure	59 jours	88 jours	58 M km
Vénus	243 jours	225 jours	108 M km
Terre	24 heures	365 jours 6 h	150 M km
Mars	25 heures	684 jours	228 M km
Jupiter	10 heures	12 ans	778 M km
Saturne	10 heures	30 ans	1 427 M km
Uranus	11 heures	84 ans	2 877 M km
Neptune	16 heures	105 ans	4 500 M km
Pluton	6 jours	248 ans	5 900 M km

Ces distances sont exprimées en millions de kilomètres.

1 Quelle est la planète la plus éloignée du Soleil ? ....

2 La moins éloignée ? ....

3 Quelle est la planète dont la durée de révolution est la plus courte ? ....

4 Quelle est la planète dont la durée de rotation est la plus longue ?
....

5 Qu'a de particulier la planète Pluton ? ....

6 Quelle est la planète entourée d'anneaux ? ....

7 Vrai (V) ou faux (F) ?

a) Un satellite est un corps qui tourne autour d'une planète. ☐
b) Jupiter a une durée de rotation supérieure à celle de la Terre. ☐
c) La Terre n'a qu'un satellite. ☐
d) Une étoile produit de la lumière. ☐
e) Toutes les planètes sont constituées de matières solides. ☐
f) Saturne a 23 satellites. ☐

8 Je suis une planète qui porte le nom d'un mois : ....

9 Je suis une planète qui porte le nom d'un métal : ....

10 *Qui suis-je ?*

a) Je suis une sœur de la Terre. Je suis la première à apparaître à la tombée de la nuit. On m'appelle aussi « L'Étoile du Berger » Qui suis-je ? ....

b) Je ressemble le plus à la Terre. J'ai été visité par la sonde *Viking*. On m'appelle aussi la planète rouge. Qui suis-je ? ....

c) Je suis la plus brillante. Ma « journée » correspond à 176 jours terrestres ! La température du sol varie de 450 °C le jour, à – 180 °C la nuit. Qui suis-je ? ....

26 LA LUNE

La Lune, située à 384 000 km environ de la Terre, est son seul satellite naturel. On la voit parce qu'elle est éclairée par le Soleil et elle nous renvoie une partie de cette lumière. Elle nous présente toujours la même face. Elle fait le tour de la Terre en 28 jours environ ; elle décrit une orbite ayant la forme d'un œuf (ellipse).

La partie de Lune éclairée par le Soleil prend une forme particulière appelée phase.
Il y a quatre phases :
la Nouvelle Lune (NL),
le Premier Quartier (PQ), la Pleine Lune (PL), le Dernier Quartier (DQ).

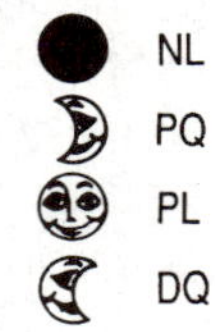

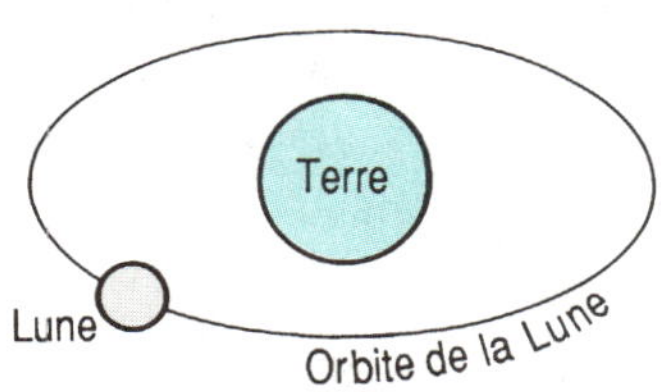

JUILLET		AOUT	
1 D Thierry		1 M Alphonse	
2 L Martinien	27	2 J Julien	
3 M Thomas		3 V Lydie	
4 M Florent		4 S J.-M. Vianney	
5 J Antoine-M.		5 D Abel	
6 V M. Goretti		6 L Transfigur.	(PL)
7 S Raoul		7 M Gaétan	32
8 D Thibaut	(PL)	8 M Dominique	
9 L Amandine		9 J Amour	
10 M Ulrich	28	10 V Laurent	
11 M Benoît		11 S Claire	
12 J Olivier		12 D Clarisse	
13 V Henri / Joël		13 L Hippolyte	(DQ)
14 S FÊTE NAT.		14 M Evrard	33
15 D Donald	(DQ)	15 M ASSOMP.	
16 L N.-D. Mt Car.		16 J Armel	
17 M Charlotte	29	17 V Hyacinthe	
18 M Frédéric		18 S Hélène	
19 J Arsène		19 D Jean Eudes	
20 V Marina		20 L Bernard	(NL)
21 S Victor		21 M Christophe	
22 D M. Madel.	(NL)	22 M Fabrice	34
23 L Brigitte	30	23 J Rose	
24 M Christine		24 V Barthélemy	
25 M Jacq. Majeur		25 S Louis	
26 J An. et Joach.		26 D Natacha	
27 V Nathalie		27 L Monique	35
28 S Samson		28 M Augustin	(PQ)
29 D Marthe	(PQ)	29 M Sabine	
30 L Juliette	31	30 J Flacre	
31 M Ignace de L.		31 V Aristide	

1 Recherche le sens du mot « éclipse ». ....

....

2 Remplace les points par « Lune », « Soleil », « Terre ».

Quand la .... passe derrière la ...., de l'autre côté du soleil, elle se trouve alors dans le cône d'ombre de la Terre, on ne la voit pas : c'est une éclipse de .... Quand la Lune passe entre la .... et le ...., elle le cache, soit complètement, c'est alors une éclipse totale de ...., soit partiellement, c'est alors une éclipse partielle de ....

3 Quel est le jour de la Pleine Lune en juillet ? ....

4 Quel est le jour de la Nouvelle Lune en août ? ....

5 Du Premier Quartier en août ? ......

....

6 Calcule la durée entre deux Pleines Lunes consécutives : ....

....

7 Que s'est-il passé sur la Lune le 21 juillet 1969 ? ....

27 LEVIERS ET BALANCES

Un *levier* est une pièce de bois ou de métal rigide, mobile autour d'un point appelé *point d'appui*, sur laquelle s'exercent deux forces. L'une est la *résistance* (fardeau à soulever, par exemple), la seconde est appelée la *puissance*. Les distances du point d'appui (O) aux points d'application (A et B) de ces deux forces sont les bras de levier.

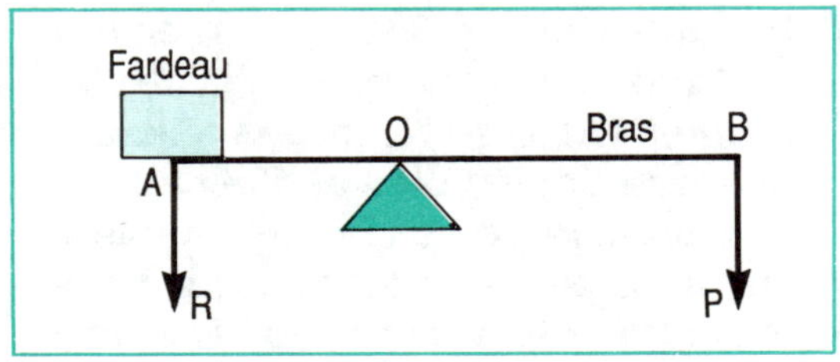

Lorsque l'équilibre est réalisé, les produits « force × bras de levier » sont égaux.

On a donc : $R \times OA = P \times OB$.

Ainsi, pour équilibrer la force R, on peut exercer une force P plus faible en allongeant le bras de levier OB.

1 Complète le tableau (on suppose que l'équilibre est réalisé).

R	OA	OB	P
100 g	10 cm	20 cm	....
....	10 cm	50 cm	50 g
150 g	....	25 cm	30 g
1 kg	25 cm	100 cm	....

2 Un savant grec a dit : « *Donnez-moi un levier et un point d'appui, je soulèverai le monde* ».
Retrouve son nom : ....

de i ar mè ch

Les *balances* sont une application des propriétés du levier. Voici le croquis simplifié d'une balance Roberval. Elle se compose d'une barre métallique soutenue en son milieu par un axe O (les bras du fléau OA et OB ont la même longueur), de deux plateaux.

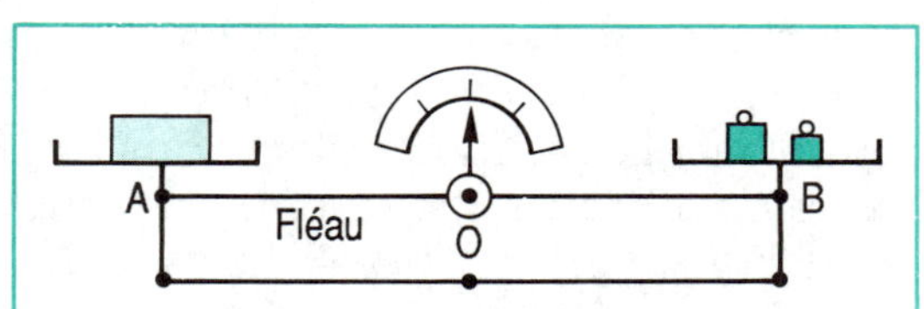

Une barre parallèle à la première, maintenue en son milieu par un axe, réunit les tiges porte-plateaux.
Enfin, une aiguille, placée au milieu du fléau, se déplace sur un cadran. Pour effectuer une pesée, on place l'objet sur un des plateaux et, sur l'autre, on met des masses marquées pour obtenir l'équilibre (aiguille sur le zéro).

3 Dessine deux schémas simplifiés (inspire-toi du schéma A).
B : l'objet est placé sur un plateau.
C : l'équilibre est rétabli à l'aide de masses marquées.

A

B

C

Il existe d'autres balances (balance romaine, bascule, balance automatique, pèse-lettres...).

Les balances du commerce sont maintenant des balances électroniques qui donnent à la fois le poids, le prix et l'impriment sur un ticket.

4 Tu disposes d'une balance Roberval. Tu veux peser (*) 200 g de lait.

(*) *Rappelons que ce terme est scientifiquement incorrect, on devrait dire : calculer la masse.*

a) Que fais-tu d'abord ? ....

b) Quelles masses marquées mets-tu ensuite sur le plateau ? ....

c) Que fais-tu pour rétablir l'équilibre ? ....

a)

b)

c)

Une balance doit être *fidèle* (elle donne la même masse pour le même objet).

Elle doit être *sensible* (il suffit de modifier légèrement les masses marquées pour rompre l'équilibre).

Enfin, elle doit être *juste*.

5 Dans la manipulation précédente (4c) tu intervertis les plateaux : tu mets dans deuxième plateau ce qui était dans le premier et inversement. Tu constates alors que l'équilibre est rompu.
Que peux-tu dire de la balance ? ....

28 LES MOUVEMENTS

La transmission du mouvement de rotation d'un axe à un autre axe s'effectue à l'aide d'une courroie, de roues dentées (engrenage) ou d'une chaîne comme dans une bicyclette. Lorsque les poulies ont le même diamètre, la poulie entraînée fait un tour tandis que la poulie motrice en fait un également, mais si elles n'ont pas le même diamètre, la plus petite tourne plus vite. Si le diamètre de la grande poulie est 2, 3, 4 fois plus grand que celui de la petite poulie, celle-ci tourne 2, 3, 4 fois plus vite que la grande.

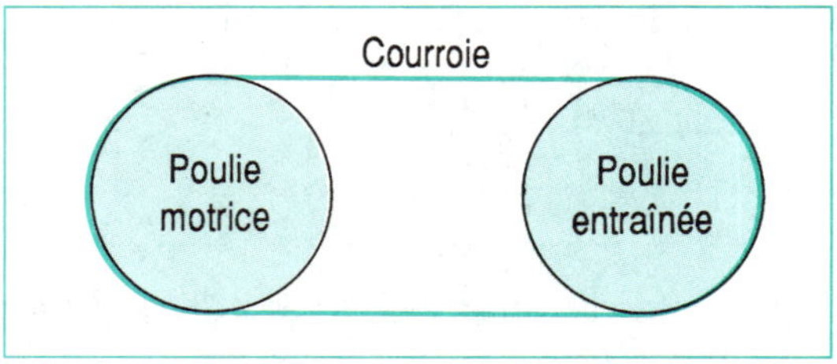

1 Calcule le diamètre de la poulie entraînée pour qu'elle tourne deux fois plus vite que la poulie motrice : ....

....

- Trois fois plus vite : ....

....

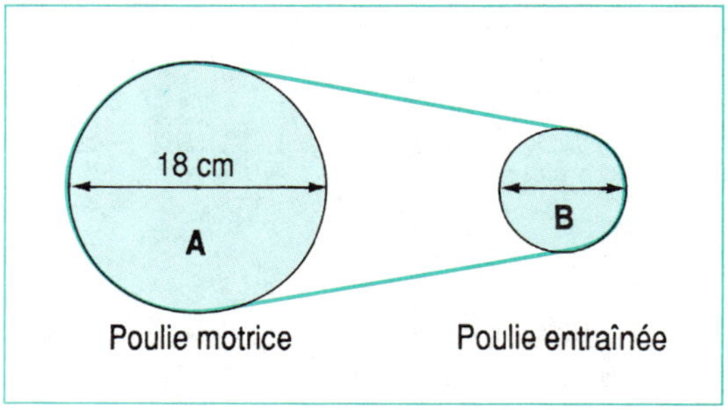

2 On suppose que c'est la poulie B qui devient motrice. Son rayon est de 4 cm, celui de la poulie A (poulie entraînée) est de 8 cm. Quand la poulie B fait quatre tours complets, combien de tours fait la poulie A ? .....

....

....

3 On remplace la poulie B (ex. 1) par une poulie de 6 cm. Combien de tours fait la poulie A quand B en fait six ?

Entoure la bonne réponse.

12	18	36	24	30

En réalité, il y a deux sortes de mouvements : le *mouvement de rotation* et le *mouvement de translation*.

On peut transformer un mouvement de rotation en mouvement de translation (couteau électrique, scie à ruban du menuisier, cric de voitures) et réciproquement (mouvement de translation du piston dans une automobile en mouvement de rotation du vilebrequin).

Dans la transmission et la transformation du mouvement, on utilise beaucoup le système des engrenages.

Les deux roues tournent en sens *inverse*.
Elles tournent à la même vitesse.

Lorsque les roues n'ont pas le même nombre de dents, la petite tourne plus vite que la grande.

Si celle-ci a deux, trois, quatre fois plus de dents que la petite, cette dernière tournera deux, trois, quatre fois plus vite que la première.

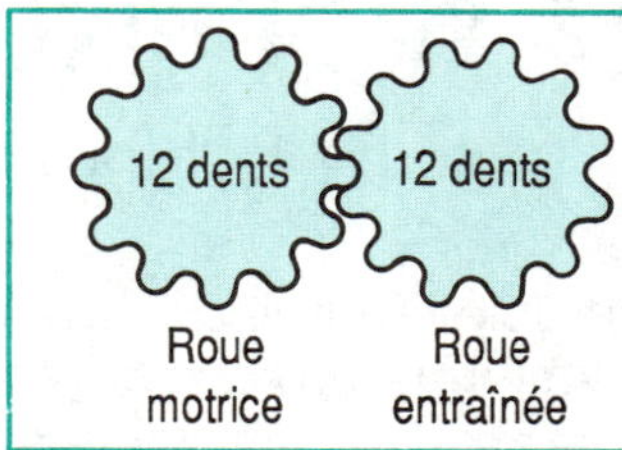

4 Complète le tableau.

Nombre de dents roue motrice	Nombre de dents roue entraînée	La roue entraînée tourne .... fois plus vite que la motrice
12	6	....
16	....	4
18	....	3
20	5	....
8	....	2
72	....	6

On le calcule ainsi :

diamètre de la roue arrière (DR) × π

$$\times \frac{\text{nombre de dents du pédalier (D')}}{\text{nombre de dents du pignon } (d)}$$

Exemple :

$$0{,}650 \text{ m} \times 3{,}14 \times \frac{48}{16} = 6{,}12 \text{ m.}$$

5 Indique par des flèches les sens de rotation des roues dentées non marquées.

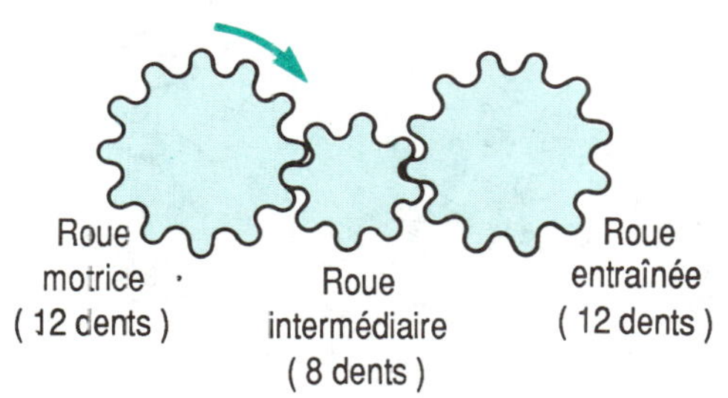

6 Complète le tableau (calcul à 0,01 près).

DR	π	D	*d*	Développement
0,650	3,14	44	14	....
0,700	$\frac{22}{7}$	52	16	....
0,650	3,14	48	12	....
0,700	$\frac{22}{7}$	......	16	6,60 m
0,650	3,14	44	......	8,16 m

Dans une bicyclette, la transmission du mouvement s'effectue du pédalier (grande roue dentée) au pignon fixé sur la roue arrière (petite roue dentée) à l'aide de la chaîne.
On appelle développement d'une bicyclette la distance parcourue par celle-ci pour un tour de pédale.

7 Une bicyclette moderne comporte plusieurs pignons à l'arrière et un ou deux pédaliers. Comment s'appelle l'appareil qui permet de faire « sauter » la chaîne sur les différents pignons ou pédaliers ? ....
....

29 PRODUIRE DES ÉNERGIES

Le Soleil fournit de l'énergie constituée de différents rayons lumineux :
- **la lumière blanche visible qui se décompose en sept couleurs,**
- **les rayons ultraviolets, invisibles, situés après le violet,**
- **les rayons infrarouges, invisibles également, situés avant le rouge.**

1 En t'aidant du dictionnaire (voir « arc-en-ciel »), colorie la bande et indique le nom de chaque couleur.

Infrarouges	Rouge						Violet	Ultraviolets

2 Complète la légende du dessin en indiquant l'énergie hydraulique, l'énergie éolienne (vent), l'énergie nucléaire, la géothermie.

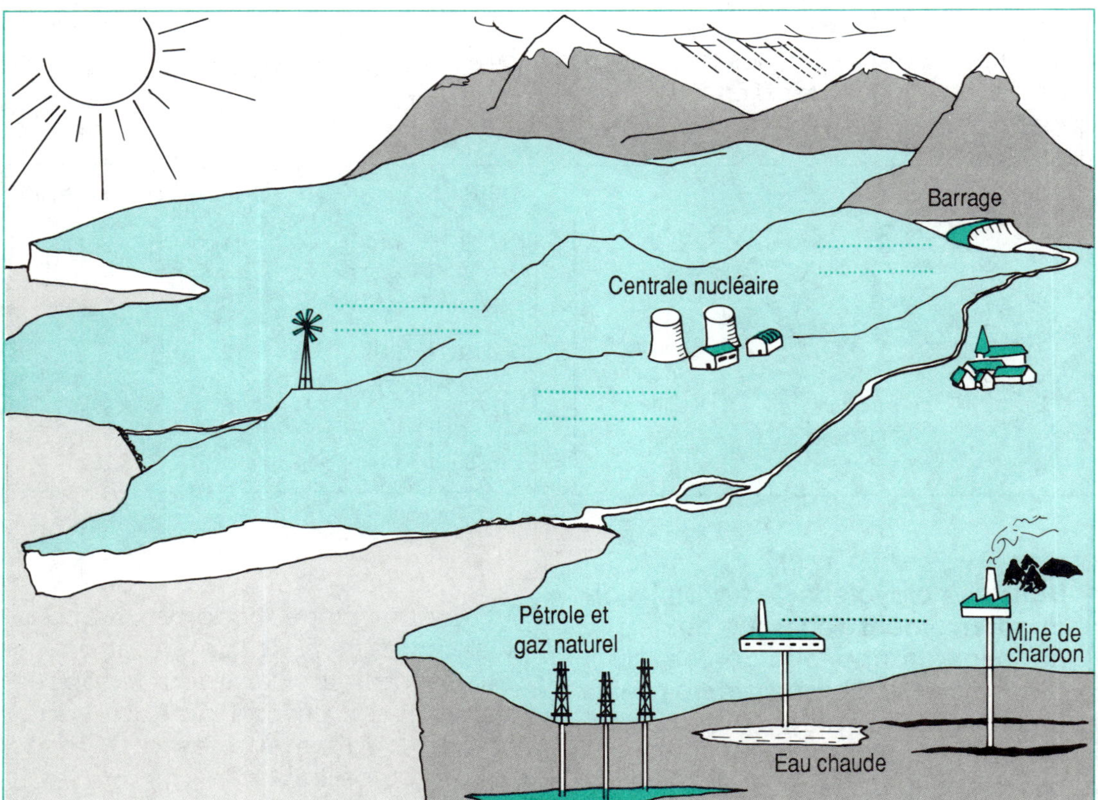

3 Quelles sources d'énergie utilisent ces machines ou ces véhicules ? Relie par une flèche.

a) TGV ▪	▪ **g)** houille
b) avion ▪	▪ **h)** butane
c) locomotive à vapeur ▪	▪ **i)** essence
d) automobile ▪	▪ **j)** kérosène
e) camion Diesel ▪	▪ **k)** électricité
f) réchaud de camping ▪	▪ **l)** gazole

4 Raye l'intrus.

a) butane, essence, bitume, fuel, alcool, gazole, kérosène.

b) moto, péniche, camion, avion, TGV, hélicoptère.

c) télévision, TGV, bicyclette, ascenseur, aspirateur.

Tous les corps ou objets qui nous entourent sont constitués de milliards de particules infiniment petites, les *atomes*. Au centre de chacun d'eux, il y a le noyau.

Lorsque celui-ci se brise, il se produit un grand dégagement de chaleur. Lorsqu'on brise un atome d'uranium, la réaction qui en résulte fournit une très grande quantité de chaleur : 1 g d'uranium en fournit autant que 3 tonnes de charbon !

5 Dans la série des affirmations, marque une croix dans la case de celle qui est exacte.

a) L'uranium est un métal que l'on trouve en abondance. ☐

b) L'uranium est un métal que l'on trouve en très petite quantité. ☐

c) En France, on trouve des gisements d'uranium dans le Nord. ☐

6 Réponds.

a) Que fournissent les centrales nucléaires ? ....

....

b) On entend beaucoup parler des « déchets radioactifs ». Qu'est-ce que c'est ? ....

....

....

c) Que s'est-il passé à Tchernobyl en 1986 ? ....

....

....

d) Et à Hiroshima (Japon) en 1945 ? ...

....

....

....

e) Pourquoi les centrales nucléaires sont-elles en général construites près d'un cours d'eau ? ....

....

....

....

7 Cite cinq centrales nucléaires construites en France. ....

....

....

....

8 Pourquoi certaines personnes s'opposent-elles à l'installation de centrales nucléaires ? ....

....

....

....

....

30 UTILISER DES ÉNERGIES

Le *tep* est la quantité d'énergie qu'on peut obtenir avec une tonne de pétrole. Le multiple est le Mégatep (Mtep) correspondant à un million de tonnes de pétrole.
Le watt (W) est l'unité de puissance électrique. Le multiple est le kilowatt (kW) ; 1 kW = 1 000 W.

1 Sur chaque appareil électrique, on indique sa puissance. Ici, les nombres ont été effacés. Remets-les en bonne place. Voici ces nombres : *700 W ; 100 W ; 2 000 W ; 1 200 W ; 1 000 W ; 40 W.*

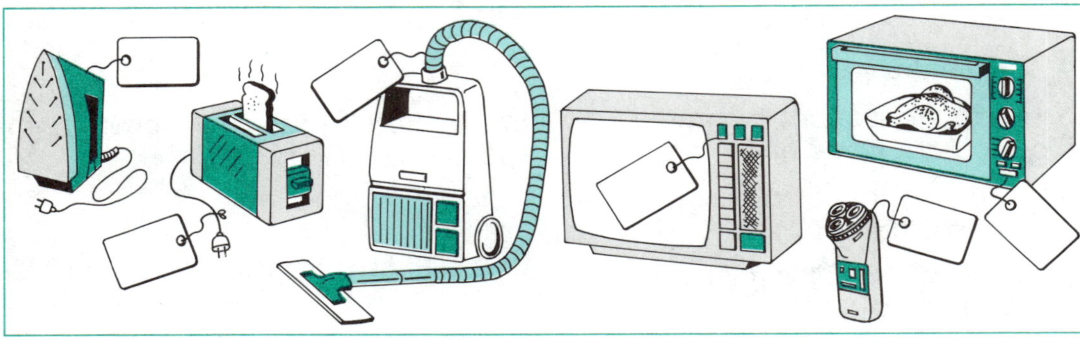

Consommation d'énergie en France (en millions de TEP) (1)

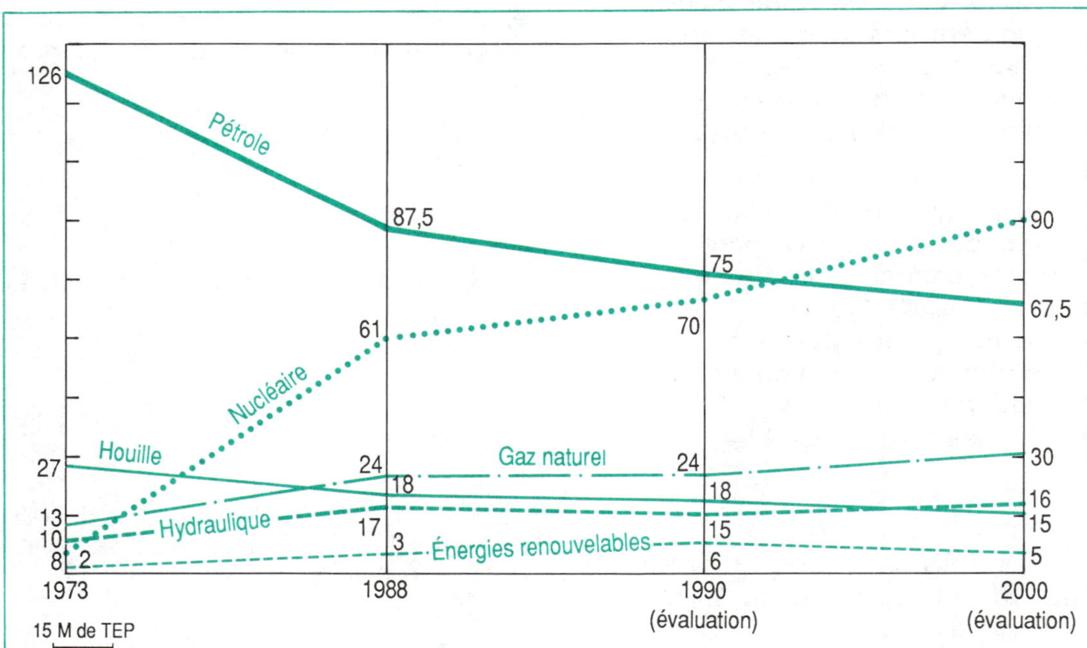

(1) Sources : d'après « Quid » 1990.

2 **a)** D'après le tableau, quelle est l'énergie qui a le plus progressé de 1973 à 1988 ? ....

b) Quelle est celle qui a le plus diminué ? ....

c) Quelle est celle qui reste pratiquement stable de 1978 à l'an 2000 ? ....

d) La place des énergies renouvelables varie-t-elle beaucoup entre 1973 et 2000 ? ....

e) Cite au moins trois énergies renouvelables. ....

3 L'énergie coûte cher, aussi faut-il l'économiser. Parmi ces conseils, indique ceux qui s'appliquent à la consommation d'énergie en marquant une croix dans la case.

a) Fermer les portes. ❑

b) Un verre ça va, deux verres bonjour les dégâts. ❑

c) Roulez bus. ❑

d) N'empoisonne pas les autres : ne fume pas. ❑

e) Eteignez les lumières inutiles. ❑

f) Le bus, votre deuxième voiture. ❑

4 Cherche à ton tour trois slogans pouvant s'appliquer aux économies d'énergie. ....

5 Dans la maison, que peut-on faire pour réaliser des économies de chauffage ? Cite trois réalisations sur ce dessin. ....

31 LE COURANT ÉLECTRIQUE

Dans la vie courante, de nombreux appareils (poste de radio, baladeur, calculatrice) fonctionnent à *l'électricité*. Celle-ci est fournie par une pile. Tous les appareils qui fournissent de l'électricité sont appelés des *générateurs*.
La pile plate porte deux lames de cuivre de longueur inégale. L'ampoule possède deux parties métalliques, le *culot* (en cuivre) et le *plot* en étain. Ce sont les bornes de l'ampoule. Dans la pile ronde (plus utilisée que la pile plate), les bornes sont le bouton central et l'enveloppe métallique.
Pour que le courant puisse circuler, il faut une chaîne continue de conducteurs. On obtient ainsi un circuit électrique *fermé*. Si l'on interrompt la chaîne, le circuit est *ouvert*, le courant *ne circule plus*.

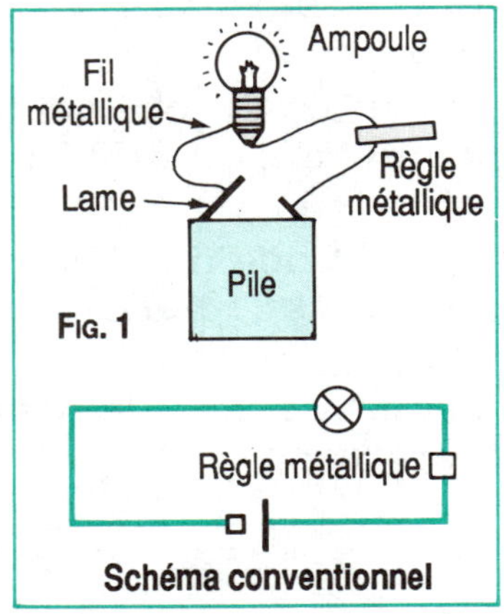

FIG. 1

1 Vrai (V) ou faux (F) ?

a) Un générateur fournit de l'énergie électrique. ☐

b) Les deux lames d'une pile plate sont d'égale longueur. ☐

c) La pile est un générateur électrique. ☐

d) Un magnétoscope est un générateur électrique. ☐

e) Un circuit électrique fermé est une chaîne continue formée par des conducteurs et un générateur. ☐

f) Lorsque le circuit électrique est ouvert, l'ampoule s'allume. ☐

2 Complète le tableau en mettant une croix dans la colonne correspondante.

Substance	Isolant	Conducteur
Fer		
Laine		
Acier		
Caoutchouc		
Porcelaine		
Cuivre		
Coton		
Nickel		
Verre		

Dans le montage représenté dans la figure 1, on remplace la règle métallique par une règle en bois : l'ampoule ne s'allume plus (*fig.* 2).
Le courant ne peut pas passer dans certaines substances comme le bois, le plastique. Ce sont des *isolants*.
Les autres substances (tous les métaux, par exemple) sont bons *conducteurs*.

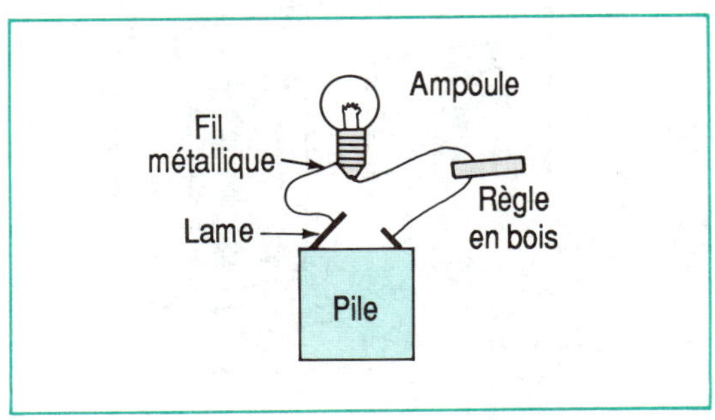

FIG. 2

La chaîne des conducteurs existe dans l'ampoule. Les deux bornes sont reliées par des fils métalliques et par un filament d'un métal, le tungstène, qui ne fond qu'à très haute température. Quand il fond, on dit que l'ampoule est « grillée » : le courant ne circule plus. L'ampoule est « vide », elle ne contient pas d'air pour éviter la combustion du filament.

3 Relie par une flèche pour compléter la légende du schéma de l'ampoule.

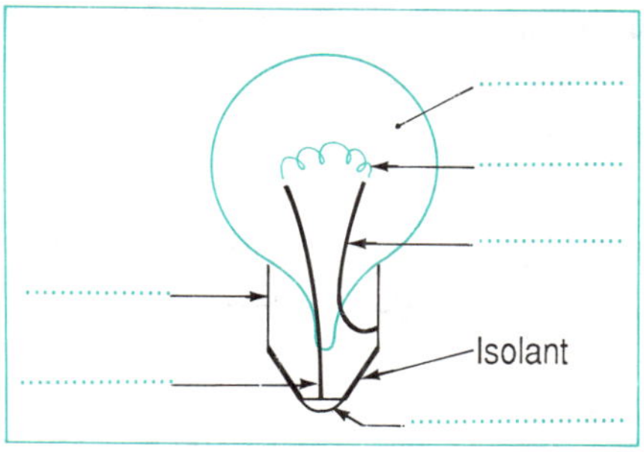

- vide
- filament de tungstène
- plot
- culot
- fil métallique

4 Raye les ampoules qui ne peuvent pas s'allumer. Explique pourquoi.

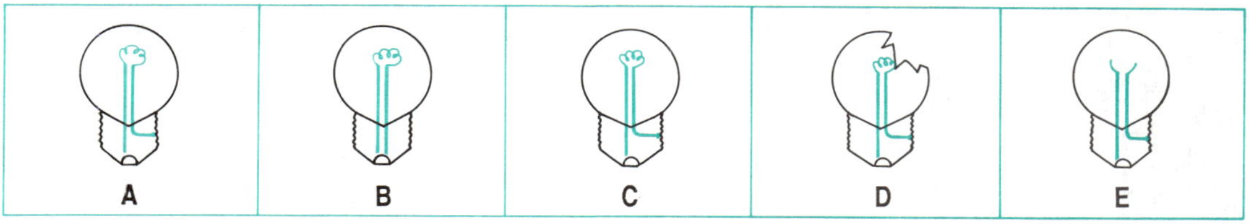

....

....

....

....

5 Raye l'intrus.

a) Culot – plot – lame – filament – tige métallique.

b) Verre – carton – papier – fil de fer – ficelle – élastique.

c) Cuivre – tungstène – bois sec – aluminium – or – argent.

b) Je suis un générateur électrique que l'on place sur les voitures automobiles, camions, etc. Quel est mon nom ? Entoure la bonne réponse.

ventilateur – accumulateur – carburateur – delco – bobine.

6 Devinettes.

a) Je suis un appareil qui permet d'ouvrir ou de fermer le circuit électrique. Que suis-je ? ....

....

⚠ Si tu fais des expériences en électricité, n'utilise que des piles, jamais le courant du secteur, tu pourrais t'électrocuter !

32 DE L'ÉLECTRICITÉ À L'ÉLECTRONIQUE

Sur un générateur électrique, on lit une inscription en volts (V). Pile plate : 4,5 V ; pile ronde : 1,5 V, etc.

C'est la *tension* entre les bornes du générateur. On doit brancher à celles-ci une ampoule ou un appareil correspondant à cette tension (ou aussi proche que possible d'elle).

Dans les petits appareils tels que jouets, radios, télécommandes, on utilise plusieurs piles à la fois.

On effectue un *montage en série (fig. 1)* : le bouton marqué ⊕ est en contact avec le fond de la pile précédente marquée ⊖. La tension aux bornes de l'ensemble est

1,5 V + 1,5 V + 1,5 V = 4,5 V.

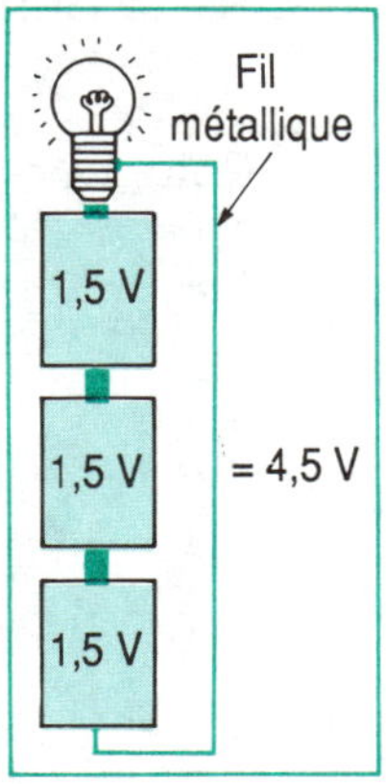

FIG. 1

1 Dans les trois montages, un seul est correct. Entoure-le et explique ton choix.

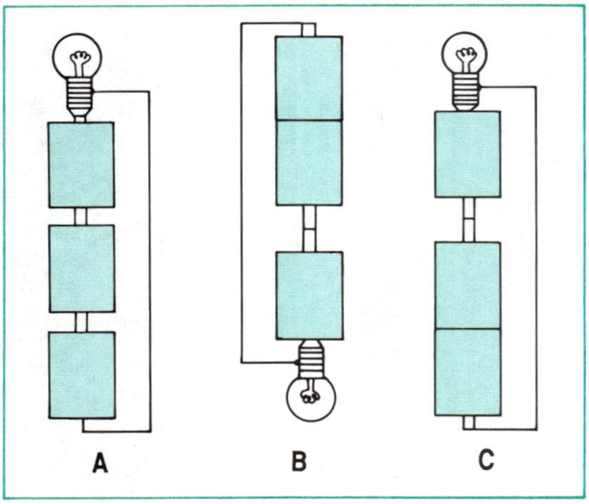

....

....

....

2 Relie les tensions correspondant aux appareils.

a) 1,5 V ▪ ▪ **f)** fer à repasser

b) 4,5 V ▪ ▪ **g)** lampe de poche

c) 9 V ▪ ▪ **h)** phare d'auto

d) 12 V ▪ ▪ **i)** montre à quartz

e) 220 V ▪ ▪ **j)** récepteur radio

3 Quel est l'autre mot utilisé dans le langage courant à la place de résistor ? ....

....

....

....

Si dans un circuit électrique on intercale un composant électronique, le *résistor,* l'ampoule brillera plus ou moins, elle pourra même s'éteindre. En effet, le résistor oppose une *résistance* plus ou moins forte au passage du courant. Cette résistance est exprimée en ohms (Ω).

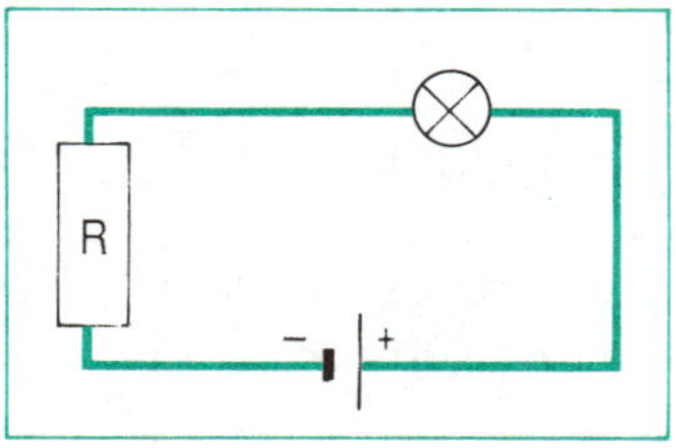

4 Vrai (V) ou faux (F) ?

a) Le résistor est un frein au passage du courant. ☐

b) La résistance d'un résistor est toujours la même. ☐

c) Si le résistor a une trop forte résistance, l'ampoule s'éteint. ☐

d) Le résistor est utilisé pour que le courant soit plus fort. ☐

e) L'ohm est l'unité de résistance. ☐

f) Le résistor protège un élément du circuit d'un courant trop fort. ☐

La *diode* est un autre composant électronique. Elle se présente sous la forme d'un cylindre portant à l'une de ses extrémités un anneau argenté. Cette partie doit être obligatoirement branchée vers la borne ⊖ de la pile pour que le courant passe.

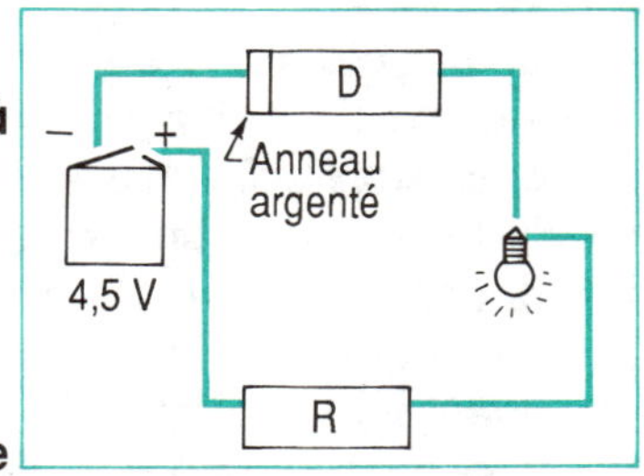

Fig. 2. – L'ampoule s'allume

5 On inverse le sens de la diode. Que se passe-t-il ? ....

Pourquoi ? ....

....

....

....

6 On replace la diode dans le sens indiqué dans le montage de la figure 2. L'ampoule ne s'allume pas. Cite au moins deux raisons possibles de cette panne. ....

....

....

....

Le transistor est un composant électronique très utilisé. Il possède toujours trois bornes : la base B, l'émetteur E et le collecteur C.

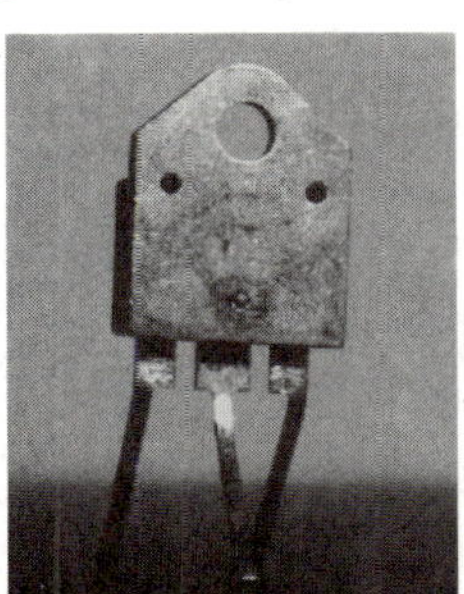

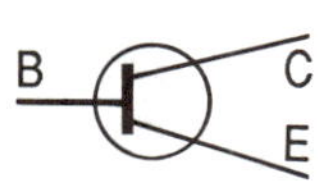

7 Dans le montage A, l'ampoule ne s'allume pas, dans le montage B elle s'allume

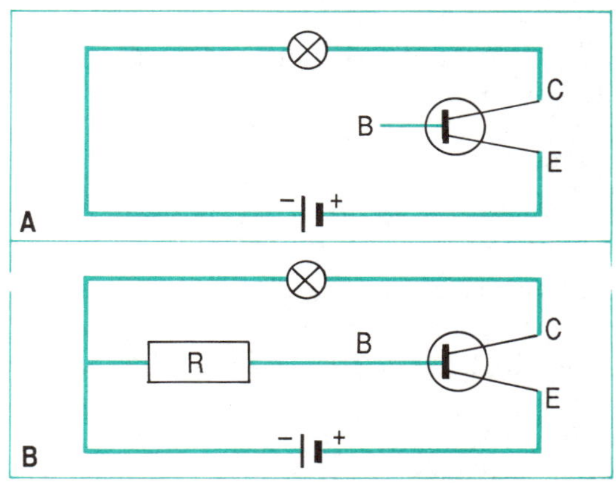

a) Que faut-il faire alors pour que le transistor laisse passer le courant ? ....

....

....

b) Pourquoi a-t-on intercalé un résistor ? ....

....

....

c) Qu'a-t-on voulu protéger ? ....

....

....

33 LES MOTEURS

LE MOTEUR ÉLECTRIQUE

Il comporte :
• une partie fixe ou *stator* formée de deux bobines placées l'une en face de l'autre ;
• une partie mobile ou *rotor* qui porte de nombreux fils fins et isolés qui sont rattachés à des lames de cuivre séparées par un isolant ; c'est le collecteur ;
• deux balais terminés par un charbon qui frottent sur le collecteur.
Lorsqu'on branche le moteur à un générateur, le courant arrive dans le rotor par les charbons qui frottent sur le collecteur. Le rotor se met à touner toujours à la même vitesse : la vitesse de rotation.

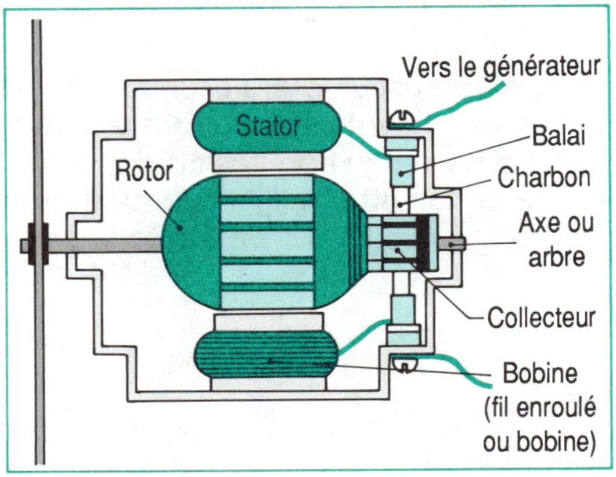

Schéma d'un moteur électrique

1 Complète à l'aide des mots du texte ci-dessus.

La partie fixe d'un moteur à courant continu s'appelle le .... et la partie mobile le .... Le courant arrive par .... qui frottent sur le .... La .... (trois mots) d'un moteur électrique est constante. On l'exprime en nombre de tours par minute (exemple : 6 000 t/min).

Sur la plaque d'un moteur électrique, on lit trois indications :
• la *tension* : 220 V, 350 V, ...
• *la vitesse de rotation* : 5 000 t/min, 8 000 t/min,...,
• la puissance en watts (W) : 100 W, 50 W, 1 000 W,...

220 V - 100 W
5 000 t/min
Moteur universel

On lit aussi sur cette plaque : *moteur universel* ; cela signifie que ce moteur fonctionne sur le courant *continu* (piles, accus) ou sur le courant *alternatif* (courant du secteur).

2 Le moteur représenté plus haut tourne dans le sens des aiguilles d'une montre. Si l'on inverse les fils d'arrivée du courant, que se passe-t-il ? Pourquoi ?
....
....
....

3 On dispose d'un moteur universel. On effectue la même manipulation que celle qui précède ? Que se passe-t-il ? Trouve une explication ? ....
....
....
....

LE MOTEUR A EXPLOSION

L'essence se vaporise très vite et se mélange à l'air.
En présence d'une flamme, ce mélange s'enflamme instantanément : c'est une *combustion explosive*. On utilise la force produite par cette combustion dans le moteur à explosion.

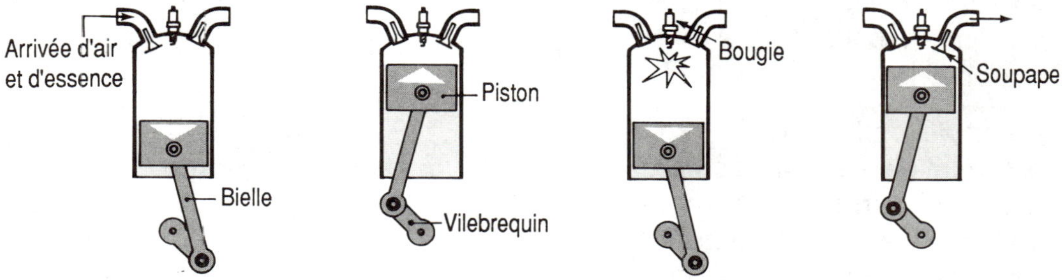

4 Vrai (V) ou faux (F) ?

a) Au temps de l'explosion, les deux soupapes sont fermées. ☐

b) Le mouvement du piston est circulaire. ☐

c) Le vilebrequin est animé également d'un mouvement circulaire. ☐

d) La soupape d'échappement s'ouvre quand le piston remonte. ☐

e) La vapeur d'essence s'enflamme très rapidement. ☐

f) La bougie produit l'étincelle nécessaire à l'explosion. ☐

g) L'essence est le seul carburant utilisable dans un moteur à explosion. ☐

h) Tous les moteurs de voitures automobiles comportent quatre cylindres. ☐

5 Renseigne-toi et réponds.

a) Chaque explosion produit de la chaleur. Comment refroidit-on le moteur ?
....
....

b) Cite deux appareils qui servent à ce refroidissement. ....
....
....

c) Le mélange air-vapeur d'essence s'effectue dans un appareil. Quel est son nom ? ....
....
....

d) Le vilebrequin et les têtes de bielles se meuvent dans un bain d'huile. Pourquoi ? ....
....
....

6 Voici des expressions courantes concernant les moteurs à explosion. Que signifie chacune d'elles ?

a) Un moteur « noyé » ....
....
....

b) Une bielle « coulée » : ....
....
....

c) Un gicleur « bouché » : ....
....
....

d) Un moteur qui marche sur « trois pattes » : ....
....

34 L'INFORMATIQUE

L'*informatique* est utilisée partout : à l'école, à la télévision, à la banque, à la SNCF, au supermarché...

À l'école, on l'utilise essentiellement pour *écrire* des textes (commandes, demandes de documentation) ou pour *trier des informations* (fichier de bibliothèque).

• Un *système informatique* comporte un *ordinateur* et un ensemble de machines gérées par lui et les *organes périphériques*. Ceux-ci sont construits par :
- des organes de *saisie des données* : clavier, crayon optique, souris, CD Rom ;
- des organes de communication des résultats : moniteur (écran), imprimante.

• L'*ordinateur* est une machine qui assure le *transfert*, le *traitement* et le *stockage d'informations* par une séquence de commandes enregistrées : des programmes ou *logiciels*. Lorsque tu écris un texte en te servant de l'ordinateur, tu utilises un logiciel de *traitement de texte*.

L'ordinateur n'est pas un appareil magique, il fonctionne avec l'intelligence de l'homme qui lui fournit des programmes dans des langages adaptés (Basic, Pascal, Fortran, etc.).

1 Complète ce *schéma d'un système informatique* en indiquant le nom des appareils.

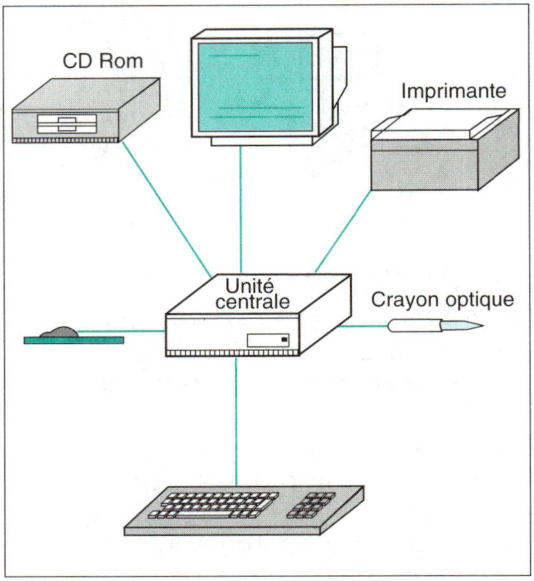

Les ordinateurs peuvent communiquer entre eux et à distance grâce à un réseau (MODEM).

Le *Minitel* que l'on possède à la maison ou que l'on peut interroger dans un bureau de poste est un *terminal* qui permet d'interroger un centre où les données sont mémorisées.

2 Cite trois utilisations possibles du Minitel.

....

....

Utilisation d'un logiciel « traitement de texte » à l'école.

Écrire un texte comporte les opérations suivantes :
1- _Saisie du texte._ Tu tapes le texte sur le clavier, il apparaît sur l'écran.
2- _Correction du texte._ Tu corriges les fautes de frappe ou d'orthographe.
3- _Mise en page du texte._ Tu effectues tous les réglages nécessaires.
4- _Personnalisation du texte._ Tu peux modifier certains mots, changer le nom du destinataire, etc.
5- _Sauvegarde du texte._ Tu peux conserver ce texte si tu le souhaites en le mettant en mémoire (disquette ou disque dur).

3 Quels sont les avantages de l'utilisation du « traitement de texte » par rapport à la machine à écrire ?

....
....
....

La bibliothèque scolaire dans l'ordinateur.
Dans une bibliothèque, on classe les livres dans l'ordre alphabétique
– par nom d'auteur,
– par titre,
– par thème,
soit une série de trois fichiers.

À l'aide d'un logiciel approprié tu peux saisir la liste des livres avec le clavier.

Exemple

Titre	*Auteurs*	*Nature*	*Thème*
Les Travailleurs de la mer	V. Hugo	Roman	La mer
Croc-Blanc	J. London	Roman	Aventures
Nouvel Atlas	Plusieurs	Documentaire	Géographie

Tu peux éventuellement ajouter d'autres informations : nom de l'éditeur, nombre de pages, couleur ou noir et blanc.

Tu peux aussi établir une fiche particulière.

Titre
Croc-Blanc

Auteur — J. London
Nature — Roman
Illust. : NB
Nbe de pages : 182
Thème : aventures et animaux

4 Établis une fiche pour un livre de ton choix.

CRÉDIT PHOTOGRAPHIQUE

p. 5 : *A :* Archives nationales, ph. Bulloz ; *B :* Wolf/Explorer ; *C :* de Sazo/Rapho ; *D :* Gamet/Rapho ; *E :* Ciccione/Rapho ; **p. 9** : Muséum de Genève ; **p. 10** *(de gauche à droite)* : J. Oster/Musée de l'Homme ; Musée de Saint-Germain-en-Laye, ph. Boyer-Viollet ; Musée de Saint-Germain-en-Laye, ph. Collection Viollet ; **p. 11** : Roger-Viollet ; **p. 13** *(gauche)* Musée du Louvre, ph. Bulloz ; *(droite)* Giraudon ; **p. 15** : Silvester/Rapho ; **p. 17** : Musées de Mayence et de Worms, ph. Giraudon ; **p. 18** : Musée du Louvre, ph. Bulloz ; **p. 19** : Musée des Vikings/Oslo, ph. Viollon/Rapho ; **p. 21** : Archives départementales, ph. Lauros-Giraudon ; **p. 22** *(de haut en bas)* : Bayeux, ph. Collection Viollet ; Bulloz ; Roger-Viollet ; **p. 25** : Musée de Condé, ph. Giraudon ; **p. 27** *(gauche)* Roger-Viollet ; *(droite)* Berger/Rapho ; **p. 30** : Cap-Viollet ; **p. 31** *(gauche)* Bibliothèque de l'Arsenal, ph. Bulloz ; **p. 39** : Musée des Armées, ph. Sipa Press ; **p. 40** : Musée de Versailles, ph. Bulloz ; **p. 42** : Musée du Louvre, ph. Bulloz ; **p. 44** *(haut)* Musée Carnavalet, ph. Bulloz ; *(bas)* Musée de Versailles, ph. Bulloz ; **p. 50** : Musée du Louvre, ph. Bulloz ; **p. 56** : *(gauche)* Dazy/Edimedia ; *(droite)* J.-L. Charmet ; **p. 57** (gauche) Collection Viollet ; (droite) Keystone ; **p. 60** : J.-L. Charmet ; **p. 61** : Edimedia ; **p. 62** : *(de gauche à droite)* collection Viollet ; Lipnitzki-Viollet ; Keystone ; Roger-Viollet ; **p. 63** : *A :* Setboun/Rapho ; *B :* Nutan/Rapho ; *C :* Berli/Rapho ; *D :* Clément/Explorer ; *E :* Fournier/Rapho ; *F :* Roger-Viollet ; *G :* Wolf/Explorer ; **p. 72** *(haut)* Jahan/Rapho ; *(bas)* Larrier/Rapho ; **p. 73** : Niepce/Rapho ; **p. 75** *(haut gauche)* Maltête/Rapho, *(haut droite)* Box/Rapho, *(bas gauche)* Larrier/Rapho, *(bas droite)* Mopy/Rapho ; **p. 81** *(gauche)* Ciccione/Rapho ; *(droite)* Doisneau/Rapho : **p. 82** *(haut)* Goursat/Rapho ; *(bas)* Lang/Rapho ; **p. 91** : Charles/Rapho ; **p. 93** *(gauche – de haut en bas)* Doisneau/Rapho, Dejardin/Rapho, Yan/Rapho ; *(droite – de haut en bas)* Baujard/Rapho, Villeneuve/Rapho, Mopy/Rapho ; **p. 98** *(haut gauche)* de Sazo/Rapho ; *(bas gauche)* Loirat/Rapho ; *(haut droite)* Falcke/Rapho ; *(bas droite)* Yan/Rapho ; **p. 100** *(gauche)* Bibal/Rapho, *(droite)* Tulane/Rapho ; **p. 101** : Giraud/Rapho ; **p. 106** (haut gauche) Baudin/Rapho ; *(bas gauche)* Bérenger/Rapho ; *(haut droite)* Pix ; *(bas droite)* Gerster/Rapho ; **p. 110** : EDF ; **p. 111** *(gauche, de haut en bas)* Neyrat/Rapho, Winderberger/Rapho, Berretty/Rapho ; *(haut droite)* Donnezan/Rapho ; (bas droite) Giraud/Rapho ; **p. 120** : Library International Ltd./Rapho ; **p. 132** : Viard/Jacana ; **p. 133** : Giraud/Rapho ; **p. 134** : Sears/Rapho ; **p. 135** : Carrara/Jacana ; **p. 146** : P. Scref ; **p. 149** : Mondadoripress ; **p. 153** : Jeanbor/archives Photeb ; **p. 157** : Le Roy/Jacana ; **p. 158** : Volot/Jacana ; **p. 166** : Mandelmann/Rapho ; **p. 167** *(de gauche à droite)* Mandelmann/Rapho ; Yan/Rapho ; Goursat/Rapho ; **p. 169** : Dailloux/Rapho ; **p. 187** : Hartmann/Magnum.

Les dessins des « menus », pages **136**, **138** et **141** ont été réalisés d'après le jeu « Mangez juste » édité par le Comité français d'éducation pour la santé.

NOTES

Éducation civique

LA RÉPUBLIQUE FRANÇAISE

1. Pourquoi l'éducation civique 196
   Déclaration des droits de l'homme
2. Pourquoi des règles et des lois ? 198
3. Qu'est-ce qu'une République démocratique ?. 200
4. Pourquoi voter ? 202
5. Comment voter ? 204
6. Quels sont les droits et devoirs du citoyen ?.. 206
7. Qu'est-ce qu'une commune ? 208
8. Qui dirige la commune ? 210
9. Quels services rend la commune ? 212
10. Comment la France est-elle administrée (1)... 214
11. Comment la France est-elle administrée (2)... 216
12. Qu'est-ce que la Constitution ? 218
13. Quel est le rôle du Président ? 220
14. Quel est le rôle du gouvernement ? 222
15. Quels sont les rôles des députés et sénateurs ? 224
16. Quel est le budget de l'État ? 226
17. Qui veille aux lois ? 228
18. Comment juge-t-on ? 230

LA VIE SOCIALE

19. Comment avoir le respect de soi 232
20. Comment avoir le respect des autres 234
21. Pourquoi s'associer ? 236
22. Comment fonctionne la Sécurité sociale ? 238
23. Pourquoi une solidarité nationale ? 240
24. Quel est le rôle de l'Éducation nationale ? 242
25. Pourquoi un code de la route ? 244
26. Qu'est-ce que l'Union européenne ? 246

ANNIVERSAIRES ET FÊTES

27. Le souvenir de la déportation 248
28. Le premier Mai 249
29. Le 8 Mai 250
30. Le 14 juillet 251
31. Les fêtes de la Libération 252
32. Le 11 Novembre 253
33. Les fêtes religieuses 254
34. Être responsable 256

LA RÉPUBLIQUE FRANÇAISE

La France est une République démocratique.
Chaque « citoyen éclairé » doit en connaître les institutions.

1 POURQUOI L'ÉDUCATION CIVIQUE ?

L'éducation civique **est l'éducation du citoyen. En France, on naît citoyen, mais on devient, par l'éducation, (c'est-à-dire en apprenant) un «** ***citoyen éclairé*** **».**

Le ***suffrage universel*** **(pour les hommes seuls) est appliqué pour la première fois en France en 1848. Il aboutit à l'élection, comme président de la République du prince Louis-Napoléon Bonaparte qui, quatre ans plus tard, après un coup d'État (= par la force), devient empereur sous le nom de Napoléon III !**

Pendant le Second Empire (1852-1870), deux écrivains, Erckmann et Chatrian écrivent :
« ***Dans un pays de suffrage universel, il faut que le peuple agisse en connaissance de cause. Je voudrais qu'un petit livre, par demandes et réponses, apprît à nos enfants les droits et les devoirs qu'ils auront un jour… Dans dix ans, quand ceux qui vont à l'école aujourd'hui et auxquels vous (= les enseignants) aurez appris ces choses, seront devenus électeurs, vous aurez un suffrage universel éclairé, capable de discuter, de choisir, d'exercer réellement sa souveraineté…*** **»**

Histoire d'un sous-maître (1865)

1 Quel enseignement proposent ces deux écrivains ?

……………………………………………

2 Dans quel but ?

……………………………………………
……………………………………………
……………………………………………

3 Quand cet enseignement sera-t-il généralisé ?

……………………………………………

Le 26 août 1789, quelques semaines après la prise de la Bastille (14 juillet) et la suppression des droits féodaux (4 août), l'Assemblée constituante adopte cette déclaration. Ces 17 articles s'inspirent des livres des philosophes du 18e siècle et de la Déclaration d'indépendance des États-Unis (1776).

La Déclaration des droits de l'homme et du citoyen.

ARTICLE 1er – Les hommes naissent et demeurent libres et égaux en droits ; les distinctions sociales ne peuvent être fondées que sur l'utilité commune.

ART. 2 – Le but de toute association politique est la conservation des droits naturels et imprescriptibles de l'Homme : ces droits sont la liberté, la propriété, la sûreté et la résistance à l'oppression.

ART. 3 – Le principe de toute souveraineté réside essentiellement dans la nation ; nul corps, nul individu ne peut exercer d'autorité qui n'en émane expressément.

ART. 4 – La liberté consiste à faire tout ce qui ne nuit pas à autrui. Ainsi, l'exercice des droits naturels de chaque homme n'a de bornes que celles qui assurent aux autres membres de la société la jouissance de ces mêmes droits ; ces bornes ne peuvent être déterminées que par la loi.

ART. 5 – La loi n'a le droit de défendre que les actions nuisibles à la société. Tout ce qui n'est pas défendu par la loi ne peut être empêché, et nul ne peut être contraint à faire ce qu'elle n'ordonne pas.

ART. 6 – La loi est l'expression de la volonté générale ; tous les citoyens ont droit de concourir personnellement, ou par leurs représentants, à sa formation ; elle doit être la même pour tous, soit qu'elle protège, soit qu'elle punisse. Tous les citoyens étant égaux à ses yeux, sont également admissibles à toutes dignités, places et emplois publics, selon leur capacité, et sans autres distinctions que celles de leurs vertus et de leurs talents.

ART. 7 – Nul homme ne peut être accusé, arrêté, ni détenu que dans les cas déterminés par la loi, et selon les formes qu'elle a prescrites...

ART. 8 – La loi ne doit établir que des peines strictement et évidemment nécessaires et nul ne peut être puni qu'en vertu d'une loi établie et promulguée antérieurement au délit, et légalement appliquée.

ART. 9 – Tout homme étant présumé innocent jusqu'à ce qu'il ait été déclaré coupable, s'il est jugé indispensable de l'arrêter, toute rigueur, qui ne serait pas nécessaire pour s'assurer de sa personne, doit être sévèrement réprimée par la loi.

ART. 10 – Nul ne doit être inquiété pour ses opinions, même religieuses, pourvu que leur manifestation ne trouble pas l'ordre public établi par la loi.

ART. 11 – La libre communication des pensées et des opinions est un des droits les plus précieux de l'Homme : tout citoyen peut donc parler, écrire, imprimer librement, sauf à répondre de l'abus de cette liberté dans les cas déterminés par la loi.

ART. 12 – La garantie des droits de l'Homme et du Citoyen nécessite une force publique : cette force est donc instituée pour l'avantage de tous, et non pour l'utilité particulière de ceux à qui elle est confiée.

ART. 13 – Pour l'entretien de la force publique, et pour les dépenses d'administration, une contribution commune est indispensable ; elle doit être également répartie entre tous les citoyens, en raison de leurs facultés.

ART. 14 – Les citoyens ont le droit de constater par eux-mêmes ou par leurs représentants, la nécessité de la contribution publique, de la consentir librement, d'en suivre l'emploi, et d'en déterminer la quotité, l'assiette, le recouvrement et la durée.

ART. 15 – La société a le droit de demander compte à tout agent public de son administration.

ART. 16 – Toute société, dans laquelle la garantie des droits n'est pas assurée, ni la séparation des pouvoirs déterminée, n'a point de constitution.

ART. 17 – La propriété étant un droit inviolable et sacré, nul ne peut en être privé, si ce n'est lorsque la nécessité publique, légalement constatée, l'exige évidemment, et sous la condition d'une juste et préalable indemnité.

4 Lis ces 17 articles.

5 Quels articles

a) concernent la liberté ?

....

b) proclament l'égalité ?

....

c) précisent les droits ?

....

d) définissent la loi ?

....

e) concernent les impôts ?

....

2 POURQUOI DES RÈGLES ET DES LOIS ?

Pierre, Benoît, Romain et Sophie ont décidé de faire une partie de « Monopoly ».
Sophie n'a jamais joué à ce jeu. Pierre lui explique *la règle du jeu*, c'est-à-dire la façon dont doit se dérouler la partie. Cette règle doit être admise par tous les joueurs sinon aucun jeu n'est possible. Celui qui « rouspète » est un *mauvais joueur* ; celui qui joue volontairement en dehors de la règle, trompe ses partenaires : c'est un *tricheur*.

1 Dans un partie de football (ou d'un autre sport) comment se nomme la personne chargée de faire respecter la règle du jeu ?

....

2 Lorsqu'on joueur ne respecte pas la règle du jeu, il commet une faute. Cite quelques fautes pouvant être commises par des joueurs de football.

....

....

3 Chaque faute sifflée par l'arbitre est accompagnée d'une sanction. Ainsi si un joueur, autre que le gardien de but, touche le ballon à la main, l'arbitre siffle un coup-franc. Cite d'autres fautes et sanctions possibles.

....

....

4 Observe ce dessin. Quelles sont les fautes commises ?

....

....

....

5 Quels dangers présentent ces fautes pour les piétons ?

....

....

....

6 Dans quels lieux peux-tu voir ces panneaux ? (Il y a parfois plusieurs réponses possibles.)

a) ....

b) ....

c) ....

d) ....

e) ....

7 Cite d'autres panneaux qui précisent des interdictions.

....
....
....
....
....
....

Dans un pays, les citoyens doivent respecter des règles plus générales qu'on appelle des lois. Elles sont votées par le Parlement.

La loi est la même pour tous et nul ne doit l'ignorer. Comme dans les jeux, lorsque la loi n'est pas respectée, il y a une sanction : amende ou/et emprisonnement.

8 Quelles règles existent à l'école ?

....
....

9 Range ces affirmations dans le tableau :

L'école est obligatoire de 6 à 16 ans – Défense de sortir de l'école avant 17 h – Le service militaire est obligatoire pour les jeunes garçons – Cette sortie est interdite – On n'apporte pas des objets de valeur en classe – Chaque citoyen doit payer l'impôt – Toute absence doit être justifiée.

Lois	Règles
....	....
....	....
....	....
....	....

La vie en société n'est possible que si chaque citoyen respecte les règles et les lois.
Elles sont indispensables pour soi comme pour les autres.
Le bon citoyen doit faire preuve de *civisme* c'est-à-dire respecter les lois et les règles de la société ; il doit aussi aider son prochain lorsque ce dernier se trouve en difficulté.

3 QU'EST-CE QU'UNE RÉPUBLIQUE DÉMOCRATIQUE ?

La France est un *territoire* qui comprend la métropole, les départements et territoires d'outre-mer.

Sur ce territoire, qui s'est peuplé par vagues successives au long des siècles, vivent *des hommes et des femmes*, différents par leurs domiciles et leurs activités, mais qui forment ensemble une *nation*. Ensemble, ces hommes et ces femmes ont, peu à peu, créé nos paysages variés, bâti nos villes et nos monuments, acquis des libertés, combattu pour défendre la patrie contre les envahisseurs.

Ils possèdent, même s'ils ont des origines différentes, la même *histoire*, la même *langue*, les mêmes *manières de vivre* et des *souvenirs communs*.

Tous ces éléments — et bien d'autres — forment l'*identité* de la France, qui est aujourd'hui une *république démocratique, où s'exerce la souveraineté de la nation*.

« *Notre patrie ce n'est pas seulement un territoire, c'est une œuvre humaine commencée depuis des siècles, que nous continuons, que vous continuez.* »

(E. Lavisse)

1 Cite quelques dates de l'histoire de France qui montrent la formation de la nation.

....

....

....

....

....

2 Quand a été fondée la 1re République ?

....

3 Quand a été fondée la 5e République ?

....

La *Constitution* est la loi supérieure, la loi la plus importante d'un pays : elle fixe les règles de gouvernement. La Constitution de 1958 précise que :

Article 2. La France est une République (1) indivisible (2), laïque (3), démocratique (4) et sociale (5). Elle assure l'égalité devant la loi (6) de tous les citoyens sans distinction d'origine, de race ou de religion. Elle respecte toutes les croyances. La langue de la République est le français.

L'emblème (7) national est le drapeau tricolore, bleu, blanc, rouge.

L'hymne (8) national est la *Marseillaise*.

La devise (9) de la République est « Liberté, Égalité, Fraternité ».

Son principe (10) est : gouvernement du peuple, par le peuple et pour le peuple.

Article 3. La souveraineté nationale (11) appartient au peuple qui l'exerce par ses représentants (12) et par la voie du référendum (13) ...

Sont électeurs tous les nationaux français majeurs (14), des deux sexes (15), jouissant de leurs droits civils et politiques (16).

Pour comprendre ce texte

(1) La *République* est un État où le pouvoir appartient au peuple qui élit ses représentants.

(2) La République est *indivisible* parce qu'aucune partie de la France ne peut se séparer des autres.

(3) Elle est *laïque* parce que les Français peuvent pratiquer la religion de leur choix ou pas de religion du tout ; toutes les croyances sont respectées.

(4) Elle est *démocratique* parce qu'elle vient du peuple ; les citoyens, libres et égaux, décident comment le pays doit être gouverné et organisé.

(5) Elle est *sociale* parce qu'elle s'occupe de tous les groupes de la société et qu'elle cherche à améliorer le sort des plus faibles.

(6) *L'égalité devant la loi* indique que la loi est la même pour tous, sans aucune différence.

(7) L'*emblème* est le drapeau qui représente le pays.

(8) L'*hymne* est un chant particulier à chaque nation ; on le chante lors des cérémonies officielles.

(9) La *devise* est une expression courte qui résume une façon d'agir ou de gouverner.

(10) Un *principe* est une règle générale qui sert de point de départ à toutes les autres règles.

(11) La *souveraineté nationale* est le pouvoir exercé par la nation, c'est-à-dire tous les citoyens.

(12) Les *représentants* sont les élus des citoyens ; ils agissent en leur nom.

(13) Un *référendum* est une consultation directe des citoyens qui répondent par OUI ou par NON à une question très importante pour l'avenir du pays.

(14) Sont *majeurs* ceux qui ont 18 ans et plus.

(15) Les hommes et les femmes ont les mêmes droits.

(16) Certaines personnes, condamnées par la justice, perdent le droit de vote.

4 Quelle est la devise de la France ?

....

5 Explique ces trois mots.

....

....

....

....

....

....

En France, les mots *république* et *démocratie* se confondent, mais ce n'est pas le cas partout.
Il y a des royautés où la démocratie existe ; « *le roi règne mais ne gouverne pas* ».
Il y a des républiques où la démocratie n'existe pas, où les citoyens n'ont aucun pouvoir.

6 Cite des pays, voisins de la France, qui ne sont pas des républiques, mais où la démocratie existe.

....

....

7 Cite des républiques qui ne sont pas des démocraties.

....

....

4 POURQUOI VOTER ?

Un problème : La classe de CM1 doit choisir un élève pour participer à l'équipe chargée de la bibliothèque de l'école. Comment faire ?

1 Que penses-tu de ces diverses propositions ?

....

....

....

2 Quel est le moyen le plus juste ?

....

Le maître propose *une élection*. Pour être élu, dit-il, il faut obtenir la *majorité absolue* (= la moitié des votants + 1).

On vote. Voici les résultats :

Yvette : 4 ; Daniel : 6 ; Marcel : 3 ; Bruno : 2 ; Mathieu : 7 ; Lucie : 2.

3 Qui est élu ?

....

On recommence. Voici les résultats du 2e tour :

Bruno : 2 voix ; Mathieu : 14 voix ; Yvette : 8 voix.

4 Qui est élu ? Pourquoi ?

....

....

Un représentant élu est *responsable* de ce qu'il fait devant ses électeurs. Il agit au nom des autres.

Voter c'est choisir. Voter est un droit en démocratie ; c'est aussi le devoir de chaque citoyen.

Le *suffrage universel* donne le pouvoir au peuple : c'est le peuple qui est souverain et qui décide en votant.

5 Parmi ces personnes, barre ceux qui ne sont pas élus.

a) un député ; **b)** un médecin ; **c)** le président de la République ; **d)** un conseiller général ; **e)** un général ; **f)** un instituteur ; **g)** un sénateur ; **h)** une assistante sociale ; **i)** un cantonnier.

6 Sur le tableau du bas de la page colorie en bleu, les élus au suffrage direct, en rouge ceux qui sont élus au suffrage indirect.

7 À côté de ces élections politiques, il y en a d'autres, dans les écoles, les associations, les entreprises... Cite quelques exemples.

....

....

....

....

....

Les élections politiques en France

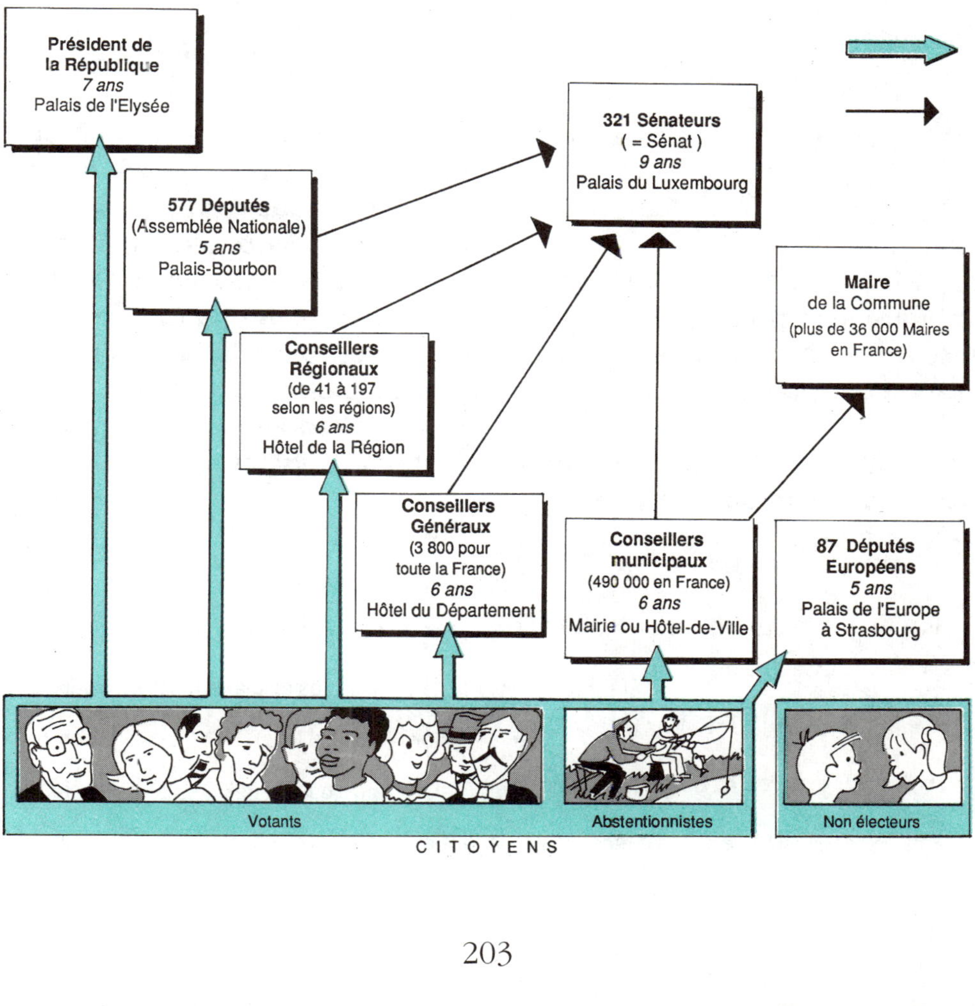

5 COMMENT VOTER ?

L'école Saint-Exupéry doit désigner cinq élèves pour la représenter au conseil municipal des enfants. Cette école compte cinq classes (de 21 à 24 élèves chacune).
• On décide d'élire UN élève par classe : c'est un *scrutin uninominal* (= pour une seule personne).

• Au CP et au CE2, on applique la règle de la *majorité simple* : est élu celui qui obtient le plus de voix.

1 Voici les résultats. Encadre le nom des élèves élus.

CP → Henri : 8 ; Marie : 4 ; Romain : 7 ; Bénédicte : 4.

CE2 → Bruno : 3 ; Céline : 12 ; Hélène : 2 ; Nadège : 7.

Au CE1, au CM1 et au CM2, on applique la règle de la *majorité absolue* (= la moitié des voix plus une) au premier tour ; au 2e tour (éventuel) ne peuvent se représenter que les deux élèves ayant obtenu le plus de voix au premier tour.

2 Voici les résultats. Encadre le nom des élèves élus.

CE1 → Jean : 3 ; Nathalie : 12 ; David : 6.

CM1 → Daniel : 8 ; Florence : 7 ; Gérard : 4 ; Sylvie : 5.

CM2 → Paul : 11 ; Michel : 3 ; Luc : 1 ; Stéphane : 7.

3 Dans quelles classes y aura-t-il un 2e tour ? Avec quels candidats ?

....

4 Voici les résultats du 2e tour. Encadre le nom des élèves élus.

CM1 → Daniel : 9 ; Florence : 15.

CM2 → Stéphane : 9 ; Paul : 13.

5 Écris les noms des élus.

....

À l'école Jules Ferry, on procède autrement. Les 115 élèves des cinq classes vont choisir entre des *listes* (de 5 candidats) établies par diverses associations. C'est un *scrutin de liste*, à *la proportionnelle* (le nombre d'élus sera proportionnel = correspondant au nombre de voix). Voici les résultats :

Inscrits : 115 ; votants : 110 ; votes blancs ou nuls : 2.

Suffrages exprimés : 108.

Liste A (Association sportive)	:	46 voix
Liste B (Amis des animaux)	:	5 voix
Liste C (Amis du livre)	:	28 voix
Liste D (Amis du théâtre)	:	8 voix
Liste E (Joueurs d'échecs)	:	21 voix

Comment répartir les cinq sièges ?
On calcule d'abord le « *quotient électoral* » :
108 : 5 = 21 voix. Chaque élu correspond donc à 21 voix.

6 Indique le nombre d'élus de chaque liste (en divisant le nombre de voix par 21). Attention : on ne s'occupe que des quotients *entiers* !

Liste A : ...... Liste B : ...... Liste C : ......
Liste D : ...... Liste E : ......

7 Combien de sièges ont été attribués ? ....

Pour le 5e siège, on divise le nombre de voix de chaque liste par le nombre de sièges déjà attribués *augmenté de un*.
On obtient les résultats suivants :

A → 46 : (2 + 1) = **15** ; **B** → 5 : (0 + 1) = **5** ;
C → 28 : (1 + 1) = **14** ; **D** → 8 : (0 + 1) = **8** ;
E → 21 : (1 + 1) = **10**.

8 Quelle liste obtient le quotient le plus élevé ? ....
C'est donc elle qui obtient ce siège.

9 Encadre les noms des cinq élus de l'école J. Ferry.

10 Avec ce système, toutes les classes de l'école sont-elles représentées ?

....

En France, certaines élections se font au *scrutin uninominal* à *deux tours* (président de la République, députés, conseillers généraux), au *scrutin proportionnel* (conseillers régionaux, députés européens), ou avec un *système mixte* combinant les deux façons de faire (conseillers municipaux).
Chaque système possède ses avantages et ses inconvénients.

Comme chaque droit comporte un devoir, le *droit de vote* implique le *devoir de voter*.
C'est par sa participation aux élections que le citoyen exerce son pouvoir, sa souveraineté.

En démocratie chacun vote selon sa conscience (= selon ce qu'il pense) et après avoir bien réfléchi à son choix.
Voter suppose donc des connaissances et un sens critique développé, pour bien discerner le vrai du faux…

liste A	liste B	liste C	liste D	liste E
Claire (CM1)	David (CP)	Michèle (CE2)	André (CM1)	Marie (CM2)
Benoît (CM2)	Denise (CE1)	Benjamin (CP)	Etienne (CM2)	Nicolas (CE1)
Jean (CM1)	Cyrille (CE2)	Martine (CE1)	Béatrice (CP)	Alain (CE1)
Claude (CE2)	Vivien (CM2)	Yvette (CM2)	Isabelle (CE1)	Yves (CP)
Aline (CP)	François (CP)	Lucien (CE1)	Charles (CE2)	Denis (CM2)

6 QUELS SONT LES DROITS ET DEVOIRS DU CITOYEN ?

Les libertés et les droits les plus anciens figurent dans la *Déclaration des droits de l'homme et du citoyen*. Mais, progressivement les Français ont conquis d'autres libertés au cours des deux derniers siècles.

18e siècle

1789 : Déclaration des droits de l'homme et du citoyen :

– Liberté de la personne (Art. 7, 8, 9).

– Liberté de réunion (Art. 10).

– Liberté d'expression (Art. 11).

1791 : Liberté du travail

19e siècle

1833 : Une école de garçons dans chaque commune.

1848 : Suffrage universel pour les hommes.

– Abolition de l'esclavage.

1864 : Droit de grève.

19e siècle (suite)

1879 : La Marseillaise devient notre hymne national.

1880 : Le 14 Juillet est fête nationale.

1880-1881 : Lois Jules Ferry : l'école est obligatoire (6 à 12 ans), gratuite et laïque.

– Liberté de la presse.

1884 : Les syndicats sont autorisés.

20e siècle

1901 : Liberté d'association.

1910 : Journée de repos hebdomadaire.

1930 : Création des assurances sociales.

1936 : Semaine de 40 heures.

20e siècle (suite)

– Congés payés (2 semaines).

– Délégués du personnel.

– Conventions collectives.

1944 : Droit de vote aux femmes.

1947 : Création de la Sécurité sociale.

1959 : Scolarité obligatoire jusqu'à 16 ans.

1974 : Majorité à 18 ans.

1982 : La semaine de travail de 39 heures.

– 5 semaines de congés payés.

– Égalité des hommes et des femmes.

– Retraite à 60 ans.

1 Quels droits nouveaux sont apparus depuis la *Déclaration des droits de l'homme et du citoyen* (1789) ?

....

....

....

2 Quelles sont les deux années importantes concernant les droits des travailleurs ?

....

3 Complète ce tableau des libertés d'aujourd'hui.

Libertés individuelles	Libertés politiques	Libertés sociales
....	....	....
....	....	....
....	....	....

4 Quels sont les droits obtenus par les femmes depuis la 4e République ?

....

....

....

Si les citoyens ont des droits, ils ont également des devoirs :
– le devoir de *s'instruire* de façon à devenir des citoyens responsables, capables, et utiles pour le pays et le monde ;
– le devoir de *tolérance* pour respecter les idées et les opinions des autres, pour admettre qu'il y a des hommes différents de nous par leur origine, leurs coutumes, leur fortune, leurs capacités...

5 Cite des cas d'intolérance.

....

....

6 Cite des cas de solidarité.

....

....

7 Qu'est-ce que le racisme ? Cite des exemples.

....

....

....

Il y a aussi :
– le devoir *d'obéir aux lois* car même si l'on n'est pas d'accord, le citoyen *démocrate* doit se soumettre à la volonté de la majorité ;
– le devoir *de voter*, car au cours des siècles, les hommes ont dû lutter pour obtenir ce droit. Or aujourd'hui, beaucoup trop de gens ne votent pas, ce sont des *abstentionnistes*.

8 Lors des dernières élections dans ta commune, quel a été le pourcentage d'abstentionnistes ?

....

9 Rédige un slogan incitant les citoyens à voter.

....

....

....

Parmi les autres devoirs du citoyen figure celui de *payer l'impôt*.
L'État qui assure le bon fonctionnement des services publics (Éducation nationale, Postes et Télécommunications, Défense, etc.) a besoin d'argent qui lui est fourni par l'impôt.

Enfin, tout Français (homme), reconnu apte physiquement, doit accomplir son *service national*. La durée de ce service a été réduite récemment à 10 mois. (Avant 1959, on disait le service militaire.)

7 QU'EST-CE QU'UNE COMMUNE ?

1 Ma commune s'appelle ....

Son code postal est ....

2 Sais-tu d'où vient le nom de la commune ? ....

3 Ses habitants sont des ....

Une commune est un morceau du territoire français et une communauté d'habitants (= ensemble de personnes ayant des liens entre elles et des intérêts communs).

Il y a, en France, *plus de 36 000 communes* ; les unes sont très petites, d'autres très étendues ; certaines n'ont que quelques habitants, d'autres dépassent le million…
La superficie moyenne d'une commune est de 1 500 hectares.

4 Quelle est la superficie de ta commune ? ....

5 Quelle est la population de ta commune ? ....

6 Indique les noms des communes qui entourent celle où tu vis.

Il y a au nord : ....

à l'est : ....

au sud : ....

à l'ouest : ....

Les communes sont *rurales* (= de la campagne) ou *urbaines* (= ayant plus de 2 000 habitants). Toutes les communes (sauf Paris, Lyon et Marseille) sont administrées selon des règles identiques.

Des *représentants élus* administrent chaque commune selon les mêmes principes. La commune est ainsi la *plus petite division administrative de la France.*

7 Pourquoi faut-il élire des représentants pour administrer la commune ?

....

....

8 Comment s'appellent ces représentants ?

....

9 Qui a le droit de voter aux élections municipales ?

....

....

10 Pourquoi faut-il être inscrit sur la liste électorale de la commune ?

11 Observe cette carte d'électeur.

a) Quels renseignements sont indiqués .

b) Pourquoi n'y a-t-il pas de photo ?

c) Combien de fois cette carte peut-elle être utilisée ?

d) Quel ministère s'occupe des élections ?

e) Quels symboles indiquent que cette carte est française ?

Le nombre de conseillers municipaux varie selon la population de la commune.

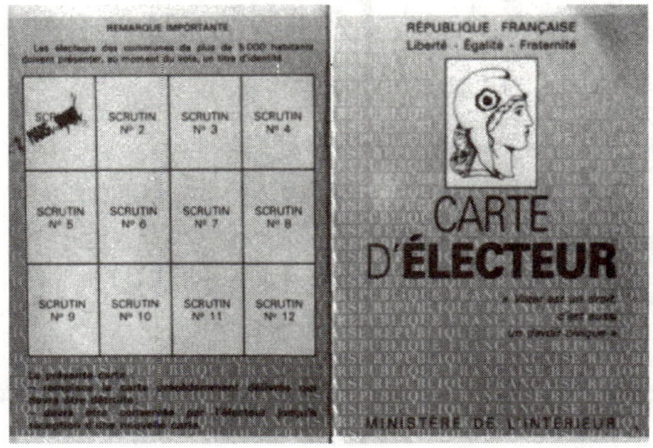

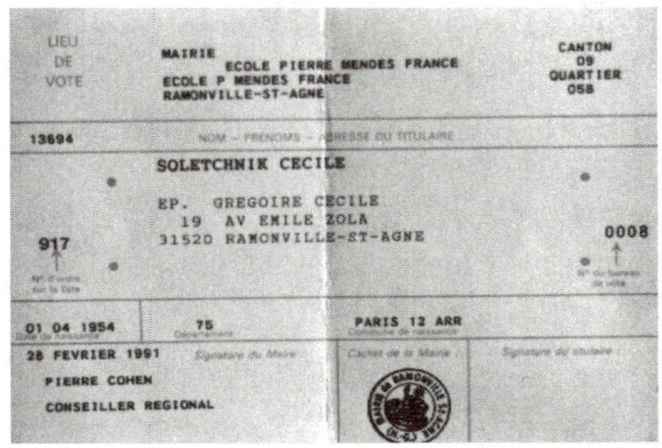

12 Quel est le nombre de conseillers de ta commune ? ....

13 Pourquoi le nombre des conseillers municipaux est-il toujours impair ?

Le *maire* est élu par le conseil municipal au complet, en séance publique.
Les *adjoints au maire*, dont le nombre varie selon la population, sont également élus par les conseillers municipaux.

Les conseillers municipaux sont élus pour six ans.

8 QUI DIRIGE LA COMMUNE ?

Le *conseil municipal*, présidé par le maire, gère les affaires de la commune ; ses *délibérations* (= décisions) concernent les questions qui se posent aux habitants.

La commune n'est pas seulement un « morceau » de territoire avec ses habitants. Grâce au maire, elle a le droit de s'administrer, de posséder des bâtiments et des terres, d'emprunter de l'argent, de faire des procès, de s'associer avec d'autres communes pour établir des services communs. C'est une « personne morale ».

1 Regarde sur le panneau d'affichage de la mairie l'ordre du jour du prochain conseil et le compte rendu de la dernière réunion. Cite les problèmes étudiés et les décisions prises.

....

....

....

....

....

2 Pourquoi fait-on cette « publicité » ?

....

....

3 Peut-on assister aux réunions du conseil municipal ? Pourquoi ?

....

....

4 Comment sont prises les décisions au conseil municipal ?

....

....

5 Quel est le nom du maire de ta commune ?

....

6 Depuis combien de temps est-il maire ?

....

7 Exerce-t-il une profession ? Laquelle ?

....

8 Dans quelles circonstances as-tu rencontré le maire ?

....

....

9 Quelles cérémonies préside-t-il régulièrement ?

....

....

10 Quels sont les bâtiments qui appartiennent à ta commune ?

....
....
....

11 Combien d'employés communaux compte ta commune ?

....

Le maire, élu par le conseil municipal, joue un double rôle :

– d'une part, il est le « chef » de la commune ;

– d'autre part, il représente l'État, (et le gouvernement) dont il fait exécuter les lois sur le territoire communal.

À ce titre, il a des pouvoirs de police et il est officier de l'état civil (= responsable des registres).

12 Voici douze activités du maire. Écris **C** dans le carré s'il agit pour sa commune, **E** s'il agit comme représentant de l'État.

9 QUELS SERVICES REND LA COMMUNE ?

Chaque année, toutes les communes de France votent leur budget, c'est-à-dire leurs *recettes* et leurs *dépenses*. Dépenses et recettes doivent être en *équilibre*. Comme dans une famille, on ne peut pas dépenser plus qu'on ne reçoit d'argent.
Le conseil municipal fixe, chaque année, le montant des impôts locaux.

1 Parmi des dépenses envisagées, barre celles qu'on peut retarder, s'il n'y a pas assez de recettes.

Salaire des employés communaux – Entretien de l'école publique – Achat d'un 2e camion – Ramassage des ordures – Agrandissement du stade – Aide sociale aux pauvres.

2 Parmi ces recettes, encadre celles qui ne dépendent pas du conseil municipal.

Subventions (= aides) de l'État (c'est la dotation globale de fonctionnement) – Subventions de la région et du département – Impôts locaux – Vente ou location de biens communaux – Emprunts (uniquement pour la réalisation d'équipements).

Pour rendre de nombreux services aux habitants, la mairie emploie du personnel (communal).
Dans les petites communes, il y a le secrétaire de mairie, un garde champêtre, un cantonnier.
Dans les villes, on compte beaucoup d'employés, organisés en services administratifs (= des bureaux) et techniques (= actions sur le terrain).

3 Existe-t-il dans ta commune :

Une crèche municipale ? ....

Des aides ménagères ? ....

Une colonie de vacances municipale ? ....

Des HLM (habitations à loyers modérés) de la commune ? ....

Un ramassage scolaire ? ....

Un centre aéré ? ....

Des classes de neige ? de mer ? de nature ? ....

Une piscine ? ....

Des terrains de sport ? ....

4 Comment les citoyens peuvent-ils participer à la vie communale ?

....

....

5 Ta commune aide-t-elle les diverses associations ?

....

6 Pour quelles activités ta commune s'est-elle associée avec d'autres ?

....

....

....

7 Où doivent-ils s'adresser ? Relie ce qui va ensemble.

Bureau du personnel	Bureau des élections	Bureau des écoles	Bureau d'état civil	Bureau d'aide sociale

- Il faut ramasser les feuilles mortes.
- On cherche un chauffeur à la mairie.
- Il faut repeindre le gymnase.
- C'est pour une inscription à l'école.
- Je veux m'inscrire pour voter.
- Quand le maire pourra-t-il nous marier ?

- C'est pour la naissance de mon fils.
- Je cherche un logement pour ma famille.
- Les trottoirs de la rue de Paris sont défoncés.
- Il faut surveiller l'entrée du stade.
- Les ordures sont mal ramassées.
- Cette personne âgée a besoin d'aide.

Voirie	Entretien	Logement	Espaces verts	Police municipale

Le maire est responsable de la *sécurité* et de la *propreté* de la commune.

8 Comment peux-tu personnellement participer à cette action ?

....

....

....

9 À quelle occasion le maire remet-il un « livret de famille » ?

....

10 Consulte le livret de famille de tes parents ou de tes grands-parents. Relève toutes les informations qui y figurent.

....

....

....

....

10 COMMENT LA FRANCE EST-ELLE ADMINISTRÉE ? (1)

Nous avons vu que la *commune*, avec son territoire et sa population, est la plus petite division administrative de la France. Elle est administrée par un *conseil municipal élu* qui choisit, en son sein, le maire et les adjoints.

1 Combien y a-t-il de communes en France ?

....

2 Comment est élu le maire de la commune ?

....

Le *canton* regroupe, en général, plusieurs communes ; mais certaines grandes communes sont, pour des raisons électorales, divisées en plusieurs cantons ; ainsi la commune de Rouen compte six cantons.
Il y a plus de 3 800 cantons en France.

3 Combien y a-t-il, en moyenne, de communes par canton ?

....

Il n'y a aucune administration particulière au canton. On y trouve la brigade de gendarmerie et parfois le percepteur des impôts. Chaque canton, quelle que soit sa population, élit un *conseiller général* qui participe à l'administration et à la gestion du département.

4 Quelles communes composent ton canton ?

....

....

5 Quel est le nom de ton conseiller général ?

....

L'*arrondissement* regroupe un certain nombre de cantons. Comme un sous-préfet y représente l'État, le chef-lieu de l'arrondissement s'appelle une *sous-préfecture*. On y trouve un tribunal d'instance.

6 De quel arrondissement fait partie ta commune ?

....

7 Quels cantons composent ton arrondissement ? Écris le nom de ta sous-préfecture.

....

....

Le *département*, comme la commune, est une « personne morale ». Il est administré par le *conseil général* (formé des

conseillers élus dans chaque canton).

Dans le département, le *préfet* représente l'État et le gouvernement ; il y dirige les services de l'État. Il y a, en France, 96 départements (métropolitains).

8 Mon département s'appelle

....

9 Quelle est l'origine de ce nom ?

....

....

10 Le numéro (minéralogique) de mon département est ....

11 Colorie, ton département. Indique le nom de la préfecture.

12 Quand ont été créés les départements ? ....

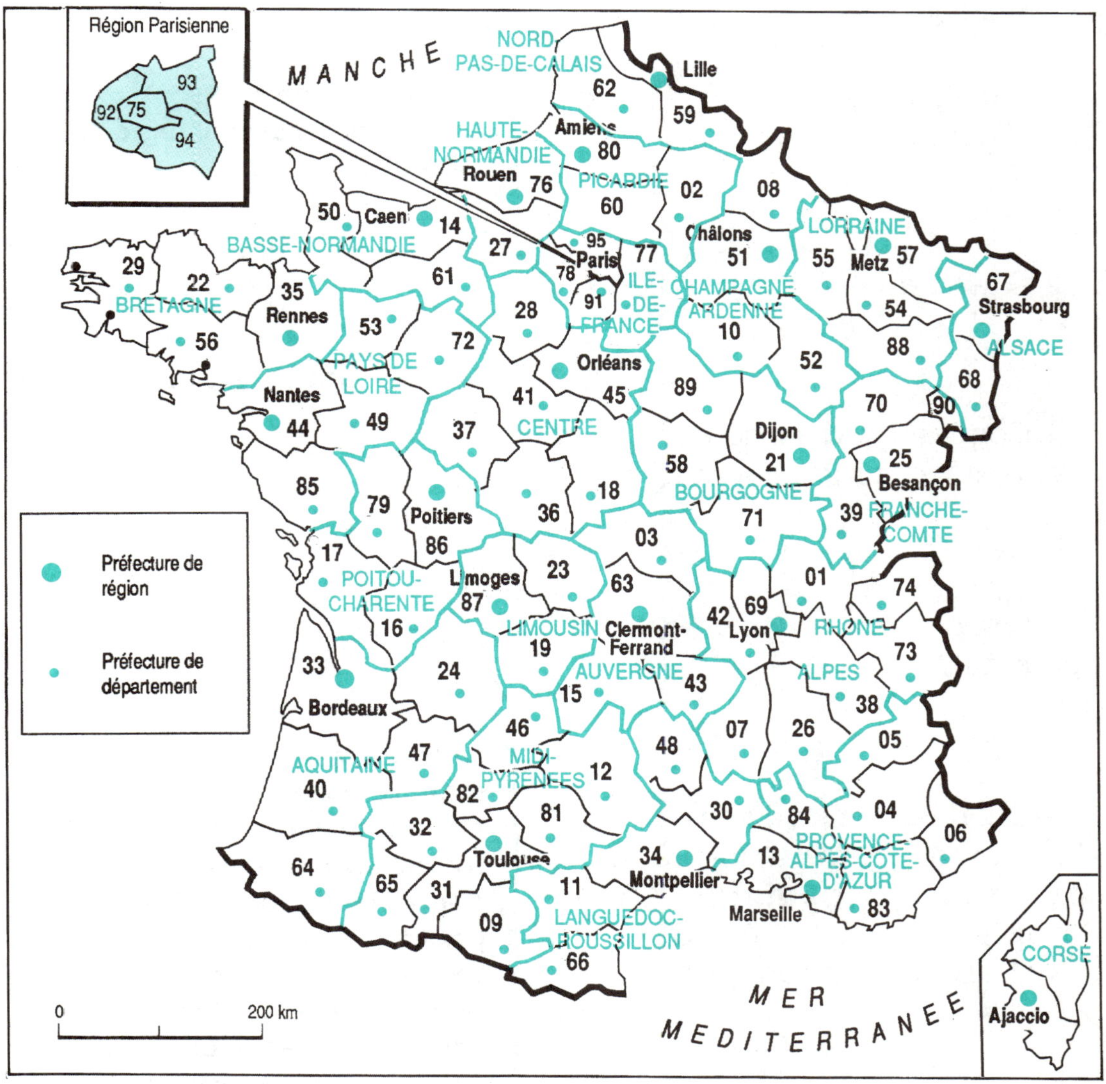

11 COMMENT LA FRANCE EST-ELLE ADMINISTRÉE ? (2)

Dans chaque *département*, l'assemblée départementale s'appelle « *conseil général* ». Formé d'élus de chaque canton, il gère, il administre ; il discute et vote le budget ; il aide les communes et s'occupe du développement économique et touristique.

1 Quelle est la superficie de ton département ?

....

2 Quelle en est la population ?

....

3 Combien y a-t-il de conseillers généraux dans ton département ?

....

4 Qui préside ton conseil général ?

....

5 Cherche dans un journal local le compte rendu d'une réunion du conseil général. Quels problèmes sont évoqués ? Quelles décisions sont prises ?

....

....

....

....

6 Lors des cérémonies officielles, comment reconnaît-on le préfet du département ?

....

....

Les 96 départements (métropolitains) sont regroupés en *22 régions*

7 Comment s'appelle ta région ?

....

8 Quels départements en font partie ?

....

....

9 Quelle est ta métropole régionale ?

....

La *région* est une création récente ; depuis 1982 c'est une collectivité locale avec ses élus (au suffrage universel direct depuis 1986), son budget et ses pouvoirs de gestion.
Le *président du conseil régional* est l'organe exécutif de l'assemblée régionale ; ses pouvoirs sont importants.

Le *préfet de région* représente l'État dans la région : il y fait respecter les lois et il dirige les services de l'État (équipement, agriculture, santé, finances...).

10 De combien de membres est composé ton conseil régional ?

....

11 Qui préside ton conseil régional ? ....

12 Combien d'habitants compte ta région ? ....

La *Corse* bénéficie d'un statut particulier, l'Assemblée corse est élue dans une circonscription unique formée des deux départements.

Au-dessus de toutes les administrations locales, il y a l'État, c'est-à-dire la nation organisée avec un territoire, une population, un pouvoir central et des administrations qui prennent les décisions commandées par l'intérêt général de la France.

La France possède à travers le monde des terres lointaines. Ces *départements et territoires d'outre-mer* (DOM-TOM) font partie de la République française.

13 Souligne en rouge les DOM, en vert les TOM (et les collectivités territoriales).

14 Encadre les Terres australes et antarctiques françaises (TAAF) ; elles ne sont pas peuplées.

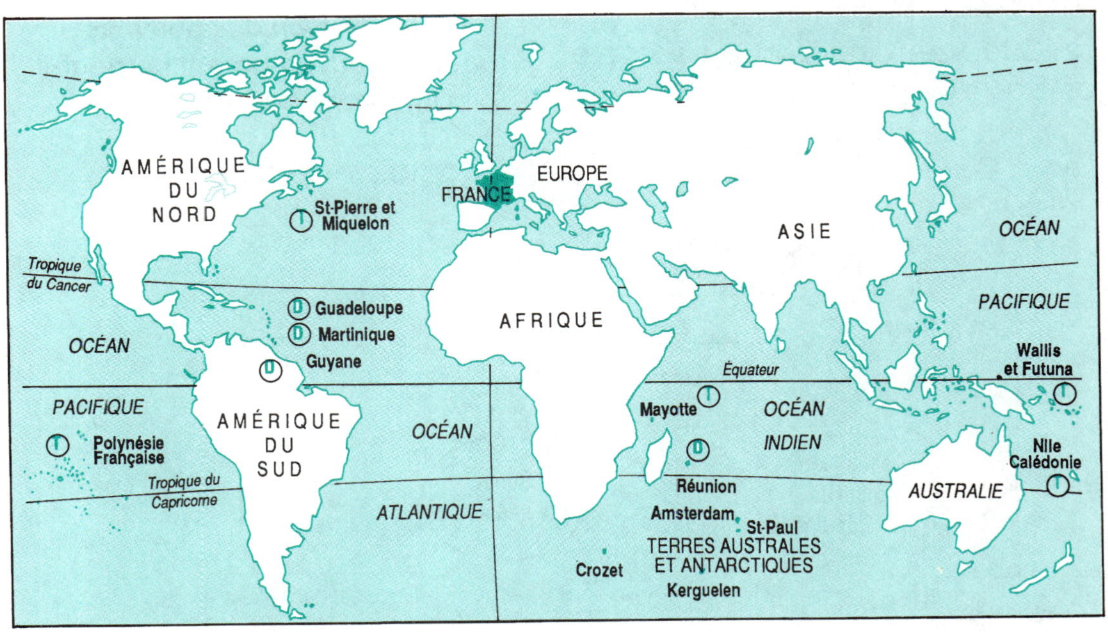

12 QU'EST-CE QUE LA CONSTITUTION ?

***La Constitution* est une loi fondamentale qui s'impose à tous les citoyens. La Constitution actuelle adoptée par le peuple français *en 1958* par référendum a mis fin à la 4e République. Nous vivons depuis cette date sous la 5e République.**
La Constitution de la 5e République réaffirme la souveraineté du peuple français, rappelle les libertés proclamées dans la Déclaration des droits de l'homme et du citoyen de 1789.

1 Qu'est-ce qu'un référendum ?

....

....

2 Cite une occasion où il a été utilisé ?

....

3 Recopie l'article 1 de la déclaration des droits de l'homme et du citoyen.

....

....

....

La Constitution définit les trois pouvoirs :
– *le pouvoir exécutif* assuré par le *président de la République* avec l'aide du *gouvernement* ;

– *le pouvoir législatif* assuré par le Parlement composé de l'Assemblée nationale et du Sénat ;

– *le pouvoir judiciaire* assuré par les juges.
Il y a *séparation* des pouvoirs : aussi le gouvernement ne peut-il pas intervenir auprès des juges.

4 Complète ce schéma.

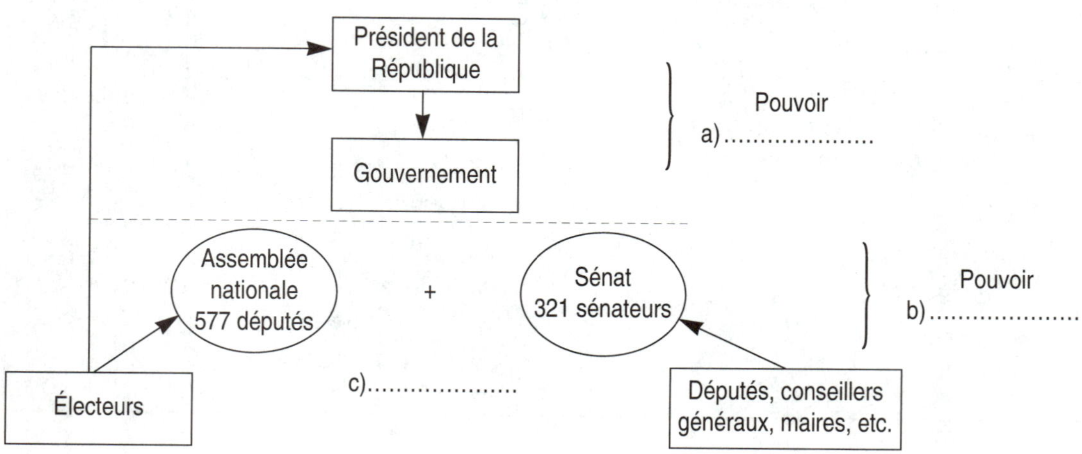

5 Un juge peut-il être député ? Pourquoi ?

....

....

6 Un membre du gouvernement peut-il rester député ou sénateur ? Pourquoi ?

....

....

7 Comment s'appelait le régime installé en France à la suite de la défaite de 1940 ?

....

8 Jusqu'à présent, quelle est la République qui a duré le plus longtemps ?

....

9 En quelle année fut votée sa Constitution ?

....

10 Par qui a été renversée la 2e République ?

....

Un extrait de la Constitution de 1958

Article 3 : La souveraineté nationale appartient au peuple qui l'exerce par ses représentants et la voie du référendum…

Le suffrage peut être direct ou indirect dans les conditions prévues par la Constitution.

Article 11 : Le président de la République peut soumettre au référendum tout projet de loi portant sur l'organisation des pouvoirs publics.

Article 12 : Le président de la République peut prononcer la dissolution de l'Assemblée nationale.

11 Quels sont les représentants du peuple ?

....

....

12 Quel a été le dernier référendum organisé en France ? Quel a été son résultat ?

....

....

13 Le président de la République peut-il dissoudre le Sénat ?

....

....

1792	1804	1848	1852	1870	1940	1944 (1946)	1958
1re République	Empire de Napoléon 1er + Monarchie (Louis XVIII, Charles X, Louis-Philippe)	2e République	Second Empire (Napoléon III)	3e République établie définitivement par la Constitution de 1875	État français (1)	4e République Constitution de 1946 (2)	5e République Constitution de 1958 (2)

(1) L'État français était le régime installé en France par Pétain, mais dans certaines colonies d'outre-mer, le général de Gaulle a maintenu la République.

(2) Les Constitutions de 1946 et de 1958 ont été approuvées par le peuple français par référendum.

13 QUEL EST LE RÔLE DU PRÉSIDENT DE LA RÉPUBLIQUE ?

Le président de la République assure le *pouvoir exécutif* avec le gouvernement. Élu pour sept ans au suffrage universel, il veille au respect de la Constitution. Il nomme le Premier ministre qui, à son tour, choisit les ministres qui constituent le gouvernement.
Il préside le Conseil des ministres.
Il promulgue les lois, signe les traités.
Il peut dissoudre l'Assemblée nationale.
Il est le chef des armées.

1 Vrai (V) ou faux (F) ?

a) Le président de la République est élu pour cinq ans. ☐

b) Le Premier ministre choisit ses ministres. ☐

c) Le président de la République est élu par les députés et les sénateurs. ☐

d) Il est le chef des armées. ☐

e) Le Premier ministre préside le Conseil des ministres. ☐

f) Le président de la République peut renvoyer le Premier ministre. ☐

2 Le président de la République se rend fréquemment à l'étranger. Qu'y fait-il ?

....
....
....

Le président réside à Paris au Palais de l'Élysée.

3 Il reçoit souvent des personnalités étrangères. Cites-en trois parmi les dernières reçues.

....
....
....

4 Comment s'appelle le président de la République actuel ?

....

5 Quand a-t-il été élu ?

....

6 Complète ce tableau.

Les présidents de la République de 1958 à nos jours.

Charles de Gaulle	1958-1965
Charles de Gaulle	1965-1969
Georges Pompidou	1969-1974
....	1974-1981
François Mitterrand	1981-1988
....	1988-1995
....	1995-......

7 Raye les noms de ceux qui n'ont pas été Premiers ministres depuis 1981.

Laurent Fabius – Jacques Chirac – Michel Rocard – Raymond Barre – Edith Cresson – Simone Veil – Pierre Mauroy – Jean-Pierre Chevènement – Pierre Bérégovoy – Commandant Cousteau – Jack Lang – Édouard Balladur – Charles Pasqua – Alain Juppé.

La durée du mandat d'un président de la République s'appelle un *septennat*.

8 Quels présidents de la République n'ont pas terminé leur septennat ? Pourquoi ?

....

....

La Constitution de 1958 ne prévoyait pas l'élection du président de la République au suffrage universel. C'est le président Charles de Gaulle qui, en 1962, fit adopter par référendum un amendement à la Constitution pour faire du président l'élu direct de toute la nation.

9 Recherche de quelle façon était élu le président de la République avant 1962 ?

....

....

N'importe quel citoyen peut être candidat à la présidence de la République à condition qu'il remplisse ces conditions : être Français, être âgé d'au moins 23 ans, ne pas être privé de ses droits civiques.

10 Pour éviter des candidatures fantaisistes (comme celle du comique Coluche en 1981), le candidat doit obtenir un certain nombre de signatures d'élus provenant d'au moins 30 départements différents.

Combien ? Marque d'une croix la bonne réponse.

- 1 000 ☐
- 500 ☐
- 3 000 ☐

14 QUEL EST LE RÔLE DU GOUVERNEMENT ?

***Article 20 de la Constitution* : (extrait) – Le gouvernement détermine et conduit la politique de la Nation...**
***Article 21* (extrait) – Le Premier ministre dirige l'action du gouvernement...**

Le gouvernement est composé de *ministres*, il assure avec le président de la République le *pouvoir exécutif*.

Les ministres réunis constituent le *Conseil des ministres* qui se tient généralement tous les mercredis matin sous la présidence du président de la République. Après chaque réunion est publié un communiqué qui informe les Français de ce qui a été décidé.

1 Qui est actuellement le Premier ministre ?

....

2 Écris les noms des Premiers ministres depuis 1981.

....
....
....

3 Recopie un extrait de compte rendu d'un Conseil des ministres.

....
....
....
....
....
....
....
....
....
....

4 Relie ce qui va ensemble.

Ministères			Attributions
a) Éducation nationale	●	●	**k)** Affaires militaires.
b) Environnement	●	●	**l)** Perception des impôts.
c) Santé	●	●	**m)** Nomination d'un commissaire de police.
d) Défense	●	●	**n)** Nomination d'un ambassadeur.
e) Travail	●	●	**o)** Affectation d'un professeur de lycée.
f) Finances	●	●	**p)** Installation d'un poste téléphonique.
g) Intérieur	●	●	**q)** Fermeture d'une usine.
h) Affaires étrangères	●	●	**r)** Problèmes des déchets.
i) Industrie	●	●	**s)** Problèmes du chômage.
j) Postes et télécommunications	●	●	**t)** Lutte contre le Sida.

Chaque ministre dirige un *ministère.* L'ensemble des ministères constituent l'*Administration française*.
Principaux ministères : Intérieur (police, élections, etc.) ; Finances (impôts, douanes) ; Affaires étrangères (relations avec les autres pays du monde) ; Éducation nationale (écoles, collèges, lycées, universités)...
Un ministre ne s'occupe pas seulement de son administration, il participe à l'action du *gouvernement* au sein du Conseil des ministres.

5 Dans l'extrait du compte rendu que tu as recopié, écris une décision prise par le Conseil des ministres.

....

....

....

....

....

....

Les ministres font appliquer des lois mais ils peuvent prendre des décisions qui se rapportent à leur ministère. Ces décisions sont des *arrêtés ministériels*.
Un arrêté ministériel :

***Article premier* : La durée hebdomadaire de la scolarité à l'école élémentaire est fixée à 27 heures.**
***Article deux* : Les vingt-sept heures sont réparties sur neuf demi-journées conformément au tableau annexé au présent arrêté.**
***Article trois* : Sont abrogées (= supprimées) toutes dispositions contraires à celles du présent arrêté.**
***Article quatre* : Le présent arrêté prendra effet à la rentrée scolaire de 1985.**

6 Coche la bonne réponse. Cet arrêté a été pris par :

a) le ministre du Travail ❐
b) le ministre de l'Éducation nationale ❐
c) le ministre de l'Intérieur ❐

Il y a dans chaque gouvernement des femmes ministres.

7 Écris le nom de femmes ministres et indique le ministère qu'elles dirigent.

....

....

....

....

Les ministres sont aidés dans leur tâche par des *secrétaires d'État* qui dépendent du ministre et s'occupent d'un secteur particulier.

8 À ton avis, de quel ministre dépend le secrétaire d'État à la francophonie ?

....

9 Quelle est la date de formation du dernier gouvernement ?

....

15 QUELS SONT LES RÔLES DES DÉPUTÉS ET SÉNATEURS ?

Toute la vie des Français est fixée par des *lois*. Ainsi, tu dois aller à l'école jusqu'à 16 ans parce qu'il existe une loi de 1959 fixant la scolarité obligatoire de 6 à 16 ans.

1 La durée de la scolarité a changé au cours des années. Indique les dates des diverses prolongations de la scolarité depuis Jules Ferry.

....

....

Les lois sont *proposées* (propositions de loi) et votées par le *Parlement* constitué par l'*Assemblée Nationale* (députés) et le *Sénat* (sénateurs).
Le Parlement exerce le *pouvoir législatif*.
Le gouvernement soumet au Parlement des *projets* de loi.

2 Complète :

a) Un député ou un sénateur dépose une .... de loi.

b) Un ministre présente un .... de loi.

Les projets et propositions de lois sont d'abord étudiés par des *commissions* composées de députés ou de sénateurs. Les membres des commissions, désignés à la proportionnelle selon l'importance numérique des partis, peuvent apporter des modifications. Ce sont des *amendements*.
Le projet ou la proposition de loi circule entre l'Assemblée nationale et le Sénat ; c'est ce qu'on appelle la *navette*.
Si le Sénat est d'accord avec le texte voté par l'Assemblée nationale, la loi peut être *promulguée* ; si, au contraire, le Sénat a repoussé ou apporté des modifications (amendements) au texte, celui-ci revient en *deuxième lecture* à l'Assemblée nationale, qui a le dernier mot.

3 Quelle est l'assemblée qui joue le rôle décisif dans le vote d'une loi ?

....

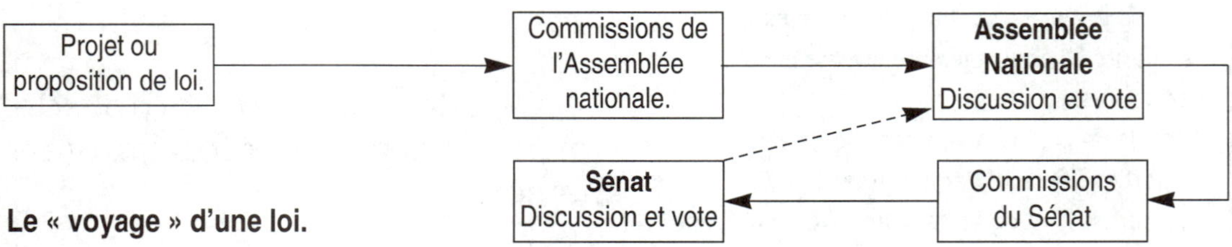

Le « voyage » d'une loi.

4 Connais-tu une loi votée récemment ? Écris en quelques lignes ce qu'elle autorise ou ce qu'elle défend.

....

....

....

Pour être applicable, la loi une fois votée, doit être signée dans les quinze jours par le président de la République et publiée au *Journal officiel* de façon qu'elle soit connue par tous les Français, car

Nul n'est censé ignorer la loi.

Le *député* est élu pour 5 ans au suffrage universel direct, scrutin proportionnel ou scrutin uninominal à deux tours. (voir p. 203) Âge minimum 23 ans. Il y a 577 députés (en 1993).

5 Quel est le nom du député de ta circonscription ?

....

6 À quel parti appartient-il ?

....

Le sénateur est élu pour 9 ans au suffrage indirect par près de 50 000 « grands électeurs » (députés, maires, conseillers régionaux, conseillers généraux, etc.). Âge minimum 35 ans. Il y a 321 sénateurs (en 1992).

7 Quels sont les noms des sénateurs de ton département ?

....

....

8 Quel est le président actuel de l'Assemblée nationale ?

....

9 Quel est le président actuel du Sénat ?

....

Les modes de scrutin pour l'élection des députés changent assez souvent. En 1981 c'était le scrutin uninominal à deux tours ; en 1986 le scrutin proportionnel ; en 1988 et 1993 de nouveau le scrutin uninominal à deux tours. Avec ce type de scrutin, le député est élu dans une circonscription : c'est une division électorale d'un département.

10 Vrai (V) ou faux (F).

a) Pour être candidat député il faut avoir 25 ans. ☐

b) Un sénateur est élu pour 9 ans. ☐

c) Un député peut élire un sénateur. ☐

d) Un sénateur peut élire un député. ☐

e) On peut être à la fois député et sénateur. ☐

11 Quels sont les principaux partis politiques français ?

....

....

....

Députés et sénateurs doivent également contrôler le gouvernement.

16 QUEL EST LE BUDGET DE L'ÉTAT ?

On entend dire fréquemment que l'on paie beaucoup trop d'impôts (= argent versé à l'État) en France.

Cependant, l'État prend en charge de nombreux services mis à la disposition des Français et des étrangers qui habitent notre pays : éducation nationale, santé, transports, défense, protection sociale, etc.

L'État a donc des dépenses très importantes. Il gère un *budget* dont les recettes doivent équilibrer les dépenses.

Ce budget est voté chaque année par le Parlement. C'est la *loi de finances initiale* qui prévoit et autorise l'ensemble des ressources (= recettes) et des dépenses.

1 Pourquoi les impôts sont-ils indispensables ?

....

....

Il existe deux sortes d'impôts :
Les impôts *directs* : impôt sur le revenu des personnes ; impôt sur les sociétés…
Les impôts *indirects* : la T.V.A. (taxe sur la valeur ajoutée) qui porte sur toutes les marchandises que nous achetons et sur les services (EDF, téléphone, etc.). Les taxes prélevées sur l'alcool, le tabac, l'essence, etc.
Les impôts *directs* sont plus justes car les personnes paient selon leurs revenus, tandis que les impôts indirects frappent tout le monde de la même façon.

Les recettes (1994) : 1 612 milliards

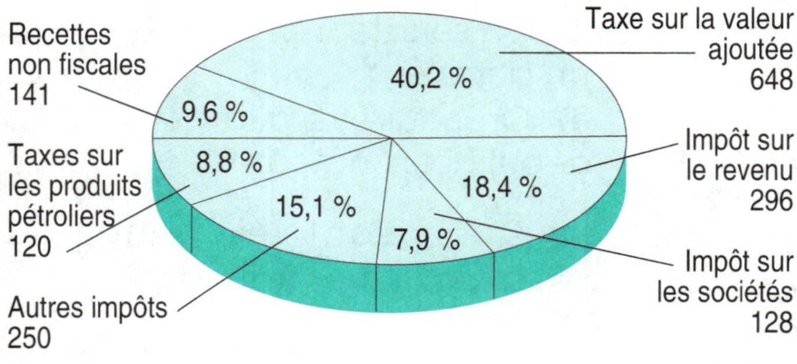

Total des recettes brutes	1 612
Dégrèvements et remboursements fiscaux	– 221
Prélèvements (CEE collectivités locales)	– 244
Recettes nettes	**1 147**

Sources : Les notes bleues.
Service de documentation du ministère du Budget.

2 Demande à tes parents une facture. Quel est le taux de la T.V.A. ? Quel est son montant ?

....

....

3 Quel est l'impôt qui rapporte le plus ?

....

4 Quel est l'impôt qui vient en 2e rang ?

....

Les dépenses (1994)

Crédits ouverts par ministère.

Économie, finances et budget	186	milliards
+ remboursement des dettes	193	milliards
Environnement	1,6	milliard
Éducation nationale	241,6	milliards
Recherche	40	milliards
Équipement, logement, transports	150	milliards
Intérieur	77	milliards
Affaires étrangères	14,7	milliards
Défense	242	milliards

Le total des dépenses prévues est de **1 429 milliards**.

5 Classe dans l'ordre les quatre ministères qui ont le plus gros budget.

....

....

....

Comme les dépenses sont supérieures aux recettes il ya un *déficit*.

6 Calcule le déficit prévu.

....

Pour combler ce déficit, l'État doit *emprunter* et rembourser plus tard.

7 Quelle somme doit-il rembourser en 1994 pour des emprunts réalisés auparavant ?

....

Pour une dépense de 100 F, l'État consacre

22,5 F à l'Éducation, la culture et la recherche (écoles, lycées, collèges, etc.)

13 F à l'action sociale (emploi, logement, aide aux familles, etc.)

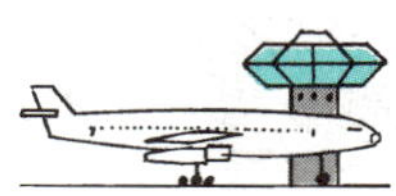

14 F à l'action économique, primes aux entreprises, entretien et modernisation des routes, des aéroports, etc.

15 F à la défense nationale (armées de terre, de l'air, marine)

11 F aux services généraux de pays (police, justice, ambassades, etc.)

11 F pour le remboursement de la dette.

5,5 F pour le budget européen.

Tous les ans, en février, tes parents rédigent une *déclaration de revenus* de l'année précédente.

8 Cherche la définition du mot revenu et cite trois sortes de revenus.

....

....

....

17 QUI VEILLE AUX LOIS ?

Plusieurs groupes de personnes veillent à l'application des lois et assurent la sécurité des citoyens : les policiers, les gendarmes, les préfets et les maires.
Les policiers sont des fonctionnaires qui appartiennent à un grand service public : *la Police nationale*.
Certains policiers portent un uniforme, ce sont les *agents de police* (ou *gardiens de la paix*), d'autres sont habillés en civil : *commissaires de police, inspecteurs*, etc.

1 Quel est le personnage assis sur un fauteuil ?

....

2 Que fait-il ?

....

3 Pourquoi y a-t-il deux policiers en uniforme dans le bureau ?

....
....
....

4 Quel est le rôle du policier tapant à la machine ?

....
....

Le rôle de la police est de constater *les infractions* à la loi. C'est la *justice* qui condamne et fait appliquer les peines.

5 Que fait cette femme ?

....
....

6 Dans la vie courante on les appelle parfois « aubergines », parfois « pervenches ». Pourquoi ces noms ?

....
....

La police nationale dépend du *ministère de l'Intérieur*.

Ses fonctionnaires veillent à la sécurité des personnes et des biens.

7 Donne deux exemples concernant la sécurité des personnes.

....

....

8 Donne deux exemples concernant la sécurité des biens.

....

....

9 Dans quelles situations appelle-t-on « *police secours* » ?

....

....

....

10 Quel numéro composes-tu pour appeler « police secours » ?

....

Il y a différents services de police en dehors de celui qui consiste à assurer la sécurité publique :
– la *police judiciaire* composée d'inspecteurs et de commissaires qui s'occupent des crimes et de la lutte contre le banditisme ;
– les *Renseignements généraux* informent le gouvernement sur ce qui se passe dans le pays ;
– la *défense et surveillance du territoire* (D.S.T.) lutte contre l'espionnage ;
– la *police de l'air et des frontières* contrôle les aéroports et les frontières pour éviter l'arrivée de clandestins ou de personnes recherchées.

11 Comment s'appellent ces personnes ?

....

12 On en voit, sur la route, le plus souvent en moto. Quel est leur rôle ?

....

....

La *gendarmerie* dépend du ministère de la Défense. Les gendarmes sont des *militaires*.
Ils assurent la sécurité routière, ils s'occupent des affaires militaires. Dans les campagnes, où il n'existe pas de services de la police nationale, ils assurent la sécurité publique.

Le préfet, qui a des pouvoirs de police, fait appel à eux pour assurer l'ordre et la sécurité dans son département : empêcher une manifestation, rechercher un homme dangereux…

18 COMMENT JUGE-T-ON ?

La déesse de la Justice tient un *glaive* (= une épée) dans la main droite et une *balance* dans la main gauche.

1 Que représentent ces deux symboles ?

....

....

Tandis que la police veille au respect des lois et assure la sécurité des personnes et des biens, la *justice* condamne les *infractions* (= désobéissance) aux lois et jugent les désaccords entre les individus.

Elle constitue le pouvoir *judiciaire*, indépendant des deux autres pouvoirs.

La justice est rendue dans un bâtiment appelé *tribunal.* Il y a plusieurs sortes de tribunaux ; ils ont chacun une fonction particulière.

L'organisation de la justice

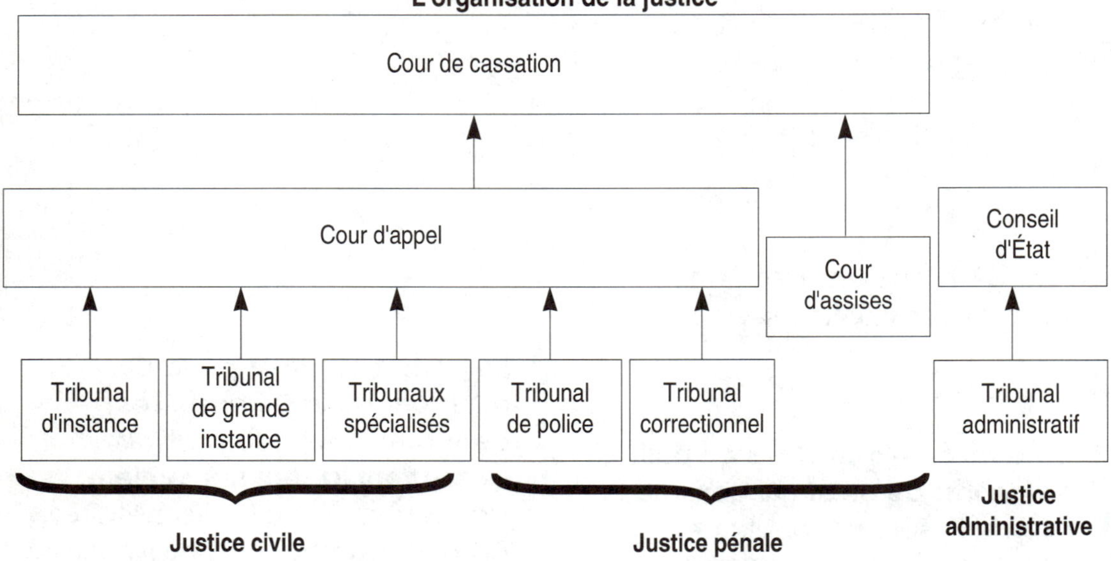

→ **La justice civile** juge les conflits entre personnes (Exemple : plainte d'une personne contre un voisin qui fait du vacarme).

→ **La justice pénale** juge les infractions petites (non paiement d'une contravention) ou grandes (crimes).

→ **La justice administrative** juge des conflits entre personnes et administration publique (contestation d'une élection par un candidat).

→ Il existe aussi des **tribunaux spécialisés** comme le Tribunal de Commerce, la Commission de Sécurité sociale, Conseils de prudhommes (= conflits entre employés et employeurs) ...

→ La justice est rendue par des **magistrats** qui s'appuient sur des *lois* (code civil, code pénal, ...) et les *usages*. Ils jugent « **en leur âme et conscience** ».

2 Que signifie l'expression « *en leur âme et conscience* » ?

....

....

On appelle *magistrats* : les juges, le président du tribunal, les assesseurs (ceux qui assistent le président), l'avocat général (qui représente l'État). Ce sont des fonctionnaires.
Les *avocats* ne sont pas des fonctionnaires de la justice. Ils sont chargés de défendre les personnes qui sont jugées et sont payées par elles.

3 Un avocat appartient-il à la magistrature ?

....

Le tribunal d'*instance* juge des affaires simples (ex. : le voisin bruyant).
Le *tribunal de grande instance* juge d'affaires plus complexes (divorce, adoption, expropriation...).

4 Deux voisins ne sont pas d'accord sur la limite de leur propriété. Devant quel tribunal l'affaire sera-t-elle jugée ?

....

Le tribunal de *police* juge les infractions légères : voiture en stationnement interdit, tapage nocturne. Les condamnations sont des *amendes* (sommes à payer à l'État) ou/et des peines de prison.

5 Que signifie l'expression « prison avec sursis » ?

....

....

Le tribunal *correctionnel* juge les infractions plus lourdes : blessures par imprudence, escroquerie, vol, etc. Les condamnations infligées sont des peines de prison (jusqu'à 20 ans) assorties d'amendes.

À la suite d'un jugement, le condamné peut faire *appel*, c'est-à-dire demander la révision du *procès* ou du jugement auprès de la Cour d'appel.

La *Cour d'assises* juge les affaires très graves, crimes, incendies volontaires...
Elle comprend trois juges professionnels et neuf jurés. Les jurés sont des citoyens français tirés au sort. L'ensemble forme le jury. C'est un jury populaire qui rend la justice *au nom du peuple français*.
Le condamné ne peut pas faire appel mais il peut se pourvoir en cassation. La Cour de cassation peut « casser » le jugement s'il y a eu *vice de forme* (c'est-à-dire erreurs, mauvaise interprétation du code, etc.).
Depuis la suppression de la peine de mort, la peine maximum est la *réclusion à perpétuité* (= emprisonnement à vie).

6 Quels tribunaux existent dans ta localité ?

....

....

La vie en société suppose non seulement des règles et des lois, mais également des devoirs de solidarité.

LA VIE SOCIALE

19 COMMENT AVOIR LE RESPECT DE SOI ?

1 « On a le droit de tricher au jeu parce que ce n'est pas sérieux. » Que penses-tu de cette affirmation ?

....
....
....
....

2 Est-il plus grave de mentir à un petit, à un aveugle qu'à un grand ou à une personne voyant bien ? Pourquoi ?

....
....
....
....

3 Explique ces expressions :

donner sa parole d'honneur :

....
....
....

jouer franc-jeu :

....
....
....

tenir parole :

....
....
....

4 Distingue le sens de :

a) sincère ....

....

b) franc ....

....

c) loyal ....

....

5 Qu'est-ce qu'une lettre anonyme ? Que penses-tu de ce procédé ?

....
....
....

6 Quelle est la différence entre *mensonge* et *erreur* ?

....
....
....

7 Explique ces phrases :

a) « Labeur (= rude travail) sans soin, labeur de rien »

....
....
....

b) « Bien faire et laisser dire »

....
....
....

> **Le *courage*, c'est ne pas redouter la douleur, c'est vaincre la peur, c'est lutter contre les préjugés par le respect de soi et des autres.**
>
> **On peut parler du courage du pompier, du médecin, de l'écolier qui avoue ses fautes, qui surmonte son égoïsme, sa paresse…**

8 Certains animaux (renard, par exemple), lorsqu'ils sont saisis par une patte, peuvent couper eux-mêmes le membre prisonnier et s'enfuir. Si le membre ainsi abandonné avait une pensée, il comprendrait qu'il est sacrifié au salut du corps dont il faisait partie.

Pourquoi, dans cet exemple, le courage apparaît-il comme nécessaire et naturel ?

....
....
....
....

9 *Travailler.* Ce n'est pas seulement un devoir c'est aussi un des grands plaisirs de l'homme. L'écolier ne travaille pas seulement par obligation, par crainte ou pour surpasser les autres.

Donne un exemple où tu as pu dire avec fierté « C'est moi qui ai fait cela, moi tout seul. ».

....
....
....
....

10 Il *faut apprendre à travailler.* Tu dois effectuer un travail (réparer un vélo, cultiver un petit morceau de jardin…), indique les différentes étapes de ton travail.

....
....
....
....
....
....

11 Une vie bien ordonnée exige le respect de son corps par une bonne hygiène et par des exercices physiques adaptés.

Quels sont les abus qui nuisent considérablement à la santé de l'homme ?

....
....
....
....
....
....

20 COMMENT AVOIR LE RESPECT DES AUTRES ?

Le respect des opinions et des croyances des autres est une forme de la justice qui se traduit par la *tolérance*, condition de la vie en société.
L'*intolérance* peut causer de grands malheurs.

1 Cite des exemples d'intolérance.

a) dans l'histoire de France

....
....
....

b) dans le monde d'aujourd'hui

....
....
....

La *politesse* est l'huile qui lubrifie (= qui rend plus glissant, plus facile) les rapports entre les personnes.

La *politesse* est un devoir social : elle contribue à entretenir de bonnes relations.
Robinson Crusoë seul sur son île n'avait pas besoin d'être poli...

La *politesse* s'exprime dans les paroles, dans les gestes et dans les attitudes.

2 Place une croix dans la colonne correspondante.

a) Parler la bouche pleine.

C'est poli ☐ *C'est impoli* ☐

b) Dire pardon en passant devant quelqu'un.

C'est poli ☐ *C'est impoli* ☐

c) Entrer sans frapper.

C'est poli ☐ *C'est impoli* ☐

d) S'excuser lorsqu'on arrive en retard.

C'est poli ☐ *C'est impoli* ☐

e) Interrompre une personne qui parle.

C'est poli ☐ *C'est impoli* ☐

3 Raye les expressions qui sont incorrectes ou incomplètes.

Salut la compagnie – Veuillez m'excuser – Je veux un billet pour Toulouse – Bonjour, m'sieurs dames – Je m'excuse – Au revoir, messieurs et mesdames – Pardon Mademoiselle – Merci.

La dignité humaine provient de la *raison*. La *raison* permet de voir et de juger juste, de choisir, de donner un but à l'activité, de comprendre le monde.

C'est par la *raison* que les hommes diffèrent des animaux qui sont, eux, poussés par leur instinct.

C'est la *raison* qui permet à l'homme de résister à ses instincts de cruauté, de peur, de paresse... pour devenir un être libre, vraiment maître de soi.

Le sentiment de *dignité* conduit à *se respecter* et à respecter l'Homme dans son semblable.

On peut être *digne* dans n'importe quelle situation. Il ne faut jamais porter atteinte à la *dignité* d'un autre.

Dans un camp de concentration

... Je n'oublierai jamais le jour où je vis un Français se jeter à quatre pattes pour ramasser le mégot [1] que venait de laisser négligemment tomber un S.S.[2] et le regard de triomphe et de mépris dont celui-ci suivit le geste de l'homme accroupi à ses pieds. Ma honte devant cet abandon de toute dignité égalait ma colère contre ceux qui avaient réduit à l'humiliation un homme fier et libre.
C'était un frappant exemple du crime réussi contre l'homme.

L. Martin–Chauffier, *L'Homme et la Bête*. Gallimard.

(1) mégot : Bout d'un cigare ou d'une cigarette qu'on vient de fumer.
(2) S.S. : Membre de la police du parti nazi allemand chargé notamment de la garde des camps de concentration.

4 En quoi la dignité du Français a-t-elle été bafouée ?

....
....
....
....

5 Pourquoi peut-on dire que le geste du S.S. est indigne ?

....
....
....
....

1995 a été l'année des Nations unies pour la *tolérance*, facteur essentiel de paix dans le monde.

Le 21 mars 1995 a eu lieu la journée mondiale contre le racisme.

6 Indique, à l'aide de trois exemples précis choisis dans la vie de tous les jours, comment peut et doit s'exprimer le respect des autres.

a) ....
....
....
....

b) ....
....
....
....

c) ....
....
....
....

21 POURQUOI S'ASSOCIER ?

Voici une vignette éditée par une association.

1 Quel était le but de cette association ?

....

....

2 Connais-tu d'autres associations du même genre ? Si oui, lesquelles ?

....

....

Une association est un groupe de personnes qui veulent atteindre un but commun (protéger une espèce animale en voie de disparition) ou défendre des intérêts communs (association de défense des locataires).

Une association peut s'appeler de différentes façons : amicale, club, groupe folklorique, etc.

3 **a)** Cite le nom d'une amicale que tu connais.

....

b) Cite le nom d'un club.

....

c) Cite le nom d'une association de ta commune.

....

Il y a plus de 500 000 associations en France qui regroupent 20 millions d'adhérents.
Leur but n'est pas de gagner de l'argent. Lorsqu'on fonde une association, on établit des *statuts* (= règlements) qui fixent les conditions de fonctionnement.
La plupart des associations sont régies par le *loi de 1901* dont voici les deux premiers articles :

Art. 1 : L'association est la convention (= l'accord) par laquelle deux ou plusieurs personnes mettent en commun, d'une façon permanente, leurs connaissances ou leur activité dans un but autre que de partager des bénéfices.

Art. 2 : Les associations de personnes pourront se former librement sans autorisation ni déclaration préalable.

4 Le but d'une association régie par la loi de 1901 est-il de faire des bénéfices ?..........................

5 À quel droit correspond l'article 2 de cette loi ?

....

La déclaration d'une association doit être rendue publique et publiée au Journal officiel.

Voici un exemple d'insertion

22 juin 1992 : Déclaration à la sous-préfecture de Pithiviers (45) . *La boule de Malesherbes.*
Objet : pratique de la pétanque.
Siège social : 3 place du Martroi 45330 Malesherbes.

6 À ton tour, rédige une insertion au Journal officiel d'une association.

....
....
....
....
....
....

7 Voici quelques associations, classe-les dans ce tableau.

La pédale brestoise – Club de philatélie – Comité contre la faim dans le monde – Groupe folklorique de Moulins – Les jeunes archéologues – Club d'arts martiaux – Médecins du monde – Comité d'aide à l'enfance malheureuse – La fanfare de Fort-de-France – SOS amitiés – Sauvons la forêt – Les marcheurs de Dieppe – Association des naturalistes de la vallée du Loing – Découverte des Cévennes – Les surfeurs de Biarritz – Association de protection du marais poitevin.

Associations culturelles	Associations sportives	Associations humanitaires	Protection des animaux et de l'environnement

Une association particulière : la coopérative scolaire.

Les coopératives scolaires ont été fondées par des instituteurs entre 1920 et 1939 afin de permettre aux écoles d'acheter du matériel pédagogique Ces associations sont gérées par les élèves eux-mêmes avec le concours du maître. Les recettes sont constituées par la vente de travaux d'élèves, des cotisations et des subventions. Elles sont affiliées à l'Office central de la Coopération à l'école (O.C.C.E.).

8 S'il existe une coopérative dans ton école, décris-en le fonctionnement.

....
....
....
....
....

22 COMMENT FONCTIONNE LA SÉCURITÉ SOCIALE ?

Il n'y a pas très longtemps, une soixantaine d'années environ, lorsqu'un travailleur tombait malade, c'était pour lui et sa famille une véritable catastrophe. Il ne recevait aucun salaire pendant la durée de sa maladie, il perdait souvent son emploi ; les honoraires du médecin et les médicaments n'étaient pas remboursés. Bref, c'était la misère.

1 Pourquoi la maladie d'un travailleur était-elle une véritable catastrophe ?

....

....

2 Pourquoi risquait-il de perdre son emploi ?

....

....

En 1930, une loi crée le système des Assurances sociales, c'est une amélioration importante mais c'est seulement après la Seconde Guerre mondiale, en 1945, qu'est créée la **Sécurité sociale** qui met désormais le salarié (= celui qui perçoit un salaire) à l'abri des maladies, des accidents du travail et lui assure une retraite (à 60 ans depuis 1982).

Aujourd'hui la Sécurité sociale est étendue à tous les Français, ainsi qu'à tous les étrangers qui travaillent en France.
D'autres catégories (chômeurs, personnes sans ressources, etc.) bénéficient également de la Sécurité sociale.
La Sécurité sociale protège :
- **des risques de maladie ;**
- **des accidents de travail ou de trajet ;**
- **de la vieillesse (retraite).**

Elle verse des allocations familiales (= sommes d'argent) aux familles qui ont au moins deux enfants.

Le *numéro de la Sécurité sociale*
Chaque affilié à la Sécurité sociale possède un *numéro d'immatriculation* qui lui est personnel.
C'est le numéro I.N.S.E.E. (Institut national de la statistique et des études économiques).

2 / 45 / 07 / 77 / 031 / 082 / 05

2 : code sexe : 1 homme, 2 femme.

45 : 2 derniers chiffres de l'année de naissance, 1945.

07 : mois de naissance → juillet.

77 : Code du département de naissance : Seine-et-Marne

031 : Code de la commune de naissance.

082 : Indique le numéro d'inscription sur le registre d'état civil des naissances. Ici, c'est la 82e personne inscrite sur ce registre en 1945.

05 : Est un chiffre clé (attribué par l'I.N.S.E.E.)

3 Il est tout à fait impossible que deux personnes du même sexe, nées le même jour dans la même commune aient le même numéro d'immatriculation. Pourquoi ?

....

....

La Sécurité sociale rembourse une partie (70 %) des honoraires du médecin, une part (65 % ou 35 %) des médicaments, les analyses de laboratoire, les radios et les frais d'hospitalisation, etc.
Sont remboursés également plus ou moins bien les soins dentaires, les lunettes, etc.

Un décompte de remboursement

Numéro SS : 1-42-07-72-119-287 - 05			
Soins du 22 juillet 1994			
	Prix payé	**Taux**	**Rembt**
Consultation du Dr Lebon	100 F	70 %	70 F
Pharmacie	380 F	65 %	247 F
Pharmacie	620 F	35 %	217 F
	Montant à payer		534 F

4 Dans ce cas quel est le montant de la somme non remboursé à M. Boulanger ?

....

....

Des *mutuelles*, auxquelles on peut adhérer en payant une *autre cotisation*, remboursent tout ou partie des soins non pris en charge par la Sécurité sociale.

La Sécurité sociale est un organisme organisé démocratiquement. Chaque caisse (caisse primaire, caisse régionale, caisse nationale) est gérée par des élus des salariés et des employeurs.

La Sécurité sociale est sans doute la plus belle réalisation sociale. Elle repose uniquement sur la notion de *solidarité nationale*. Pour qu'elle fonctionne, il faut, en effet, une solidarité entre jeunes et personnes âgées, entre malades et bien portants, travailleurs et chômeurs.

5 Quel est le salaire brut ?

....

6 À combien se montent les prélèvements ?

– pour la Sécurité sociale ? ......

– pour le chômage ? ....

– pour les mutuelles ? ....

7 Combien verse l'employeur ?

....

8 Quel pourcentage représente le salaire net par rapport à la dépense de l'employeur ? ....

....

Un bulletin de paie

BULLETIN DE PAIE

EMPLOYEUR	SALARIÉ
Nom et adresse	Nom et adresse

PÉRIODE : MARS 95 DU 01/03/95 AU 31/03/95

EMPLOI : ÉDITRICE
CLASSEMENT : 210 N° SS 1680777284095
CONVENTION COLLECTIVE NATIONALE DE L'ÉDITION

ÉLÉMENTS DE PAYE	BASE	TAUX	MONTANT SALARIÉ	EMPLOYEUR TAUX	EMPLOYEUR MONTANT
TOTAL HEURES PAYÉES	169,0				
SALAIRE BASE			11 000,00		
——— TOTAL	BRUT	——	11 000,00		
Séc. soc. maladie	11 000,00	6,90	– 759,00	12,80	1 408,00
Séc. soc. vieillesse	11 000,00	6,55	– 720,50	9,8	1 078,00
REMISE FORFAITAIRE			42,00		
Assedic (chômage)	11 000,00	3,22	– 354,20	5,34	587,40
Mutuelle	11 000,00	3,163	– 347,93	5,037	554,07
Charges patronales autres	11 000,00			12,10	1 331,00
C. S. G.	10 450,00	2,40	– 250,80		
——— TOTAL	COTISATIONS	——	– 2 390,43		4 958,47
PRIME TRANSPORT	110,00	1,00	110,00		
TICKETS REPAS	23,00	14,00	– 322,00		

MODE DE PAIEMENT : VIREMENT

NET A PAYER **8 397,57**

SALAIRE + CHARGES 15 958,47

23 POURQUOI UNE SOLIDARITÉ NATIONALE ?

Le budget de la Sécurité sociale

Les dépenses prévues pour l'année 1994 étaient d'environ 1 810 milliards (9 milliards par jour ouvrable !) et moins pour les recettes d'où un *déficit*. Les prévisions pour 1996 annoncent également un déficit important.

Ces déficits proviennent de plusieurs causes :

– le nombre de retraités qui augmente (la branche vieillesse a un déficit de 40 milliards pour les trois dernières années) ;

– l'alcoolisme dont les méfaits coûtent très cher ;

– le chômage qui réduit le nombre de cotisants sans diminuer le nombre de bénéficiaires ;

– les dépenses pour les maladies qui progressent malgré l'augmentation des cotisations en 1991 qui a porté la part des salariés de 5,9 % à 6,8 % (et l'augmentation d'un impôt CSG en juin 1993).

D'ici la fin de l'année 1996, il faudrait trouver au moins 90 milliards de ressources nouvelles pour équilibrer les comptes.

Répartition des recettes

Employeurs	Assurés	Part État	Divers
52 %	24 %	20 %	4 %

Répartition des principales dépenses pour les salariés

Santé	: 412 milliards
Vieillesse	: 615 milliards
Accidents du travail	: 41 milliards
Maternité famille	: 115 milliards

Sources : Comptes de la Sécurité sociale.

1 Compare ces montants avec le budget de l'État (pp. 226-227).

....

....

2 Qu'est-ce qui explique la part importante des frais d'hospitalisation dans les dépenses de santé.

....

....

Les dépenses de santé

Pour 100 F de dépenses de santé il y a :

15 F pour les médecins (généralistes, spécialistes)

58 F pour l'hospitalisation (opérations, frais de séjour)

15 F pour les médicaments

12 F pour les autres prestations (soins dentaires, optique, soins infirmiers...)

**L'État intervient dans le financement de la Sécurité sociale parce que des personnes appartenant à des régimes spéciaux (agriculteurs, artisans, commerçants, médecins, avocats, notaires...) ne cotisaient pas ou peu.
Or, l'assurance vieillesse a été étendue à toutes ces catégories. L'État s'est donc trouvé dans l'obligation de verser des sommes importantes à ces régimes spéciaux.**

L'État verse aussi des prestations dans des situations particulières : allocation aux adultes handicapés, allocation d'éducation spéciale (pour les enfants qui ne peuvent pas fréquenter une école ordinaire)...

Un nouveau sigle : le R.M.I.
De création récente (1990), le R.M.I. (revenu minimum d'insertion) est attribué aux personnes dépourvues de ressources (700 à 900 000 bénéficiaires).

En mars 1995, il y a encore 3 300 000 chômeurs, dont plus d'un million au chômage depuis plus d'un an.

L'extension du chômage rend plus que jamais nécessaire la solidarité nationale.
L'*A.N.P.E* (Agence nationale pour l'emploi) s'efforce de trouver du travail aux demandeurs d'emploi. Elle organise, en outre, des stages rémunérés (= payés) de formation, de recyclage, etc.
L'*A.S.S.E.D.I.C.* (Assurance pour l'emploi dans l'industrie et le commerce) est en fait un régime d'assurance chômage, créé en 1958 par le patronat et les syndicats, qui verse pendant un certain temps une allocation aux demandeurs d'emploi.

Les ressources de l'ASSEDIC sont les cotisations versées par les salariés et les employeurs (voir bulletin de paie p. 239).

3 Renseigne-toi sur l'A.N.P.E.

....

....

....

4 Il y a beaucoup de demandeurs d'emploi et pourtant certaines entreprises manquent de personnel. Comment expliques-tu cette situation ?

....

....

Il y a aussi la solidarité qui se manifeste pour « les grandes causes » et dans la vie quotidienne. Les donneurs de sang, par exemple, fournissent gratuitement leur sang pour sauver des milliers de vies humaines (grandes catastrophes, accidents de la route, opérations, etc.)
Chaque année sont autorisées des *quêtes* (= dons d'argent) sur la voie publique, pour les grandes causes.

5 Cites-en deux.

....

....

6 Que sais-tu de

a) La Croix-Rouge ?

....

b) Médecins sans frontières ?

....

c) La ligue nationale contre le cancer ?

....

7 Cite deux exemples de solidarité internationale.

....

....

24 QUEL EST LE RÔLE DE L'ÉDUCATION NATIONALE ?

En 1881-1882, la 3e République établit l'enseignement primaire (= élémentaire) *gratuit, obligatoire* et *laïque* (= on respecte toutes les croyances religieuses) pour les garçons et pour les filles. Ce sont les lois de Jules Ferry.

1 De quel âge à quel âge l'école est-elle obligatoire aujourd'hui, en France ?

....

....

L'école élémentaire comporte cinq niveaux regroupés en deux cycles.

Maternelle Grande section	Cours préparatoire	Cours élémentaire 1re année	Cours élémentaire 2e année	Cours moyen 1re année	Cours moyen 2e année

6 ans — 7 ans — 8 ans — 9 ans — 10 ans

Cycle des apprentissages fondamentaux
Cycle 2

Cycle des approfondissements
Cycle 3

Avant l'école élémentaire, les enfants peuvent aller à l'*école maternelle* qui comporte trois sections et un cycle.

Section des petits ou petite section	Section des moyens ou moyenne section	Section des grands ou grande section	École élémentaire Cours préparatoire
2 à 4 ans	4 à 5 ans	5 à 6 ans	

Cycle des apprentissages premiers
Cycle 1

Cycle des apprentissages fondamentaux

2 L'école maternelle est-elle obligatoire ?

....

3 À quel âge peut-on y entrer ?

....

La scolarité, après l'école primaire, s'effectue au *collège*, puis au lycée et enfin, après le *baccalauréat*, à l'*Université* ou dans les *grandes Écoles* (Polytechnique, École des mines, École normale supérieure, etc.).

4 Combien d'années un élève passe-t-il au moins du cours préparatoire au baccalauréat ?

....

5 Si tu es au CM2, dans quels collèges peux-tu aller à la rentrée ?

....

....

La scolarité des enfants habitant en France (Français et étrangers) est organisée par le ministère de l'Éducation nationale qui est de loin, le ministère qui emploie le plus de fonctionnaires (plus d'un million !). Ce sont les professeurs, les directeurs d'école, les instituteurs, les agents de lycée...

L'Éducation nationale est un grand *service public* chargé de l'instruction et de l'éducation de tous les enfants vivant en France.

6 Cite trois autres grands services publics.

....

....

....

Une année de scolarité coûte (en 1991) à l'État et aux collectivités locales (communes, départements et régions) :
19 000 F pour un élève de l'école élémentaire, 32 000 F pour un collégien, 41 000 F pour un lycéen, 31 000 F pour un étudiant.

7 Quels frais de scolarité prennent en charge les parents ?

....

....

....

8 Dans ton cas personnel, combien coûte à tes parents une année de scolarité ?

....

Organisation de l'Éducation nationale

Le territoire est divisé en académies (il y en a 28). Chaque académie regroupe plusieurs départements (sauf Paris). Une académie ne correspond pas à la région. Ainsi la région Ile-de-France comprend trois académies : Paris, Créteil et Versailles.
L'académie est administrée par un *recteur* qui dépend directement du ministre.
Dans chaque département, il y a un inspecteur d'académie qui dirige les services de l'Education nationale.

9 Dans quelle académie se trouve ton école ?

....

25 POURQUOI UN CODE DE LA ROUTE ?

En France, le bilan des accidentés de la route est très lourd. Pour 1991, 9 600 morts (la population d'une ville comme Briançon), 206 000 blessés (dont 55 000 graves). Un mort sur trois a moins de 24 ans ! Quant aux enfants, plus de 21 000 ont été victimes d'accidents comme piétons. C'est trop, beaucoup trop !

Accidents de la route

Années	Tués	Blessés	**Attention**
1972	16 600	388 000	Entre 1972 et 1995 le nombre d'automobiles en circulation a plus que doublé.
1980	12 500	339 000	
1982	12 400	321 000	
1987	9 800	238 000	
1993	9 000	189 000	

1 Qu'est-ce qui explique, selon toi, la forte mortalité chez les moins de 24 ans ?

....

....

2 De 1972 à 1993, soit près de 20 ans, de combien a diminué

a) le nombre de morts : ....

b) le nombre de blessés : ....

3 Quelles sont les raisons qui expliquent des diminutions ?

....

....

4 Quelle a été l'année

a) la plus meurtrière : ....

b) la moins meurtrière : ....

Pour lutter contre ce fléau des accidents de la route, les pouvoirs publics (= l'État) ont pris depuis 20 ans de nombreuses dispositions :
– limitation des vitesses ;
– lutte contre l'alcoolémie (= présence d'alcool dans le sang) ;
– ceinture de sécurité ;
– permis à points.

5 Il existe d'autres dispositions concernant les règles de circulation et la sécurité routière. Cites-en quelques-unes.

....

....

6 Quelles sont les vitesses à ne pas dépasser

a) sur une autoroute ? ....

b) en agglomération ? ....

7 Dans quelle(s) vignette(s) vois-tu une infraction au code de la route ?

....

Le code de la route **est un recueil de lois et de réglements concernant la circulation routière.**
Il s'applique à tous les usagers de la route : piétons, cyclistes, cyclomotoristes, motocyclistes, automobilistes, chauffeurs de camions et d'autocars.
Tout manquement au code de la route constitue une *infraction*, punie par des *amendes* (sommes d'argent) et des *peines de prison* plus ou moins longues selon la gravité de l'infraction.
On retire (= retrait) le permis de conduire au conducteur fautif pour des durées variables.
En cas de faute très grave, le tribunal peut décider le *retrait définitif* du permis de conduire.

8 Tu as sans doute déjà vu des gendarmes faire souffler des automobilistes ou des motocyclistes dans un ballon. Que recherchaient-ils ?

....

9 Un cycliste peut-il transporter un passager ? Si oui, lequel, et dans quelles conditions ?

....

....

10 Complète le tableau suivant en cochant la case correspondante. (Il peut y avoir plusieurs réponses.)

	piéton	cycliste	motocycliste	automobiliste
1) doit porter obligatoirement un casque.				
2) peut prendre un passager.				
3) doit avoir un permis de conduire.				
4) doit respecter le code la route.				
5) doit traverser sur un passage protégé.				
6) hors agglomération, doit s'arrêter au passage protégé lorsqu'un piéton traverse.				

26 QU'EST-CE QUE L'UNION EUROPÉENNE ?

Après la guerre de 1939-1945, les pays de l'Ouest de l'Europe prennent conscience qu'ils doivent s'unir pour protéger leurs façons de vivre et de penser. Ils décident de procéder par étapes. Deux français, *Jean Monnet* et *Robert Schuman* jouent un grand rôle dans cette réalisation qui commence par des aspects économiques.

En *1949*, le *Conseil de l'Europe* est créé. Il siège à Strasbourg.

En *1951*, la *Communauté européenne du charbon et de l'acier* (*CECA*) est créée entre six États qui mettent en commun leurs productions de base : France, Allemagne fédérale, Italie et Bénélux (= Belgique + Pays-Bas + Luxembourg).

En *1957*, *le traité de Rome* établit entre ces six États la Communauté économique européenne : *la CEE*.

En *1972*, le Royaume-Uni, l'Irlande et le Danemark rejoignent la CEE.

En *1981*, c'est le tour de la Grèce.

**En *1986*, la CEE s'élargit à l'Espagne et au Portugal.
C'est l'*Europe des Douze* qui signe l'*Acte unique européen* permettant dès le 1er janvier 1993 une libre circulation des marchandises, des personnes et des capitaux.**

Depuis, d'autres avancées se font jour pour établir une citoyenneté européenne et une monnaie unique (l'*Écu* ou European Currency Unit). D'autres États d'Europe, notamment à l'Est, posent leur candidature à cette *Union européenne* tandis qu'adhèrent l'Autriche, la Suède et la Finlande (01/01/95).

1 Sur la carte, distingue et nomme par des couleurs différentes les membres fondateurs, les admis en 1972, en 1981, en 1986, en 1995.

2 Place sur la carte les trois capitales européennes : **Bruxelles** où siègent le Conseil des ministres et la Commission européenne ; **Strasbourg** où siège le Parlement européen (élu au suffrage universel dans chacun des États depuis 1979) ; **Luxembourg** où siège la Cour de justice européenne.

3 Complète le tableau de la page 51 en coloriant le drapeau de chaque État.

4 Dessine maintenant le drapeau européen.

5 Quel est l'hymne européen ?

....

Le 5 mai, date anniversaire de la création du Conseil de l'Europe en 1949, a été choisi comme « *Journée de l'Europe* ».

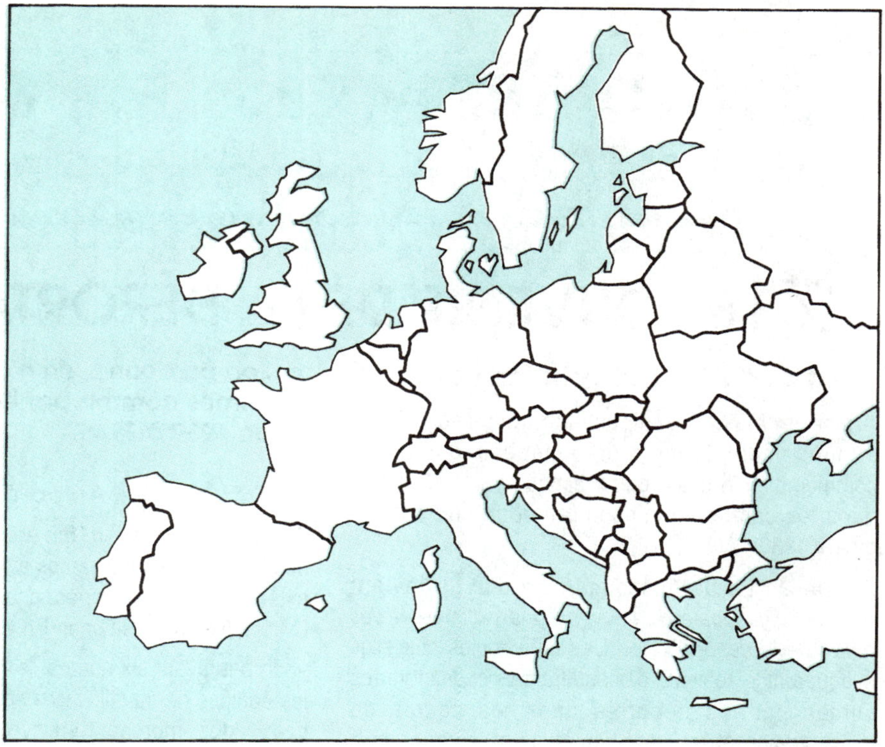

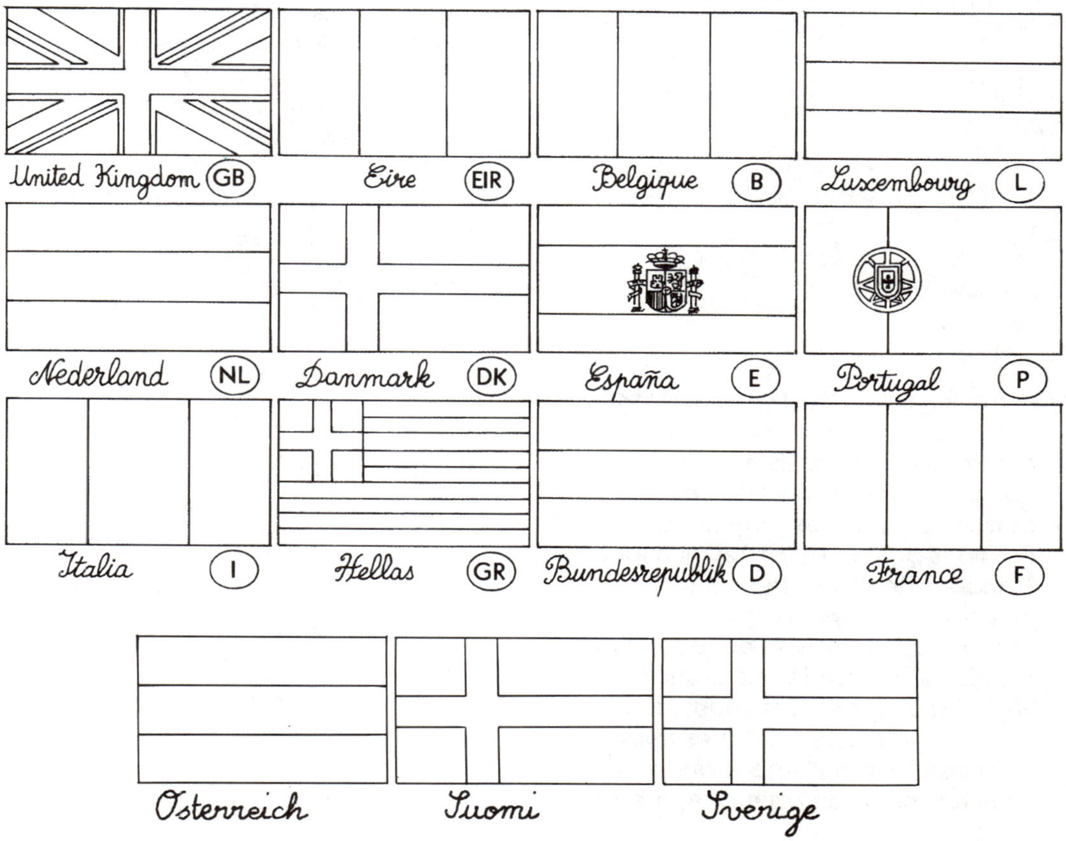

ANNIVERSAIRES ET FÊTES

Chaque année, des anniversaires et des fêtes sont célébrés en souvenir d'événements passés.

27 LE SOUVENIR DE LA DÉPORTATION

La loi du 14 avril 1954 indique :

Article premier : La République française célèbre annuellement le dernier dimanche d'avril, la commémoration des héros victimes de la déportation dans les camps de concentration au cours de la guerre 1939-45.

Article 2 : Le dernier dimanche d'avril devient « *journée nationale du souvenir des victimes et des héros de la déportation* ». Des cérémonies officielles évoqueront le souvenir des souffrances et des tortures subies par les déportés dans les camps de concentration et rendront hommage au courage et à l'héroïsme de ceux et de celles qui en furent les victimes.

1 Pourquoi cette loi a-t-elle été votée ?

....

2 As-tu assisté à cette cérémonie annuelle ?

....

Parmi les déportés il y a eu, dans notre pays, des résistants (qui luttaient contre les occupants et leurs collaborateurs français), des personnes arrêtées pour leurs opinions politiques, et 120 000 juifs de France —hommes, femmes et enfants— envoyés à la mort simplement en raison de leur religion. Sur 220 000 déportés de France, 30 000 à peine sont revenus des camps. Il en reste quelques milliers aujourd'hui, d'où l'importance de leurs témoignages afin que, même si l'on pardonne, *on n'oublie pas* les crimes commis par l'Allemagne nazie de 1939 à 1945.

Au camp

D. Rousset dans l'« *Univers concentrationnaire* » décrit la vie dans les camps avec les appels, le travail exténuant, la menace permanente de la mort, la faim, le froid, les coups, la peur. En voici un extrait :

« Un peu avant six heures, le SS va passer en revue les équipes de travail… Des squelettes étonnants, les yeux vides, marchent en aveugles sur des ordures puantes. Ils s'épaulent à une poutre, la tête tombante, et restent immobiles, muets, une heure, deux heures. Un peu plus tard, le corps s'est affaissé. Le cadavre vivant est devenu un cadavre mort… Toutes les nuits, des hommes étaient tués et les hurlements ne cessaient pas jusqu'à l'aube. »

3 Relève les passages qui montrent l'extrême souffrance subie par les déportés.

....

....

4 Que cherchaient les nazis en agissant ainsi ?

....

....

5 Quelles images d'horreur — et quels noms— subsistent de ces déportations nazies ?

....

....

28 LE PREMIER MAI

En *1884*, les syndicats américains décident de faire du 1er mai un jour de lutte pour obtenir « *la journée de 8 heures* ».
Le premier « 1er Mai » se déroule aux États-Unis avec d'importantes manifestations en *1886*.
À la suite de ce mouvement 250 000 ouvriers américains obtiennent les « 8 heures » et un million d'autres voient se réduire leur journée de travail.

En *1889*, un congrès socialiste international, réuni à Paris, décide de faire du 1er mai « *une journée de lutte de tous les travailleurs du monde* » pour obtenir la journée de travail de 8 heures.
Aussi à partir du 1er mai 1890, chaque année, partout dans le monde, les ouvriers, de plus en plus nombreux, manifestent.
Parfois la journée se passe mal, comme à Fourmies (1891) où les soldats tirent sur la foule ou à Paris (1907) quand la cavalerie charge les travailleurs…

Plus tard, en France, après d'importantes conquêtes sociales, le 1er mai se transforme en *Fête du travail*, jour chômé et payé depuis 1947. Les travailleurs se souviennent des luttes passées et des résultats obtenus ; mais ils ne les célèbrent plus en portant des églantines rouges ; ils offrent du muguet qui exprime l'espérance et le renouveau du printemps.

1 Comment se déroule le 1er Mai aujourd'hui ?

....

....

2 Cherche sur ton livre d'histoire des renseignements sur les conditions de vie et de travail des ouvriers depuis le début du 19e siècle.

....

....

....

....

3 Quelle est la durée des congés payés aujourd'hui pour les salariés ? Établis la chronologie des progrès réalisés.

....

....

4 Le 1er Mai est-il aujourd'hui seulement fêté dans notre pays ?

....

5 Est-il resté la fête des seuls ouvriers ?

....

....

29 LE 8 MAI

Le *8 mai 1945*, l'Allemagne capitule (= se rend sans condition). La guerre se termine en Europe par la victoire des Alliés (États-Unis, Union soviétique, Royaume-Uni, France, etc.) sur l'Allemagne nazie (unie à l'Italie et au Japon).
Ce conflit a provoqué 50 millions de victimes dont la moitié sont des civils.
Après quatre ans de combats acharnés, de bombardements meurtriers, de massacres organisés d'innocentes victimes, de guerres civiles, de grands déplacements de population, le silence règne sur une Europe meurtrie et ruinée. C'est un grand moment d'émotion et de joie. Malgré les sacrifices et les drames, les forces de la liberté l'ont emporté sur les forces de la tyrannie et de la cruauté.

1 Recueille auprès de tes grands-parents leurs souvenirs et leurs témoignages :

a) sur cette guerre ;

....

....

....

b) sur la journée du 8 mai 1945.

....

....

....

2 Rassemble aussi les souvenirs d'autres personnes sur cette période.

....

....

....

3 Comment s'était déroulé le 8 mai 1945 dans la commune où tu résides aujourd'hui ?

....

....

Le général de Lattre de Tassigny signe, à Berlin, aux côtés des Soviétiques, des Américains et des Anglais, la capitulation des Allemands. Il déclare alors :

« Le jour de la victoire est arrivé ! Dignes de la confiance de notre chef suprême, le général de Gaulle, libérateur de notre pays, vous avez par vos efforts, votre ferveur, votre héroïsme, rendu à la France son rang et sa grandeur.

Fraternellement unis aux soldats de la Résistance, côte à côte avec nos camarades alliés, vous avez taillé en pièces l'ennemi partout où vous l'avez rencontré...

Gardons pieusement le souvenir de nos morts...

Célébrons votre victoire, victoire de Mai, victoire radieuse de printemps, qui redonne à notre France la jeunesse, la force et l'espoir... »

4 Pourquoi la France a-t-elle pu signer cet acte de capitulation ?

....

....

5 Comment est célébré dans ta commune le souvenir du 8 mai 1945 ?

....

....

30 LE 14 JUILLET

Le *14 juillet 1789*, les Parisiens prennent la Bastille, symbole de la royauté absolue. Cette forteresse servait de prison où l'on était enfermé sans jugement, selon le « *bon plaisir* » du roi. La Révolution commence.

Le *14 juillet 1790*, une fête grandiose se déroule sur une grande place de Paris : le Champ de Mars. Près de 20 000 délégués, les fédérés, venus de toute la France, défilent ensemble, devant de très nombreux Parisiens, pour montrer qu'ils font tous partie de la même Nation. Tous jurent d'être fidèles à la Nation, à la loi et au roi…

En 1880, le 14 juillet est choisi comme « *jour de fête nationale annuelle* ». On célèbre ainsi *la prise de la Bastille*, premier acte de la Révolution, et *la fête de la Fédération*, qui a regroupé tous les Français pour qu'ils se connaissent et s'aiment.

1 Que se passe-t-il chaque 14 Juillet, à Paris ?

....

....

2 Comment se déroule le 14 Juillet dans ta commune ?

....

....

3 Barre ce qui est faux :

La Bastille était une place, une église, une prison, le palais du roi.

4 Pourquoi a-t-on célébré la fête de la Fédération le 14 juillet 1790 ?

....

....

5 Quel monument célèbre se trouve sur le Champ de Mars aujourd'hui ? Quand a-t-il été élevé ?

....

....

6 Pouvait-on fêter le 14 Juillet entre 1940 et 1944, quand la France était occupée par les Allemands ?

....

7 Qu'a voulu dire V. Hugo quand il a écrit « *Oui, la chute de la Bastille, c'est la chute de toutes les Bastilles… Le 14 juillet c'est la fin de tous les esclavages* » ?

....

....

....

....

31 LES FÊTES DE LA LIBÉRATION

La France, vaincue en 1940, est occupée pendant 4 ans. Mais le guerre continue. Avec le général de Gaulle, les forces françaises se reconstituent d'abord en Angleterre, puis en Afrique. Dans la France occupée se lèvent des résistants : les F.F.I. (Forces françaises de l'intérieur). Cette carte montre les étapes de la libération de notre pays en 1944 et 1945.

Quand, comment et par qui ta commune a-t-elle été libérée ?

....

....

....

....

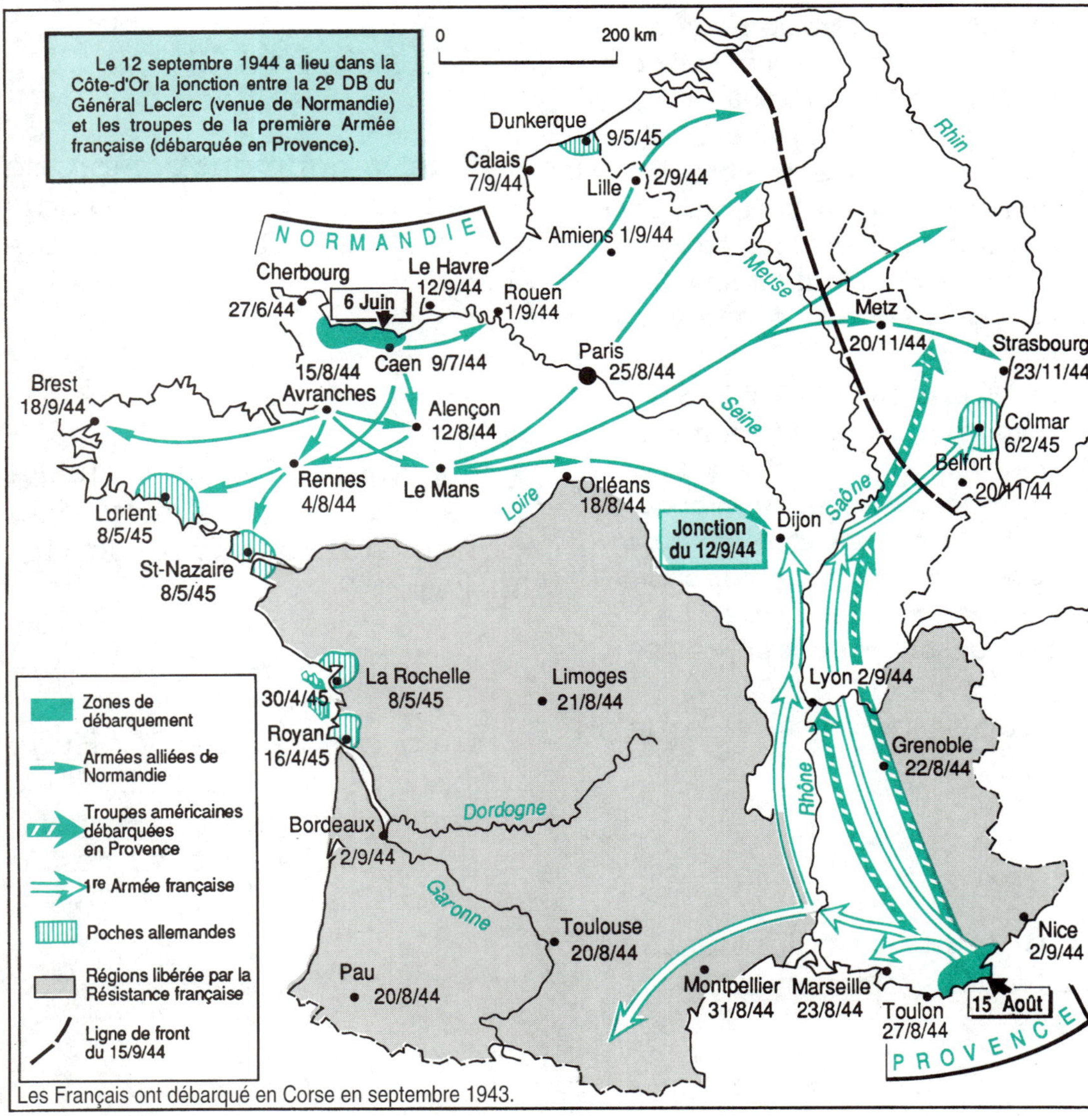

Les Français ont débarqué en Corse en septembre 1943.

32 LE 11 NOVEMBRE

Le 11 novembre 1918, à 11 heures, les hostilités cessent : les généraux allemands ont signé l'armistice. C'est la fin de la Première Guerre mondiale.

« Onze heures ! Au péril de leur vie, les clairons ont bondi... et une première sonnerie... se fait entendre : « Cessez le feu ! » ...Les notes traînantes se répercutent à l'infini... Tout le monde s'est levé et se tient debout, face à l'ennemi. Une minute s'écoule dans un silence impressionnant... Les Allemands sont debout eux aussi... Tout à coup, de nos tranchées la « Marseillaise » jaillit, hurlée avec ferveur par un millier de poitrines. Ceux qui ne la hurlaient pas pleuraient comme des enfants... »

(in *Revue des Deux Mondes*, 1934)

1 Comment réagissent les soldats ? Pourquoi ?

....

....

« Les canons tonnent, les foules se pressent dans les avenues de New York, de Paris, de Londres, de Rome, de Bruxelles... Partout les cloches sonnent et les façades se fleurissent de drapeaux, c'est la fin du drame. »

(P. Miquel, *La Grande Guerre* , Éd. Fayard)

Au cours de la guerre de 1914-1918, la France a eu la plus forte proportion de morts :
1 500 000 tués et disparus **(et 4 millions de blessés) pour 8 millions de soldats mobilisés...**

Plus de 30 000 monuments aux morts, de 1920 à 1925, vont être édifiés dans les communes pour honorer ceux qui sont « ***morts pour la France*** **».**

2 Pourquoi le 11 Novembre est-il fêté en France ?

....

....

....

3 Décris la cérémonie du 11 Novembre à Paris, puis dans ta commune.

....

....

....

4 Observe le monument aux morts de ta commune. Quelles remarques t'inspire-t-il ?

....

....

....

5 Qui est enterré sous l'Arc de Triomphe de l'Étoile à Paris ?, Pourquoi ?

....

....

....

33 LES FÊTES RELIGIEUSES

En plus des *anniversaires* déjà évoqués, il existe d'autres *jours fériés* en France. Ils célèbrent généralement des fêtes religieuses.
La France étant un pays de tradition chrétienne (82 % des habitants, selon un sondage de 1989, se déclarent catholiques) ; ces jours fériés, chômés et payés, correspondent aux fêtes de cette religion.

Les fêtes chrétiennes

• Le **1er janvier** est le premier jour de l'année dans l'ère chrétienne, c'est-à-dire dans le calendrier que nous utilisons, avec comme point de départ la naissance de Jésus-Christ.

• La fête de **Pâques** est une fête mobile. Elle est fixée (depuis 325) au premier dimanche qui suit la pleine lune après l'équinoxe du printemps (21 mars). Elle se déroule donc entre le 22 mars et le 25 avril.

Le dimanche de Pâques, les chrétiens fêtent la résurrection de Jésus-Christ, qui achève la « Semaine sainte ».

• L'**Ascension** se fête 40 jours après Pâques ; les chrétiens célèbrent la montée au ciel de Jésus-Christ.

• La **Pentecôte** (mot grec signifiant le 50e) a lieu 50 jours après Pâques. Les chrétiens honorent ce jour-là les compagnons de Jésus-Christ, les Apôtres, qui viennent de recevoir une force particulière (l'Esprit-Saint).

Ces deux fêtes mobiles dépendent de la date de Pâques.

• Le **15 août**, les catholiques fêtent Marie, la mère de Jésus-Christ, qui, à la fin de sa vie, rejoint son fils au ciel , c'est l'**Assomption**.

Le **1er novembre**, c'est la **Toussaint**, la fête de tous les saints. Une coutume veut qu'on se recueille dans les cimetières et qu'on fleurisse les tombes avec les fleurs de saison (les chrysanthèmes), alors que le jour des Morts (le jour des Trépassés) est le 2 novembre (qui n'est pas chômé).

• Le **25 décembre**, c'est **Noël** ; les chrétiens célèbrent la naissance de Jésus-Christ ; ils assistent à la messe de minuit avant de réveillonner et de découvrir les cadeaux. Le sapin de Noël est apparu en Alsace au 16e siècle et s'est généralisé au 19e siècle.

• Il faut noter qu'à côté des catholiques, il y a **800 000 protestants** en France ; ils ont une autre conception de l'Église et ne reconnaissent pas l'autorité du pape, mais ils célèbrent ces mêmes fêtes, sauf l'Assomption, le 15 août.

Les fêtes juives

Ils sont 600 000 environ en France à pratiquer cette religion. Les juifs célèbrent chaque année :

• Le **Nouvel an** (Roch Hachana) a lieu en septembre ou en octobre.

• Dix jours plus tard, c'est le « **Grand pardon** » (Yom Kippour), avec un jeûne total de 24 heures.

• La **Pâque juive** (Pessah), qui dure huit jours, se déroule en mars ou avril ; les juifs se souviennent alors de la sortie de leurs ancêtres d'Égypte (au 15e siècle avant J.-C.).

La **Pentecôte** (Chavouot) a lieu 50 jours après la Pâque. C'est la fête des premières récoltes et des Dix Commandements donnés à Moïse au Mont Sinaï.

• En décembre a lieu la **fête des lumières** (Hannouca).

• Le calendrier juif, avec des années de 12 ou 13 mois de 28 jours, limite les variations des dates de ces fêtes par rapport à notre calendrier.

Le point de départ de ce calendrier est l'an 3761 av. J.-C., date présumée de la création du monde.

Les fêtes musulmanes

• Près de 4 millions de musulmans vivent en France, dont 100 000 Français d'origine européenne.

Ils pratiquent la religion de l'Islam, qui a ses jours de fête :

• Le **Nouvel an** (le 1er Muharram) correspond, en 1995, au 31 mai.

• L'anniversaire de la **naissance du prophète** (Mahomet ou Mouloud) correspond au 8 août 1995.

• Le **Ramadan** est le 9e mois du calendrier musulman (il débute le 1er février 1995). Durant ce mois, il est interdit de s'alimenter du lever au coucher du soleil. L'**Aïd-el-Fitr** est la fête qui marque la fin du jeûne.

• La **fête des sacrifices** (Aïd-el-Kébir) commémore le sacrifice d'Abraham, et chaque musulman doit alors sacrifier un mouton. Cette fête correspond au 9 mai 1995.

• Le calendrier musulman (avec comme point de départ l'année 622 après J.-C., quand Mahomet a dû quitter La Mecque) a des années de 354 jours. Aussi se décale-t-il de 11 ou 12 jours chaque année par rapport au nôtre. Ainsi la même fête musulmane peut, au fil du temps, se passer à n'importe quel moment de notre année civile.

1 Relève les dates de toutes les fêtes marquées sur le calendrier des Postes.

....

....

....

2 Que remarques-tu ?

....

....

3 Quel est le jour de repos

a) pour les chrétiens ? ....

b) pour les juifs ? ....

c) pour les musulmans ? ....

4 Note maintenant les dates des fêtes familiales et locales.

....

....

....

5 Comme l'école accueille des enfants de différentes religions ou sans aucune religion, quelle qualité indispensable doit y être enseignée ?

....

....

....

En France, depuis 1905, l'État est séparé des diverses Églises. La France est une *République laïque*.

6 Explique cette expression.

....

34 ÊTRE RESPONSABLE

1 Un grand garçon brutalise un plus jeune. Tu regardes la scène et tu n'interviens pas. Que penses-tu de ton attitude ?

....

....

2 Trois sens du mot *responsable*

a) Celui qui doit réparer les dommages qu'il a causés.

Cite un exemple : ....

b) Celui qui doit rendre compte de ses actes et de ceux d'autrui.

Cite un exemple : ....

c) Celui qui est chargé, en tant que chef, de prendre des décisions.

Cite un exemple : ....

3 Dans un jardin public, une femme cueille des fleurs. Le gardien intervient et la réprimande. La femme répond : « Quelle histoire pour trois fleurs ! »

a) Que penses-tu de sa réponse ?

....

....

b) Que se passerait-il si d'autres personnes faisaient comme elle ?

....

4 Dans une coopérative scolaire, quelles sont les responsabilités :

a) du président : ....

b) du secrétaire : ....

c) du trésorier : ....

5 Quelles sont les responsabilités qui t'ont été confiées soit à la maison, soit à l'école, soit dans une association ?

....

....

Se sentir responsable

(Guillaumet est un aviateur des années 1930. Il a été l'un des premiers à assurer la liaison aérienne entre la France et l'Amérique du Sud.)

« Le courage de Guillaumet, avant tout, est un effet de sa droiture... Sa grandeur, c'est de se sentir responsable. Responsable de lui, du courrier et des camarades qui espèrent. Il tient dans ses mains leur peine ou leur joie. Responsable de ce qui se bâtit de neuf, là-bas, chez les vivants, à quoi il doit participer. Responsable un peu du destin des hommes, dans la mesure de son travail. Être homme, c'est précisément être responsable. C'est connaître la honte en face d'une misère qui ne semblait pas dépendre de soi. C'est d'être fier d'une victoire que les camarades ont remportée. C'est sentir, en posant sa pierre, que l'on contribue à bâtir le monde. »

Antoine de Saint-Exupéry, *Terre des hommes*,
Éditions Gallimard.

PAGE 4

1 2 3 L'histoire enseignée à l'école n'est pas une œuvre de fiction ; elle n'est pas imaginée par quelqu'un. Elle s'est réellement déroulée. L'histoire est une science qui étudie le passé des hommes.

4 Charlemagne, Jeanne d'Arc, le général de Gaulle, Victor Hugo, Danton.

5 Les documents écrits et les photographies.

6 7 8 On classe les événements selon leurs dates, des plus anciens aux plus récents, en utilisant la frise du temps.

9 Il s'agit de montrer, à travers le temps, la succession des générations. Cet arbre généalogique montre la naissance et les liens de parenté entre les membres d'une famille.
Attention, le mot « génération » a deux sens :
– le temps qui sépare parents et enfants (environ 25 ans) ;
– l'ensemble des personnes ayant à peu près le même âge.

10 On peut reconnaître :
A : un parchemin (qui date de 1216).
B : le château de Versailles (vu du parc).
C : le vase de Vix (qui prouve que les Gaulois commerçaient avec la Grèce plusieurs siècles avant J.-C.).
D : un araire (ancêtre de la charrue).
E : une pièce de monnaie en or (datant du règne de Louis XIII : 1610-1643).

PAGE 6

1 Ma date de naissance ; mon entrée à l'école ; la date en comptant à partir d'un événement admis et connu par tous.

2 La troisième.

3 1995 ans.

4 Un siècle est une période de 100 ans.

5 Un millénaire est une période de 1000 ans.

6 À la naissance de Jésus-Christ ; à la fin de l'an 100 après J.-C.

7 Au début de l'an 100 av. J.-C. ; à la fin de l'an I av. J.-C.

8 De la naissance de J.-C. à la fin de l'an 800 ; de l'an 400 av. J.-C. à la naissance de J.-C.

9 Le XXe siècle a commencé le 1er janvier 1901 et se terminera le 31 décembre 2000.

10 **a)** Ier s. av. J.-C. ; **b)** VIIIe s. ap. J.-C. ; **c)** XVe s. ap. J.-C. ; **d)** XVIII^{e}s. ap. J.-C. ; le XXe siècle ap. J.-C.

11 Le calendrier.

PAGE 8

1 Dans le sol, les grottes ou les cavernes, des archéologues (qui étudient les choses anciennes) trouvent des ossements ou des débris de plantes, des pierres, des objets d'os façonnés en outils…

2 Un bipède se déplace sur deux jambes ; il libère ainsi ses deux autres membres et peut se redresser.

3 6 millions d'années, c'est 6 000 millénaires. Il faut donc une feuille de 6 000 cm soit 60 mètres !

4 L'homme se redresse (bipède) ; il utilise des outils ; il maîtrise le feu ; les débuts de l'agriculture.

5 6 *Australopithèque* : il y a 6 millions d'années.
Homo erectus : il y a 2 millions d'années.
Homo sapiens : il y a 80 000 ans.

7 Le crâne de l'homme de Tautavel, le plus ancien trouvé en France, date de 450 000 ans environ.

8 Le paléolithique ou pierre taillée ; le néolithique ou pierre polie ; l'âge des métaux ; c'est la découverte de l'écriture qui achève la préhistoire.

PAGE 10

1 • C'est un gros galet de rivière qu'on a fait éclater en le frappant avec un autre ; on a obtenu ainsi un tranchant coupant. De la taille d'une balle de tennis, il peut tenir aisément dans la main.
• Le biface est un silex taillé de la même façon sur les deux côtés.
• La « feuille de laurier » n'a que quelques millimètres d'épaisseur : elle est très coupante.
(Aussi ces techniques de fabrication se sont-elles progressivement améliorées pour obtenir des outils et des armes répondant à des besoins précis et différenciés.)

2 Ils ont utilisé des os d'animaux, des arêtes de poissons, les bois des rennes, l'ivoire des mammouths pour réaliser des pointes de flèches, des harpons, des hameçons, des aiguilles…

3 Le feu permet d'éloigner les bêtes sauvages, de se chauffer, de s'éclairer, d'améliorer la fabrication de certains objets et surtout de cuire les aliments afin de les conserver plus longtemps.

4 Partis à la recherche de leur chien, des enfants explorent, en 1940, une grotte en Dordogne. On y découvre le plus important ensemble de peintures murales préhistoriques. Elles datent d'environ 15 000 ans av. J.-C., et représentent toutes sortes d'animaux : taureaux, chevaux, bisons… On ne sait pas encore pourquoi les hommes préhistoriques exécutaient de telles peintures.

5 L'agriculture ; l'élevage ; villages et villes.

6 Mouton, chien, porc, bœuf, chameau (de 9000 à 3000 av. J.-C.).

7 Le blé, le riz, le maïs.

8 **a)** L'**écriture** correspond à l'histoire.
b) À **Carnac**, on ne trouve pas de peintures sur les parois, mais des grosses pierres dressées (dolmens et menhirs).
c) Le **mammouth** n'existait plus au moment de la domestication des animaux.
d) L'**aluminium** est un métal découvert au XIXe siècle.

PAGE 12

1 La Narbonnaise (Provence, Languedoc et basse vallée du Rhône) était occupée par les Romains depuis – 125.

2 3 *Gaule belgique* : Éburons, Nerviens, Morins, Trévires ;
Gaule celtique : Éduens, Helvètes, Senones, Arvernes, Cadurques ;
Gaule aquitaine : Ausques.

4 **a)** vrai ; **b)** faux (chefs religieux) ; **c)** vrai ; **d)** faux (la plupart des hommes sont libres) ; **e)** vrai.

5 Les Gaulois n'acceptent pas de s'unir sous l'autorité d'un seul chef. Les divers peuples se font sans cesse la guerre. Les Gaulois sont braves, mais indisciplinés.

PAGE 13

1 En – 58, César fait la conquête de la Gaule.
En – 53, entraînés par Vercingétorix, les Gaulois se révoltent.
En – 52, les Romains sont battus à Gergovie, mais ils parviennent à enfermer Vercingétorix à Alésia et ce dernier doit capituler.

2 Le légionnaire romain porte un casque avec une visière et un protège-joues, une cuirasse solide (en cuir ou en métal). Face à lui, le Gaulois, sans cuirasse, est armé d'une longue épée ; sans coiffure, ses cheveux sont rejetés en arrière.

3 La maison gauloise a un toit de branchages (avec un trou au sommet pour la fumée du foyer), les murs sont en rondins ; une petite ouverture forme la porte.
Le chêne, à l'arrière-plan, évoque les forêts de la Gaule.

PAGE 14

1 2 La Celtique est devenue la Lyonnaise. L'Aquitaine s'est beaucoup agrandie.

4 La Grande-Bretagne.

5 La ville de Lyon (*Lugdunum*) est située à proximité des quatre Gaules (Belgique, Lyonnaise, Aquitaine et Narbonnaise). C'est le point de départ de toutes les voies romaines qui traversent ces provinces impériales.

6 Construit vers l'an 20 ap. J.-C., ce monument comporte trois étages : le premier, le plus massif, a six arches et comporte une voûte ; le second a onze arches ; le troisième, le plus léger, est formé de trente-cinq petites arches et contient une canalisation apportant à Nîmes des eaux très pures provenant de la région d'Uzès. Cet aqueduc grandiose, haut de 43 m, franchissant sur 275 m la vallée du Gardon, faisait partie de tout un système hydraulique (long de 50 km) avec tranchées, tunnels, tuyauteries de plomb… En effet, l'eau était rare dans le monde romain.

7 On trouve de très nombreux monuments gallo-romains dans le sud de la France.

11 « Aimez-vous les uns les autres. »

12 Le Nouveau Testament qui comprend les Épîtres (= lettres) de saint Paul, les quatre Évangiles écrits par saint Matthieu, saint Jean, saint Luc et saint Marc, ainsi que les Actes des Apôtres (= envoyés du Christ).

PAGE 16

(Bien comprendre que la poussée des Huns, venus d'Asie, à la fin du IVe siècle est à l'origine des invasions germaniques :
- Les **Vandales** traversent la Gaule, s'établissent en Espagne du Sud et en Afrique du Nord.
- Les **Burgondes** s'installent dans la plaine de la Saône.
- Les **Angles** et les **Saxons** envahissent l'Angleterre.
- Les **Ostrogoths** s'installent en Italie.
- Les **Wisigoths** pillent la Grèce, l'Italie et s'installent en Aquitaine.
- Les **Francs** occupent la France du Nord.

Il faut noter que les envahisseurs sont relativement peu nombreux et qu'ils se déplacent lentement.

PAGE 17

1 Il se convertit au christianisme avec ses guerriers à Reims en 496.

2 Paris (ancien nom : Lutèce).

3 Sous le règne des Mérovingiens, la vie est très dure : il y a des conflits permanents entre les héritiers qui se disputent la couronne royale. Le commerce est arrêté : chacun se replie sur soi.

4 Le roi Dagobert règne de 629 à 638 : il refait l'unité du royaume franc.

5 Les bijoux mérovingiens prouvent qu'on savait bien travailler les métaux : on réalisait des ornements aux formes géométriques et on y incrustait des émaux et des pierres précieuses, comme ici sur ces poignées d'épées.

PAGE 18

1 Les Carolingiens.

2 Les conquêtes de Charlemagne, si elles sont modérées au sud, sont très étendues à l'est.

3 Aix-la-Chapelle.

4 **a)** vrai ; **b)** faux ; **c)** vrai ; **d)** vrai ; **e)** faux.
(Cette statuette de bronze (24 cm de haut) est sans doute une fidèle image de Charlemagne. On remarque la couronne, le manteau, les moustaches… mais l'absence de barbe !)

PAGE 19

1 2 3 Le traité de Verdun met définitivement fin à l'unité de l'Europe ; les parts de Charles et de Louis sont à l'origine de la France et de l'Allemagne, tandis que la Lotharingie, réunissant des peuples trop divers, ne tarde pas à se morceler.

4 5 Originaires de Scandinavie, ces navigateurs - « hommes du Nord » - s'enfoncent, avec leurs navires, au cœur du monde carolingien, en remontant les cours des fleuves pour piller et ravager.

6 Pour arrêter ces invasions dévastatrices qui durent près d'un siècle, le traité de St-Clair-sur-Epte (911) donne aux Normands une belle province à l'embouchure de la Seine à condition qu'ils arrêtent leurs raids.

7 Cette barque pouvait parcourir 200 km par jour en emportant une soixantaine de guerriers et de rameurs. Son faible tirant d'eau lui permettait de remonter des rivières même modestes.

PAGE 20

1 **a)** Les guerriers sont les nobles, les seigneurs.
b) Les clercs sont ceux qui prient, les membres de l'Église.
c) Les autres sont les paysans qui sont entièrement soumis à l'autorité des seigneurs.

2 La seule richesse est la terre. Les seigneurs la possèdent ; les paysans la travaillent.

3 • Le mot « féodalité » vient du mot latin qui signifie « fief », c'est-à-dire la terre qui est donnée au seigneur vassal par le seigneur suzerain.
• Près de cinq siècles.

4 Les petits seigneurs deviennent les vassaux des plus grands, leurs suzerains. Les paysans doivent travailler, produire pour tous et obéir en silence.

5 6 Le vassal s'engage à être fidèle à son suzerain, lequel lui assure fief, justice et protection.

7 Les « fer-vêtus » à cause de l'armure qui les protège ; mais cette armure est lourde et gêne leurs mouvements.

8 Le *heaume* est un casque d'acier ; le *haubert* est une cotte de mailles (métalliques) portée sur tous les autres vêtements ; les *chausses* protègent les jambes ; l'*épée* est longue ; la *lance* (ou haste) peut mesurer trois mètres, le bouclier ou *écu* est en bois ou en métal.

9 Seuls les plus riches des seigneurs pouvaient s'acheter le cheval et l'armure.

PAGE 22

1 La motte, bâtie sur une hauteur, est en bois. Elle est menacée par le feu.

2 3 Le château, en pierre, est plus solide : des murailles et des tours le protègent ; le donjon (carré, puis rond) sert de logement aux seigneurs.

4 Les fossés remplis d'eau, les murailles, les tours aux angles pour prendre les assaillants sous un feu croisé.

5 Alors que la motte servait à la seule défense du seigneur, le château fort peut accueillir, dans les cours, les paysans qui dépendent du seigneur ou lui appartiennent.

6 Ce château est encore plus difficile à prendre. Le donjon est rond, les tours massives, les murailles épaisses et hautes.

7 Ce troubadour décrit les guerres féodales et il ne voit que les aspects les plus glorieux. Il aime la guerre, comme la plupart des seigneurs dont c'est, avec la chasse, l'occupation essentielle.

8 **a)** vrai ; **b)** vrai ; **c)** faux (il est réservé aux seigneurs) ; **d)** vrai ; **e)** vrai.

9 La barbacane protège le pont-levis ; les archères et les créneaux permettent de tirer sur les assaillants sans se faire voir.

PAGE 24

1 2 Si le mari et la femme n'appartiennent pas au même seigneur, les enfants sont partagés.
Les serfs sont vendus avec la terre au même titre que le bétail.

3 Les famines ne sont pas rares car les récoltes sont maigres et irrégulières. De plus, on ne peut compter que sur ses propres ressources, le commerce étant réduit par l'insécurité.

4 La jachère est une terre laissée au repos, c'est-à-dire non ensemencée pendant une année.

5 Pour accroître les productions, il faut de nouvelles terres : à cette fin, on défriche les forêts. Beaucoup de monastères pratiquent les défrichements.

6 Le collier de bois repose sur les épaules ; il remplace la sangle qui comprimait le cou et limitait les efforts de l'animal.
On peut donc tirer des charges plus lourdes (1 000 kg au lieu de 500).

7 *Janvier* : il fait froid, il neige, le paysan travaille dans le champ.
Février : le paysan charge la hotte de bonne terre.
Mars : le travail dans les vignes.
Avril : la tonte des moutons.
Mai : le seigneur à la chasse.
Juin : le paysan fauche l'herbe (avec une faux).
Juillet : c'est la moisson (avec une faucille).
Août : on bat le blé pour obtenir le grain.
Septembre : les semailles.
Octobre : la vendange.
Novembre : avec des porcs dans le bois, à la récolte des glands.
Décembre : on tue le cochon à l'approche de Noël.

PAGE 26

1 Le pape.

2 Le clergé est composé de prêtres, de moines, d'évêques,..., c'est-à-dire de tous ceux qui remplissent une fonction religieuse.

3 L'**Église** est le regroupement de tous les chrétiens.
L'**église** est l'édifice où se réunissent les fidèles pour prier.

4 La **paix de Dieu** vise à protéger les non-combattants. La **trêve de Dieu** tend à limiter la durée des combats dans la semaine.

5 Le clergé **séculier** (évêques, curés,...) vit dans le monde, au milieu des autres.
Le clergé **régulier** (moines, religieuses, soumis à une règle) vit loin des gens, dans des monastères et des couvents.
Quelques abbayes : Cluny, Saint-Martin de Canigou, Fontenay, etc.

6 La **nef** est la galerie centrale s'ouvrant sur le **chœur** où se trouve l'**autel**. La nef est coupée par le **transept**.
Le **déambulatoire** est la galerie de circulation autour du chœur, il permet d'accéder aux **chapelles** (rayonnantes). Les **colonnes** soutiennent le toit ; le **portail** sert d'entrée à l'édifice.
Au-dessus de la croisée du transept, il y a le clocher.

7 Cette église romane est relativement basse, massive, solide, avec peu d'ouvertures ; le clocher octogonal est coiffé d'un toit simple et pyramidal.

8 Ste-Foy-de-Conques, Notre-Dame de Poitiers, Conques, etc.

9 La nef mesure 143 m de long, la voûte s'élève à 42 m et la flèche du clocher atteint 113 m. Elle a été construite au XIIIe siècle, à partir de 1220. Cette cathédrale a une forme élancée et les hautes constructions lumineuses sont soutenues par des arcs-boutants.

10 Paris, Chartres, Strasbourg, Reims.

PAGE 28

1 Non, surtout à l'est.

2 3 Pour avoir une certaine autorité, il se place sous la protection directe de Dieu. Il est roi de France « par la grâce de Dieu ».

4 Il évite ainsi les querelles entre ses fils, donc le morcellement du royaume. Il conserve la couronne dans sa famille.
Ses successeurs vont l'imiter pour que la royauté devienne héréditaire.

5 Les Capétiens.

6 7 8 9 Progressivement, les premiers rois capétiens agrandissent leur domaine mais il y a de nombreux vassaux royaux plus puissants et plus riches qu'eux (Toulouse, Bourgogne, Champagne, Gascogne, etc.).

10 Les possessions anglaises : Gascogne, Béarn.

11 Le roi interdit aux seigneurs de se battre entre eux, et il développe la justice royale. Il était très charitable et donnait de l'argent aux pauvres et aux églises.

12 Le **Conseil du roi** est un peu comme un Conseil de ministres.
La **Cour des comptes** s'occupe des finances royales.
Le **Parlement** traite des affaires de justice.

13 Le bailli dans le Nord, le sénéchal dans le Midi.

PAGE 30

1 2 3 4 La cité de Carcassonne est entourée d'une double enceinte de remparts. On compte 48 tours et deux barbacanes : deux portes fortifiées (la Porte d'Aude et la Porte Narbonnaise). À l'intérieur, les rues sont étroites et sinueuses avec des maisons basses aux toits de tuile.

5 Les boutiques-ateliers sont ouvertes sur la rue. Les artisans y travaillent sous les yeux des clients et des passants. Cette rue est pavée. Des auvents abritent les marchandises. À gauche, on vend des pièces de tissus, un ouvrier coupe, l'autre coud.
À droite, c'est une épicerie ; au milieu, c'est la boutique d'un barbier (coiffeur) : on le voit d'ailleurs au travail.

6 Crainte des incendies (les maisons, serrées les unes contre les autres, sont en bois).

7 Les épidémies à cause de la saleté (pas de ramassage des ordures).

8 Rue de la Ferronnerie, quai des Orfèvres, rue des Petites-Boucheries, rue au Foin, rue de la Halle aux vins, etc. ; parce que souvent les artisans d'un même métier se regroupent dans la même rue.

9 Au début, tous les bourgeois sont égaux, mais très vite des inégalités apparaissent. Les ouvriers se plaignent et parfois même se révoltent.

10 Les foires de Champagne - au carrefour des routes de Flandres, d'Allemagne et d'Italie - sont célèbres au XIIIe siècle : Troyes, Provins, Bar-sur-Aube. On y échange des cuirs, des fourrures, des lainages, des épices... Ces foires fonctionnent 300 jours par an !

11 Ce sceau de la ville de Valenciennes montre une muraille et des tours. La commune est fière de les posséder, elles représentent sa force et son indépendance.

PAGE 32

1 2 3 4 Les Anglais détruisent la flotte française à l'Écluse (1340) : ils peuvent alors débarquer et battre les Français à Crécy (1346), puis à Calais (1347). Le roi Jean le Bon est battu à son tour et fait prisonnier à Poitiers (1356). Le traité de Brétigny (1360) consacre la victoire des Anglais qui occupent tout le sud-ouest de la France. Au cours de ces batailles, les chevaliers français, lourdement armés, sont des proies faciles pour les archers anglais.

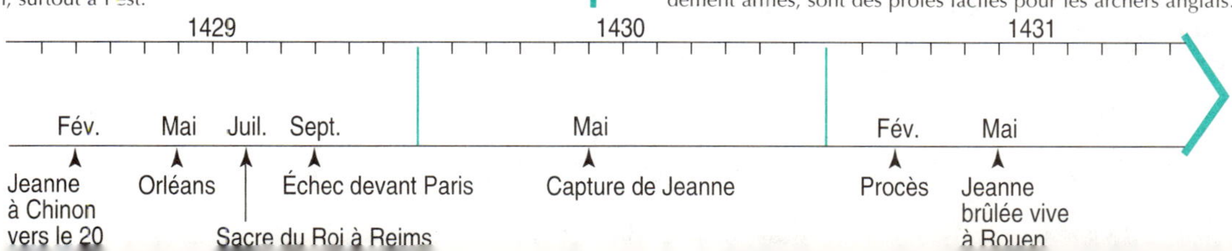

5 En 1392, le roi Charles VI sombre dans la folie : son frère et son oncle se disputent alors la direction de l'État.

6 Le traité de Troyes (1420) fait du roi d'Angleterre le roi de la France.

7 8 9 10 En 1429, le roi d'Angleterre domine tout le nord de la France ; Charles VII a Bourges comme capitale.
C'est alors que Jeanne d'Arc, simple bergère lorraine, réussit à voir le roi à Chinon et à le persuader qu'il est le « vrai héritier de la France ». Elle délivre Orléans, fait sacrer le roi à Reims, mais elle est capturée par les Bourguignons, alliés des Anglais.

PAGE 34

1 Louis XI annexe la Bourgogne et la Picardie, puis il hérite du Maine, de l'Anjou et de la Provence.

2 La **taille** est un impôt payé au roi par les paysans, les artisans et les bourgeois.
La **gabelle** est un impôt sur le sel.

3 Les châteaux forts ne peuvent pas résister à l'artillerie royale.

4 Cette lettre montre bien l'affaiblissement des seigneurs face au roi qui possède maintenant la richesse et la force militaire.

5 Louis XI utilise la ruse et l'argent contre ses ennemis.
À cause des fils dans lesquels l'araignée enveloppe ses proies.
Son principal adversaire fut Charles le Téméraire, duc de Bourgogne.

6 Il encourage le développement économique de la France : industrie et commerce.

PAGE 35

1 2 On ne connaît en Europe que l'Asie et une partie de l'Afrique.

3 4 5 Colomb part vers l'ouest car on a découvert que la Terre est ronde. Il appelle les habitants du « Nouveau Monde » des Indiens car il croit être arrivé aux Indes.

6 Tandis que les Portugais atteignent les Indes en contournant l'Afrique, Colomb cherche à les atteindre par l'ouest et découvre l'Amérique.

7 Jacques Cartier découvre le Canada.

8 L'art de la navigation avec les caravelles munies d'un gouvernail : la boussole qui permet de s'éloigner des côtes ; les cartes (appelées « portulans »).

9 Ils vont chercher des métaux précieux et des épices.

PAGE 36

1 Le château d'**Azay-le-Rideau** a été construit sur les bords de l'Indre. Son plan ressemble, avec ses tours d'angle, à un château fort, mais il a de larges ouvertures, ses façades sont décorées ; il a un plan d'eau au lieu des fossés anciens.
En effet, il n'est pas fait pour la guerre ou la résistance, mais pour le plaisir de vivre dans un cadre enchanteur.

2 Les châteaux de la Renaissance sont construits par le roi ou de grands et riches personnages. Ainsi, c'est un bourgeois très riche, un financier, qui a construit Azay-le-Rideau, mais le roi le lui confisqua !

3 Amboise, Blois, Chambord, Chenonceaux, Cheverny, Langeais… dans le Val de Loire. (La cour carrée du Louvre et Fontainebleau.)

4 François Ier impose l'emploi du français (au lieu du latin) pour la rédaction de tous les actes officiels.

PAGE 37

1 2 3 L'ordonnance de Villers-Cotterêts (1539) pour la place faite à la langue française.

4 Le roi Charles IX autorise l'extermination de tous les protestants de Paris (plus de 3 000 victimes).

5 Henri IV abandonne la religion protestante, en 1593. Il est sacré roi et entre à Paris en triomphateur (22 mars 1594).

6 L'édit de Nantes (1598) cherche à habituer catholiques et protestants à se tolérer, à vivre côte à côte dans un pays réunifié.
Les protestants reçoivent la liberté de pratiquer leur religion sans être inquiétés. Ils reçoivent même, à titre de garanties, un certain nombre de forteresses.

PAGE 38

1 **a)** 2 ; 5.
b) 1 ; 4 ; 6 ; 7 ; 12.
c) 3 ; 10.
d) 8 ; 9 ; 11.

2 Le cardinal de Richelieu (1585-1642) devient ministre de Louis XIII en 1624. Bien qu'il ne l'aime guère, le roi soutient le cardinal car il sait que celui-ci œuvre pour le bien du royaume.

PAGE 39

1 Louis XIV est un roi absolu : il prend seul les décisions et les fait exécuter par ses ministres et ses intendants. Il ne partage ses pouvoirs avec personne.
Pour être mieux obéi, il choisit ses ministres parmi les bourgeois.

2 Des fleurs de lys.

3 Le **Conseil d'en haut** est le plus important. Le roi y convoque qui il veut.
Le **Conseil des parties** s'occupe de la justice.
Le **Conseil des finances** s'occupe des impôts.
Le **Conseil des dépêches** s'occupe de la correspondance avec les provinces.
Il y a quatre secrétaires d'État : aux Affaires étrangères, à la Guerre, à la Marine et à la « Maison du Roi ».
Les **intendants** représentent le roi dans les provinces.

4 Le ministre le plus connu est Colbert qui s'est occupé des finances, des manufactures, de l'industrie, du commerce et de la marine. Louvois, lui, s'est occupé de l'armée.

PAGE 40

1 Un ancien pavillon de chasse est transformé par la volonté de Louis XIV en un magnifique palais entouré d'un parc et de jardins.

2 **Mansart** est l'architecte principal.
Le Nôtre trace les jardins.
Le Brun décore le château.
Louis XIV surveille personnellement les travaux.
Les travaux durent près de trente ans et coûtent cher.
Le roi et la Cour s'y installent en 1682.

3 Il a fait construire ce château pour sa gloire, pour être loin des encombrements de Paris, pour y recevoir et contrôler les grands seigneurs.

4 Les grands seigneurs vivent à la Cour du roi dans une sorte de prison dorée : ils sont surveillés. Le roi les pousse à se ruiner en dépenses inutiles ; il leur donne alors des pensions, et les nobles sont ainsi dans l'impossibilité de se révolter.

5 Louis XIV règne pendant 72 ans ; les guerres représentent 65 % de la durée de son règne.

6 Parce qu'il a une passion, la gloire, et il pense que la guerre peut la lui apporter.

7 Après la révocation de l'édit de Nantes (1686), des milliers de protestants quittent la France.

PAGE 41

1 Riches ; dîme ; l'enseignement ; des hôpitaux ; d'impôts ; Cour ; richesses ; évêques ; supérieurs ; curés et religieuses.

2 Impôts ; terres ; Cour ; hôtels ; armée ; administration ; sommes d'argent ; redevances ; oisiveté ; vanité.

3 Financiers et négociants ; impôts ; instruits ; gouvernement ; prospérité.

4 Impôts ; roi ; seigneur ; clergé ; laboureurs ; champs ; rien ; travailler ; pauvrement.

PAGE 42

1 En réunissant les États Généraux afin qu'ils acceptent de nouveaux impôts.

2 3 4 On élit les délégués aux États Généraux (délégués de la noblesse, du clergé et du Tiers État) et on rédige les cahiers de doléances.

5 Il y avait 578 délégués du Tiers État, 291 de la noblesse et 270 du clergé. En votant, par « tête », c'est-à-dire chacun pour soi, le Tiers État pouvait espérer avoir la majorité !

6 Ils jurent de ne pas se séparer avant d'avoir donné à la France une Constitution, c'est-à-dire une sorte de loi qui fixe les pouvoirs du roi (ou du président), ceux des députés, ceux des juges...

7 Le 14 juillet 1789.

9 Dans la nuit du 4 août, l'Assemblée vote la suppression des privilèges, c'est-à-dire des avantages héréditaires accordés à certains (noblesse, clergé).

10 11 Le 26 août 1789. Égalité devant la loi ; souveraineté de la nation ; libertés fondamentales. Toutes ces idées sont universelles.

12 Le roi s'établit aux Tuileries.

13 Au Champ de Mars.

14 Aux Tuileries.

15 À la prison du Temple.

16 Place de la Révolution ; place de la Concorde.

PAGE 44

1 Le « Chant pour l'armée du Rhin » va devenir l'hymne national de la France, la *Marseillaise*.

2 Dumouriez et Kellerman. La meilleure armée d'Europe recule, à Valmy, devant les jeunes volontaires de la nation. On voit le célèbre moulin de Valmy.

3 À Paris, le 21 septembre 1792, une nouvelle assemblée, la Convention, proclame la république.

4 L'Angleterre, la Hollande, l'Espagne, des princes italiens et allemands se joignent à la Prusse et à l'Autriche.

5 **Constituante** : abolition des privilèges, droits de l'homme et du citoyen, fête de la Fédération.
Législative : le début de la guerre, la prise des Tuileries.
Convention : la république, la révolte de la Vendée, la Terreur.
Directoire : campagnes d'Italie et d'Égypte avec Bonaparte.

6 **Girondins** : Brissot ; Vergniaud ; Condorcet.
Montagnards : Saint-Just ; Danton ; Robespierre.
Centre : Sieyès ; Cambacérès ; Barnave.

7 Faubourgs St-Antoine, St-Marcel, St-Martin, St-Denis, c'est-à-dire des quartiers populaires de Paris.

8 9 Le pays est las de la Terreur qu'aucun péril extérieur ne justifie plus : Robespierre est arrêté et guillotiné avec une centaine de ses partisans.

10
- La **noblesse** a perdu ses privilèges, mais a conservé une partie de ses terres.
- Le **clergé** a perdu ses biens et son rôle d'assistance et d'enseignement, mais la religion catholique reste celle de la majorité des Français.
- Les **bourgeois** ont pris le pouvoir politique ; ils ont obtenu toutes les libertés et ils ont acheté beaucoup de terres.
- Les **paysans** ont obtenu l'égalité devant l'impôt, la fin des droits féodaux.
- Les **ouvriers** n'ont guère tiré profit d'une révolution qu'ils ont fortement soutenue : les organisations ouvrières sont interdites.

PAGE 46

1 2 Le sacre de l'empereur a lieu, à Notre-Dame de Paris, le 2 décembre 1804. Napoléon a reçu la couronne des mains du pape et l'a lui-même posée sur sa tête ; il veut montrer ainsi qu'il ne doit rien à personne et qu'il est supérieur à tous. Ensuite, il a couronné son épouse, l'impératrice Joséphine.

3 4 5 Napoléon Ier place ses frères ou des parents à la tête de l'Espagne, de l'Italie, du royaume de Naples, de la Westphalie et du duché de Berg.

6 **Victoires** : Austerlitz (1805), Iéna (1806), Eylau (1807), Friedland (1807), Wagram (1809), Borodino (1812).
Défaites : Trafalgar (1805), Baillen (1808), Sarragosse (1809), Leipzig (1813), Waterloo (1815).

7 **a)** Guerre d'Italie (1796).
b) Campagne d'Égypte (1798).
c) Austerlitz (2 décembre 1805).
d) Avant la victoire de Wagram (1809).
e) Adieux de Fontainebleau (1814).
f) Débarquement au golfe Juan (1815).
g) Après la défaite de Waterloo (1815).

8 En 1814, Napoléon, vaincu, doit abdiquer et se retirer dans l'île d'Elbe (en Méditerranée, entre la Corse et l'Italie). En 1815, Napoléon débarque en France. Il est accueilli avec joie et redevient empereur, mais il est vaincu à Waterloo. Son retour au pouvoir n'a duré que cent jours. Il est alors envoyé par les Anglais à Ste-Hélène, une île au milieu de l'Atlantique, entre l'Afrique et le Brésil.

PAGE 48

1 On disposait alors de la force humaine et de celle des animaux de trait. On utilisait aussi le vent et l'eau pour les moulins. La machine à vapeur est mise au point par Watt en 1782.

2 La machine à vapeur nécessite beaucoup de charbon. Pour construire les machines, il faut des métaux (fer).

3 Le travail des tisserands est mécanisé : il faut moins d'ouvriers pour produire davantage de tissus.

4 C'est l'industrie métallurgique qui fabrique les machines, mais aussi tous les nouveaux moyens de transport (chemins de fer, navires...).

5 6 Faute de place et d'argent, les artisans ne peuvent pas utiliser les nouvelles machines perfectionnées.

7 8 9 Pour créer de grandes usines, les capitaux des familles ne suffisent pas. On crée des sociétés par actions et les banques, grâce à l'argent des épargnants, peuvent développer l'industrie. C'est donc la bourgeoisie qui va créer ces usines où viendront travailler des milliers d'ouvriers. Au XIXe siècle, les salaires sont très bas, les journées de travail fort longues ; les femmes et les jeunes enfants sont employés.

10 8 ans. Cette même loi précise que les enfants de 8 à 12 ans peuvent travailler 8 h par jour ; ceux de 12 à 16 ans travaillent 12 h par jour. Vers 1840, un enfant de moins de 12 ans gagne 0,45 F par jour, une femme 1 F par jour, un homme 2 F par jour.
Un kg de pain coûte alors de 0,25 à 0,30 F.

11 La fabrication de l'acier à partir de la fonte (1855) ; l'aluminium (1860) ; les premiers puits de pétrole (vers 1860) ; l'électricité (1870-1890) ; l'industrie chimique pour colorants et engrais (1880) ; le cinématographe (1895).

⑫ C'est la fin des disettes, le début des vaccinations (Pasteur) et les progrès de l'hygiène (eau courante, réseaux d'égouts...).

⑬ De nombreux paysans quittent les campagnes (exode rural) pour venir travailler dans les nouvelles usines créées dans les villes.

⑭ De nouvelles machines sont utilisées, ainsi que des engrais.

⑮ Dans les régions industrielles.

⑰ On peut se déplacer de plus en plus vite et de plus en plus loin tout en transportant de grandes quantités de marchandises. Les chemins de fer bouleversent toutes les régions de France et permettent d'accroître les échanges.

⑱ **a)** Bateaux à vapeur.
b) Trains et automobiles.
c) Débuts de l'aviation (premier vol de C. Ader en 1897).

PAGE 50

❶ Ce tableau, *La liberté guidant le peuple*, montre une femme tenant le drapeau tricolore. Elle représente la liberté. Autour d'elle, on voit le peuple de Paris ; des jeunes et des adultes qui ont pris les armes pour se révolter contre le roi Charles X. Dans le fond, on voit les tours de Notre-Dame.

❷ La deuxième expression signifie que le roi n'est plus le maître absolu du pays.

❸ Il n'est pas question du droit de vote des femmes. Ce droit ne sera accordé aux Françaises qu'en octobre 1944 par le général de Gaulle.

❹ **Héréditaire** : qui se transmet de père en fils.

❺ Napoléon Ier avait eu un fils, le roi de Rome. Certes il n'a pas régné, mais le neveu de l'empereur prend comme nom Napoléon III pour montrer la continuité du régime impérial.

❻ Le président de la République siège à l'Élysée, mais Napoléon III, devenu empereur, s'installe dans le palais royal des Tuileries.

❼ V. Hugo part en exil pour mieux s'opposer à l'empereur qu'il surnomme « Napoléon le Petit ».

❾ **a)** Vrai (F. de Lesseps en 1869).
b) Vrai (surtout dans la deuxième partie de son règne).
c) Faux (avec le préfet Haussmann, il fait exécuter de grands travaux à Paris).
d) Vrai (l'enseignement secondaire est ouvert aux jeunes filles).
e) Vrai (en 1855, en 1867).

PAGE 52

❶ ❷ C'est la Commune de Paris (27 mars au 28 mai 1871).
Elle proclame l'extension des droits sociaux et des libertés (diminution de la journée de travail, enseignement laïc et gratuit...), mais elle n'a pas le temps d'appliquer ses idées.

❸ Elle est écrasée lors de la « semaine sanglante » (21-28 mai 1871).
Le bilan est lourd : 20 000 tués au moins, 40 000 arrestations, 14 000 condamnations.

❹ ❺ ❻ La Chambre des députés et le Sénat votent les lois et élisent, pour 7 ans, le président de la République.
La Chambre des députés est élue au suffrage universel (tous les Français de plus de 21 ans).

❼ On célèbre le centenaire de la Révolution de 1789. À cette occasion, on construit la tour Eiffel pour l'Exposition universelle de 1889.

❽ Liberté de la presse (1881) ; 14 juillet (1881) ; syndicats (1884) ; élection des maires (1884) ; travail des enfants (1892) ; 10 heures de travail par jour (1900) ; repos hebdomadaire (1906) ; séparation de l'Église et de l'État (1910).

❾ Jules Ferry.

❿ • L'école est **gratuite** : les parents ne paient pas les maîtres qui, fonctionnaires, sont payés par l'État.
• L'école est **obligatoire** : jusqu'à 12-13 ans au début (puis jusqu'à 14 ans en 1936, puis jusqu'à 16 ans à partir de 1959).
• L'école est **laïque** : elle ne donne pas d'enseignement religieux.

⓫ La IIIe République se préoccupe de l'école primaire pour que les citoyens soient instruits, pour qu'ils puissent travailler sur des machines complexes et pour qu'ils puissent voter en toute connaissance.

⓬ ⓭ La plupart des colonies françaises sont en Afrique.

⓮ La conquête des colonies a pour but d'assurer l'approvisionnement de la France en matières premières (pétrole, caoutchouc, coton,...) et en produits alimentaires ; de plus, les colonies offrent des débouchés importants aux productions industrielles. Enfin, la France cherche des bases militaires tout en apportant certains aspects de notre civilisation.

⓯ 10 000 000 de km², 52 millions d'habitants.

PAGE 54

❶ **Triple Entente** : France, Royaume-Uni, Russie.
Triple Alliance : Allemagne, Autriche-Hongrie, Italie.

❷ L'Allemagne envahit le Luxembourg et la Belgique, des pays qui étaient neutres (c'est-à-dire qui n'avaient pas pris parti pour l'un ou l'autre camp).

❸ C'est la victoire de la **Marne** (septembre 1914).

❹ **Verdun**, de février à juillet 1916, où près d'un million de combattants furent durement frappés. Mais les Allemands ne parviennent pas à prendre la forteresse.

❺ En 1918, la Russie sort de la guerre et les Allemands peuvent transférer leurs troupes sur le front français. Mais, au cours de cette année, l'armée américaine, bien équipée, débarque en France.
C'est le maréchal **Foch** qui devient le commandant unique des Alliés.

❻ ❼ Le 11 novembre est un jour férié pour célébrer l'armistice de la guerre de 1914-1918 qui fut très meurtrière ; pour la France, 1 400 000 tués, 3 500 000 blessés dont beaucoup sont restés à jamais mutilés ou invalides.

❽ Nouveaux États créés (ou frontières modifiées) aux dépens de :
– l'Empire allemand : Pologne ;
– l'Empire austro-hongrois : Hongrie, Tchécoslovaquie, Yougoslavie, Pologne ;
– l'Empire russe : Pologne, Lituanie, Lettonie, Estonie, Finlande, Roumanie.

PAGE 56

❶ Les nouvelles frontières ont été établies sans tenir compte des désirs de tous les peuples. De nombreuses minorités nationales existent dans la plupart des nouveaux États, créant ainsi des « points chauds ».

❷ La Société des Nations (SDN) qui doit maintenir la paix par l'arbitrage et le désarmement. Le siège de la SDN est à Genève.

❸ Non. Les États-Unis refusent d'y participer tandis que l'Union soviétique est volontairement exclue (à cause de la révolution qui s'y déroule), tout comme les États vaincus.

❹ La SDN ne dispose d'aucun moyen pour faire appliquer ses décisions ou ses sanctions.

❺ Les ouvriers retiennent la grande aiguille de la montre : ils ne veulent pas travailler plus de huit heures par jour. Cependant, les patrons tirent sur cette aiguille pour obtenir une plus longue journée de travail.

❻ ❼ Le parti radical, le parti socialiste et le parti communiste forment, en 1935, un Front populaire pour « le pain, la paix et la liberté ».

❽ Les ouvriers, au printemps 1936, organisent dans la plupart des usines des grèves avec occupation des locaux pour obliger les patrons à négocier plus rapidement. En effet, toute la production est bloquée par l'occupation des usines.

❾ ❿ Les accords Matignon accordent **deux** semaines de congés payés. C'est la première fois que les travailleurs peuvent partir se reposer pendant deux semaines, aux frais de l'entreprise.
Aujourd'hui, les congés payés durent **cinq** semaines par an.

PAGE 58

1 2 3 Le maréchal Pétain demande aux Allemands l'armistice (= l'arrêt des combats).

Il forme un gouvernement qui s'installe à Vichy, en « zone libre ». Ce gouvernement collabore avec les occupants.

4 5 Alors que tout semble perdu, le général de Gaulle lance, le 18 juin 1940, son célèbre appel à la résistance, pour continuer la guerre aux côtés des Anglais. C'est ainsi que naît, à Londres, la « France libre » qui deviendra « le Gouvernement provisoire de la République française » (en 1944).

6 Le 6 juin 1944, les Alliés débarquent en Normandie (5 000 navires protégés par des milliers d'avions).

Le 15 août 1944, les Alliés débarquent en Provence (avec un fort contingent de troupes françaises libres).

7 À l'approche des Alliés, les Parisiens se soulèvent et la Deuxième Division blindée du général Leclerc fonce pour aider les résistants à libérer la ville (25 août 1944).

8 9 Dans la France occupée et pillée pendant quatre ans, de 1940 à 1944, certaines personnes s'engagent dans la lutte contre les occupants ; c'est la **résistance** intérieure, dont les membres sont traqués et pourchassés par les Allemands et leurs amis qui les fusillent ou les déportent dans des camps.

Les divers groupes créés se regroupent, à l'appel du général de Gaulle, en un « **Conseil national de la Résistance** », présidé par Jean Moulin jusqu'à son arrestation par la police allemande qui le torture à mort (juin 1943).

PAGE 60

1 La période de la libération de la France dans le deuxième semestre de 1944.

2 Il insiste sur le problème des transports dont la désorganisation perturbe gravement le ravitaillement de la population.

3 4 Cette affiche montre que la bataille de la reconstruction et de la production prend la relève des combats militaires. Il faut reconstruire et moderniser un pays ruiné.

5 Pierre Mendès-France, président du Conseil en juin 1954, met fin à la guerre d'Indochine qui dure depuis huit ans.

6 En 1956, la Tunisie et le Maroc accèdent à l'indépendance, après de longues et difficiles négociations avec les gouvernements français.

7 Il y avait un million de Français en 1954. On les appelle « pieds-noirs ». Ils reviendront tous en France après l'indépendance de l'Algérie (1962).

8 En mai 1958, les Français d'Algérie craignent d'être abandonnés par la France. Ils se soulèvent, soutenus par une partie de l'armée. Cette insurrection va entraîner la fin de la IVe République et le retour au pouvoir du général de Gaulle.

PAGE 62

1 **Charles de Gaulle** (1958-1969) : nouvelle Constitution ; décolonisation ; élection du président au suffrage universel ; force de frappe nucléaire…

Georges Pompidou (1969-1974) : modernisation de la France.

Valéry Giscard d'Estaing (1974-1981) : droit de vote à 18 ans.

François Mitterrand (élu en 1981, réélu en 1988) : retraite à 60 ans ; cinquième semaine de congés payés ; abolition de la peine de mort.

2 En mai 1995 Jacques Chirac a été élu président de la République.

3 Les familles sont de plus en plus équipées d'appareils qui simplifient le travail domestique, améliorent la communication et permettent l'accès à la culture et à la distraction.

4 Ces diminutions du temps de travail pour obtenir l'achat des produits indiqués prouvent que le niveau de vie s'est amélioré et que les Français, en moyenne, vivent mieux qu'il y a 60 ans.

5 Ces produits n'existaient pas ! Or ils ont transformé profondément notre vie quotidienne.

6 A : une chaîne robotisée de 309 Peugeot.

B : la fusée Ariane (sur la base de lancement en Guyane).

C : le Minitel.

D : le Centre Georges Pompidou à Paris.

E : le quartier Antigone à Montpellier.

F : un astronaute américain sur la Lune (1969).

G : le TVG Atlantique (1990).

7 Il faut souligner :
Les pays baltes (Estonie, Lettonie, Lituanie), la Moldavie, l'Ukraine, la Biélorussie et la Russie (anciennes républiques d'URSS) ; la République tchèque et la Slovaquie (ancienne Tchécoslovaquie) ; la Slovénie, la Croatie, la Bosnie-Herzégovine, la Macédoine, la Serbie et le Monténégro (éclatement de la Yougoslavie).

8 Ont disparu : URSS, Tchécoslovaquie, Yougoslavie et la République démocratique allemande (RDA) qui s'est réunifiée avec la République fédérale d'Allemagne (RFA).

9 *1957* : France, Allemagne fédérale, Italie, Belgique, Pays-Bas, Luxembourg

1973 : Royaume-Uni, Eire et Danemark

1981 : Grèce

1986 : Espagne et Portugal

1995 : Autriche, Suède et Finlande

10 La Pologne, la République tchèque, la Hongrie, la Slovaquie, la Turquie, les États baltes ont déjà demandé à adhérer mais ces États doivent encore se développer économiquement et fortifier leurs institutions démocratiques.

PAGE 68

1. Un isthme est une bande de terre resserrée entre deux mers, deux océans, deux bras de mer.
La France, s'ouvrant à la fois sur la Méditerranée et l'Atlantique, constitue un isthme dans le continent européen.

2. Elle occupe, entre Narbonne et Bordeaux, le plus étroit de ces isthmes. [Faire remarquer que de Narbonne au Havre il y a 900 km ; de Vienne à Hambourg, plus de 1 000 km, d'Odessa à la Baltique, 1 500 km.]

3. Mer du Nord et Manche constituent des mers annexes de l'océan Atlantique ; la Méditerranée.

4. S'ouvrant sur quatre mers, occupant le plus étroit des isthmes européens, la France constitue une sorte de pont avec l'Europe du Nord et de l'Ouest (membres de la CEE) et le monde méditerranéen (Italie, Espagne, aussi membres de la CEE, et les pays d'Afrique du Nord historiquement liés à la France). La France occupe la partie avancée de l'Europe de l'Ouest.

5. Le 45e parallèle, à égale distance du pôle Nord et de l'équateur, passe aux environs de Bordeaux. [Ce parallèle est à environ 5 000 km du pôle et de l'équateur.]
[La latitude la plus septentrionale de la France est de 51°, la plus méridionale 42° — et même 41° en Corse. La France est ainsi au milieu de la zone tempérée.]

6. Un hexagone est une figure à six côtés (pas forcément égaux !).

7. L'hexagone à tracer : Dunkerque, Ouessant, Hendaye, Perpignan, Nice, Strasbourg, Dunkerque.
[On remarque que cet hexagone ne recouvre pas exactement la France.]

8. Un octogone est une figure à huit côtés.

9. Quatre côtés terrestres : Dunkerque - Strasbourg ; Strasbourg - Évian ; Évian - Nice ; Perpignan - Bayonne.
Quatre côtés maritimes : Dunkerque - Brest ; Brest - La Rochelle ; La Rochelle - Hendaye ; Perpignan - Nice.
[La longueur des frontières terrestres est de 2 100 km, celle des côtes de 3 100 km].

10. La Corse reste en dehors de ces deux figures géométriques.

11. La forme ramassée de la France, la disposition du relief, un pays non compartimenté, un climat tempéré et ses richesses naturelles ont favorisé le peuplement et l'unification du pays sous l'action des rois capétiens dès le milieu du Moyen Age.

12. Dunkerque - Perpignan : 950 km ; Bordeaux - Perpignan : 400 km ; Brest - Strasbourg : 975 km ; (Nice - Bastia : 175 km).
Frontières terrestres : Belgique, Luxembourg, Allemagne, Suisse, Italie, Espagne, Andorre.

13. *Dans la Manche* : Somme, Seine, Orne,...
Dans l'Atlantique : Loire, Charente, Garonne, Adour,...
Dans la Méditerranée : Aude, Hérault, Rhône, Var...

14. Non, aucune région de France n'est située à plus de 500 km d'une mer : les vents d'ouest peuvent faire pénétrer profondément dans le pays l'influence de l'océan.

PAGE 70

1. Avec un atlas, il est aisé de placer les éléments du relief français.

2. **A.** *Massif central* : Puy de Sancy : 1 886 m.
Massif armoricain : Les Avaloirs : 417 m ; Monts d'Arrée : 384 m.
Vosges : Ballon de Guebwiller : 1 424 m.
Alpes : Mont-Blanc : 4 807 m.
Pyrénées (françaises) : Vignemale : 3 298 m (le pic d'Aneto, 3 404 m, est situé en Espagne).
Jura : Crêt de la Neige : 1 718 m.
Corse : Monte Cinto : 2 710 m.
(On peut ajouter pour les Ardennes : la Croix Scaille (504 m) ; pour les Maures : Notre-Dame des Anges (780 m) ; pour l'Estérel : Mont Vinaigre : 616 m.)
B. Dans le *Bassin parisien* : la Seine et la Loire (et leurs affluents). Dans le *Bassin aquitain* : la Garonne (et ses affluents).
C. La *plaine d'Alsace* (150 km sur 20 à 30 km de largeur) est parcourue par l'Ill et le Rhin.
La *Saône* et le *Rhône* s'étirent sur plus de 500 km, au travers de plaines larges et de défilés (et le Bas-Rhône rejoint les plaines et les plateaux du Languedoc, puis le Roussillon).

3. Massif armoricain (France) ; Ardennes (France, Belgique, Luxembourg) ; Jura (France et Suisse) ; Alpes (France, Suisse, Italie et aussi, Autriche, Allemagne, Yougoslavie) ; Massif central (France et Belgique) ; Flandre (France et Belgique) ; Vosges (France) ; Bassin aquitain (France).

4. 5. On remarque que la France est surtout un pays de plaines, de collines et de bas plateaux.
A l'ouest de la ligne Bayonne-Strasbourg, c'est la France des basses altitudes ; à l'est de cette ligne, on trouve toutes les régions montagneuses, tous les points culminants, toutes les altitudes de plus de 1 000 m.

6. Par le seuil de Poitou ; par le seuil du Lauragais ; par le seuil de Bourgogne ; par la trouée de Belfort. (Ainsi, les seuils permettent une communication aisée entre les diverses régions basses.)

7. Vosges, Jura, Haute-Alpes, Alpes-de-Haute-Provence, Alpes-Maritimes, Puy-de-Dôme, Cantal, Pyrénées-Atlantiques, Hautes-Pyrénées, Pyrénées-Orientales, Ardennes, Corse-du-Sud, Haute-Corse.

PAGE 72

1. *Massifs anciens* : Vosges, Massif armoricain, Ardennes, Vosges, Corse, Massif central.
Chaînes récentes : Pyrénées, Alpes, Jura.

2. France, Italie, Suisse, Autriche, Allemagne, Yougoslavie. [Les Alpes s'étendent en Europe sur plus de 1 000 km, de la Méditerranée jusqu'à Vienne en Autriche. Malgré leur altitude élevée, les Alpes sont assez aisément franchissables grâce aux nombreuses et profondes vallées (Rhône, Rhin, Isère, Inn, Enns, Drave, Adige...).]

3. • Un **col** est la partie basse de la ligne de crêtes (c'est-à-dire de la ligne des sommets) ; c'est une voie de passage entre deux sommets permettant d'aller d'une vallée à l'autre.
• *Cols des Alpes* : Petit-St-Bernard, Iseran, Mont-Cenis, Galibier, Lautaret, Mont-Genèvre, Larche, Tende...
• *Cols des Pyrénées* : Roncevaux, Somport, Tourmalet, Puymorens, Perthus... [Le Tour de France cycliste passe, chaque année, par certains de ces cols qui sont très éprouvants, même pour les meilleurs grimpeurs.)
• Le Massif armoricain, aux bombements peu élevés, présente certes des différences de relief (selon la dureté des roches), mais il n'y a pas de ligne de crêtes, donc pas de passage, c'est-à-dire pas de col.

4. **La vallée de Chamonix**, dans les Alpes du Nord, est parcourue par l'Arve (à une altitude d'environ 2 000 m). Elle est dominée par le massif du Mont-Blanc qui culmine à 4 807 m.
Faire remarquer les neiges éternelles et l'aspect déchiqueté des sommets.

5. **La route des cimes**, dans les Vosges, montre des « ballons » aux formes lourdes et arrondies. Elle serpente entre de hauts pâturages et des forêts de sapins. [Cette route, créée pendant la guerre de 1914, permettait alors le ravitaillement des troupes françaises qui tenaient les hauteurs face à l'Alsace.]

PAGE 73

1. Massif armoricain, collines de l'Artois, Ardennes, Massif central.

2. Massif central, Pyrénées.

3. La plaine d'Alsace (à l'est des Vosges).
La plaine de la Saône (entre le Massif central et le Jura) et la plaine du Rhône (entre le Massif central et les Alpes) forment le couloir (ou le sillon) rhodanien.
• Le Languedoc (entre le Massif central et la Méditerranée).
• Le Roussillon (entre les Pyrénées et la Méditerranée).

4 a) Une **plaine** est une étendue plate dans laquelle les vallées sont peu enfoncées dans le sol.
[On distingue les plaines sédimentaires (comme le Bassin parisien et le Bassin aquitain) et les fossés d'effondrement (plaine d'Alsace, couloir rhodanien).]

b) Les **collines** sont des formes de relief peu élevées ; elles dominent la plaine de quelques dizaines de mètres.

c) Un **plateau** est un ensemble de terres relativement planes (= plates), plus ou moins élevées, mais dominant des terres basses.

5 a) Le mot **colline** n'est pas à sa place parmi ces mots qui se rapportent à de hautes montagnes.

b) Le **Massif armoricain** n'est pas à sa place parmi ces plaines de France.

6 La **plaine de la Beauce** s'étend sans discontinuité ; aucune vallée ne vient troubler l'horizontalité du paysage. La plate-forme calcaire est recouverte d'un limon fertile, qui permet de belles récoltes de céréales et de betteraves (fourragères et sucrières).
On aperçoit au loin la cathédrale de Chartres qui domine, depuis huit siècles, « cet océan de blés ».

PAGE 74

1 • La côte de la mer du Nord est basse et sableuse, elle se relève en falaise à l'extrémité des collines de l'Artois.
• En bordure du Bassin parisien, on trouve les falaises mortes et les dunes de Picardie, les falaises hautes du Pays de Caux, les falaises et les plages basses de Normandie.
• Les côtes du Massif armoricain sont rocheuses et très découpées avec une succession de caps et de baies. Entre Loire et Gironde, on trouve des dunes, des marais, des falaises.
• La côte des Landes est rectiligne et bordée de dunes (et d'étangs).
• Après l'embouchure de l'Adour, l'océan baigne les escarpements rocheux des Pyrénées atlantiques.
• La côte rocheuse et découpée en bordure des Pyrénées orientales devient basse, sableuse et bordée d'étangs du cap Cerbère à l'étang de Berre.
• Les côtes de Provence, rocheuses et découpées, plongent brutalement dans la mer.
• En Corse, l'ouest et le nord sont rocheux et découpés, tandis que la côte orientale évoque les rivages languedociens.

2 Les îles sont disposées dans l'ordre où on les trouve dans l'exercice. Ré et Oléron sont reliées au continent par des ponts autoroutiers.

3

	Atlantique et mers annexes	Méditerranée
Profondeur	Importante plate-forme continentale	Grande profondeur surtout au large de la Provence
Températures	6 à 16 ° C	14 à 28 ° C
Marées	Très fortes (sensibles à 100 km dans la Seine)	Pratiquement pas de marée
Tempêtes	Vents violents, tempêtes spectaculaires	Tempêtes plus rares, mais mer toujours agitée
Vagues	Hautes vagues	Vagues plus courtes mais très nombreuses
Pêche	Très active	Moins de poissons

Il faut noter que la Méditerranée est plus salée que l'océan : 38 g de sel par litre d'eau.

4 a) **La falaise d'Étretat** résulte du travail de la mer qui a taillé ces abrupts ; minées à la base par les vagues, les galets et les eaux d'infiltration, les falaises s'écroulent et le rivage recule. Toutefois, certaines parties, les plus dures, résistent et on aboutit à ce paysage fantastique.

b) **La pointe du Raz**, en Bretagne, n'est pas le cap le plus occidental de France (c'est la pointe de Corsen près du Conquet), mais on y ressent bien la forte impression d'être au bout de la terre (Finistère), face à l'Atlantique. Elle domine de 71 mètres l'océan toujours agité. L'île de Sein (à 12 km) en avant de la pointe en semble le prolongement. Faire remarquer les côtes découpées, voire déchiquetées.

c) **Une calanque** près de Marseille : c'est une étroite et profonde déchirure de la côte. Au bas, on distingue de petites plages. L'accès par la mer est bien plus facile que par la terre : les calanques servent d'école d'escalade pour les alpinistes de Provence.

d) **La dune du Pyla**, dans les Landes, est une colline de sable, construite par le vent. Elle domine de ses 105 mètres une côte basse presque rectiligne.

PAGE 76

1 Il fait plus froid dans le Nord à cause de la latitude.

2 Il fait moins froid dans les vallées à cause de l'altitude.

3 Il pleut davantage sur les montagnes que sur les plaines.
(Les précipitations sont abondantes sur les reliefs et sur les côtes ; les zones les moins arrosées sont les plaines intérieures et les fossés).

4 Pluie, grêle, neige.

5 C'est la différence entre la température maximale et la température minimale, en un même lieu, pour un temps déterminé.

6 En France, les vents dominants sont les vents d'ouest.
Mais d'autres vents existent :
– le **mistral** est un vent violent et froid qui souffle (100 jours par an) de la vallée du Rhône vers la Méditerranée ;
– la **tramontane** est un vent froid du nord dans le Languedoc ;
– le **vent d'autan** est un vent chaud et orageux du sud-est ; il souffle dans la région de Toulouse ;
– la **bise** est un vent froid et sec du nord ou du nord-est ;
– le **noroît** est un vent du nord-ouest et le **suroît** est un vent du sud-ouest en Bretagne.

7 Le climat dépend de beaucoup de facteurs : la latitude, l'altitude, les vents, les pressions, les températures, les précipitations (quantité, forme, durée), le nombre de jours de gel, la durée de l'ensoleillement.

PAGE 78

1 Le mois le plus **arrosé** :
Brest : novembre ; Paris : juin ; Toulouse : juillet ; Strasbourg : juillet ; Marseille : octobre ; Clermont : juin ; Puy-de-Dôme : janvier et mars.

2 Brest : 200 jours de pluie ; Paris : 160 ; Strasbourg : 157 ; Puy-de-Dôme : 150 ; Toulouse : 138 ; Clermont : 132 ; Marseille : 77.

3 Le mois le plus **chaud** :
Brest : août ; Paris : juillet ; Toulouse : juillet ; Strasbourg : août ; Marseille : juillet et août ; Clermont : juillet ; Puy-de-Dôme : août.

4 Classement d'après **l'amplitude thermique** :
Strasbourg (19° C) ; Toulouse (17° C) ; Puy-de-Dôme (17° C) ; Marseille (16° C) ; Clermont (16° C) ; Paris (15° C) ; Brest (8° C).

5 Le printemps est le plus précoce à Brest et à Marseille.

6 L'automne est le plus tardif à Brest et à Marseille.

7 Les différences entre les données climatiques s'expliquent par l'altitude : Clermont-Ferrand (401 m), Puy-de-Dôme (1 461 m).

PAGE 80

1 3 Ouverte sur l'Atlantique, la France est largement soumise à l'influence adoucissante de l'océan, de moins en moins sensible à mesure que l'on s'éloigne vers l'est.
• **Le climat océanique** (Brest) a des hivers doux, des étés frais, des pluies en toutes saisons, mais surtout en hiver. Les gelées sont

rares. Printemps et automne se prolongent. Le temps est très changeant. Rares sont les jours sans pluie ; rares aussi les jours sans soleil.

• **Le climat aquitain** est océanique par la douceur des hivers, et méditerranéen par la chaleur des étés et la luminosité du ciel.

• **Le climat parisien** est très variable, avec des pluies surtout en automne et en hiver.

• **Le climat semi-continental** est froid et sec en hiver, chaud et orageux en été. Les hivers sont rudes (gel, neige).

• **Le climat méditerranéen** est chaud et très sec en été, doux en hiver, orageux à l'automne et au début du printemps.

• **Le climat montagnard**, avec une température et une pression atmosphérique diminuant avec l'altitude, connaît d'importantes précipitations, surtout sur les versants exposés à l'ouest. La neige est abondante et couvre le sol pendant des mois. Les conditions locales (vent, ensoleillement) apportent de grandes variétés.

2 Les vents du N-O et d'O : humides.

Les vents du S-O : humides et chauds.

Les vents du N et du N-E : secs et froids.

Les vents du S : secs et chauds.

4 **a)** Ici nous sommes en **Bretagne**, domaine du climat océanique. Les nuages filent dans le ciel sous le souffle de l'océan ; les pluies, fines et interminables (le « crachin ») sont fréquentes, d'où la forte pente du toit. Ces pluies permettent aux chênes et aux hêtres de grandir au-dessus de sous-bois d'arbustes et de fleurs.

b) Au premier plan de ce **paysage méditerranéen**, un olivier, bel arbre au feuillage argenté, qui garde ses feuilles en hiver.

Au fond, la montagne Ste-Victoire, près d'Aix-en-Provence.

Les cultures sont adaptées à la sécheresse de l'été.

PAGE 82

1 2 3 Voici les profils des quatre grands fleuves de France.

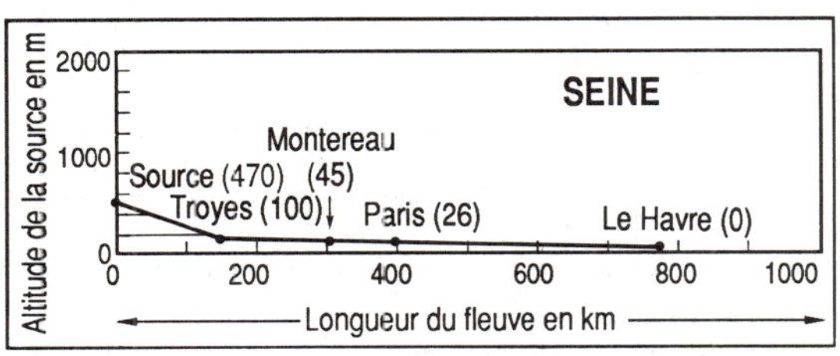

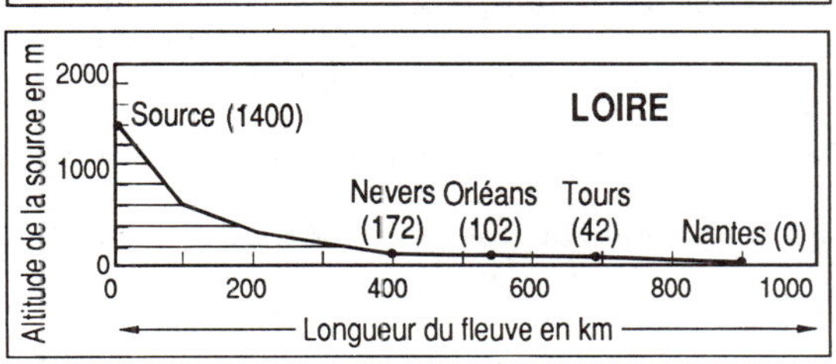

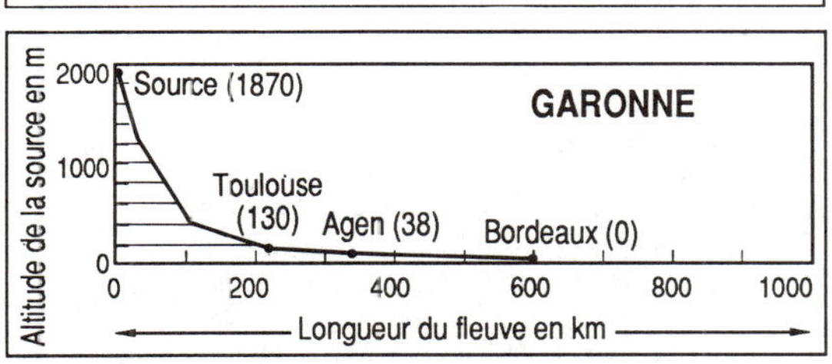

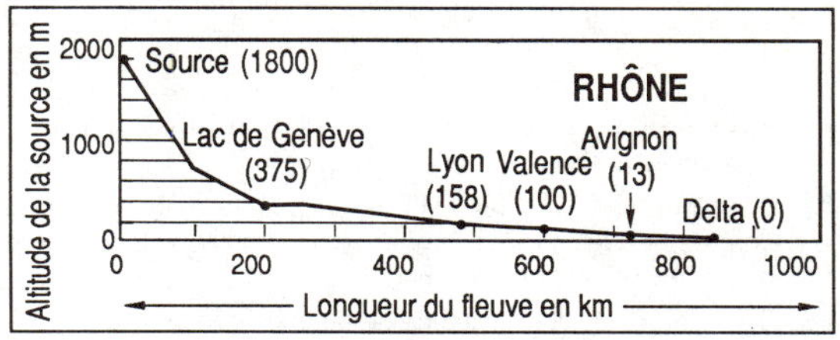

4 Ces profils permettent de voir les régions où la pente est rapide, celles où elle est douce ; on peut aussi calculer les pentes moyennes entre deux localités ; on peut connaître les distances qui séparent les villes, ainsi que leur altitude.

PAGE 84

1 On peut préciser que les terrains imperméables représentent :
– 50 % du bassin de la Loire,
– 38 % du bassin du Rhône,
– 37 % du bassin de la Garonne,
– 25 % du bassin de la Seine.

2 **Manche** : Somme, Orne, Rance.
Atlantique : Vilaine, Charente, Adour.
Méditerranée : Aude, Hérault, Var.

3 Le Massif central est surnommé « château d'eau de la France » parce que de nombreux cours d'eau y prennent naissance et qu'ils rejoignent, sous forme d'affluents, chacun des quatre grands fleuves.

4 • **Seine** : Plateau de Langres (470 m) ; Yonne, Loing, Eure (à gauche) ; Aube, Marne, Oise + Aisne (à droite).
Lente et régulière, la Seine est navigable.
• **Loire** : Mont Gerbier-des-Joncs (1 400 m) ; Allier, Cher, Indre, Vienne + Creuse, Sèvre nantaise (à gauche) ; Nièvre, Maine formé du Loir, de la Sarthe et de la Mayenne (à droite).
La Loire et ses affluents sont irréguliers et inutilisables pour la navigation.
• **Garonne** : Val d'Aran dans le massif de la Maladetta (2 800 m à 1 870 m) ; Save Gers, Baïse (à gauche) ; Ariège, Tarn + Aveyron, Lot, Dordogne + Vézère et Isle (à droite).
La Garonne est irrégulière ; ses crues sont parfois désastreuses.
• **Rhône** : Mont St-Gothard (1 800 m) ; Arve, Isère + Arc + Drac, Drôme, Durance (à gauche) ; Ain, Saône + Doubs, Ardèche, Gard (à droite).
Fleuve puissant, abondant mais trop rapide, le Rhône n'est pas navigable, mais il produit de l'énergie hydro-électrique.

5 L'estuaire commun à la Garonne et à la Dordogne est la Gironde. Long de 75 km et large de 5 à 12 km, il est encombré de bancs de sable ; un chenal a été creusé jusqu'à Bordeaux (à 100 km de l'océan).

6 Pour qu'un fleuve soit navigable, il ne doit pas être encombré de bancs de sable, la pente ne doit pas être trop rapide et il faut qu'il y ait assez d'eau en toutes saisons.

7 C'est la Seine qui réunit toutes ces conditions. Ses affluents et un réseau complet de canaux la relient à toutes les voies navigables de l'Europe du Nord-Ouest.

8 Paris (21 Mt) et Rouen.

9 **a)** vrai ; **b)** faux (maximum au printemps et en automne) ; **c)** faux (c'est le minimum) ; **d)** vrai ; **e)** vrai ; **f)** faux (fonte des neiges et des glaciers) ; **g)** faux (le minimum est en été, le maximum au printemps et en automne).

PAGE 86

1 2 Selon les premiers résultats du recensement de 1990, la France compte 58,4 millions d'habitants, dont 56 556 000 en métropole. (Au 1/1/1995, il y avait 58 millions d'habitants en métropole.)

L'augmentation entre 1799 et 1901 : + 48 % ; entre 1901 et 1995 : + 45 %.

3 Les baisses enregistrées correspondent aux deux guerres mondiales (pertes civiles et militaires, diminution du nombre des naissances).

4 L'espérance de vie des Français augmente régulièrement, tout comme l'écart entre les femmes et les hommes. La surmortalité masculine s'explique aisément.

6 Il y a moins d'enfants, moins de familles nombreuses. Le travail des femmes et la faiblesse des allocations familiales expliquent en partie ce phénomène de toutes les sociétés développées.

5

Dates	Accroissement naturel pour 1 000 habitants	Accroissement naturel total
Vers 1840	+ 4 ‰	+ 140 000
1900	+ 2 ‰	+ 80 000
1940	– 5 ‰	– 100 000
1968	+ 5 ‰	+ 250 000
1982	+ 4 ‰	+ 216 000
1994	+ 4 ‰	+ 231 000

7 La retraite, la Sécurité sociale, les progrès de la médecine et de la chirurgie.

8 La Seconde Guerre mondiale, la défaite de la France, près de deux millions de prisonniers détenus en Allemagne.

9 La population augmente car le taux de natalité, même en baisse, s'applique à un nombre plus grand d'individus.

PAGE 88

1 2 3 4 La part des moins de 20 ans a diminué ; celle des personnes âgées a augmenté.

5 Moins de gens peuvent travailler, tandis que les dépenses augmentent pour l'enseignement, les soins et les retraites.

6

	1800	1850	1900	1930	1954	1968	1994
% de la population urbaine	18	26	41	51	56	71	79
% de la population rurale	82	74	59	49	44	29	21

7 8 Les pourcentages sont : 3,8 % ; 5,3 % ; 4,2 % ; 4,6 % ; 6,5 % ; 7,3 %.
[On peut noter que si les étrangers représentent 7,3 % de la population totale, ils forment 12 % de la population active (ceux qui travaillent ou cherchent un emploi) et que leurs origines ont beaucoup changé en cinquante ans ; c'est pourquoi on parle de plus en plus de la politique indispensable d'intégration des étrangers, c'est-à-dire de leur entrée dans l'ensemble que constituent les Français, ensemble qui possède des traditions, une culture et une histoire différentes. Les émigrés originaires d'Afrique représentent aujourd'hui presque la moitié des étrangers.]

PAGE 90

1 Pays-Bas, Belgique, Royaume-Uni, Allemagne, Italie, Suisse, Luxembourg, Portugal, **France**, Espagne.

2 Les régions peu peuplées correspondent aux :
– zones de montagnes ;
– plateaux calcaires de l'est et du sud du Bassin parisien ;
– zones peu industrialisées de l'Ouest et du Sud.

3 Les régions les plus peuplées correspondent aux riches plaines, vignobles, zones industrielles et commerciales, c'est-à-dire là où se trouvent les grosses agglomérations. C'est surtout la région parisienne, la région de Lyon, le nord et l'est de la France.

5 La partie la plus peuplée est au nord de la ligne Le Havre - Marseille.

6 **a) Un village de montagne.**
Il s'agit ici du village de St-Véran, dans les Alpes de Haute-Provence, célèbre par son record européen d'altitude (2 000 m) et par ses maisons coiffées de vastes greniers.
b) Une petite ville.
C'est Uzès, dans le Gard, qui a gardé, à l'écart des grands axes, ses rues étroites et ses élégants hôtels. Trois tours dominent la ville : la Tour Bermonde (XIe siècle), la Tour de l'Horloge (XIIe siècle) et la Tour du Roi (XIVe siècle).
c) Une banlieue.
Il s'agit ici de Saint-Denis, au nord de Paris. On remarque les grands ensembles construits dans les années 60 et les zones pavillonnaires.

PAGE 92

1 C'est **Paris**, la capitale, avec la Seine, la Tour Eiffel et au fond le Sacré-Cœur de Montmartre.

2 Ici, à **Lyon**, on reconnaît la Saône et le Rhône avant leur confluent.

3 C'est le Vieux-Port de **Marseille**, dominée, sur une butte, par la célèbre basilique Notre-Dame-de-la-Garde.

4 C'est **Lille**, avec son beffroi (haut de 105 m) qui a été reconstruit après 1918.

5 C'est **Toulouse**, la ville rose, avec la place du Capitole et ses immeubles récents (dans le fond), nés du développement de la cité grâce à ses industries de pointe.

6 **Bordeaux** s'est développée sur la rive gauche de la Garonne, à près de 100 km de la mer. Les rives du fleuve sont aménagées en quais spécialisés (comme le quai des Chartrons pour le commerce des vins).

PAGE 94

1 Maçon ; infirmière ; agriculteur.

2 Il faut rayer : le nourrisson, le retraité, l'étudiant, la femme au foyer, l'écolier.

3 Il y a environ 13 % de chômeurs en 1994.

4 5 **Secteur primaire** : berger, pêcheur, agriculteur.
Secteur secondaire : mécanicien, tourneur, maçon.
Secteur tertiaire : médecin, employé de banque, réparateur télé, cheminot, garagiste, garçon de café, pilote, artiste de cinéma, épicier, horloger, secrétaire.

6 8 On constate qu'il y aura bientôt deux Français sur trois travaillant dans le secteur des « services » qui progresse en se diversifiant et en recouvrant des activités nouvelles (informatique, télématique, etc.).

7 Le secteur primaire s'est mécanisé et sa productivité a grandement progressé.

9 Le secteur secondaire a commencé à décroître après 1975, à la fin de la période appelée « les Trente Glorieuses », c'est-à-dire les trente années qui ont vu un développement continu de l'économie française.

10 Le porteur d'eau, le maréchal-ferrant, le chapelier, le cocher, la lavandière, le scieur de long, le vannier.

11 Le réparateur de télévision, le programmeur, l'ingénieur électronicien, le cosmonaute…

PAGE 96

6 **Densité (en hab/km²) des régions françaises :**
Alsace : 193 ; Aquitaine : 153 ; Auvergne : 50 ; Bourgogne : 51 ; Bretagne : 103 ; Centre : 59 ; Champagne-Ardenne : 51 ; Corse : 28 ; Franche-Comté : 69 ; Ile-de-France : 858 ; Languedoc-Roussillon : 76 ; Limousin : 43 ; Lorraine : 98 ; Midi-Pyrénées : 53 ; Nord : 315 ; Basse-Normandie : 80 ; Haute-Normandie : 138 ; Pays de Loire : 94 ; Picardie : 93 ; Poitou-Charentes : 62 ; Provence-Alpes-Côte d'Azur : 131 ; Rhône-Alpes : 119.

7 Une commune est administrée par un **conseil municipal**, élu au suffrage universel. Le conseil municipal élit en son sein le **maire** et les adjoints. Le conseil municipal s'occupe de l'entretien des écoles.

8 Le département est administré par le **conseil général**. Chaque **conseiller général** est élu par les habitants d'un canton (un canton regroupe plusieurs communes). Le conseil général s'occupe de la construction et de l'entretien des collèges.

9 **a)** Le **maire** est à la fois représentant de la commune et agent de l'État (chargé de l'exécution des lois et règlements du gouvernement).

b) Le **préfet** représente, dans chaque département, l'État, le gouvernement et chacun des ministères. Il dirige la plupart des services de l'État dans le département.

c) Le **conseil général** discute et vote sur toutes les affaires d'intérêt départemental.

(**Le président du conseil général**, chef des services du département, ordonne les dépenses et les recettes et, depuis la décentralisation de 1982-83, il a de grands pouvoirs.)

PAGE 98

1 Ici, en **Beauce**, les champs ne sont pas délimités par des murs ou des haies. Les machines peuvent facilement circuler dans ce paysage de « champs ouverts ».

2 Ici, dans le **bocage normand**, les champs sont séparés par des haies d'arbres et d'arbustes. Ces haies empêchent les troupeaux de quitter leur pâturage ; elles les protègent également de la pluie, du soleil et du vent.

3 Ce **village perché**, dans le Var, domine des champs irréguliers établis sur les pentes. Les maisons, aux toits presque plats, sont serrées les unes à côté des autres.

4 Le village de Montségur, dans les **Pyrénées centrales**, occupe le fond de la vallée. Il est entouré de champs, tandis que les pentes sont couvertes de prés et de bois. (On remarque sur le sommet les ruines d'un château cathare, brûlé en 1244. Ces ruines sont à 1 215 mètres d'altitude.)

PAGE 99

1 • Aliments d'**origine végétale** : farine, bonbons, bière, pommes de terre, cerises, légumes, vin, gâteaux.

• Aliments d'**origine animale** : lait, viande, fromages, œufs, poulets, beurre.

2 Fourrages, orge, avoine, maïs…

3 **a)** vrai ; **b)** faux (il baisse : 5,7 M en 1892 ; 4 M en 1929 ; 2,2 M en 1955 ; 1,5 M en 1973 ; 900 000 aujourd'hui) ; **c)** vrai (engrais : 2 M en 1960, plus de 7 M aujourd'hui, sans parler des pesticides…) ; **d)** vrai (environ 250 milliards de F) ; **e)** vrai (il y a cinquante ans, elle n'atteignait pas 10 ha) ; **f)** vrai (pour permettre une meilleure utilisation du matériel) ; **g)** vrai (et même le tiers de la production agricole est vendu à l'étranger) ; **h)** vrai ; **i)** faux (les épiciers ou les artisans ou les fonctionnaires qui vivent à la campagne ne sont pas des travailleurs de la terre) ; **j)** vrai (56 % des agriculteurs louent leurs terres et sont donc fermiers).

4 Aujourd'hui, les agriculteurs se spécialisent : ils vendent presque toute leur production et achètent ce dont ils ont besoin. Ainsi, dans certaines grosses exploitations céréalières, on achète même le lait et les œufs !

La politique européenne commune impose la mise en jachères : près de 20 % des terres sont ainsi mises hors cultures.

5 Il existe des coopératives pour acheter, à meilleur prix, engrais et semences, et d'autres, pour vendre, au mieux, vin, lait, blé ou viande.

PAGE 100

1 Les variations annuelles sont d'origine climatique, mais sur la durée on peut déterminer les grandes tendances. Ainsi l'augmentation de l'orge et du maïs correspond à l'alimentation d'un troupeau plus important.

2 Ici, des moissonneuses-batteuses récoltent le blé sur de vastes étendues. Cette mécanisation de l'agriculture a permis d'accroître les rendements et de remplacer une main-d'œuvre de plus en plus difficile à trouver.

3 Grâce aux serres, on peut mieux pratiquer la culture sans sol ! L'eau qui arrose les racines de ces plantes maraîchères leur apporte tous les éléments nutritifs. On peut même chauffer les serres quand le soleil est caché par les nuages. On obtient de très belles récoltes.

4 *En jaune* : Beauce, Brie, Picardie, Alsace, Champagne, Bassin aquitain.
En rouge : Champagne, Alsace, Bourgogne, Beaujolais, Côtes-du-Rhône, Provence, Corse, Languedoc, Roussillon, Bordelais, Anjou, Touraine.

5 **Élevage bovin** : Normandie, Bretagne, Pays-de-Loire, Vendée, Lorraine, Massif central, Savoie, Dauphiné, Pyrénées.

6 Ici, le troupeau paît paisiblement dans une prairie du Jura.
Quelques kilomètres plus loin, on élève les bovins d'une façon industrielle : les animaux ne sortent pas de l'étable, ils sont nourris de façon scientifique pour grossir (et être vendus) plus vite.

7 Bleu de Bresse, brie, camembert, cantal, chavignol, comté, édam, fourme, gouda, gruyère, livarot, maroilles, mimolette, morbier, munster, pont-l'évêque, port-salut, reblochon, roquefort, tomme, vacherin…

PAGE 102

1 Il y a 2000 ans, les forêts couvraient la plus grande partie de la France (« la Gaulle chevelue ») ; aujourd'hui, elles couvrent surtout les terres pauvres et les montagnes.

2 Les principaux massifs forestiers : Landes (1 M ha), Ardennes (100 000 ha), Vosges (100 000 ha), forêt d'Orléans (45 000 ha), Fontainebleau (25 000 ha).

3 **Dans les plaines et à mi-pente** : chênes, hêtres, châtaigniers, bouleaux, platanes.
Reboisement et montagne : pins, sapins, mélèzes, épicéas.
Midi méditerranéen : pins maritimes, chênes-lièges.

4 Les feuillus portent des feuilles caduques. Les résineux sont des conifères, qui restent presque tous verts en hiver.

5 Les résineux sont plus adaptés aux utilisations nouvelles : emballage, contreplaqué, cellulose, papier…

6 **a3** ; **b1** ; **c2**.

7 La conchyliculture = élevage de coquillages.
L'ostréiculture = élevage des huîtres.
La mytiliculture = élevage des moules.

8 9 Beaucoup de ports sont situés en Bretagne, mais le principal est Boulogne (82 000 t de poissons), port d'attache des grands chalutiers modernes.

Remarquer que sur dix noms, un seul est un port de la Méditerranée.
Ainsi, pour le poisson, la Bretagne obtient 41 % des prises, le Nord et la Normandie, 30% ; la Loire-Atlantique et la Vendée, 15 % ; le Sud-Ouest, 7 % ; la Méditerranée, 7%.

PAGE 104

1 Production des divers bassins houillers (en 1993) :
– Nord-Pas de Calais : 0
– Lorraine : 7,5 Mt
– Centre-Midi : 1,1 Mt

La Provence produit du lignite (charbon de mauvaise qualité) : 1,6 Mt

2 3 4 Attention, en 1993, la production a encore baissé (8,6 Mt) et la consommation est passée à 24,1 Mt, d'où un accroissement des achats à l'étranger (15,5 Mt). Les mines du Massif central sont peu rentables car difficiles à exploiter : les puits ferment chaque année (25 000 employés aujourd'hui contre plus de 100 000 il y a 25 ans).

5 La France achète du charbon aux États-Unis, en Allemagne, en Australie, en Afrique du Sud et en Pologne.

6 7 La production française de pétrole provient du Bassin parisien (1,8 Mt) et de l'Aquitaine (1 Mt).
Le gaz naturel est produit dans la région de Lacq.

8 • Achats de **pétrole** :
– Moyen-Orient : 39 % (dont 22 % d'Arabie Saoudite).
– Mer du Nord : 14 %
– Afrique : 15 % (Gabon, Congo, Nigeria, Algérie, Libye).
– Russie : 7 %
et aussi Mexique, Venezuela…
• Achats de **gaz** : Russie (38 %), Algérie (27 %), mer du Nord (19 %), Pays-Bas (16 %).

9 En raison des achats de pétrole brut dans des pays lointains (transport par pétroliers énormes ou super-tankers).

PAGE 106

• Le **barrage de Tignes**, en forme de voûte, a été construit en 1953 sur la haute vallée de l'Isère. L'ancien village, englouti par le lac, a été reconstruit plus loin. Il produit plus d'un milliard de kWh.
• La **centrale hydraulique de Donzère** est établie le long du Rhône, sur un canal de dérivation. Là, une grande quantité d'eau du fleuve fait tourner les turbines.
• Cette **centrale thermique** du Nord produit de l'électricité en brûlant du charbon.
• Cette **centrale nucléaire**, au nord de Montélimar, sur le Rhône, produit de l'électricité à partir de l'uranium.

1 Lorraine, Nord, région parisienne, Basse-Seine, Bordeaux, Dunkerque, Basse-Loire, Martigues (près de Marseille).

2 Dans les montagnes (Massif central, Alpes, Pyrénées) et sur les rives du Rhône et du Rhin.

3 4 Problèmes de sécurité ; les inquiétudes après l'accident de Tchernobyl (en Ukraine) ; l'opposition des écologistes.

5 En plus des économies d'énergie et de la diversification des approvisionnements, on cherche des énergies nouvelles : éolienne (vent), solaire, géothermique (chaleur dans le sol), marémotrice, bioénergie…

[L'énergie consommée en France à trois dates différentes (en M de Tep).]
Ce tableau constitue un **bilan énergétique**.

	1979	1983	1993
Énergies nouvelles	3	3,2	4,2
Électricité nucléaire	9,5	30,1	86,2
Electricité hydraulique	15,7	15	17,6
Gaz naturel	21	22,5	29,2
Pétrole	118,8	90,5	89
Charbon	31,8	26,3	14
Total	**199,8**	**188,1**	**220,2**

En quinze ans, la consommation d'énergie a augmenté de 10 %, mais la part du pétrole est passée de 60 % à moins de 41 %.

PAGE 108

1 Un ouvrier spécialisé effectue des travaux simples.
Un ouvrier qualifié exécute des travaux de précision.
Un cadre surveille les diverses étapes de la production.
Un ingénieur établit des plans et des projets.

2 Les robots peuvent surtout remplacer des ouvriers spécialisés (dont la tâche est pénible et, souvent, répétitive).

3 **Industries de base** : acier, chimie du pétrole, acides, ciment.
Industries de transformation : engrais, horlogerie, conserverie, matériel électrique, médicaments, électronique, sucrerie, bâtiments et travaux publics.

4 Industrie automobile, industrie aéronautique, industrie textile, industrie pharmaceutique.

5 **En progrès** : agro-alimentaire, électronique, automobiles, aéronautique, informatique.
En recul : sidérurgie, constructions navales, textiles, ciment, charbonnages.

6 **Les grandes régions industrielles** : Nord-Pas-de-Calais ; Lorraine ; Alsace ; Rhône-Alpes ; Basse-Seine ; région parisienne.
Les centres isolés : Bordeaux, Toulouse, Marseille-Fos, Grenoble, Clermont-Ferrand, Nantes, Caen, Montpellier, Limoges, Montluçon…

7 Le Nord et une partie de l'Est connaissent des difficultés (industries traditionnelles en crise).

8 La région parisienne offre un marché important (10 M habitants), une main-d'œuvre qualifiée, des communications aisées. C'est aussi le centre politique et financier de la France. En dehors de certaines industries de base (acier), toutes les branches y sont représentées.

9 **Dans l'Ouest** : certaines industries décentralisées de la région parisienne et l'agro-alimentaire (Rennes, St-Brieuc, Poitiers…).
Dans le Midi : les industries de pointe (Toulouse, Bordeaux, Montpellier, Nice, etc.).
[Le nombre de salariés de la sidérurgie est passé de 250 000 en 1974 à 50 000 aujourd'hui ; en 1974, il fallait 11 h pour fabriquer une tonne d'acier, aujourd'hui il n'en faut plus que 4 !]

PAGE 110

1 Commerçants : transporteurs, cheminots, camionneurs,… ; enseignants ; médecins, dentistes, pharmaciens ; journalistes, éditeurs, imprimeurs ; gérants, administrateurs ; employés des agences de voyages ; acteurs, clowns, comédiens ; garagistes, réparateurs ; agents, gendarmes ; soldats et officiers ; banquiers, assureurs…

2 3 4 **Services publics** : écoles (G) ; transports en commun (P) ; mairie (G) ; EDF/GDF (P) ; police (G) ; pompiers (G) ; hôpitaux (P) ; PTT (P) ; ministères (G)…
Services privés : commerces (P) ; garages (P) ; médecins et pharmaciens (P) ; cliniques (P) ; presse, radio, télévision (P) ; coiffeurs (P) ; notaires (P) ; avocats (P)… [Les activités de services sont concentrées dans les villes. Plus la ville est importante, plus on trouve des services variés et spécialisés.]
Électricité de France compte près de 120 000 employés ; elle dessert près de 29 millions d'abonnés (des particuliers ou de grandes entreprises). La longueur des lignes dépasse 14 millions de km (soit 3 500 fois le tour de la Terre !).
Ici des employés de l'E.D.F. réparent ou contrôlent un câble de haute tension.

PAGE 111

1 **Ce marché** dans une petite ville se tient pendant un ou deux matins par semaine, par tous les temps. On y trouve des marchands ambulants qui « font » plusieurs marchés dans des lieux différents, tout au long de la semaine. Ils vendent surtout des produits alimentaires.

2 Les **supermarchés** (400 à 2 500 m² de surface) et les **hypermarchés** (plus de 2 500 m²) sont surtout installés aux abords des agglomérations. Ils mettent le client directement en contact avec les produits offerts, c'est le libre-service. De vastes parkings permettent de garer des milliers de véhicules. On y fait des achats pour la semaine ou la quinzaine.
Ces grandes surfaces vendent surtout de l'alimentation et des produits de grande consommation.

3 Dans cette librairie parisienne, les clients peuvent trouver les livres de leur choix. Des vendeurs les conseillent.

4 Dans ce village, le seul commerce qui existe encore est l'épicerie. On y trouve de tout, surtout pour l'alimentaire.

5 À une dizaine de kilomètres de Paris, Rungis est le grand marché des grossistes. Inauguré en 1969, il a pris le relais des Halles, qui occupaient le centre de la capitale. On y trouve des fruits, des légumes, des fleurs, des produits laitiers, du poisson et de la viande, le tout « en gros »…

Page 112

3 **Petit magasin** : proximité du domicile, accueil personnalisé, conseils du vendeur, qualité du produit, prix plus élevés.
Grande surface : stationnement facile, on se sert soi-même (libre-service), possibilité de grouper les achats, choix des produits, prix.

4 • Un **grossiste** (qui achète au fabricant) livre à l'épicier les confitures.
• Le **marchand de légumes** n'achète pas directement au cultivateur. Il s'approvisionne aux Halles où des grossistes vendent les produits de la terre que les transporteurs ont apportés depuis les lieux de production où ils ont été regroupés par d'autres grossistes ou des coopératives agricoles.

5 Il y a deux fois plus de personnes qui vendent que de personnes qui travaillent la terre.

6 L'éleveur a vendu sa bête à un maquignon ; celui-ci va la faire abattre (abattoir) ; un grossiste va vendre des quartiers de bête à des chevillards qui servent les bouchers, qui vont vendre le rôti au détail.

7 Le cultivateur va vendre son blé à une coopérative ; il faut ensuite le moudre ; des grossistes achètent la farine et la revendent au boulanger qui fabrique ensuite la baguette pour la vendre.

8 9 Entre le producteur et le consommateur, il y a beaucoup d'intermédiaires, qui achètent, qui regroupent, qui trient, qui conditionnent, qui expédient et qui distribuent aux détaillants.
[Chacun prélève un pourcentage pour son propre travail. On estime que pour un kilo de pêches vendu 15 F, le producteur en perçoit moins de 5 F !
Les « marges » des grossistes varient de 20 à 25 % du prix ; celles du détaillant de 25 à 40 %, tandis que les grandes surfaces – en raison de la quantité vendue – se contentent d'environ 20 %.]

Page 114

1 2 Le trajet le plus fréquenté part de Paris et se dirige vers Lyon et Marseille. Les axes du Nord et de l'Est sont également importants (en raison des échanges avec les autres États) pour le transport des marchandises.

3 4 La **route** est reine : avec 3,5 M de véhicules utilitaires, elle assure 52 % des transports de marchandises (et 80 % des personnes).
Le **rail** sert au transport des véhicules, des minerais, du charbon, des produits agricoles.
Le rail et la route se livrent une forte concurrence, l'un avec des wagons spécialisés, l'autre avec des camions qui peuvent atteindre 38 tonnes.
Les **voies navigables** utilisent péniches et remorqueurs pour transporter du sable, des graviers, des matériaux de construction et des produits agricoles comme des betteraves. Il s'agit toujours de matières lourdes, encombrantes et de peu de valeur. Ce moyen est lent.
Par **tubes**, on transporte du pétrole (brut ou raffiné) et du gaz.

5 Sous Louis XIV, on utilisait, sur de mauvaises routes, des carrosses, des diligences et des chariots. La vitesse ne dépassait guère quelques kilomètres à l'heure. Des bateaux, tirés par des chevaux, sillonnaient les cours d'eau navigables et les canaux que l'on commençait à creuser.

6 Au XIXe siècle, surtout à partir de 1850.

7 La distance moyenne est de 70 km.

8 La SNCF fait actuellement de gros efforts avec le TGV. Cependant, les 2/3 des voies, qui ne représentent que 17 % du trafic, sont utiles pour la vie des régions peu peuplées.

9 Paris est le nœud autoroutier principal.

10 Les massifs anciens, surtout le Massif central.

Page 116

1 60 %.

2 3 En 1936, avec le gouvernement du Front populaire.
Les congés payés étaient alors de deux semaines.
En 1956, la durée fut portée à trois semaines ; en 1969, à quatre semaines et, depuis 1983, à cinq semaines.

4 5 6 Les Français partent en vacances en voiture, ils préfèrent la mer et la campagne (1 sur 5 seulement part aussi aux sports d'hiver). Ils passent leurs vacances surtout chez leurs parents et amis.

Page 117

1 **Les DOM**
• *Guadeloupe* (Pointe-à-Pitre et Basse-Terre). 1 780 km² ; 408 000 habitants, densité : 229 hab/km².
(Sucre, bananes, rhum.)
• *Martinique* (Fort-de-France). 1 000 km² ; 370 000 habitants, densité : 370 hab/km².
(Rhum, bananes, ananas).
• *Guyane* (Cayenne). 91 000 km² ; 130 000 habitants.
(Kourou est la base aérospatiale française.)
• *Réunion* (Saint-Denis). 2 500 km² ; 630 000 habitants, densité : 252 hab/km².
(Sucre, vanille, rhum).

2 **Les TOM**
• Nouvelle-Calédonie (Nouméa). 19 000 km² ; 170 000 habitants.
• Polynésie française (Papeete). 4 000 km² ; 204 000 habitants.
(Un centre d'expérimentation atomique est installé à Mururoa.)
• Wallis et Futuna (Mata-Utu). 200 km² ; 13 000 habitants.

3 **Les collectivités territoriales**
• Saint-Pierre-et-Miquelon (Saint-Pierre), 40 km² ; 6 000 habitants.
• Mayotte (Dzaoudzi). 375 km² ; 95 000 habitants.

4 Les **Terres australes et antarctiques françaises** (TAAF) couvrent plus de 400 000 km². On ne voit pas sur cette carte la Terre Adélie, portion du continent antarctique, où se trouvent des stations scientifiques françaises et étrangères.

5 Le climat de ces trois îles est tropical. Ces îles produisent beaucoup de canne à sucre, d'où cette dénomination. (En effet, le sucre à base de betterave n'a été inventé qu'au début du XIXe siècle.)

Page 118

1 2 3 4 5 6
• *En 1957* : France, Allemagne fédérale, Italie, Belgique, Pays-Bas et Luxembourg.
• *En 1973* : Royaume-Uni, Eire et Danemark.
• *En 1981* : Grèce.
• *En 1986* : Espagne et Portugal
• *En 1995* : Autriche, Suède et Finlande.

7 La France importe des appareils photographiques, du pétrole, du charbon, des motos, des ordinateurs…

8 La France vend des produits alimentaires, du blé, du vin, des locomotives, des avions, des parfums…

9 *Italie* : Fiat, Alpha Roméo ; *Allemagne* : Volkswagen, Porsche, BMW ; *Japon* : Toyota, Honda ; *Corée* : Hyundaï ; *Royaume-Uni* : Austin…

10 Notre principal **fournisseur** est en même temps notre principal **client** : c'est l'**Allemagne**. Mais nous lui achetons plus de produits

que nous ne lui en vendons. Notre commerce avec l'Allemagne est déséquilibré.

11 En 1988, notre déficit était de 33 milliards de F.
En 1989, il est passé à 44 milliards (importations : 1 187 milliards, exportations : 1 143 milliards).
Excédent en 1993 : 90 milliards.

12 La province du Québec au Canada ; la Suisse romande ; la Wallonie et Bruxelles en Belgique et de nombreux pays d'Afrique comme le Cameroun, la Côte d'Ivoire, le Congo, le Niger,...

PAGE 120

1 Mercure, Vénus, Mars, Jupiter, Saturne, Uranus, Neptune et Pluton sont, avec la Terre, des planètes du système solaire. Toutes ces planètes ne produisent pas de lumière et tournent autour d'une étoile : le soleil.

2 C'est l'atmosphère.

3 L'équateur est un cercle imaginaire, tracé autour du globe, à égale distance des deux pôles. Il divise la Terre en deux hémisphères.

4 La Terre tourne d'ouest en est ; c'est pourquoi le soleil paraît se lever à l'est et se coucher à l'ouest.

5 **Hémisphère Nord** : France, Belgique, Algérie.
Hémisphère Sud : Australie, Chili.
Pour l'Équateur, il est à la fois dans les deux hémisphères.

6 7 8 Comme les océans occupent une superficie bien plus importante que les continents, on peut parler de « planète bleue ». C'est l'impression éprouvée par les cosmonautes qui voient la Terre d'en haut !

9 **Hémisphère Nord** : océans : 60 % ; continents : 40 %.
Hémisphère Sud : océans : 82 % ; continents : 18 %.

10 Océans Atlantique, Pacifique, Indien...

11 Le pôle Nord est au milieu de l'océan Glacial Arctique (gelé) ; un sous-marin peut passer sous la calotte glaciaire à l'emplacement exact du pôle.

12 Dans le continent antarctique.

PAGE 123

1 Les pôles, qui sont des **points**, deviennent des traits !

2 Aussi les régions polaires sont-elles très agrandies !

3 Les méridiens ne passent plus par les pôles (puisque chaque pôle est étiré sur toute la largeur de la carte).

4 Avec la mappemonde, les régions situées sur les bords semblent écrasées et peu visibles.

PAGE 124

1 Il y a une zone intertropicale, de part et d'autre de l'équateur, entre le tropique du Cancer et celui du Capricorne. C'est une zone où le soleil dispense beaucoup de chaleur.
Autour des pôles, il y a, jusqu'aux cercles polaires, deux zones froides, où les rayons solaires sont très obliques. Entre chaque cercle polaire et chaque tropique s'étend une zone tempérée. On distingue une zone tempérée Nord et une zone tempérée Sud.

2 Parmi les éléments du climat, interviennent aussi, en plus de la latitude :
– les océans (qui apportent la pluie) ;
– les vents (qui poussent les nuages) ;
– les courants marins (chauds ou froids) ;
– le relief qui fait écran ou, au contraire, couloir ;
– l'altitude (- 1° C tous les 170 ou 180 m) ;
– la quantité, la répartition et la forme des précipitations ;
– le nombre de jours de gel ;
– l'inégale répartition de l'ensoleillement...

(Le rayonnement solaire permet la vie, mais, d'une région à l'autre, l'échauffement est inégal selon que les rayons atteignent perpendiculairement ou plus ou moins obliquement la Terre.)

PAGE 125

1 Densité : 33 habitants au km².

2 L'Asie de l'Est dépasse 1 500 millions d'habitants (1,5 milliard !)

L'Asie du Sud groupe 1000 millions d'individus (1 milliard). L'Europe et l'Amérique sont moyennement peuplées. (Les deux tiers de la population mondiale se regroupent sur 1/10ᵉ du globe !)

3 Cette augmentation de la population mondiale provient surtout d'un accroissement des naissances dans les pays pauvres d'Afrique, d'Asie et d'Amérique latine.

PAGE 126

1 Les États **les plus vastes** (en M de km²) :

Russie : 17 ; Canada : 9,9 ; Chine : 9,6 ; États-Unis : 9,3 ; Brésil : 8,5 ; Australie : 7,7 ; Inde : 3,3 ; Argentine : 2,7 ; Kazakhstan : 2,7 ; Soudan : 2,5 ; Algérie : 2,4 ; Zaïre : 2,3 ; Groenland : 2,1. Faire classer ces États par continent après les avoir localisés sur un planisphère).

2 Les États **les plus peuplés** (en M d'habitants) :

Chine : 1 200 ; Inde : 900 ; États-Unis : 258 ; Indonésie : 190 ; Brésil : 152 ; Russie : 149 ; Japon : 125 ; Pakistan : 122 ; Bangladesh : 115 ; Nigeria : 95 ; Mexique : 90 ; Allemagne : 82.

3 La Russie et la Turquie.

4 Il faut colorier Europe, Asie, Amérique, Afrique et les îles de l'Océanie. Le sixième continent, non peuplé, est l'Antarctique.

5 La population va augmenter en dix ans de :

200 000	x	365	x	10	=	**712** millions de personnes
nombre de bébés supplémentaires par jour		nombre de jours par an		nombre d'années		

La population mondiale sera, vers l'an 2000, de 5,7 milliards ou 5 700 millions (c'est-à-dire cent fois celle de la France !).

Page 132

1 On peut retenir : **A** : rayonnement ; **B** : humidité ; **C** : sol.
• Pour le mot A, le texte insiste sur l'importance du *rayonnement* solaire ; mais on y trouve aussi « lumière » et « jour » (dans le sens de *clarté, lumière solaire*).
• Le mot B fait penser que, pour cultiver des plantes, l'*eau* est nécessaire.
• Le mot C rappelle que les plantes poussent, pour la majorité d'entre elles, avec leurs racines dans la *terre*, donc sur un *sol*. Le mot « terrain » apporte une moins bonne réponse, car, ici, le terrain est stérile.

2 **A** : rayonnement → lumière, jour, soleil, clarté…
B : humidité → eau, pluie…
C : sol → terre, terrain, terreau…
On peut avoir placé « lumière » ou « jour » à la place de « rayonnement » en A. Les mots « sable », « argile », trouvés dans le texte indiquent la *nature* d'un sol qui ne paraît pas favorable à la vie des plantes.
Si le mot « humus » a été utilisé en C, voir la séquence 17, page 32.

3 Les bonnes réponses sont **insecticides** et **engrais**.
Le cultivateur utilise des engrais pour permettre une meilleure croissance des plantes. Il emploie aussi des insecticides pour lutter contre les insectes qui ravagent les récoltes.

4 La terre sur laquelle poussent les hortensias malades manque de **fer**. La plante puise le fer, dissous dans l'eau, par ses **racines.**

Page 134

1 (R) représente les **racines**.

2 Les haricots, grâce aux **racines**, absorbent l'**eau** et les **sels minéraux** (dissous).

3 Le terrain était stérile, car, sans doute, il ne contenait pas assez de **sels minéraux** dissous.

4 Exemples de sels minéraux :
– sel de calcium,
– sel de magnésium.
Le calcium est nécessaire à une bonne *croissance* des plantes. Le magnésium est nécessaire pour que les plantes soient bien *vertes*.
Le sodium n'est pas indispensable à la vie des végétaux. Une recherche dans le dictionnaire montre que les nitrates sont aussi des sels (indispensables à la croissance) ; on ne peut donc pas écrire « sel de nitrates ».

5 Les engrais se composent de **sels minéraux**.

6 Une plante verte, en plus de ses racines, possède une **tige**, des **feuilles**, des **bourgeons**.

7 Pour vivre, les plantes vertes ont besoin d'**eau** et de **sels minéraux** (A) qu'elles puisent dans le **sol** à l'aide de leurs **racines** (1). Ces éléments sont utilisés pour la **croissance** (C). Pour pousser, les plantes récupèrent l'énergie que leur apporte la **lumière** (B) qui est absorbée par les **feuilles** (3).
Les cadres [A], [B], [C] et les légendes 1 et 3 du dessin sont donc complètes. Il reste la légende 2 qui montre une **tige**.

Page 136

1 Il n'est pas étonnant de trouver de l'**eau** et des **sels minéraux** dans un radis, car n'importe quel type de racine puise ces deux éléments dans le sol.

2 On trouve, dans la pomme de terre, des **protéines végétales** et de l'**amidon** qui ne se trouvent pas dans un radis.

3 Raisin (pépins), arachide, tournesol, maïs.
L'huile de lin est utilisée en *peinture* ; l'huile d'amande douce est employée pour les *soins de la peau*.

4 Les substances nutritives sont les **lipides**, l'**eau**, les **protéines** et le **sel**.
Un arôme naturel donne du « goût » à la margarine.

5 Les glucides sont des constituants **énergétiques**.

6 Le glucide de la pomme de terre est l'**amidon**.

7 Féculents autres que la pomme de terre : pain, pâtes (et tous les aliments à base de farine de blé), riz, haricots blancs, pois, maïs…

8 Sucre, amidon (de maïs), farine (de graines de caroube).
Le lait entier contient aussi du sucre.

9 Céréales (riches en amidon), sirop, jus de pomme et miel (produits sucrés), sucre roux, contiennent des glucides.
Les amandes contiennent de l'amidon et la pomme contient du sucre.

Page 138

1 Les cinq catégories conseillées sont :
① fruits et légumes cuits,
② fruits et légumes crus,
③ riz, pâtes, féculents, pommes de terre,
④ viandes, poissons, œufs,
⑤ lait et fromages.
Un repas équilibré doit renfermer une certaine quantité de graisses (pas trop !) ; ici, on peut rajouter du beurre. Les *matières grasses* forment, en réalité, un sixième groupe important.

2 • Aliments d'origine animale : poulet rôti, camembert.
• Aliments d'origine végétale : fonds d'artichauts, purée, fraises.

3 • Constituants uniquement d'origine végétale : amidon, protéines végétales.
• Constituants communs aux plantes et aux animaux : sels minéraux, eau, vitamines.
Dans le repas choisi, les *matières grasses* ne se trouvent que dans deux aliments d'origine animale. Pourtant, il ne faut pas oublier qu'il existe un grand nombre de *graisses végétales*, comme les huiles de tournesol, de maïs…

4 Les protéines, constituants **bâtisseurs**, sont nécessaires en grande quantité, pendant la période de **croissance**.

5

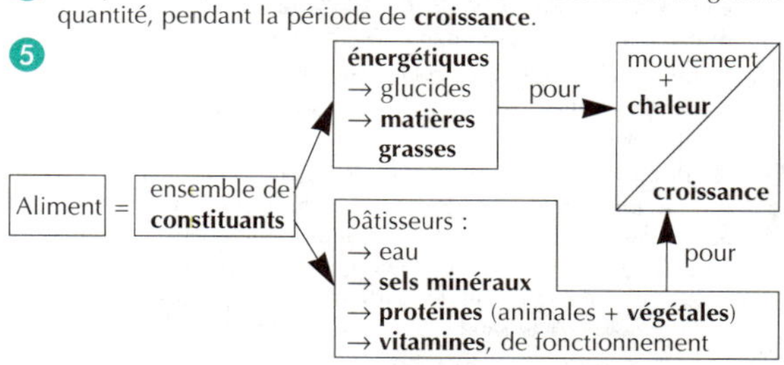

Pour la case « constituants énergétiques », il n'est pas utile de mettre une ligne pour l'amidon, puisque l'amidon est un glucide.
Si le mot *chaleur* n'a pas été trouvé, il faut revoir la séquence n° 3, page 9.

Page 140

1 Pour cette fabrication, le maïs a puisé, dans le sol, de l'**eau** et des **sels minéraux** dissous, et a eu besoin de l'énergie du **soleil**.

2 **a)** La poule est **granivore**.
b) L'hirondelle est **insectivore**.
c) La lionne est **carnivore**.
d) Le muscardin est **frugivore**.
e) La bondrée mange des **abeilles**.
f) Le porc est **omnivore. [Du latin *omnis* =** tout.]
Pour le mot « apivore », utilisé dans le cas de la bondrée, il est bon de faire le rapprochement avec le mot « apiculteur ».

3 Les constituants qui sont communs au mélange (maïs + herbe) et au fromage sont : **sels minéraux, vitamines, eau, matières grasses**.
Il faut remarquer que le fromage est plus *riche* en graisses que le maïs.

4 Les constituants que l'on ne trouve que dans le fromage sont les **protéines animales**.

5 La vache […] **utilise** de la matière d'origine **végétale**. Le lait de la vache contient donc aussi des sels dissous et des **vitamines**, que l'on retrouve dans le fromage. Par contre, la vache **transforme** de la matière végétale […] en sa propre matière **animale**.

6 Constituants utilisés : **vitamines, eau, sels minéraux, (matières grasses).**
Constituants transformés : **protéines** (les protéines *végétales* du maïs ont été transformées en protéines *animales*).
En réalité, les matières grasses végétales ne sont pas utilisées telles quelles. Elles subissent aussi des *transformations*.

7

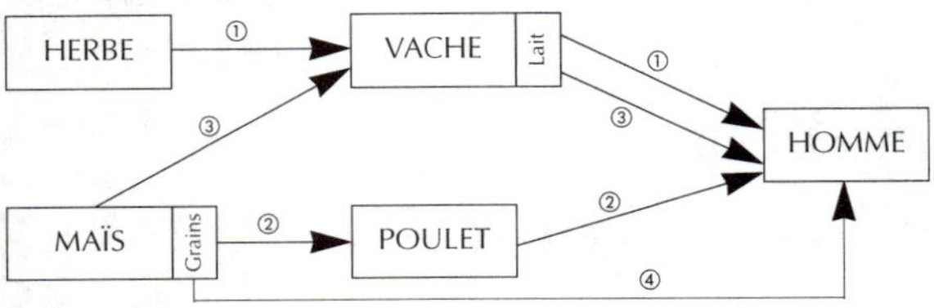

8 Le schéma montre **quatre** chaînes alimentaires différentes.

9 Le point de départ d'une chaîne alimentaire est toujours un **végétal** (ici, herbe, maïs).

Page 142

1 La bonne réponse est **glucides**.

2 **b)** Le sucre « fond » comme s'il était dans de l'eau. Il est dissous par la **salive**.
La séquence 18, page 36, montre ce qu'est une vraie *fusion*. On emploie donc, souvent, le mot « fond » de façon incorrecte car, comme ici, il évoque en fait un « mélange » de fines particules dans un liquide, soit une dissolution.

3 **b)** La mie est aussi **dissoute** par la salive.
c) La boulette de mie, longuement mâchée, doit prendre un léger **goût sucré** (utiliser la *pointe* de la langue pour goûter).
d) Il se forme du **sucre** quand la **salive** dissout la mie.

4 **Soluble** : qui peut se dissoudre dans un solvant.
Solvant : substance, généralement liquide, capable de dissoudre d'autres substances.

5 Notre squelette a besoin de sels minéraux et de **protéines**. Le sang, qui **circule** dans tout notre corps, […], apporte au squelette les **acides aminés** qui servent à **fabriquer** ses protéines. Il apporte aussi du glucose, constituant **énergétique**. La digestion […] sert à réduire nos aliments en fines particules assez **petites** pour pouvoir pénétrer dans notre **sang** sous une forme **soluble**…

6 La bonne réponse est **amidon**.
L'amidon de la mie de pain est attaqué par la salive. La mie de pain prend alors un goût sucré.

7

Aliment, contient **protéines** animales → Goutte de **sang** : contient acides **aminés** → Peau neuve : contient nouvelles **protéines** animales

Page 144

1 Sur le dessin de la page 17, il faut avoir placé :
A : bouche ; **B** : œsophage ; **C** : estomac ; **D** : gros intestin ; **E** : intestin grêle ; **F** : anus.

2 **Suc digestif** : liquide sécrété par une glande digestive et contenant des enzymes (ancien mot : *diastases*).

3 Sucs digestifs connus : salive, suc gastrique, suc intestinal.

4 Suc pancréatique.

5 **A.** Intestin grêle : il contient des **nutriments** et des **déchets**.
B. Sang : il récupère les **nutriments**.
C. Gros intestin : il récupère les **déchets**.

Page 146

1 La légende « poumons » est à placer en **C**.

2 L'air expiré contient **moins d'oxygène** que l'air inspiré. C'est donc le gaz qui a été *utilisé*.

3 L'air expiré contient **plus de dioxyde de carbone** que l'air inspiré. C'est donc le gaz qui a été *rejeté*.

4 Sur le dessin de la page 19 : **A** : oxygène ; **B** : dioxyde de carbone.

5 Au cours d'un exercice sportif, le nombre des mouvements respiratoires augmente. Il y a donc, entre autres, plus d'inspirations à la minute, ce qui apporte **plus d'oxygène** dont le corps en activité a besoin.

6 Les organes actifs du mouvement sont les **muscles**. Ces organes utilisent de l'oxygène quand on court (voir le tableau de la page 19, en dessous du dessin).

7 **E** : muscles (dessin page 19).

8 L'oxygène arrive aux muscles grâce au **sang**.

9 **D** : sang (dessin page 19).

Page 148

1

trachée → bronches → petites bronches → alvéoles

2 L'air inspiré apporte, avec lui, de l'**oxygène** en grande quantité.

3 La bonne réponse est **petite veine**.

4 Les poumons rejettent, au cours de l'expiration, du **dioxyde de carbone** (en grande quantité).

5 Ce sont les **muscles**, actifs au cours d'une course, qui fabriquent ce gaz déchet.

6 C'est une **petite artère** qui apporte à chaque alvéole des poumons le dioxyde de carbone (déchet).

7 **1.** Air inspiré riche en **oxygène**.
2. Air expiré riche en **dioxyde de carbone**.
3. Petite artère : apporte du **dioxyde de carbone**.
4. Petite veine : emporte de l'**oxygène**.

8 Les barbes restent **collées** ensemble.

9 C'est l'**air** qui est plus riche en oxygène que l'eau.
0,8 cl = 8 ml ; 1 l = 100 cl ; 100 cl d'eau contiennent donc 8 ml d'oxygène dissous (presque trente fois moins que dans l'air).

10 […] toutes les lames de ses branchies **se collent** les unes aux autres […] ; dans l'eau, elles **s'étalent** […] et leurs vaisseaux **sanguins** puisent le maximum d'**oxygène** dissous.

Page 150

1 2
« toucha » → ◯ peau de la main
« sentait » → ◯ nez
« entendait » → ◯ oreille
« avait regardé » → ◯ œil

3

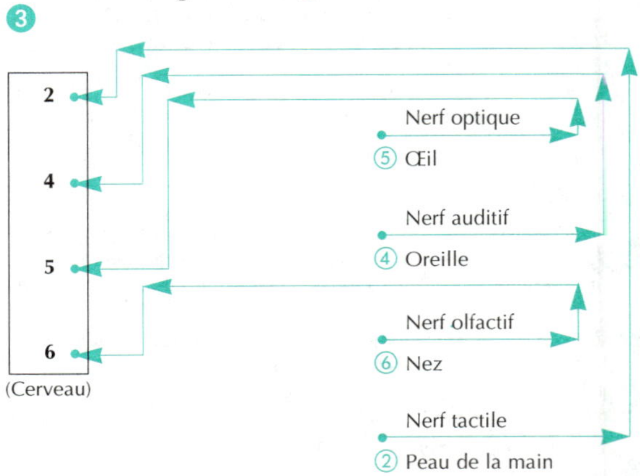

4 Antonio n'a pas utilisé sa **langue**, organe du goût.

5 La langue aurait pu servir pour reconnaître le goût sucré de la **sève** de l'arbre.

6 La **langue** d'Antonio détecte le **goût** sucré de la sève de l'arbre. Le cerveau d'Antonio interprète, alors, le **message** nerveux que le nerf de la langue lui a apporté. Antonio peut maintenant comprendre que la **sève** de l'arbre ressemble à du sirop.

7

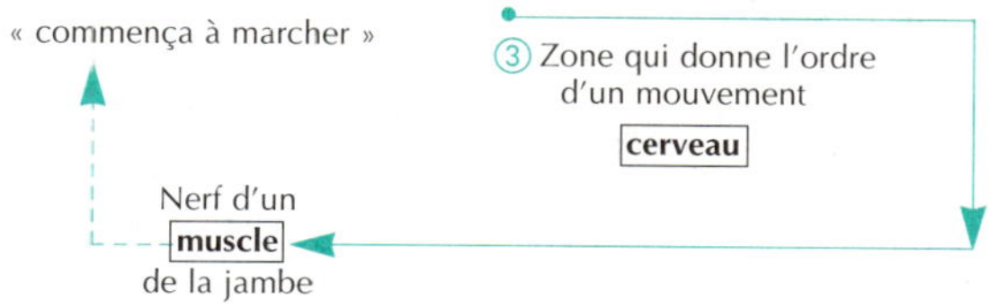

8 « Auditif », qui est en rapport avec le sens de l'**ouïe**.
« Olfactif », qui est en rapport avec le sens de l'**odorat**.
« Tactile », qui est en rapport avec le sens du **toucher**.

9 Pour le goût, on emploie l'adjectif **gustatif**.

PAGE 152

1 1 **mâle** + 1 **femelle** = 1 **jeune**, différent de ses **parents**.
On peut inverser « mâle » et « femelle ».

2 Comme la femelle grise a trois petits différents, elle a été fécondée **trois fois**.

3 B → E → D → A → C

4 Il faut barrer, dans la liste : **jument**, **chatte**, **lapine** (ces femelles sont vivipares).
F. : éclosion de l'œuf de **tortue**.
G : éclosion de l'œuf de **couleuvre** (serpent).

PAGE 154

1

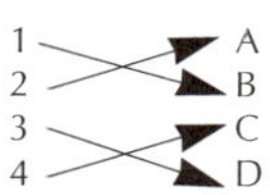

2 **E** = ovule ; **F** : spermatozoïde.

3 Sur la photographie, l'ovule mesure 50 mm. La photographie est donc grossie 250 fois (car 50 : 0,2 = 250).

4 On ne peut pas faire de différence entre l'embryon humain et l'embryon de lapin car ils se ressemblent.

5 Pour l'embryon de lapin, il manque, extérieurement, les quatre **membres** (pattes) et les **oreilles** pour devenir fœtus.
Pour l'embryon humain, il manque au moins les **bras** et les **jambes**.

6 **2.** cordon ombilical ; **3.** placenta.
Le sang maternel apporte l'**oxygène dissous** et des **nutriments** qui passent, au travers du placenta, dans le sang du cordon ombilical, pour nourrir le fœtus.

7

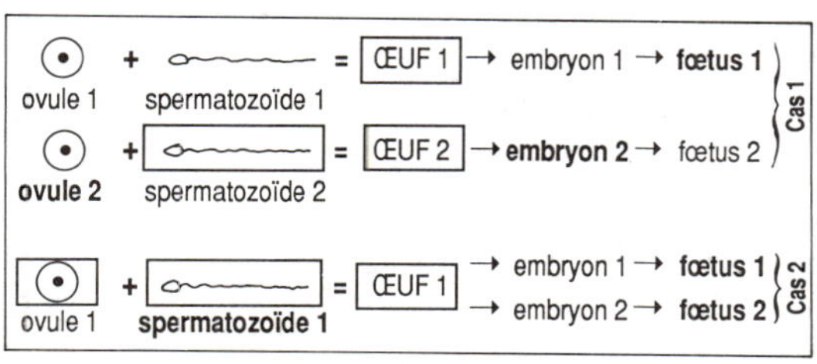

Cas n° 1 : deux (faux) jumeaux qui qui ne se ressemblent pas car il a fallu deux **fécondations**.

Cas n° 2 : deux (vrais) jumeaux qui se ressemblent car il n'a fallu qu'une seule **fécondation**.

PAGE 156

1 Bouton ② – Pétales ③ – Étamines ④ – Pistil ⑤ – Ovule ⑥ – Pollen ⑦ – Fécondation ⑧.

2 Fruit ⑨ – Graine ⑩ – Crochets ⑪.

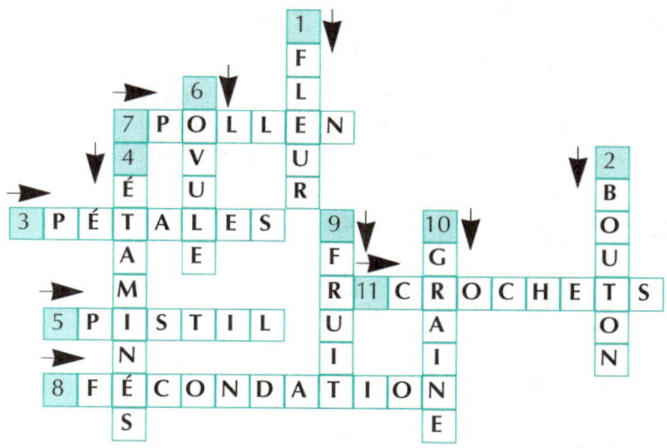

PAGE 157

1 Pour lire la clé de détermination, suivre le chemin fléché, ligne par ligne. Les lignes qui ne conviennent pas sont barrées pour mieux comprendre.

A. Fruits de l'érable

1. L'érable (plante) disperse ses **fruits (ailés)** contenant une graine ; voir ③, 4 ou 5.

③ Plante qui utilise le **vent** ; voir 6 ou 7
4. ~~Plante qui utilise l'eau (ex. la mer).~~
5. ~~Plante qui utilise les animaux.~~
6. Le fruit a une **aile**. → **ÉRABLE**
7. ~~Le fruit est plumeux.~~

B. Fruits du cerisier

1. Le **cerisier** disperse ses **fruits (juteux)** contenant une graine ; **voir 3, 4, ou** ⑤.

3. ~~Plante qui utilise le vent.~~
4. ~~Plante qui utilise l'eau.~~
⑤. Plante qui utilise les animaux (ex. les **oiseaux**) → **CERISIER**

D. Fruits du pissenlit

1. Le **pissenlit** disperse ses **fruits (plumeux)** contenant une graine ; voir ③, 4 ou 5.

3. Plante qui utilise le **vent**, voir 6 ou 7 .
6. ~~Le fruit a une aile.~~
7. Le fruit est **plumeux**. → **PISSENLIT**

E. Graines du cornichon sauvage

2. Plante qui disperse ses **graines** ; voir ⑧.

⑧. Les **graines** sont dispersées quand le **fruit** éclate. → **CORNICHON**

2 Les bonnes réponses sont :
F. Café → **graine**.
G. Poivre blanc → **graine**.
H. Piment → **fruit**.

PAGE 158

1 Train qui passe.
Avion volant assez bas.
Marteau-piqueur.
Moto (au carrefour).
Musique trop forte (à la fenêtre).

2 Train ——— 110 dB
Marteau-piqueur ——— 100 dB
Moto ——— 100 dB
Musique forte ——— 95 dB
Avion ——— 80 dB

3 En **a** 0 car on ne trouve que des larves de phrygane et d'éphémère ; en **b** +++ car on ne trouve que des larves d'éristale ; en **c** ++ car on trouve des larves de chironome ; en **d** 0 car on retrouve les larves observées en **a**.

4 La pollution provient de la laiterie. L'eau est **très polluée** en **b** et **moins** en **c**, ce qui indique que le courant va **de la gauche vers la droite**.
Note : Comme, en **d**, l'eau n'est (presque) plus polluée, il faut penser qu'il existe une *auto-épuration* de cette rivière.

5 La pollution est due aux **déchets** rejetés par la laiterie.

PAGE 160

1 Mots à compléter :
1 **SYNOVIE** (cf. dessin A)
2 **ATTELLES** (cf. dessin B)
4 **ENTORSE** (cf. dessin B)
5 **ARTICULATION** (cf. dessin A)
13 **GLACE** (cf. dessin B)
14 **OXYGÉNÉE** (cf. dessin B)
20 **GAZE** (cf. dessin B)
Note : La synovie est une substance visqueuse qui sert de « lubrifiant » pour le bon fonctionnement de l'articulation.

2 *Seizième mot de la grille* : HÉMORRAGIE.
Texte : « Ton camarade saigne du nez, il a une **hémorragie** nasale. » « Place alors un morceau de **gaze** imprégné d'eau **oxygénée**… »

3 Les mots de la grille qui servent à comprendre le texte sont, dans l'ordre :

BLESSURE (8)
DÉSINFECTER (12)
OXYGÉNÉE (14)
GAZE (20)
STÉRILE (18)
PANSEMENT (19)
SPARADRAP (11)
ARTICULATION (5)
DÉBOITEMENT (10)
SYNOVIE (1)
ENTORSE (4)
GLACE (13)
RÉDUIRE (6)
FRACTURÉ (3)
IMMOBILISER (7)
MEMBRE (9)
ATTELLES (2)

4

1	*	*	*	*	*	*	S	Y	N	O	V	I	E	*	*
2	*	*	*	A	T	T	E	L	L	E	S	*	*	*	*
3	*	*	*	F	R	A	C	T	U	R	E	*	*	*	*
4	*	*	*	E	N	T	O	R	S	E	*	*	*	*	*
5	*	A	R	T	I	C	U	L	A	T	I	O	N	*	*
6	*	*	*	*	*	*	R	E	D	U	I	R	E	*	*
7	*	I	M	M	O	B	I	L	I	S	E	R	*	*	*
8	*	*	*	B	L	E	S	S	U	R	E	*	*	*	*
9	*	*	*	*	*	*	M	E	M	B	R	E	*	*	*
10	D	E	B	O	I	T	E	M	E	N	T	*	*	*	*
11	*	*	*	*	*	*	S	P	A	R	A	D	R	A	P
12	D	E	S	I	N	F	E	C	T	E	R	*	*	*	*
13	*	*	*	G	L	A	C	E	*	*	*	*	*	*	*
14	*	*	*	*	*	*	O	X	Y	G	É	N	É	E	*
15	*	*	*	*	*	*	U	R	G	E	N	C	E	S	*
16	*	H	É	M	O	R	R	A	G	I	E	*	*	*	*
17	A	S	P	H	Y	X	I	E	*	*	*	*	*	*	*
18	*	*	*	*	*	*	S	T	E	R	I	L	E	*	*
19	*	P	A	N	S	E	M	E	N	T	*	*	*	*	*
20	*	*	*	G	A	Z	E	*	*	*	*	*	*	*	*

Les mots qui permettent de terminer la grille sont **URGENCES** et **ASPHYXIE**.

5 15 : numéro d'appel du S.A.M.U. (**s**ervice d'**a**ide **m**édicale d'**ur**gence).
18 : numéro d'appel des pompiers.

PAGE 162

1 **Solides** : une pierre, un savon, une bouteille, un morceau de fer, un sucre.
Liquides : le vinaigre, l'eau, le vin, l'huile, l'essence.
Gaz : la vapeur d'eau, l'oxygène, le dioxyde de carbone, l'azote.

2 **a) Sucre en morceaux** : il n'est pas formé de grains comme les autres substances. C'est un solide.
b) Brique : c'est un solide dur, les autres sont mous.

3 **a)** V ; **b)** V ; **c)** F ; **d)** F ; **e)** V ; **f)** F ; **g)** V.

4 **a)** Solides et liquides ont un volume invariable (à pression constante).
b) Les liquides et les gaz n'ont pas de forme propre. Ils prennent celles du récipient qui les contient.
Dans cette séquence, montrer la particularité de certaines substances comme le sable, le sucre en poudre, qui sont des solides mais qui possèdent la propriété des liquides : pas de forme propre.

5 10 cl ; 30 cm³ ; 500 cm³ ; 25 cl.

6

	1 000 l	100 l	**10 l**	1 l	0,1 l	**0,01 l**	0,001 l
Capacité	1	**1 hl**	1 dal	**1 l**	**1 dl**	1 cl	**1 ml**
Volume	m³			1 dm³			cm³

7 Volume d'un bloc cubique de 5 cm d'arête : 5 x 5 x 5 = 125 cm³.
Volume d'un bloc cubique de 10 cm d'arête : 10 x 10 x 10 = 1 000 cm³.

8 Volume de la pierre : 132 cm³ – 100 cm³ = 32 cm³.

9 **a)** V ; **b)** F (c'est 10 l) ; **c)** V ; **d)** F (il a 8 cm³) ; **e)** F (la masse est une quantité de matière, le poids est une force) ; **f)** V.

PAGE 164

1 Fond – fusion – liquide – solide – diminue – augmente.

2 **a)** V ; **b)** F ; **c)** V ; **d)** V ; **e)** F ; **f)** F (à 0°C l'eau commence à se solidifier ou la glace commence à fondre).

3 Étain : 230°C   Cuivre : 1 084°C
Fer : 1 500°C   Tungstène : 3 500°C

4 Le tungstène. On l'utilise pour constituer le filament de l'ampoule électrique.

5 La bouteille va se briser car en se solidifiant l'eau augmente de volume.

6 Le plomb. Il fond à 227°C.

7 Vaporisation – l'ébullition – condensation – l'évaporation.

8

a) eau	**g)** 78°C
b) alcool	**h)** 100°C
c) huile	**i)** 250°C
d) lait	**j)** 360°C
e) mercure	**k)** 90°C
f) fer	**l)** 2 500°C

9 Le brouillard.

10 Bien vérifier qu'il n'y a pas inversion. C'est l'eau distillée qui sort du serpentin.

PAGE 166

1 **a)** F (il y a d'autres gaz). La réponse **V** peut être acceptée car l'azote et l'oxygène sont les deux gaz principaux ; **b)** F ; **c)** F ; **d)** F ; **e)** V ; **f)** F ; **g)** V.

2 Compressible – expansible – élastique (ou élastique – expansible).

3 **a)** La chambre à air éclate car elle ne peut contenir un volume d'air plus important que celui qui est prévu.

b) En apppuyant sur la **valve**. C'est un petit appareil fixé sur la chambre qui joue le rôle de soupape.

❹ **À entourer** : plus léger. Il monte.

❺ Quand elle sera remplie d'air chaud.

PAGE 167

❶ **Les erreurs** : 20°C (ils fondent à partir de 0°C) ; supérieure ; diminué (l'eau en se solidifiant augmente de volume).

❷ **Les réponses justes** : 0°C ; inférieure ; augmenté.

❸ Le brouillard et les nuages – la buée – la rosée – la neige.

❹ Iceberg : solide ; nuage : gazeux ; cascade : liquide.

❺ **a)** La grêle. **b)** La tôle de la voiture est plus froide que la vapeur d'eau contenue dans l'air. Celle-ci se condense sur la voiture et se transforme en eau. **c)** Le verglas. Sur un sol gelé, l'eau se transforme en glace. Le verglas est une mince couche de glace.
C est l'abréviation de Celsisus (savant suédois qui a inventé l'échelle thermométrique centésimale en 1742. Dans le langage courant, on a l'habitude de dire « degrés centigrades ». C'est une erreur scientifique, on doit dire « degrés Celsius » !

PAGE 168

❶ **a)** Chacun vit une immense **vapeur** (1) [...]Le nuage de la montagne [...] lança de son sein une pluie de **cendres** (2) mêlée de fragments de **pierres** (3) brûlantes. Il avançait vomissant des pluies [...] de **lave** (4). On entendait le [...] murmure sifflant des **gaz** (5) qui s'échappaient... En trois endroits [...] serpentaient des **coulées** (6) irrégulières de **lave** (7) fondue.
b) 8 : cratère ; **9** : cheminée.

❷ *L'Iran est soumis à de fréquentes secousses sismiques [...]. Et très nombreuses sont les failles dont les sursauts sont meurtriers et destructeurs.*
Le tremblement de terre qui vient de l'endeuiller une nouvelle fois s'est produit dans le système Caucase-Elbrouz. C'est-à-dire qu'il appartient au même système responsable du séisme [...] qui a ravagé l'Arménie le 7 décembre 1988.
Le Monde (22-06-90).

Ce récent texte, extrait du journal *Le Monde*, permet de comprendre pourquoi, sur la carte, **5 ▲** = Elbrouz.
Téhéran étant la capitale de l'Iran, on comprend pourquoi **6 ▲** = Demavend.
Ce même document permet de dater, comme la carte l'indique, les tremblements de terre d'Erevan (Arménie) et iranien (21-06-90).
Pour les autres volcans et séismes, on a :

a : 1909 Provence	**1 ▲** Vésuve (voir texte Pompéi)
b : 1976 Fricul	**2 ▲** Stromboli
c : 1963 Skopje	**3 ▲** Etna
d : 1908 Messine	**4 ▲** Santorin

❸ On trouve des volcans à **côté** ou dans l'**axe** de régions **fracturées** importantes, c'est-à-dire dans des zones **sismiques**, donc **fragiles**. On peut intervertir « fracturées » et « sismiques ».

PAGE 169

❶ Sud – l'est – l'ouest – l'est – l'ouest – nord.

❷ L'orient correspond à l'est et l'occident à l'ouest.

❸

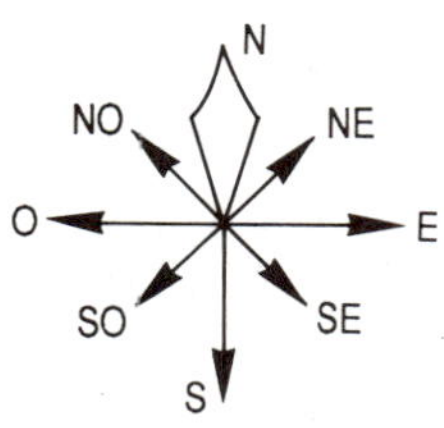

❹ **Attention** : on considère que le nord est en haut de la page, le sud en bas, l'ouest à gauche et l'est à droite. Le garde forestier prend donc successivement la direction nord-est, puis sud-est, puis nord, puis est et enfin sud :
nord-est → sud-est → nord → est → sud.

PAGE 170

❶ **À encadrer** : les cadrans solaires, les clepsydres ou horloges à eau, le gnomon, les horloges mécaniques, les montres mécaniques, les montres à quartz.

❷ **Autres instruments** : les pendules électriques, les chronomètres, le réveil, le radio-réveil, la pendulette, ...

❸ C'est un sablier. Il sert à évaluer une durée avec assez peu de précision.

❹ C'est le chronomètre.

❺ Elle peut compter lentement de 0 à 120. En effet, dans 1 minute, il y a 60 secondes, dans 2 minutes 120. Lorsqu'on compte à la vitesse normale, on peut considérer qu'il s'écoule une seconde entre deux nombres dits. C'est vraiment une évaluation, une approximation.
Inviter l'enfant à faire l'expérience et à contrôler avec une montre qui marque les secondes. Il constatera sans doute une différence de quelques secondes.

❻ **a)** En une semaine, soit 7 jours, la montre de Suzanne avance de 12 s x 7 = 84 s. La montre la plus précise est celle de Jacques puisqu'elle retarde seulement de 63 s. L'heure indiquée est donc plus proche de l'heure réelle.
On peut aussi raisonner autrement. En un jour, la montre de Jacques retarde de 63 : 7 = 9 s. Elle est donc plus précise que celle de Suzanne.
b) Chaque jour, l'écart entre les deux montres est de :
12 s + 9 s = 21 s.
Au bout de 30 jours, il sera de :
21 s x 30 = 630 s ou 10 min 30 s.

❼ Le 22 mars 1995.

❽ Fêtes de : Colette : 6 mars ; Rodrigue : 13 mars ; Benjamin : 31 mars.

❾ Les dimanches de mars : le 5, le 12, le 19, le 26.

❿ Le 5 mars est un dimanche, le 10 mars un vendredi, le 13 mars un lundi et le 23 mars un jeudi.

⓫ **a)** La date exacte de sa mort est le **29 février 1916**. Pourquoi ? Pendant la période 1914-1918, une seule année est bissextile, c'est l'année 1916. (On rappelle qu'une année est bissextile lorsque le nombre formé par les deux derniers chiffres est divisible par 4). Dans une année bissextile, le mois de février a 29 jours, le dernier jour du mois est donc le 29.
b) Le 18 juin 1815. (1916 – 100 : 1816. Il y a 256 jours entre le 29 février 1816 et le 18 juin 1815).

(échelle non respectée)

c) Il s'agit de la bataille de Waterloo : victoire des Anglais et des Prussiens sur les armées de Napoléon Ier.
d) En additionnant les chiffres de 1815, on obtient
1 + 8 + 1 + 5 = 15.
Le capitaine avait donc : 15 x 2 = 30 ans.

⓬ Le calendrier musulman dont le point de départ est en 622 (départ de La Mecque de Mahomet). Le calendrier israélite dont le point de départ est en 3761 avant J.-C. (date présumée de la création du monde).

PAGE 172

❶ Mots à ajouter en bonne place : pôle Nord, parallèle, tropique du Cancer, tropique du Capricorne, méridien, pôle Sud.

❷ Quand il est 12 h à Paris, il est : à Moscou : 14 h ; à Montréal : 7 h ; à Mexico : 6 h ; à Nouméa : 23 h ; à Tokyo : 21 h ; à New York : 7 h ; à San Francisco : 4 h.

CORRIGÉS

3 Durée de la journée :
le 5 janvier : 16 h 07 – 7 h 45 = 8 h 22,
le 5 mars : 17 h 39 – 6 h 27 = 11 h 12,
le 5 mai : 19 h 12 – 4 h 26 = 14 h 46,
le 5 août : 19 h 22 – 4 h 30 = 14 h 52,
le 5 octobre : 17 h 21 – 5 h 57 = 11 h 24,
le 5 décembre : 15 h 53 – 7 h 29 = 8 h 24.

4 La journée la plus courte est le 5 janvier (8 h 22) et la plus longue le 5 juillet (16 h).

5 La date de la journée la plus courte est le 21 décembre : 8 h 11. C'est aussi la nuit la plus longue (21 au 22) : 15 h 49.

6
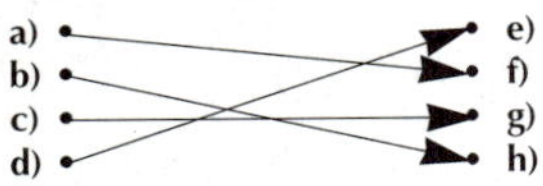

PAGE 174

1 Pluton.

2 Mercure.

3 Mercure.

4 Vénus.

5 Elle a la durée de rotation la plus courte et la durée de révolution la plus longue.

6 Saturne.

7 **a)** V ; **b)** F ; **c)** V ; **d)** V ; **e)** F ; **f)** V.

8 Mars.

9 Mercure.

10 **a)** Vénus ; **b)** Mars ; **c)** Mercure.

PAGE 175

1 L'éclipse, c'est la disparition momentanée d'un astre à cause de la présence d'une planète entre cet astre et le Soleil. *Exemple* : quand la Lune s'interpose entre la Terre et le Soleil, on ne voit plus celui-ci ou on le voit partiellement. Il y a éclipse de Soleil.

2 Lune – Terre – Lune – Terre – Soleil – Soleil – Soleil.

3 Le 8 juillet (en 1990).

4 Le 20 août (en 1990).

5 Le 28 août (en 1990).

6 28 à 29 jours. C'est le mois lunaire (pris en compte par le calendrier musulman et en partie par le calendrier israélite).

7 Le 21 juillet 1969, l'Américain Aldrin, coéquipier d'Armstrong est le premier homme à poser son pied sur la Lune.

PAGE 176

1

R	OA	OB	P	
100 g	10 cm	20 cm	**50 g**	→ 100 x 10 = 20 x 50.
250 g	10 cm	50 cm	50 g	→ 250 x 10 = 50 x 50.
150 g	**5 cm**	25 cm	30 g	→ 150 x 5 = 25 x 30.
1 kg	25 cm	100 cm	**250 g**	→ 1 000 x 25 = 250 x 100.

2 **Archimède** : savant né en 287 avant J.-C. On lui doit de nombreuses découvertes (calcul de π, table de multiplication, etc.) et des inventions (le levier, les roues dentées, la vis sans fin). On lui doit aussi le principe qui porte son nom : « Tout corps plongé dans un fluide reçoit de la part de celui-ci une poussée verticale, dirigée de bas en haut, égale au poids du liquide déplacé ». Il aurait fait cette découverte en prenant son bain et se serait alors écrié : *Eureka ! Eureka !* (J'ai trouvé, en grec.)

3
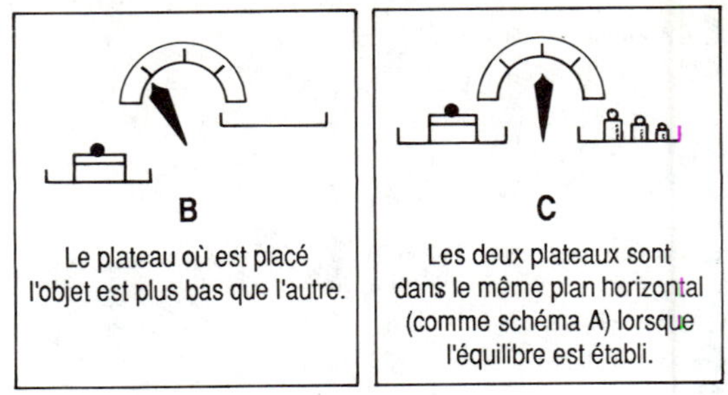

4 **a)** Je mets le récipient (bouteille, pot) sur un des plateaux et j'établis l'équilibre en mettant sur l'autre plateau des masses marquées ou du sable ou des cailloux (c'est la **tare**).
b) Je mets 200 g de masses marquées sur ce plateau.
c) Je verse le lait dans le récipient jusqu'à ce que l'équilibre soit atteint.

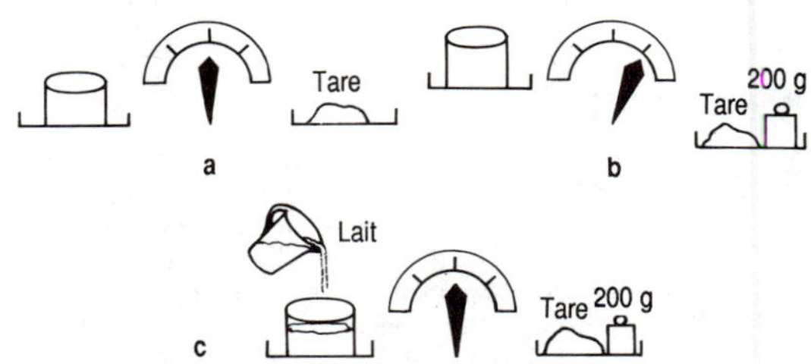

5 Elle n'est pas **fidèle** car elle ne donne pas la même masse pour le même objet mesuré (ici, un récipient contenant 200 g de lait). Elle n'est pas **juste**, puisqu'elle donne des indications de mesure fausses.

PAGE 178

1 La poulie entraînée tourne deux fois plus vite que la poulie motrice si son diamètre est 18 cm : 2 = **9 cm** ; trois fois plus vite si le diamètre est 18 cm : 3 = **6 cm**.

2 La poulie A fait deux tours (8 : 4). C'est la situation inverse de la précédente. La poulie A tourne deux fois moins vite.

3 La bonne réponse est **18**.
Quand la poulie B fait un tour, la poulie A en fait 18 : 6 = **3**.
Quand la poulie B en fait 6, la poulie A en fait 3 x 6 = **18**.

4

12	6	**2**
16	**4**	4
18	**6**	3
20	5	**4**
8	**4**	2
72	**12**	6

5 La roue entraînée tourne dans le même sens et à la même vitesse que la roue motrice.

6

DR	π	D	d	développement
0,650	3,14	44	14	**6,41 m**
0,700	22/7	52	16	**7,15 m**
0,650	3,14	48	12	**8,16 m**
0,700	22/7	**48**	16	6,60 m
0,650	3,14	44	**11**	8,16 m

7 C'est le dérailleur, ou encore, changement de vitesse.

PAGE 180

1. Couleurs dans l'ordre : rouge – orange – jaune – vert – bleu – indigo – violet.
2. Énergie hydraulique : pluies, barrages ; énergie éolienne : éoliene ; énergie nucléaire : centrales nucléaires ; géothermie : captage de sources d'eau chaude souterraines.
3. 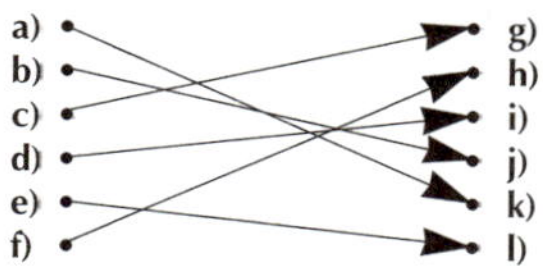

4. **a)** Intrus : **alcool** (ce n'est pas un dérivé du pétrole).
b) Intrus : **TGV** (ne fonctionne pas avec un dérivé du pétrole mais avec l'électricité).
c) Intrus : **bicyclette** (ne fonctionne pas à l'électricité).
5. **a)** Pas de croix ; **b)** une croix ; **c)** pas de croix.
6. **a)** De l'électricité.
b) C'est ce qui reste après traitement de l'uranium.
c) Une partie d'une centrale nucléaire soviétique (le réacteur) a explosé répandant dans l'atmosphère, sur une très grande étendue, un rayonnement radioactif.
d) Les Américains ont jeté la première bombe atomique qui a anéanti la ville et causé la mort de 300 000 personnes.
e) Les centrales nucléaires ont un énorme besoin d'eau, pour la transformation en valeur d'eau qui actionne les turbines, puis les alternateurs producteurs de courant. Elles rejettent en outre une partie de l'eau transformée en vapeur.
7. *Exemples* : Chinon (3), Bugey, Belleville, Creys-Malleville, Fessenheim, Nogent-sur-Seine, St-Laurent-des-Eaux, Tricastin, Gravelines,…
8. Des personnes s'opposent à l'installation des centrales nucléaires parce qu'elles craignent des accidents tels celui de Tchernobyl.

PAGE 182

1. Les étiquettes correspondantes : fer à repasser : 1 200 W ; grille-pain : 700 W ; aspirateur électrique : 1 000 W ; poste de TV : 100 W ; rasoir électrique : 40 W ; four électrique : 2 000 W.
2. **a)** L'énergie nucléaire ; **b)** la houille ; **c)** l'énergie hydraulique ; **d)** non, très peu ; **e)** l'énergie éolienne, l'énergie solaire, l'énergie géothermique.
3. **a)** Une croix ; **b)** pas de croix ; **c)** une croix ; **d)** pas de croix ; **e)** une croix ; **f)** une croix.
4. Réponses diverses.
Des exemples : « Isolez votre maison, « Roulez plus lentement », « Éteignez votre moteur dans les embouteillages », etc.
5. Pose de laine de verre ; pose de frisettes ; calfeutrage des portes et des fenêtres ; pose de moquettes ; pose de lambris ; double vitrage.

PAGE 184

1. a) V ; **b)** F ; **c)** V ; **d)** F ; **e)** V ; **f)** F.
2.

Substance	Isolant	Conducteur
Fer		X
Laine	X	
Acier		X
Caoutchouc	X	
Porcelaine	X	
Cuivre		X
Coton	X	
Nickel		X
Verre	X	

3. 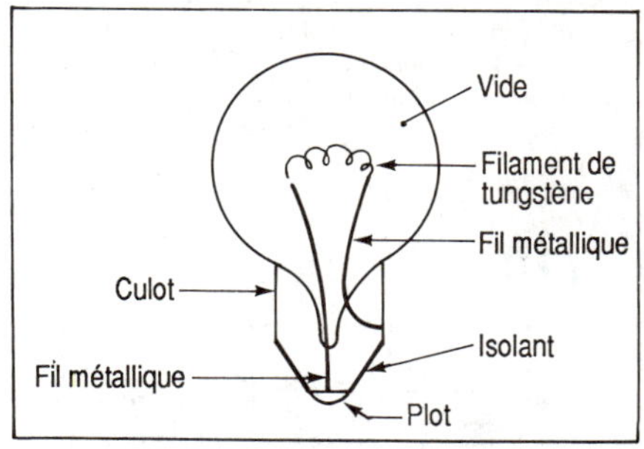

4. Les ampoules qui ne peuvent pas s'allumer sont : **B, D, E**.
L'ampoule **B** : les deux tiges métalliques sont reliées au plot central.
L'ampoule **D** : le verre de l'ampoule est brisé. L'air peut donc entrer et le filament brûler.
L'ampoule **E** : il n'y a pas de filament.
5. *Intrus* : **a)** lame (n'a pas de rapport avec l'ampoule) ;
b) fil de fer (n'est pas un isolant) ;
c) bois sec (n'est pas un conducteur).
6. **a)** L'interrupteur ; **b)** accumulateur.

PAGE 186

1. Le seul montage correct est le **A**. Il s'agit en effet d'un montage en série. Le bouton marqué (+) est en contact avec le fond de la pile (–). Dans les montages B et C, c'est comme s'il n'y avait qu'une seule pile : l'ampoule s'éclaire faiblement.
2. 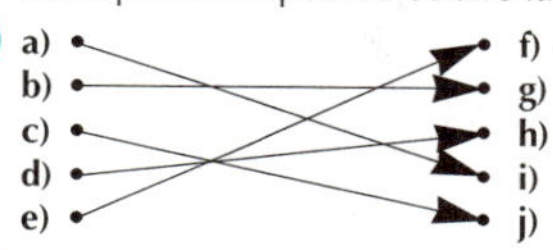

3. Résistance.
4. **a)** V ; **b)** F ; **c)** V ; **d)** F ; **e)** V ; **f)** V.
5. Le courant ne passe plus. La diode ne laisse passer le courant que dans un sens.
6. La diode est hors d'usage, l'ampoule est grillée, il y a une coupure du circuit ou un mauvais contact. La pile est usée.
7. **a)** Il faut brancher la troisième borne du transistor (B).
b) Pour « freiner » le passage du courant.
c) L'ampoule.

PAGE 188

1. Stator – rotor – les balais – le collecteur – la vitesse de rotation.
2. Le moteur tourne dans l'autre sens. Tout se passe comme si les pôles de l'aimant étaient inversés.
3. Le moteur tourne toujours dans le même sens car, dans le moteur universel, l'aimant est remplacé par un électro-aimant. Le changement de polarisation du générateur n'a pas d'influence sur le sens de rotation.
4. **a)** F ; **b)** F ; **c)** V ; **d)** V ; **e)** V ; **f)** V ; **g)** F ; **h)** F.
5. **a)** À l'aide d'un système de refroidissement ; **b)** le ventilateur, le radiateur ; **c)** le carburateur ; **d)** l'huile empêche (ou limite fortement) le frottement de la tête de bielle sur le vilebrequin.
6. **a)** Le moteur est « noyé » lorsque l'essence arrive en trop grande quantité dans le carburateur. La vaporisation de l'essence ne peut pas s'effectuer.
b) La partie de la tête de bielle fixée sur le vilebrequin est formée d'un alliage de métal (le régule) qui limite le frottement.
Lorsque la quantité d'huile dans le carter est insuffisante, ou qu'il n'y a plus d'huile ou que l'huile est trop « vieille », ce métal fond. On dit que la bielle est « coulée ».

c) Le gicleur est un tuyau très fin situé dans le carburateur qui laisse passer le mélange gaz-air. S'il y a une impureté dans le gicleur, ce mélange ne passe pas. On dit que le gicleur est « bouché » : le moteur ne fonctionne pas.

d) Le moteur a généralement quatre cylindres. Si une bougie est hors d'usage, le moteur fonctionne (mal) seulement avec trois cylindres.

PAGE 190

1

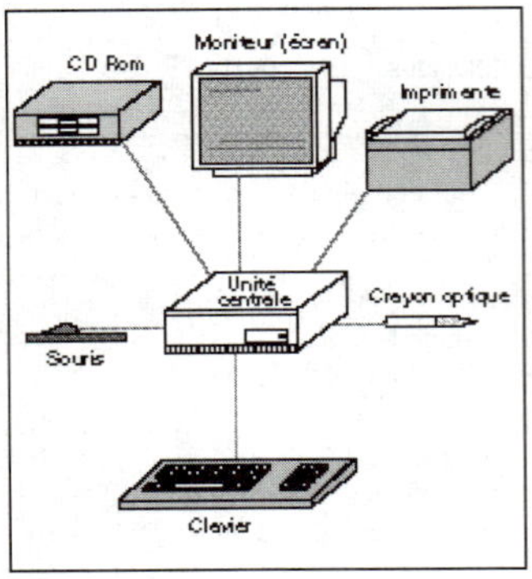

2 *Suggestions*

Recherche d'un numéro de téléphone (annuaire électronique).

Recherche d'un horaire de chemin de fer.

Adresser une commande à un magasin spécialisé dans la vente par correspondance.

3 *Suggestions*

On peut rectifier très facilement les erreurs.

On peut présenter le texte de différentes façons.

C'est plus lisible et plus agréable.

On peut, à l'aide de l'imprimante, obtenir autant de textes que l'on veut.

On peut conserver l'original, le compléter ou le modifier à tout moment.

4 *Suggestion*

Titre
Sans famille

Auteur
Hector Malot

Nature
Roman

Illust. : N.B.

Nbe de pages : 170

Thème : L'enfance

PAGE 196

❶ ❷ Erckman (1822-1899) et Chatrian (1826-1890) proposent l'enseignement de l'éducation civique (on parlait alors d'instruction civique), pour former des citoyens « éclairés », responsables, sachant distinguer le vrai du faux, sachant lire de façon critique pour pouvoir, plus tard, voter en connaissance...

❸ Cet enseignement s'est mis en place avec la 3ᵉ République et les lois scolaires de Jules Ferry. Ce dernier voulait que l'école gratuite, laïque et obligatoire, forme l'esprit civique des futurs citoyens.

→ Jules Ferry (1832-1893) déclarait dès 1870 : « *Je me suis fait un serment ; entre toutes les nécessités du temps présent, entre tous les problèmes, j'en choisirai un auquel je consacrerai toute mon intelligence , mon âme, mon cœur, ma puissance physique et morale : c'est l'éducation du peuple* ».

→ Avant les lois de J. Ferry, la moitié des Français savaient lire et écrire ; vers 1900, presque tous possèdent les connaissances données par l'école. En 1880, il y avait 54 000 écoles ; en 1910, il y en avait 82 000.

Tous les républicains du 19ᵉ siècle montrent les liens qui existent entre l'enseignement et la démocratie.

« *Les élections de 1848 ont montré comment un peuple devenu libre va audevant de la servitude.* » (Edgar Quinet)

« *L'apparition du suffrage universel remet le sort de la France à une multitude ignorante.* » (Jean Macé)

« *La République a voulu que dans chaque commune il y eut au moins une maison qui abrite les enfants venus de toutes les autres maisons, pour faire dans une réunion fraternelle, leur apprentissage d'hommes et de Français. Quelle est cette grande maison de famille ? L'école !* (Ferdinand Buisson)

En effet, il faut être instruit pour que la démocratie existe ; donner le droit de vote à tous est une condition nécessaire, mais pas suffisante.

❺ Liberté de la personne : 1 ; 4 ; 10 ; 11.

Égalité : 1.

Droits : 2 ; 4 ; 17.

Loi et organisation de l'État : 4 ; 5 ; 6 ; 12 ; 15.

Impôts : 13 ; 14.

→ On peut remarquer qu'il n'est question ni du suffrage universel, ni de l'égalité des hommes et des femmes, ni du droit au travail, à l'instruction, à la santé...

→ Faire remarquer que cette Déclaration est reprise dans le préambule de la Constitution actuelle, celle de 1958.

→ Bien que rédigé par les Français, dans le climat de la Révolution commençante (en 1789), ce texte ne fait pas référence à la France : c'est un message universel qui peut s'appliquer à tous et partout. Les principes de 1789 : *liberté, égalité, souveraineté de la nation*, ont un caractère universel.

PAGE 198

❶ C'est l'arbitre qui fait respecter la règle du jeu.

❷ Les fautes commises : brutalités envers un joueur de l'équipe adverse, croche-pied, bousculade, levée du pied devant un joueur, appui sur un joueur, toucher du ballon à la main (seul le gardien de but y est autorisé).

Lorsqu'un joueur met le ballon hors des limites du terrain de jeu il y a une *touche*. Enfin, tout récemment, il y a faute lorsqu'un joueur passe le ballon en retrait à son gardien de but.

❸ Lorsqu'une faute est commise dans la surface de réparation (près des buts), le coup-franc devient un *penalty* (ou coup de pied au but).

Lorsqu'un joueur met le ballon derrière la ligne de but de son équipe, il y a *corner* (un coup de pied en coin).

Lorsqu'un joueur commet plusieurs fautes consécutives, l'arbitre lui présente un *carton jaune*. S'il commet une faute grave ou s'il reçoit un 2ᵉ carton jaune au cours de la partie, l'arbitre lui présente un *carton rouge*.

Il est exclu immédiatement de la partie et ne peut pas être remplacé. Il est en outre, suspendu (= interdit de jouer) pour un ou plusieurs matchs selon la décision d'une commission.

❹ Le cyclomoteur roule sur le trottoir. Un enfant fait du patin à roulettes. Un chien n'est pas tenu en laisse.

❺ Les piétons peuvent être renversés ou bousculés et même mordus par le chien en liberté.

❻ a) dans le métro, le train, le RER.

b) dans tous les lieux publics : poste, musée, mairie, gare.

c) près d'un étang, un cours d'eau, à la mer, dans un bassin.

d) dans un musée, dans un magasin.

e) dans un jardin public, dans le parc d'un château.

❼ Interdiction de fumer. Interdiction de photographier ou de filmer. Interdiction de donner à manger aux animaux (dans un zoo). Interdiction d'afficher (sur un mur). Interdiction de promener des chiens non tenus en laisse.

❽ Assiduité, exactitude, politesse, application, travail, propreté...

❾ **Lois** - L'école est obligatoire de 6 à 16 ans. Le service militaire est obligatoire pour les jeunes garçons. Chaque citoyen doit payer l'impôt.

Règles - Défense de sortir de l'école avant 17 h. Cette sortie est interdite. On n'apporte pas des objets de valeur en classe. Toute absence doit être justifiée.

PAGE 200

❶ La nation française est le résultat d'un long passé. En 987, le royaume de France, créé par Hugues Capet, ne couvre qu'un petit territoire autour de Paris ; le reste est partagé entre des grands seigneurs. Pendant plusieurs siècles, les rois Capétiens rassemblent ces terres ; l'idée de nation est inséparable du roi : « *Nos pères devinrent tous français, parce qu'ils étaient tous sujets du roi de France, et la première communauté nationale fut la commune obéissance.* » (E. Lavisse)

La victoire de Bouvines (1214) a un grand retentissement ; Louis XI constitue une administration centralisée qui sera développée par ses successeurs ; la guerre de Cent Ans (1337-1453) réveille le sentiment national, surtout avec l'exemple de Jeanne d'Arc ; en 1539, François Iᵉʳ impose l'usage de la langue française dans les textes administratifs... Mais c'est la Révolution de 1789 qui montre enfin aux Français leur unité et leur existence nationale. Les soldats de Valmy (1792) victorieux en criant « Vive la nation ! », les « poilus » de Verdun (1917), l'appel du 18 juin 1940 du général de Gaulle traduisent la volonté de survie de la nation menacée.

❷ La royauté est abolie le 21 septembre 1792, au lendemain de la victoire de Valmy ; le 25 septembre, on parle de « République une et indivisible » ; l'An I du calendrier républicain commence le 22 septembre 1792.

❸ Le 28 septembre 1958, avec une constitution adoptée par plus de 80 % des Français.

❹ ❺ La devise est « liberté, égalité, fraternité ».

→ Alors que liberté et égalité sont des droits, la fraternité (= s'aimer comme des frères) fait intervenir le cœur et complète ainsi l'idée de nation : tous les citoyens se sentent solidaires et unis entre eux par des sentiments communs.

❻ Le Royaume-Uni (la reine Elisabeth II, depuis 1952), l'Espagne (Juan Carlos de Bourbon, depuis 1975), la Belgique (Albert II, depuis 1993), les Pays-Bas (Beatrix, depuis 1980), le Luxembourg (le grand Duc Jean, depuis 1964), la Suède (Charles XVI Gustave, depuis 1974), la Norvège (Harald V, depuis 1991). Dans toutes ces monarchies, la démocratie existe, le pouvoir appartient au peuple, qui vote librement.

❼ Beaucoup d'États, principalement dans le tiers monde, se prétendent des républiques ; en effet, il n'y a pas de roi, mais la démocratie n'y existe pas ; il suffit de regarder la télévision pour trouver des exemples...

PAGE 202

❶ Beaucoup de ces propositions ne permettent pas un bon choix : tirage au sort, désignation, aspects extérieurs (beauté, taille, vêtements), hérédité (« c'était son frère, l'an passé. »).

❷ Le moyen le plus juste est le vote, c'est-à-dire l'élection d'un représentant.

❸ Il y a 24 élèves qui votent ; pour obtenir la majorité absolue, il faut avoir au moins 12 + 1 = 13 voix.

Personne n'obtient ce résultat. Personne n'est élu. Il faut recommencer.

❹ Mathieu est élu : il a obtenu 14 voix, soit davantage que la majorité absolue.

5 Il faut rayer : médecin, général, instituteur, assistante sociale, cantonnier.

6 Seuls les sénateurs et les maires sont élus au suffrage indirect : les premiers par un collège composé de députés, de conseillers régionaux et généraux, de maires et de délégués des conseils municipaux ; les seconds par les conseils municipaux au complet.

7 Dans les écoles, les parents élisent leurs délégués au conseil d'école ; dans les entreprises, les salariés votent pour les délégués du personnel et les membres du comité d'entreprise ; dans toutes les associations, tous les postes de direction (président, trésorier, secrétaire…) sont pourvus par des élections auxquelles participent les adhérents.

→ Dates des dernières élections : présidentielles : mai 1995 ; législatives : mars 1993 ; municipales : juin 1995 ; européennes : juin 1994 ; cantonales : mars 1992 ; régionales : mars 1992.

PAGE 204

1 Henri au CP ; Céline au CE2.

2 Seule Nathalie est élue au CE1 : elle a recueilli la majorité absolue.

3 Il faut revoter, c'est-à-dire réorganiser un 2e tour au CM1 (avec Daniel et Florence) et au CM2 (avec Paul et Stéphane).

4 Sont élus dans ces deux classes Florence et Paul.

5 Henri, Nathalie, Céline, Florence et Paul.

6 Liste A → 46 : 21 → 2 élus (reste = 4)

Liste B → 5 : 21 → 0 élu (reste = 5)

Liste C → 28 : 21 → 1 élu (reste = 7)

Liste D → 8 : 21 → 0 élu (reste = 8)

Liste E → 21 : 21 → 1 élu (reste = 0)

Seule la partie entière de la division compte ; on ne peut pas diviser un élu en rondelles !

7 4 sièges ont été attribués. Il reste un siège à pourvoir. On calcule alors la liste qui a la plus forte moyenne, en divisant le nombre de voix de chaque liste par le nombre de sièges déjà attribués augmenté de 1.

8 C'est la liste A qui obtient la plus forte moyenne (15), donc elle obtient ce siège.

9 Les élus sont :

Liste A : Claire (CM1), Benoît (CM2), Jean (CM1) ;

Liste B : aucun élu ;

Liste C : Michèle (CE2) ;

Liste D : aucun élu ;

Liste E : Marie (CM2).

10 On remarque que les 5 classes ne sont pas toutes représentées (en raison de la composition des listes).

→ Dans certaines élections, le siège non attribué peut revenir non pas à la liste ayant la plus forte moyenne, mais à la liste ayant le plus fort reste (ce système était employé dans certains cas sous la 4e République).

Si l'on avait agi ainsi, le 5e siège aurait été attribué à la liste D (le reste de la division était 8) et non pas à la liste A.

→ Pour les élections municipales, dans les communes de moins de 3 500 habitants, on utilise le scrutin majoritaire à deux tours. Dans les communes de plus de 3 500 habitants, on utilise un scrutin mixte. Si une liste a la majorité absolue, elle obtient la moitié des sièges, les autres étant répartis à la proportionnelle entre toutes les listes ayant obtenu au moins 5 % des voix.

Si aucune liste n'obtient la majorité absolue, on procède à un 2e tour (avec les seules listes ayant obtenu 10 % des voix au premier tour) ; la répartition des sièges se fait ensuite comme au premier tour, c'est-à-dire que la liste qui obtient une majorité, même relative, obtient la moitié des sièges, le reste étant réparti à la proportionnelle.

Attention : Paris, Lyon et Marseille ont un système un peu différent, avec, en plus, l'élection de conseillers d'arrondissement.

PAGE 206

1 Les droits nouveaux apparus sont surtout des droits sociaux : abolition de l'esclavage, établissement du suffrage universel, des précisions sur les libertés individuelles et collectives, égalité entre hommes et femmes.

2 La législation du travail :

Les lois de 1936 : semaine de 40 heures ; congés payés ; conventions collectives…

Les lois de 1982 : semaine de 39 heures ; 5 semaines de congés payés ; égalité de traitement entre homme et femmes ; retraite à 60 ans.

3 *Libertés individuelles* – Liberté de la personne - Abolition de l'esclavage - Égalité entre hommes et femmes - Le droit à l'instruction (lois scolaires de la 3e République).

Libertés politiques – Liberté d'opinion - Liberté de réunion - Liberté d'expression - Liberté d'association.

Libertés sociales – Liberté du travail - Le droit de grève - Autorisation de se regrouper en syndicats - Journée de repos hebdomadaire - Création des assurances sociales - Création de la Sécurité sociale.

4 Le droit de vote, accordé dès 1944 par le gouvernement provisoire de la République française.

L'égalité avec les hommes.

La possibilité d'occuper des emplois jusqu'ici réservés aux hommes (chirurgien, commandant de bord, conducteur de poids lourds, conducteur d'autobus, de métro…)

5 Ne pas admettre une opinion différente de la sienne.

Critiquer systématiquement une catégorie de personnes (vieux, jeunes, noirs, roux, blonds…).

Refuser un emploi à un étranger.

6 Aider ses semblables lorsqu'ils sont en difficulté (catastrophes naturelles).

Ne pas faire de différence entre les personnes quels que soient leur religion, leurs coutumes, leur mode de vie, leur mode d'alimentation.

7 Le racisme, c'est montrer une hostilité (un refus) à l'égard d'une catégorie de personnes, considérées comme inférieures.

C'est s'opposer à la présence et même à l'existence de personnes différentes de soi par leur origine ou par leur religion.

Ne pas accepter la présence d'étrangers ou montrer une hostilité à leur égard (bien qu'il s'agisse là de xénophobie).

8 Dans tous les pays démocratiques, il y a au minimum 10 % d'abstentions normales (maladies, déplacements…).

Le taux d'abstention varie selon l'intérêt du scrutin.

9 Voter c'est participer à la vie du pays. Voter c'est un devoir.

Votez pour qui vous voulez mais votez. Chaque voix compte.

PAGE 208

→ Le mot « commune » exprime une idée de communauté, de voisinage, de vie les uns à côté des autres. La Révolution de 1789 organisa en France 44 000 communes (sur la base des anciennes paroisses) ; il y en a plus de 36 000 aujourd'hui.

1 2 Les noms des communes sont généralement anciens. Ils ont souvent une origine historique (la tribu des Parisii vivait sur le site de Paris) ou géographique (Pontoise : un pont sur l'Oise ; les noms en « mont » ou en « val » sont faciles à comprendre…).

Plus de 4 300 communes (une sur huit !) ont un nom commençant par « Saint » ou par « Sainte ».

La commune qui a le nom le plus long est dans la Marne, c'est : Saint-Rémy-en-Bouzemont-Saint-Genest-et-Isson »…

3 Pour désigner les habitants d'une commune on ajoute souvent des suffixes comme *-ais* (Toulonnais, Castrait), *-ain* (Toulousains, Montpelliérains), *-ien* (Parisiens, Pontoisiens), *-ois* (Auxerrois, Sétois…).

Mais parfois les noms sont totalement transformés : Audoniens (Saint-Ouen), Bellifontains (Fontainebleau), Biterrois (Béziers), Réginaborgiens (Bourg-la-Reine), Cadurciens (Cahors), Ebroïciens (Evreux), Ruthénois (Rodez), Carolomacériens (Charleville-Mézières)…

4 5 6 La commune la plus peuplée est Paris, mais 1 000 communes comptent moins de 50 habitants. Les 32 000 communes de moins de 2 000 habitants représentent à peine le quart de la population française.

La commune la plus étendue est celle d'Arles avec 770 km² (un carré de 28 km de côté !) ; la plus petite est en Gironde, c'est Castelmorin-d'Albret avec moins de 4 hectares (un carré de 190 mètres de côté).

7 8 Il n'est pas possible que tous les habitants administrent directement la commune ; aussi élisent-ils, même dans les villages les moins peuplés, des conseillers municipaux.

→ Il y a en France plus de 500 000 conseillers municipaux élus qui se réunissent, discutent, votent et décident au nom de leurs électeurs.

9 **10** Les Français des deux sexes âgés de 18 ans ou plus, inscrits sur les listes électorales. Pour être inscrit sur ces listes, il faut être domicilié dans la commune depuis au moins 6 mois ou y payer des impôts locaux depuis 5 ans.

L'inscription se fait à la mairie ; elle est obligatoire, mais comme il n'y a aucune sanction prévue, 92 % seulement des Français sont inscrits. En 1989, il y avait sur les listes électorales (y compris celles des DOM-TOM) 18 millions d'hommes et 20 millions de femmes.

→ Dans le cadre de l'Union européenne, les ressortissants de l'Europe des 15 pourraient, sous certaines conditions (non encore précisées), participer à ces élections.

11 a) Le lieu de vote, le nom, le prénom, l'adresse de l'électeur, le n° d'inscription sur la liste électorale, la date et le lieu de naissance.

b) On doit présenter en même temps une pièce d'identité (sauf dans les petites communes où tout le monde se connaît).

c) 12 fois.

d) Le ministère de l'Intérieur.

e) La mention : République française ; la devise de la France (Liberté, Égalité, Fraternité) ; la tête de Marianne qui symbolise la République.

12 **13** Le nombre est toujours impair pour que puisse se dégager une majorité. Le nombre de conseillers dépend de la population de la commune.

PAGE 210

1 Les sujets peuvent être variés selon les séances et les communes, mais ils sont toujours limités aux problèmes communaux.

On indique les noms des présents et des absents. Le compte rendu doit être affiché dans les huit jours.

2 **3** La séance est publique et l'ordre du jour doit être porté à la connaissance de tous quelques jours à l'avance afin que les citoyens intéressés puissent assister aux débats (mais ils n'ont pas le droit d'intervenir). Les élus sont ainsi sous le contrôle des électeurs.

4 Les décisions sont prises à la majorité.

5 **6** **7** Il y a plus de 36 000 maires (dont 22 000 ont entre 50 et 70 ans), mais seulement 1 000 femmes occupent cette fonction.

Sur 100 maires, on compte 28 agriculteurs, 24 retraités, 18 fonctionnaires (dont 10 enseignants), 16 salariés, 10 artisans et commerçants et 4 professions libérales.

8 **9** Le maire porte une écharpe tricolore avec une frange dorée. L'écharpe de l'adjoint a une frange argentée.

Le maire célèbre les mariages, préside les commémorations, les fêtes nationales et locales…

10 Selon son importance la commune possède plus ou moins de bâtiments (mairie, écoles, gymnases, piscines, centres culturels, bibliothèques…)

11 Il y a en France 2 000 000 de personnes employées des collectivités locales (dont la moitié dans les services communaux).

12 **C.** pour les vignettes 1, 2, 4, 5, 6, 8, 9, 10,12 - **E** pour les vignettes 3, 7, 11.

PAGE 212

1 On peut retarder l'achat du 2e camion, l'agrandissement du stade.

2 Les subventions (État, région, département) et les emprunts ne sont pas fixés par le conseil municipal. Le conseil demande mais il ne décide pas.

3 En plus des activités « classiques » (circulation, sécurité, bâtiments communaux, rues et chemins, canalisations, cimetière, nettoyage, éclairage…), des secteurs nouveaux apparaissent.

Le maire devient employeur, bâtisseur, animateur culturel et sportif, organisateur de transports urbains et partenaire très actif de l'État pour l'aide aux pauvres et aux démunis.

4 La récente loi d'orientation relative à l'administration territoriale insiste sur l'information nécessaire des habitants sur tous les actes de la commune ; elle permet même une consultation des électeurs de la commune sur des problèmes locaux importants.

5 Par des subventions et la mise à disposition de locaux.

6 Comme les communes sont souvent petites et disposent de peu d'argent, elles se regroupent pour réaliser à plusieurs des travaux ou des équipements qui dépassent leurs seules possibilités financières. Il y a des syndicats de communes à vocation unique (pour un seul but, la distribution de l'eau par exemple) ou à vocations multiples (eau, ramassage scolaire, piscine commune, etc.). Pour les agglomérations, on peut créer des districts ou des communautés urbaines.

7 Bureau du personnel : emploi de chauffeur.

Bureau des élections : inscription sur la liste électorale.

Bureau des écoles : inscription.

Bureau d'état civil : mariage, naissance.

Bureau d'aide sociale : aide aux personnes âgées.

Voirie : trottoirs ; ordures.

Entretien : la peinture du gymnase.

Logement : la recherche d'un logement.

Espaces verts : feuilles mortes.

Police municipale : surveillance.

8 La sécurité et la propreté sont l'affaire de tous ; ce n'est pas seulement par des interdictions qu'on obtient des résultats ; il faut faire participer tous les habitants à des campagnes et les informer complètement.

9 Le livret de famille est remis gratuitement et automatiquement aux nouveaux époux par le maire, officier d'état civil, qui célèbre le mariage (après leur avoir lu les articles du Code civil qui fixent leurs nouvelles obligations et fait prononcer le « oui » traditionnel).

10 L'état civil de chacun des époux, la date et le lieu de naissance de chacun des enfants avec une place pour noter la date et le lieu du décès de chacun des membres de la famille.

PAGE 214

1 Il y a en France métropolitaine 36 551 communes.

2 Le maire est élu par le conseil municipal.

3 **4** Il y a en moyenne 10 communes par canton, mais le nombre est très variable : un canton du Pas-de-Calais (Saint-Pol-sur-Ternoise) en compte 42, tandis que des communes importantes s'étendent sur plusieurs cantons (le canton n'est alors qu'une fraction de commune : il y a 20 cantons à Paris, 20 à Marseille, 13 à Lyon…).

La population moyenne d'un canton est de 14 630 habitants, mais Paris 15e en compte 231 000, Douai-Ouest 65 700 et Senez, dans les Alpes-de-Haute-Provence, 202 seulement.

5 Le canton sert surtout à l'élection du conseiller général : c'est uniquement une circonscription électorale.

6 Il y a en France 335 arrondissements ; généralement 2, 3 ou 4 par département (mais il y en a 9 en Moselle…).

7 Attention : les « arrondissements » qui divisent les villes de Paris, Lyon et Marseille sont, en réalité, des cantons (on n'y trouve pas, par exemple, de sous-préfets…).

8 **9** **10** **11** Les départements ont été créés en 1791 ; on leur a souvent donné des noms géographiques : Hautes-Alpes, Ille-et-Vilaine, Pas-de-Calais, Pyrénées-Orientales…

Certains départements ont voulu changer de nom :

Charente-Inférieure : Charente-Maritime
Loire-Inférieure : Loire Atlantique
Seine-Inférieure : Seine-Maritime
Basses-Pyrénées : Pyrénées Atlantiques
Basses-Alpes : Alpes-de-Haute-Provence
Côtes du Nord : Côtes d'Armor

12 Depuis leur création, sous la Constituante, le nombre de départements a varié :

- En 1793, on crée le Vaucluse (ancien Comtat Venaissin) et on scinde Rhône-et-Loire en deux (Rhône et Loire).
- En 1808, on crée le Tarn-et-Garonne.
- En 1810, l'Empire, avec ses conquêtes, compte 130 départements.
- En 1815, il y a 86 départements.
- En 1860, une partie du Var passe aux Alpes-Maritimes (et on crée la Savoie et la Haute-Savoie).
- En 1871, après l'annexion par l'Allemagne de l'Alsace et d'une partie de la Lorraine, il y a 87 départements (le reste de la Lorraine devient la Meurthe-et-Moselle et la partie non annexée du Haut-Rhin forme le Territoire de Belfort).
- En 1919, il y a 90 départements (récupération des territoires annexés par l'Allemagne).
- En 1964, la Seine et la Seine-et-Oise sont divisées en 7 départements : Paris, Hauts-de-Seine, Val-de-Marne, Val-d'Oise, Seine-Saint-Denis, Essonne et Yvelines.

• En 1975, la Corse est divisée en Haute-Corse et Corse-du-Sud.
On arrive ainsi à 96 départements pour la métropole (plus de 4 pour l'outre-mer).

PAGE 216

1 2 Réponses personnelles.

3 4 Le nombre de conseillers généraux dépend du nombre de cantons de chaque département. Sur les 3 808 conseillers, il y a des enseignants (16 %), des membres du corps médical (15 %), des retraités (14 %), des agriculteurs (9 %)...

5 Le président du conseil général détient le pouvoir exécutif du département ; il ordonne les dépenses et les recettes ; il dirige les services et gère le domaine du département.

6 Le préfet (poste créé en 1800 par Napoléon Bonaparte) est nommé en Conseil des ministres par le président de la République. Il est l'incarnation de l'État dans le département ; il a des pouvoirs de police générale ; il dirige une administration préfectorale ainsi que les services extérieurs de l'État ; il conseille les autorités communales et départementales et contrôle, a posteriori, leurs décisions.

→ Lors des manifestations officielles, il porte une tenue de cérémonie : costume bleu nuit en métropole avec des pattes d'épaules brodées et sur les manches des parements faits de feuilles de chêne mêlées de feuilles d'olivier. Sa casquette, bleu nuit, porte un écusson et une guirlande de feuilles de chêne et d'olivier. Quand les femmes occupent cette fonction, elles portent un tailleur bleu nuit, un tricorne de feutre et une cape.

7 8 9 10 11 Avec le développement des moyens collectifs et individuels de transport, les limites du département sont apparues trop restreintes dès les années 1950. On a créé alors des régions de programme (1955), des circonscriptions d'action régionale (1960), une administration régionale avec un préfet de région et un conseil de développement économique et social (1964). En 1972, on crée des conseils régionaux assistés de comités économiques et sociaux. Mais c'est seulement en 1982, avec les lois de décentralisation, que la région devient une collectivité territoriale et, en 1986, les conseillers régionaux sont, pour la première fois, élus au suffrage universel. Le président du conseil régional devient alors l'exécutif de la région et possède de très grands pouvoirs.

12 Voici la population (en millions d'habitants) des 22 régions de la métropole avec, entre parenthèses, le nombre de conseillers régionaux.
Alsace : 1,6 M (47) ; Aquitaine : 2,8 M (85) ; Auvergne : 1,3 M (47) ; Bourgogne : 1,6 M (57) ; Bretagne : 2,8 M (83) ; Centre : 2,4 M (77) ; Champagne-Ardennes : 1,3 M (49) ; Corse : 0,250 (61) ; Franche-Comté : 1,1 M (43) ; Île-de-France : 10,7 M (209) ; Languedoc-Roussillon : 2,1 M (67) ; Limousin : 0,7 M (43) ; Lorraine : 2,3 M (73) ; Midi-Pyrénées : 2,4 M (91) ; Nord-Pas-de-Calais : 3,9 M (113) ; Basse-Normandie : 1,4 M (47) ; Haute-Normandie : 1,7 M (55) ; Pays-de-la-Loire : 3,1 M (93) ; Picardie : 1,8 M (57) ; Poitou-Charentes : 1,6 M (55) ; Provence-Alpes-Côte-d'Azur : 4,3 M (123) ; Rhône-Alpes : 5,3 M (157).

13 Les DOM : Martinique, Guadeloupe, Réunion et Guyane.
Les TOM et collectivités territoriales : St-Pierre-et-Miquelon, Polynésie française, Nouvelle-Calédonie, Wallis et Futuna, Mayotte.

14 Les TAAF : les îles Crozet, Amsterdam, St-Paul, Kerguelen et la Terre Adélie.

PAGE 218

1 Un référendum est une procédure qui permet aux citoyens d'un pays d'accepter ou de rejeter une mesure proposée par le président de la République. On demande aux électeurs de répondre *oui* ou *non* à une question.

2 Le référendum a été utilisé récemment pour l'approbation ou le rejet du traité de Maastricht (20 septembre 1992). Il a été approuvé à une courte majorité (51 % de oui contre 49 % de non).

4 a) pouvoir exécutif
b) pouvoir législatif
c) Parlement

5 Un juge ne peut pas être député car en France il y a séparation des pouvoirs. Le juge appartient au pouvoir judiciaire, il ne peut donc pas participer au pouvoir législatif.

6 Non. Un membre du gouvernement doit choisir. Il doit abandonner son mandat de député ou de sénateur pour éviter la confusion des pouvoirs.

7 Le régime de Vichy : Pétain obtient les pleins pouvoirs ; seuls, 80 députés et sénateurs ont voté contre ce régime.

8 C'est la 3e République : elle a duré 70 ans (1870-1940).

9 Sa constitution a été votée en 1875 (à une voix de majorité).

10 La Seconde République a été renversée par Louis-Napoléon Bonaparte.

11 Les représentants du peuple sont :
les conseillers municipaux, les conseillers généraux, les conseillers régionaux, les députés et les sénateurs, les députés européens.

12 Voir question 2.

13 Non, il ne peut pas dissoudre le Sénat, mais il peut dissoudre l'Assemblée nationale.

PAGE 220

1 a) F ; b) V ; c) F ; d) V ; e) F (V seulement lorsque le président de la République est empêché temporairement, maladie, par exemple) ; f) V.

2 À l'étranger, il conclut les accords commerciaux, financiers ou culturels. Il s'entretient avec les chefs des nations étrangères des problèmes qui se posent dans le monde.

3 Le chancelier allemand Kohl, le Premier ministre britannique M. Major, le Premier ministre israélien M. Rabin...

4 En mai 1995, le président de la République s'appelle Jacques Chirac.

5 Il a été élu le 7 mai 1995.

6 Il manque : Valéry Giscard d'Estaing (1974-1981), François Mitterrand (1988-1995), Jacques Chirac (1995-...).

7 À rayer : Raymond Barre, Simone Veil, Jean-Pierre Chevènement, Commandant Cousteau, Jack Lang, Charles Pasqua.

8 Charles de Gaulle : il a démissionné en 1969 à la suite du résultat négatif d'un référendum auquel il avait demandé aux Français de voter oui.
Georges Pompidou : en 1974, pour cause de décès.

9 Avant 1962, le président de la République était élu par des « grands électeurs », 50 000 personnes environ, choisis parmi les divers élus locaux et départementaux.

10 Case à cocher : 500.

PAGE 222

1 En mai 1995, Alain Juppé.

2 Pierre Mauroy, Laurent Fabius, Jacques Chirac, Michel Rocard, Edith Cresson, Pierre Bérégovoy, Édouard Balladur.

3 5 • Ainsi, le Conseil des ministres réuni le 13 juin 1995 sous la présidence de Jacques Chirac a examiné et adopté le projet de loi d'amnistie (traditionnellement votée après chaque élection présidentielle) présenté par le garde des Sceaux, ministre de la Justice.
• Mesures individuelles : Jacques Barel a été nommé préfet de la région Bourgogne et Philippe Marlana préfet des Alpes maritimes.

4 a → o ; b → r ; c → t ; d → k ; e → s ; f → l ; g → m ; h → n ; i → q ; j → p.

6 Cocher la rase b.

7 En 1995, il y a 12 femmes dans le gouvernement d'A. Juppé :
Élisabeth Hubert (Santé) ; Corinne Leprage-Jessua (Environnement) ; Françoise de Pannafieu (Tourisme) ; Colette Codaccioni (Solidarité) ; Nicole Ameline (Décentralisation) ; Anne-Marie Idrac (Transports) ; Christine Chauvet (Commerce extérieur) ; Françoise Mostalier (Enseignement scolaire) ; Élisabeth Dufourcq (Recherche) ; Françoise de Veyrinas (Quartiers en difficulté) ; Anne-Marie Couderc (Emploi) ; Margie Sudre (Francophonie).

8 Le secrétaire d'État à la francophonie dépend du ministère des Affaires étrangères.

9 Le gouvernement d'Alain Juppé a été formé en mai 1995.

PAGE 224

1 1881 : scolarité obligatoire jusqu'à 12-13 ans.
1936 : scolarité obligatoire jusqu'à 14 ans.

1959 : scolarité obligatoire jusqu'à 16 ans.

2 a) proposition.
b) projet.

3 C'est l'Assemblée nationale qui joue le rôle décisif dans le vote d'une loi car c'est, en définitive, elle qui a le dernier mot.

4 Suggestion : une loi votée récemment interdit aux personnes de fumer dans les lieux qui reçoivent du public. Elle autorise les établissements (cafés, restaurants) à aménager des espaces spéciaux pour fumeurs.

5 Chaque département selon sa population est découpé en circonscriptions électorales.

6 Les principaux partis en France sont : le Rassemblement pour la République (RPR), le Parti Républicain (PR), le Centre Démocratique et Social (CDS), le Parti Socialiste (PS), le Parti Communiste Français (PCF), le Front National (FN) et des mouvements comme Génération Écologie ou les Verts…

8 Le 21 avril 1993, Philippe Seguin a été élu président de l'Assemblée nationale.

9 Président du Sénat :
Gaston Monnerville (1958-1968)
Alain Poher (1968-1992)
René Monory (élu le 2 octobre 1992)

10 a) V ; b) V ; c) V ; d) V ; e) F.

PAGE 226

1 Les impôts sont indispensables pour fournir à l'État l'argent nécessaire au fonctionnement des services publics, mis à la disposition des habitants.

2 Le taux de la TVA le plus souvent appliqué est de 18,60 % (en mai 1995).
Exemple : achat d'un magnétoscope 4 500 F
TVA 18.60 % 837 F
Net à payer 5 337 F

3 4 L'impôt qui rapporte le plus est la TVA (taxe sur la valeur ajoutée) suivi de l'impôt sur le revenu des personnes physiques.

5 1- Éducation nationale
2- Défense
3- Économie, finances et budget + remboursement de la dette
4- Équipement, logement, transports
5- Intérieur

6 Le déficit prévu pour 1994 est de : 1429 milliards - 1147 milliards = 282 milliards.
Ce déficit oblige l'État à s'endetter. Le montant de la dette s'élève à près de 3 000 milliards à la fin de 1994.

7 Remboursement de dettes par an :
193 milliards en 1992.

8 Un revenu est une somme d'argent perçue par une personne (ou une société) généralement pour la rémunération d'un travail.
Il existe aussi des revenus mobiliers (intérêts fournis par des placements) et immobiliers (location d'une maison, d'un appartement).
– Salaire, traitement, solde, honoraires…
– Location d'un terrain (à un particulier ou à une entreprise).
– Avantages en nature (logement de fonction, primes diverses).
– Travaux supplémentaires (entretien d'un jardin, gardiennage d'une maison).
– Surveillance du restaurant scolaire et des études surveillées pour un instituteur…

PAGE 228

1 C'est un inspecteur de police.

2 Il interroge un prévenu (= supposé avoir commis un délit ou une infraction).

3 Les deux policiers en uniforme sont là pour empêcher le prévenu de fuir. Ils apportent également leur témoignage si ce sont eux qui ont arrêté le prévenu.

4 Il enregistre la déposition (= la déclaration) du prévenu que celui-ci devra relire et signer à la fin de l'interrogatoire.

5 Cette femme auxiliaire de police rédige un procès-verbal de contravention en double exemplaire. Elle mettra l'un d'eux sous l'essuie-glace du véhicule. Elle constate une infraction (stationnement interdit).

6 Elles ont un uniforme composé d'un tailleur et d'un chapeau de même couleur.
Cet uniforme est parfois violet, d'où le nom d'aubergine, ou bleu (d'où le nom de pervenche).

7 La sécurité des personnes c'est :
– la protection contre les agressions ;
– les rondes dans des quartiers difficiles ;
– la protection des piétons pour traverser la rue.

8 La sécurité des biens c'est :
– la protection contre le vol ;
– la protection contre les détériorations causées par des voyous…

9 On appelle police-secours lors d'un accident, d'un malaise sur la voie publique ou dans un lieu public ou privé ou lorsque la sécurité des personnes ou des biens est menacée.

10 On fait le 17.

11 Ce sont des gendarmes, des militaires, qui appartiennent au ministère de la Défense. Ils sont chargés d'assurer la sécurité routière et de dresser des procès-verbaux aux usagers de la route qui sont en infraction.

12 Ils sont en voiture, mais on en voit beaucoup en moto.

PAGE 230

1 Le **glaive** symbolise la fermeté, la rigueur. Il indique que celui qui ne respecte pas la loi sera puni. La **balance** c'est le symbole de l'équité, c'est-à-dire de l'égalité de tous devant la loi.

2 On doit juger sans se laisser influencer par ses sentiments (colère, pitié…) mais seulement en respectant la loi.

3 L'avocat n'appartient pas à la magistrature.

4 L'affaire sera jugée devant le tribunal de grande instance.

5 L'expression « prison avec sursis » signifie que le condamné n'accomplit pas sa peine ; mais s'il récidive (= commet une nouvelle infraction) et qu'il est condamné, il doit purger deux peines.

6 Le tribunal d'instance se trouve soit au chef-lieu de canton, soit au chef-lieu d'arrondissement.
Le tribunal de grande instance est au chef-lieu d'arrondissement. La cour d'assises se tient généralement au chef-lieu de département.

PAGE 232

1 Tricher est toujours une mauvaise action même quand il s'agit d'un jeu.

2 Oui, c'est plus grave car le petit ou l'aveugle n'a pas la possibilité de connaître la vérité.

3 *Donner sa parole d'honneur* c'est assurer qu'on agira loyalement.
Jouer franc-jeu c'est être loyal, honnête, ne pas tricher.
Tenir parole c'est tenir ce qu'on a promis.

4 a) Sincère : qui dit ce qu'il pense.
b) Franc : qui ne ment pas.
c) Loyal : qui respecte les règles.

5 Une lettre anonyme est une lettre dont l'auteur ne se fait pas connaître.
C'est un procédé qui traduit un manque de courage.

6 Un mensonge est volontaire, tandis que l'erreur peut être accidentelle.

7 a) Il faut être soigneux dans son travail.
b) Faire son devoir sans s'occuper du jugement des autres.

8 La survie de l'animal dépend de son courage à accomplir un acte douloureux.

9 Exemple personnel.

10 Exemple personnel.

11 Alcool, surmenage, tabac, drogue et les abus de toutes sortes (manger trop de sucre, boire trop de sodas, …).

PAGE 234

1 a) Les guerres de religion ; la Saint-Barthélemy ; la semaine sanglante (mai 1871) ; les persécutions raciales de 1940 à 1944.
b) Les massacres inter-ethniques (Bosnie, Soudan, Rwanda) ; les attentats (Algérie) ; les déplacements de population (ex-Yougoslavie, Cambodge).

2 a) impoli ; b) poli ; c) impoli ; d) poli ; e) impoli.

3 À rayer : Salut la compagnie ; je veux un billet… ; Bonjour, m'sieurs… ; je m'excuse…

4 Il s'est humilié devant le SS en se mettant à quatre pattes pour ramasser un mégot.

5 Il regarde le déporté avec mépris et triomphe. Il est heureux de l'avoir humilié.

6 Exemples personnels.

PAGE 236

1 Le but de cette association était de préserver la trentaine d'ours restant dans cette vallée des Pyrénées. Les membres de l'association voulaient que ce lieu soit déclaré zone protégée, interdite à la chasse et où le tourisme serait contrôlé…

2 Les aigles et les vautours dans les Cévennes et les Pyrénées. (Ces oiseaux sont utiles car ils se nourrissent de rongeurs nuisibles pour la végétation).

Les chevreuils, les cerfs, les sangliers en Sologne et dans les Ardennes (qui font l'objet d'un véritable massacre par les braconniers)…

3 a) Quelques exemples :

Amicale des anciens élèves du lycée François Ier à Fontainebleau.

Amicale des anciens de la 2e DB (division blindée commandée par le général Leclerc…)

b) Quelques exemples :

Club de photo du lycée technique de Rochefort.

Club philatélique de Saint-Denis de la Réunion.

Club de danse classique de Nemours.

c) Dans la plupart des communes, il y a au moins une association, renseigne-toi à la mairie.

4 Non. Une association ne doit pas faire de bénéfices mais agir selon ses objectifs.

5 Au droit d'association.

6 Il faut indiquer : le nom de l'association, son objet et son siège social (= le lieu où se trouvent les papiers, les registres, les procès-verbaux de réunion, les archives).

7 Associations culturelles : Club de philatélie ; Groupe folklorique de Moulins ; Les jeunes archéologues ; La fanfare de Fort-de-France.

Associations sportives : La pédale brestoise ; Club d'arts martiaux ; Les marcheurs de Dieppe ; Les surfeurs de Biarritz.

Associations humanitaires : Comité contre la faim dans le monde ; Médecins du monde ; Comité d'aide à l'enfance malheureuse ; SOS amitié.

Protection des animaux et de l'environnement : Sauvons la forêt ; Association des naturalistes de la vallée du Loing ; Découverte des Cévennes ; Association de protection du marais poitevin.

8 Il faut indiquer d'où proviennent les recettes et quelles sont les activités de cette coopérative.

PAGE 238

1 La maladie était une véritable catastrophe car le travailleur n'était pas payé pendant sa maladie et il devait régler tous les soins (visite du médecin, médicaments…) qui n'étaient pas remboursés. C'était donc une grosse perte financière. De plus, il n'était pas certain de retrouver son emploi à la fin de la maladie.

2 Pendant sa maladie, il était remplacé par un autre travailleur. Le patron pouvait conserver le remplaçant et ne pas reprendre le précédent.

3 C'est tout à fait impossible, car ils ne peuvent pas avoir le même numéro d'inscription sur le registre d'état civil (naissances).

4 La somme non remboursée à M. Boulanger est de : (100 F + 380 F + 620 F) - 534 F = 566 F.

5 Le salaire brut est 11 000 F.

6 Les prélèvements sur le salaire sont : pour la Sécurité sociale (759 + 720,50) - 42 = 1 437,50 F.

pour le chômage : 354,20 F

pour les mutuelles : 347,93 F

7 15 958,47 F

8 8 397,57 x 100 : 15 958,47 = 52,6 %

PAGE 240

1 On remarque que le budget de la Sécurité sociale est supérieur de près de 300 milliards au budget de l'État.

2 Les frais d'hospitalisation sont très élevés parce qu'une opération ou une maladie nécessite un personnel très nombreux (chirurgiens, médecins, anesthésistes, infirmières, aides soignantes, personnel d'entretien, personnel d'accueil, d'administration…) qui reçoit un salaire fixe ou des vacations. Les appareils modernes coûtent cher et leur entretien également…

En plus des soins que reçoit le malade, il y a l'hébergement et l'entretien de l'établissement.

3 L'**ANPE** (Agence nationale pour l'emploi) possède une agence dans de nombreuses villes. Elle s'efforce de trouver un travail aux chômeurs et organise des stages de formation ou de reconversion afin de permettre aux sans-emploi d'exercer un autre métier.

4 Il y a certains emplois qui demandent une très grande qualification. Dans quelques domaines (climatisation, topographie), ce personnel hautement qualifié manque.

Il manque également du personnel technique pour assurer la maintenance (ordinateurs, électronique). Enfin, il y a des emplois qui n'attirent pas parce qu'ils sont insuffisamment rétribués et exigent beaucoup de présence (vendeuse dans une boulangerie, une charcuterie, un magasin d'alimentation, caissière d'un supermarché…).

5 La journée des handicapés.

Le bleuet de France (anciens combattants).

La jeunesse au plein air (colonies de vacances).

La journée de l'école publique (pour les œuvres éducatives complémentaires de l'école).

La journée du cancer.

6 a) **La Croix-Rouge**

C'est une organisation internationale qui possède des sections nationales dans la plupart des pays. Ses activités sont nombreuses. Enseignement, action médico-sociale, urgence, secourisme, service de recherches…

La Croix-Rouge française fonctionne avec 13 000 salariés et… 100 000 bénévoles.

b) **Médecins sans frontières :**

Association créée en 1971 qui envoie sur le terrain (tiers monde, pays en guerre) des équipes médicales volontaires.

c) **Ligue nationale française contre le cancer.** Son but est de recueillir des dons en argent. Elle répartit ses ressources pour l'aide à la recherche, pour l'amélioration des équipements médicaux, pour l'information du public sur le cancer.

7 La solidarité se manifeste lors de catastrophes naturelles (tremblements de terre, inondations, cyclones…) ou dans les pays en proie à la guerre civile (ex-Yougoslavie) ou dans ceux où des minorités sont massacrées (Kurdes en Irak, Somalie, Soudan, etc.).

PAGE 242

1 L'école est obligatoire en France de 6 à 16 ans.

→ L'école ne transmet pas seulement des savoirs, mais aussi des valeurs.

2 Non, l'école maternelle n'est pas obligatoire mais elle est nécessaire. Les enfants y reçoivent une éducation qui les prépare efficacement à l'entrée à l'école élémentaire.

Plus de 95 % des enfants fréquentent l'école maternelle.

3 Les enfants peuvent désormais entrer dès l'âge de deux ans.

4 Du cours préparatoire au baccalauréat, un élève qui suit une scolarité normale (sans redoublement) passe 12 ans à l'école : 5 ans à l'école élémentaire + 4 ans au collège + 3 ans au lycée.

5 Dans certaines communes l'élève qui sort du CM2 a le choix du collège, (entre 2 ou 3 établissements). Dans d'autres communes (Paris, par exemple) il doit aller dans le collège qui est situé dans la zone géographique correspondant à son domicile. Il y a des possibilités de dérogations.

6 Quatre autres grands services publics :

– Les postes et télécommunications

– La SNCF

– La police nationale

– Certaines chaînes de télévision (France 2, France 3…) ou des stations de radio (France Inter, France Musique…)

7 Les frais de scolarité pris en charge par les parents sont :

– à l'école maternelle : néant.

– à l'école élémentaire : fournitures scolaires : cahiers, stylos, gomme…

– au collège : fournitures scolaires, cahiers, classeurs et quelques livres complémentaires (dictionnaires, atlas…).

- au lycée : manuels et fournitures scolaires.

Pour tous les types d'établissement, il faut ajouter les frais d'assurances et éventuellement le prix du repas au restaurant scolaire et une participation financière pour les garderies et les études surveillées.

9 Il y a 28 académies en France et dans les DOM.

Ne pas confondre *académie* et *inspection académique* (une dans chaque département).

Exemple : Rochefort dépend de l'inspection académique de la Charente-Maritime située à la Rochelle, et de l'académie de Poitiers.

PAGE 244

1. La forte mortalité chez les moins de 24 ans s'explique par l'utilisation importante par ces derniers des véhicules mécaniques à 2 roues (vélomoteurs et motos).
2. a) 7 600 ; b) 199 000.
3. Les règles de sécurité ont été renforcées : limitation de vitesse, lutte contre l'alcoolémie, suppression du permis de conduire en cas d'infraction grave.
   – L'amélioration du réseau routier : augmentation du nombre d'autoroutes, aménagement des carrefours ou des points dangereux, entretien permanent des routes…
   – Les actions de prévention des accidents dans les écoles.
4. a) 1972 ; b) 1987.
5. – L'obligation de maintenir son véhicule en bon état (vérification systématique).
   – Aménagement des carrefours à sens giratoire et modification des priorités.
   – Amélioration de la signalisation.
   – Apprentissage anticipé (ou conduite accompagnée à partir de 16 ans).
6. a) 130 km/h ; b) 50 km/h en principe.
7. A - Le motocycliste n'a pas de casque.
   C - Deux cyclistes roulent de front.
8. Les gendarmes recherchaient le taux d'alcool contenu dans le sang du conducteur. Lorsqu'on souffle dans le ballon, l'alcool fait virer un produit au jaune sur une longueur proportionnelle à la quantité d'alcool contenu dans l'air expiré. Pour déterminer avec précision le taux d'alcoolémie, une prise de sang sera nécessaire.
9. Un cycliste peut transporter un enfant à condition qu'il ait une installation particulière : petit fauteuil fixé solidement à l'arrière.
10. Piéton : 4, 5 ; cycliste : 2, 4, 6 ; motocycliste : 1, 2, 3, 4, 6 ; automobiliste : 2, 3, 4, 6.

PAGE 246

1. Une des raisons de la construction européenne était la réconciliation franco-allemande. Les pères « fondateurs » : Schuman et Monnet (Français), Adenauer (Allemand), Gasperi (Italien) et Spaak (Belge), ont œuvré par étapes en commençant par les aspects économiques.
2. L'Europe a aujourd'hui trois capitales : Bruxelles, Strasbourg et Luxembourg.
3. Le **Royaume-Uni**, la plus ancienne monarchie constitutionnelle du monde, superpose, dans l'Union Jack, les croix de Saint-Georges (rouge sur fond blanc) pour l'Angleterre, de Saint-André (blanche sur fond bleu) pour l'Écosse et de Saint-Patrick (rouge sur fond blanc) pour l'Irlande du Nord.

   L'Irlande : bandes verticales verte (couleur des Celtes), blanche (idée de paix durable) et orange (couleur des protestants).

   Belgique : bandes verticales noire, jaune et rouge.

   Luxembourg : bandes horizontales rouge, blanche et bleue (plus longues que dans le drapeau néerlandais).

   Pays-Bas (Nederland = terre basse) : bandes horizontales rouge, blanche et bleue.

   Danemark : croix blanche sur fond rouge ; ce serait le plus ancien drapeau d'Europe (1219).

   Espagne : bandes horizontales rouge, or et rouge, avec l'écusson royal.

   Portugal : bandes verticales (inégales) verte (= la mer) et rouge (= le sang pour la liberté) avec des armoiries marines rappelant le rôle du Portugal dans les Grandes Découvertes.

   Italie : bandes verticales verte, blanche et rouge.

   Grèce : bandes horizontales blanche et bleue, avec dans le coin haut à gauche, une croix blanche sur fond bleu.

   Allemagne fédérale : bandes horizontales noire, rouge et jaune.

   France : trois bandes verticales (d'égales dimensions) bleue, blanche et rouge ; c'est la reprise de la cocarde tricolore créée en juillet 1789 avec le blanc (couleur de la royauté), le bleu et le rouge (couleurs de Paris).

   Autriche : trois bandes horizontales : rouge, blanc et rouge.

   Finlande : une croix bleue sur fond blanc.

   Suède : une croix jaune sur fond bleu.
4. Le drapeau européen (créé le 9 décembre 1955) : sur fond bleu du ciel 12 étoiles, symbolisant les peuples d'Europe, forment un cercle en signe d'union. Attention, le 12 est ici un nombre invariable (puisqu'il a été choisi alors qu'il n'y avait que 6 États) ; il est le symbole de l'unité et de la perfection.
5. L'hymne européen, choisi en 1972, est le prélude de l'Ode à la joie de la 9e symphonie de Beethoven.

PAGE 248

1 2 Pour perpétuer le souvenir des atrocités commises par les nazis et leurs collaborateurs. L'Europe nazie a été le théâtre du plus grand massacre de l'histoire réalisé selon des techniques « industrielles » : sans doute 10 millions de personnes exterminées (Juifs, Tziganes, Polonais, Russes…).

Les services du ministère des Anciens Combattants ont retenu que sur les 220 000 déportés de France, il y avait 120 000 Juifs (y compris ceux arrêtés pour faits de résistance). Des historiens se basant sur diverses listes allemandes et des archives (en partie détruites à Auschwitz) n'ont pu retrouver que 85 000 noms. La terreur et parfois l'improvisation qui ont présidé à cette « solution finale » expliquent ces différences.

3 4 Squelettes vivants, faim, froid, coups, menaces permanentes de la mort, hurlements de douleur, exécutions…

Les nazis affichaient un mépris total pour les déportés, considérés non comme des êtres humains, mais comme des éléments de races inférieures qu'il fallait exterminer. Comme l'indique André Frossard (un ancien déporté) « *Le crime contre l'humanité, c'est tuer quelqu'un sous prétexte qu'il est né.* »

→ D'ailleurs le chef des nazis, Hitler, explique : « *Si je peux envoyer la fleur du peuple allemand dans la guerre… alors j'ai à coup sûr le droit de supprimer des millions d'êtres d'une race inférieure* ». (Rausching « Hitler m'a dit ».)

5 Auschwitz, Buchenwald, Ravensbruck, Sobibor, Dachau, Maïdanek, Tréblinka et Bergen-Belsen constituent quelques noms de cette sinistre et terrible géographie des camps de la mort où se mêlaient travail forcé, faim, chambres à gaz, fours crématoires et extermination…

PAGE 249

1. Aujourd'hui le 1er mai est chômé et férié. S'il ne rassemble plus que de maigres défilés en France, c'est que beaucoup de revendications d'origine ont été satisfaites, en particulier pour la durée du travail.
2. Au 19e siècle, les ouvriers étaient très malheureux : la durée du travail dépassait 14 ou 15 heures par jour ; femmes et jeunes enfants fournissaient une main-d'œuvre mal payée ; le développement du machinisme augmentait le rythme du travail, tout en renforçant les règlements… Maladie, accident, chômage, vieillesse jetaient l'ouvrier et sa famille dans la plus grande misère. Pour améliorer ces conditions de travail et de salaire, les ouvriers se sont, peu à peu, organisés en syndicats et ont obtenu des résultats : droit de grève (1864), droit syndical (1884), travail des enfants (1900), repos du dimanche obligatoire (1910)…
3. En 1936 : 2 semaines ; en 1956 : 3 semaines ; en 1969 : 4 semaines, et depuis 1983 : 5 semaines.

   → (Allemagne : 29 jours ; Belgique : 25 jours ; Grèce, Portugal, Italie : 22 jours ; Grande-Bretagne : 23 jours).

4 5 Le Premier Mai est resté une fête internationale, célébrée de façon différente selon les pays et les résultats sociaux obtenus. Aujourd'hui, c'est l'ensemble des travailleurs, et plus seulement les ouvriers, qui sont concernés.

PAGE 250

1 2 3 Bien que la guerre continue avec le Japon jusqu'au 19 août 1945, le 8 Mai, avec la capitulation de l'Allemagne nazie, est une date importante, qui reste dans toutes les mémoires.

CORRIGÉS

Il est intéressant d'évoquer ces souvenirs avec des personnes ayant vécu ce jour dans des situations différentes : dans les villages, dans les villes libérées depuis quelques mois ou quelques jours (Royan) ; avec des prisonniers de guerre déjà revenus ou en route pour la France, avec des rescapés des camps, des soldats de la France libre, des enfants, des anciens résistants, des femmes qui venaient de voter, en avril 1945, pour la première fois…

4 Alors que le gouvernement de Vichy avait signé l'armistice en 1940 et que le maréchal Pétain collaborait avec les occupants de la France, le général de Gaulle, avec une poignée d'hommes d'abord, créait la France libre et coordonnait l'action des résistants sur le sol français. Ainsi, grâce aux forces françaises libres, de l'extérieur et de l'intérieur, notre pays participait, aux côtés des Alliés à la guerre. L'opiniâtreté du général de Gaulle a ainsi permis à la France de se hisser au rang des vainqueurs à part entière et d'être présente à la capitulation des nazis.

PAGE 251

1 2 Une cérémonie officielle a lieu à Paris, sur les Champs-Élysées, en présence du président de la République, avec un grand défilé militaire. Le soir ont lieu des bals et des feux d'artifice. Les bâtiments officiels sont pavoisés et les rues décorées de guirlandes. C'est la fête nationale : elle se célèbre partout, même dans les petites communes…

3 Il faut barrer : place, église, palais du roi.

4 La fête de la Fédération, le 14 juillet 1790, célébrait le premier anniversaire de la prise de la Bastille, c'est-à-dire le début de la Révolution française.

Cette fête marquait l'unité nationale : la volonté d'être des citoyens français sur le territoire où ils vivaient.

5 La tour Eiffel, inaugurée en 1889 à l'occasion d'une Exposition universelle, marquait le premier centenaire de la Révolution de 1789.

6 Non, la célébration du 14 juillet était interdite par les occupants et les Français qui s'étaient mis à leur service. Cependant, certains Français tenaient à marquer cette date pour prouver leur amour de la patrie : nombreuses personnes devant les monuments aux Morts, devant les mairies, foulards ou vêtements tricolores, bouquets aux trois couleurs…

7 Victor Hugo voulait dire que la chute de la Bastille marquait la fin du despotisme et le début de la liberté. Même si le poète était trop optimiste et que la conquête de la liberté sera longue, avec des reculs et des revers, la prise de la Bastille marque un point de départ, une perspective, une ambition légitime.

D'ailleurs, le événements du 14 juillet 1789 ont été salués dans toute l'Europe (de la Russie à la Norvège) par de nombreuses manifestations d'enthousiasme.

PAGE 252

→ Les Alliés débarquent le 6 juin 1944 en Normandie (Opération Overlord) : leur progression, lente d'abord, s'accélère à la fin juillet, d'autant que leur action est facilitée par la Résistance. Le 15 août, un nouveau débarquement a lieu en Provence.

Au sud de la Loire et à l'est du Rhône, les FFI libèrent seuls près de 30 départements et de grandes villes comme Pau, Toulouse, Limoges, etc.

→ Le 19 août 1944, Paris se hérisse de barricades : c'est l'insurrection. La libération de la capitale s'achève une semaine plus tard avec l'arrivée des premiers éléments de la 2e DB du général Leclerc. Le 25 août, après la reddition allemande, le général de Gaulle proclame du haut de l'Hôtel de Ville :

« *Hommes et femmes, nous sommes ici chez nous, dans Paris levé, debout pour se libérer, et qui a su le faire de ses mains. Paris, Paris outragé, Paris brisé, Paris martyrisé, mais Paris libéré, libéré par lui-même, libéré par son peuple, avec le concours de la France tout entière, c'est-à-dire de la France qui se bat, c'est-à-dire de la seule France, de la vraie France, de la France éternelle.* »

PAGE 253

1 Les soldats sont heureux, même les vaincus ; pendant 4 ans, ils avaient tout supporté, les bombardements, les gaz, la boue, les poux, les tranchées, les assauts, les combats, la séparation, les blessures, les mutilations et la présence constante de la mort.

2 3 Cette guerre a profondément marqué la France. Commémorer l'armistice de 1918, c'est rendre hommage aux soldats qui ont tant lutté et tant souffert pour sauver la France.

Les cérémonies du 11 Novembre se déroulent toujours aujourd'hui, même s'il y a de moins en moins d'anciens combattants de la guerre 1914-1918 (ils ont au moins 93 ans en 1995 !).

4 Ce monument porte les noms des soldats de la commune tombés au champ d'honneur. (On a souvent ajouté une autre plaque pour les morts de la Seconde Guerre mondiale.)

Très souvent, principalement dans les petites communes, on peut constater que plusieurs membres de la même famille ont péri. Parfois, on indique l'année de la mort (et on peut retrouver les années les plus meurtrières), ou la région de décès (Marne, Champagne, Lorraine, Artois, Somme, Flandre, Picardie, Verdun…).

5 En 1920, on a fait exhumer dans diverses régions où s'étaient déroulés les combats le corps d'un soldat, identifié comme Français, mais dont l'identité personnelle n'avait pas pu être établie. Ces 8 cercueils furent rassemblés à Verdun, et un jeune soldat, engagé volontaire, fils d'un père disparu à la guerre, choisit l'un d'eux en y déposant un bouquet. C'est ce cercueil qui a été déposé à l'Arc de Triomphe de l'Étoile, à Paris.

C'est là que tous les jours, à 18 heures 30, les anciens combattants viennent se recueillir et ranimer la flamme du souvenir.

PAGE 254

1 2 Les fêtes indiquées sont soit des fêtes nationales, soit des fêtes religieuses.

3 a) dimanche ; b) samedi ; c) vendredi.

Le curé célèbre à l'église la religion catholique.

Le pasteur prêche dans le temple protestant.

Le rabbin prie dans la synagogue des juifs.

L'imam préside aux prières des musulmans dans la mosquée.

4 De nombreuses communes organisent des fêtes locales commerciales (foires), sportives ou culturelles.

Dans les familles, on célèbre les anniversaires des enfants et des parents, ainsi que tous les événements qui ont marqué leur histoire…

5 La tolérance est cette qualité indispensable qui doit être enseignée et surtout mise en pratique (et pas seulement à l'école !). Tous les hommes n'ont pas la même couleur, la même langue, le même accent, la même religion, la même culture, mais « *tous les hommes naissent et demeurent libres et égaux en droit* ».

6 Une République laïque est séparée de toutes les Églises. Elle proclame la liberté de conscience ; elle garantit la liberté des cultes, mais elle n'en reconnaît et n'en subventionne aucun.

→ La laïcité de la France est une originalité et une innovation dans le monde. C'est grâce à l'école laïque que les étrangers et leurs enfants — quand ils le désirent – s'intègrent dans la nation en devenant des citoyens français.

PAGE 256

1 L'attitude est peu courageuse et même lâche.

2 a) Tu as cassé un carreau. Tu dois payer la réparation.

b) Le maire d'un village doit rendre compte de sa gestion.

c) Le chirurgien qui décide une grave opération (amputation d'un membre pour éviter la gangrène).

3 La réponse est stupide car si tout le monde en faisait autant il n'y aurait plus aucune fleur dans le massif.

4 a) Il dirige les réunions.

b) Il note les décisions et rédige un compte rendu.

c) Il s'occupe des cotisations, des recettes et des dépenses.

5 Réponse personnelle.

Achevé d'imprimer sur les presses de l'Imprimerie Hérissey à Évreux (Eure) - N° d'impression : 79566 - Dépôt légal : 6250 - Février 1998